유엔 평화유지활동의 이해

유엔 평화유지활동의 이해

송승종 지음

연경문화사

지은이 : 송승종(宋承宗)

- 육군 대령(육사 37기 임관)
- 미국 미주리 주립대 국제정치학 박사('92~'96)
- 국방참모대 전략학처 교수('96~'97)
- 보병71사단 대대장('97~'99)
- 국방부 정책기획국 미주정책과 SCM/총괄담당('99~'01. 12)
- 주(駐)유엔 대표부 군사담당관('01. 12~'04. 8)
- 한미 방위비분담금 협상 국방부 지원팀장('04. 10~'04. 12)
- 이라크 다국적군 사령부 한국군 협조단장('05. 1~'05. 7)
- 육군부사관학교 교육연대장('05. 8~)

유엔 평화유지활동의 이해

초판 1쇄 발행 | 2006년 4월 29일

지은이 | 송승종
펴낸이 | 이정수
펴낸곳 | 연경문화사

출판등록 제1-995호
121-840 서울시 마포구 서교동 394-25 동양한강트레벨 1403호
전화 : (02)332-3923/4   팩스 : (02)332-3928

ⓒ 송승종, 2006

정가 23,000원
ISBN 89-8298-084-9   93300

*잘못 만들어진 책은 바꾸어 드립니다.

머리말

　머리말 서두에서 이 책의 결론부터 밝히자면, 유엔 평화유지활동은 장차 우리 군이 더욱 활발하고 적극적으로 참여해야 할 방대한 미개척 분야로 남아 있다. 유엔 평화유지활동에 가장 앞장서서 기여해야 할 역사적 당위성을 가지고 있는 우리나라가 평화유지활동에 상대적으로 소홀한 것은 아이러니가 아닐 수 없다. 오늘날 전세계에서 활동하고 있는 5만 명 이상의 평화유지군 가운데 우리나라가 파견한 장병들의 숫자는 전체의 0.1%에도 미치지 못한다는 사실이 이러한 무관심을 단적으로 보여주고 있다. 대한민국은 유엔군의 참전 덕분(비록 미국이 주도적인 역할을 담당했지만)에 한국전쟁 발발 직후 국가존망의 기로에서 목숨을 부지할 수 있었던 국가로서 전세계 어느 나라에서도 유례를 찾아 볼 수 없는 유엔과의 특별한 인연을 가지고 있으며, 갚아야 할 엄청난 역사적 부채를 안고 있다. 적과 동지의 구분이 없는 것이 냉엄한 국제정치의 현실이라고 하지만, 50여 년 전 사지(死地)에서 생명을 구해 준 국제사회의 도움을 제대로 기억하지 못하는 것은 성숙한 모범국가의 태도라고 보기 어렵다.

　반면, 제2차 세계대전의 패전국이라는 원죄에 따라 유엔 헌장에 '적대국'

으로 명시된 일본이 최근 들어 유난히 유엔 평화유지활동에 열을 올리는 것
은 우리나라의 무관심과 극명한 대조를 이루고 있다. 일본은 '보통국가'로
거듭남과 동시에 안보리 상임이사국 진출이라는 국가적 숙원을 실현하기 위
해 유엔 평화유지활동의 중요성에 주목하고 있다. 일본은 주변국들을 자극
하지 않으면서 평화헌법의 속박을 탈피하여 군사적 활동영역을 확장하고,
국제사회에서 지도자로서의 위상을 확립하기 위한 수단으로 평화유지활동이
얼마나 유용한 도구인지를 간파한 것이다. 더구나 일본 방위청은 자위대의
해외 활동을 '부수적 임무'에서 '본연의 임무'로 격상시키는 방안을 추진하고
있다. 이러한 일련의 움직임은 일본이 유엔 평화유지활동을 중요한 국가 안
보정책의 하나로 간주하고 있음을 보여주는 것이다.

유엔 평화유지활동에 의욕과 열정만으로 참여할 수는 없는 일이다. 무엇
보다도 평화유지활동이 유엔에서 어떤 배경과 맥락에서 탄생하였고, 어떤
과정을 통해 성장하였으며, 오늘날 어떤 모습으로 발전하고 있는지를 올바
로 이해하는 것이 선결과제이다. 이처럼 유엔 평화유지활동의 과거와 현재
및 미래에 대한 종합적인 이해를 바탕으로 우리의 현실을 조망해 보고, 더
나아가 평화유지활동 참여를 위한 미래지향적인 발전방향을 모색하는 것이
본 저서의 근본적인 목적이다.

2001년 12월부터 2004년 8월까지 유엔 주재 한국 대표부에서 평화유지활
동을 관장하는 군사담당관(Military Adviser)으로 임무를 수행하였던 기간은
유엔 평화유지활동에 문외한이었던 필자에게 평화유지활동의 중요성과 필요
성을 깨달을 수 있도록 '개안'시켜 준 귀중한 경험이었다. 거의 모든 병력공
여국들도 우리와 마찬가지로 자국의 유엔 주재 대표부에 소령부터 중장에
이르는 다양한 계급의 현역 군인들을, 군사담당관 자격을 부여하여 파견하
고 있다. 군사담당관의 주요 임무는 자국이 관여하고 있는 전세계 평화유지
활동 지역에 대한 병력 파견 및 장비와 물자수송, 경비보전(reimbursement),

유엔 본부에서 개최되는 각종 회의 참석, 유엔 사무국의 평화유지활동 관련 부서와 긴밀한 협조관계 유지, 유엔 평화유지활동 정책의 동향에 대한 분석 및 첩보보고, 유엔 본부와 자국의 국방부 및 외교부 간 원활한 의사소통 채널 유지, 유엔 주재 대사에게 평화유지활동의 군사적 차원에 대한 조언 제공 등이다. 필자는 군사담당관으로서 유엔 본부와 자국의 유엔 주재 대표부와 국방 및 외교부서, 현지 평화유지활동 미션(mission) 등 모든 분야를 다각도로 조망해 볼 수 있는 최적의 위치에서 근무할 수 있었던 것을 커다란 행운으로 생각한다.

어느 부서나 기관 혹은 단체를 불문하고 미래지향적 발전을 위해서는 지적 자산과 경험의 체계적인 정리한 필수적인 요소이다. 이를 위해 저마다 업무일지, 역사자료, 문서철, 인수인계서 등을 작성하고 있지만, '제도적 기억(institutional memory)'의 축적은 쉬운 일이 아니다. 어느 개인이 특정 직책에 근무하고 떠나게 되면, 여러 차례의 시행착오를 통해 터득한 업무와 관련된 노하우와 오랜 기간에 걸쳐 쌓아 온 유형·무형 자산이 제대로 계승 및 전수되지 못하고 후임자가 전임자의 전철을 따라 유사한 시행착오를 겪는 사례는 우리 주위에서 어렵지 않게 찾아 볼 수 있다.

필자는 2001년 12월부터 국방부에서 파견한 세 번째 군사담당관으로서 뉴욕 대표부에 근무하면서, 우리가 유엔 평화유지활동에 참여한 지 10년이 되는 2004년을 맞이하여 평화유지활동 전반에 대한 내용을 정리하는 것이 나의 임무라는 일종의 소명의식을 갖게 되었다. 빈번하게 개최되는 유엔 사무국과 병력공여국 간 공식·비공식 회의 및 브리핑, 매년 1개월씩 열리는 평화유지활동 특위(Peacekeeping Operations Special Session), 사무국 주관으로 스리랑카에서 개최된 평화유지군 훈련관련 세미나 등에 참석한 경험, 사무국 실무자 및 타국의 동료 군사담당관들과의 활발한 접촉과 교류, 유엔 도서관이 소장하고 있는 풍부한 자료 등이 필자의 부족한 능력과 재주를 보충

해 줄 것으로 기대하면서 겁도 없이 집필에 뛰어들었다. 그러나 '족탈불급 (足脫不及)'이란 말대로, 얼마간의 기초적인 자료수집과 정리기간을 거쳐 임기가 끝나기 6개월 전부터 본격적으로 집필에 매달렸지만, 귀국일자가 임박해서야 당초 예상보다 훨씬 더 많은 시간이 필요하다는 사실을 뒤늦게 깨닫게 되었다. 워낙 많은 부분의 자료를 유엔 도서관에 의존하고 있었으므로, 귀국 후까지 집필을 연장하는 방안은 생각도 할 수 없었다. 이러한 사정으로 인해 각 장(Chapter)마다 용두사미 격으로 제대로 마무리하지 못하고 다음 장으로 넘어가야 하는 일이 벌어지고 말았다. 독자들이 이 책을 읽으면서 무언가 미흡한 느낌을 갖게 되었다면 바로 이 때문이며, 모든 과오와 부족한 점은 필자만이 짊어져야 할 귀책사유라는 점을 밝혀두고자 한다. 아울러, 필자가 현역 군인이다 보니 어쩔 수 없이 유엔 평화유지활동을 주로 군의 관점에서 서술하게 되었다. 또한 대부분의 글을 뉴욕의 유엔 주재 대표부에서 집필하였던 관계로 국내의 관련 문헌들을 참고하지 못한 것도 아쉬움으로 남는다.

이 책이 출판될 수 있었던 것은 수많은 분들의 도움과 지원의 덕분이다. 무엇보다도 필자를 유엔 대표부의 군사담당관으로 선발해 주신 김종환 장군님과 차영구 장군님께 깊은 감사를 드린다. 김태영 장군님, 심용식 장군님, 한민구 장군님, 정지용 장군님, 그리고 정책조정과의 최신일 중령과 이진희 사무관, 그리고 김봉열 사무관은 파견기간 동안 아무런 어려움이 없도록 세심한 관심과 지원을 아끼지 않으셨다. 아울러 타 부서에서 파견된 주재관이라는 생각이 들지 않도록 각별하게 배려해 주신 뉴욕 대표부의 선준영 대사님, 김삼훈 대사님, 이호진 차석 대사님, 천영우 차석 대사님, 김영목 공사님, 전옥현 공사님, 강경화 공사님, 이병현 공사님 등을 비롯한 모든 선·후배 및 동료 직원들께도 감사의 마음을 전하고자 한다. 특히 공관생활은 물론이고 개인적인 어려움이나 집안일에 이르기까지 각별한 애정으로 자상하게 돌보아 주신 하찬호 공사님, 그리고 공관에서 임기를 마칠 때까지 미처 매듭짓지 못한 업무에 헌신적으로 애써주신 추종연 참사관님께 특별한 감사를 드린다. 이 자리를 빌려 보이지 않는 가운데 궂은일들에 얼굴 한 번 찌푸리지 않고 성심성의껏 도와주신 안철상, 이주열, 김동일, 박주열, 임용대 씨, 유엔 도서관을 무수히 오가며 수많은 자료와 책자들을 대출 및 반납하는 수고를 아끼지 않은 박자영 씨 등 행정직원들께도 고마움을 전한다.

2004년 8월, 군사담당관으로서 2년 8개월에 걸친 임기를 마치고 귀국한 직후부터, 때마침 국방부에서 외교부로 방위비분담금 협상 업무가 이관된 관계로, 이 업무와 관련된 국방부 지원팀장의 자격으로 외교부 북미국에서 약 4개월간 근무하게 되었다. 비록 정치적 위험부담마저 느껴지는 난해하고 긴장된 협상 과정이었지만, 주한미군 규모의 감소추세와 더불어 주한미군에 대한 방위비분담금을 역사상 최초로 삭감시키는 유종의 미를 거두는 데 일조할 수 있었던 것이 큰 보람으로 남아 있다. 4개월의 파견기간 동안 자상한 관심을 가져 주신 김숙 국장님, 김은석 심의관님, 민경호 과장님, 김수권 과장님 등 북미국 직원들, 그리고 이남우 서기관과 김광수 중령에게도 감사의 말씀을 드리고 싶다.

북미국 파견기간이 끝나기도 전인 2005년 1월 초부터 갑작스레 명에 따라 6개월 동안 바그다드 주재 이라크 다국적군 사령부(Multinational Forces in Iraq : MNF-I)의 한국군 협조단장으로 임무를 수행하게 되었다. 바그다드에 근무 중이던 20여 명의 한국군 선임장교로서 우리 군을 대표하는 중책을 맡겨 주신 김관진 장군님, 김현석 장군님, 황중선 장군님, 이성호 장군님, 이정하 대령을 비롯한 해외파병과 직원들, 아울러 근무기간 중 크고 작은 문제들의 해결에 앞장서 주신 자이툰 부대장이신 황의돈 장군님과 정승조 장군님을 포함하여 고영일 장군님, 최종선 장군님, 장준규 장군님, 그리고 여러 선·후배 장교들께도 경의와 감사를 표한다. 무엇보다도 '시도 때도 없이' 이라크 저항세력이 무차별적으로 쏘아대는 박격포탄과 로켓포탄 세례 속에서 생사의 고비를 함께 넘나들던 윤석효 중령, 최세영 중령, 이규철 소령, 이정선 소령 등 '바그다드 전우들'에게 각별한 애정을 전한다.

또한 무한한 정열과 비전과 리더십으로, 지난 1년간 육군부사관학교 54년 역사에서 있었던 것보다 더 많은 발전을 이룩하신 정희성 장군님과 함께 선·후배 학교본부 간부들, 그리고 부족한 연대장을 보좌하기 위해 열과 성을 다하고 있는 충성스러운 교육연대 참모들과 11명의 교육대장, 교도대장, 부사관 및 모든 장병들에게도 깊은 감사를 드리고자 한다.

이 자리를 빌려 유엔 평화유지활동에 지대한 관심을 갖고 계신 송영선 의원님, 한국군 역사상 최초로 사이플러스 평화유지군 사령관을 역임하신 황진하 의원님께도 더 큰 배려와 지도편달을 부탁드리고 싶다.

시골에서 자식들을 위해 새벽마다 기도로 힘을 보태시는 어머님, 사위를 친자식 이상으로 아끼고 사랑해 주시는 대전의 장인·장모님, 형님과 아우, 경희 누이와 여동생 민희, 서울과 대전의 동서 등 가족친지 모두에게 평소에 미처 표현하지 못하였던 감사의 말씀을 드리고 싶다.

부모가 물려주지도 못한 예술분야의 재능을 갈고 닦기 위해 높은 관문을 뚫고 원하는 대학(Rhode Island School of Design : RISD)에 진학하여 부모에게 한없는 자부심을 안겨준 큰 딸 은경이(Kimberly), 변함없는 근면함과 성실함으로 촌음을 아끼며 목표로 정한 의과대학 진학을 위해 학업에 정진하고 있는 작은 딸 우경이(Tiffany), 그리고 남편과 두 딸의 뒷바라지를 위해 손이 발이 되도록 애쓰는 나의 아내 박미정에게 아빠와 남편으로서의 한없는 사랑과 함께 이 책을 바치고자 한다.

끝으로, 이 책이 햇빛을 볼 수 있도록 흔쾌히 출판을 허락해 주시고, 필자의 까다로운 수정요구를 인내와 끈기로 참으며 끝까지 세심하게 교정과 편집을 위해 수고해 주신 연경출판사 이정수 사장님을 비롯한 관계 직원들께 감사드린다.

이 책의 출판을 준비하는 동안(2월 14일), 반기문 외교통상부 장관이 유엔 사무총장 출마를 공식 선언하였다. 반 장관이 당선된다면 우리나라는 전세계로 외교의 지평을 확대하고, 국가적 위상과 국운이 도약하는 절호의 기회를 맞이하게 될 것이다. 모쪼록 대한민국 후보가 유엔 사무총장으로 선출되고, 우리의 평화유지활동이 더욱 활발히 전개되도록 하는 데 이 책이 일조할 수 있기를 간절히 고대한다.

약어 해설

ASG : Assistant Secretary-General, 유엔 사무차장
BOI : Board of Inquiry, 진상조사위원회
CAO : Chief Administrative Officer, 선임행정관
COE : Contingent Owned Equipment, 부대보유장비
DDR : Disarmament, Demobilization and Reintegration, 무기회수, 무장해제 및 재통합
DHA : UN Department of Humanitarian Affairs, 유엔 인도주의 지원국
DPKO : Department of Peacekeeping Operations, 유엔 평화유지국
ECOMOG : ECOWAS Ceasefire Monitoring Group, ECOWAS 정전감시단
ECOWAS : Economic Community of West African States, 서아프리카 경제공동체
FALD : Field Administration and Logistics Division, 야전행정 및 군수실(DPKO 소속)
FMSS : Financial Management and Support Service, 재정관리처(DPKO 소속)
ICRC : International Committee of the Red Cross, 국제적십자사
IDP : Internally Displaced Persons, 국내실향민
JPO : Junior Professional Officer, 국제기구 초급전문가 프로그램
LOA : Letter of Assist, 지불보증서
LSD : Logistics Support Division, 군수지원부(DPKO 소속)
MOVCON : Movement Control Unit, 이동통제반(DPKO 소속)
MSC : Military Staff Committee, 군사참모위원회
NATO : North Atlantic Treaty Organization, 북대서양조약기구
NCE : National Competitive Examination, 국별경쟁시험
NGO : Non-Governmental Organization, 비정부단체
NOTICAS : Notification of Casualty, 전사상통지서
OAS : Organization of American States, 미주기구
OCHA : Office for the Coordination of Humanitarian Affairs, 유엔 인도주의조정실
OHCHR : Office of the UN High Commissioner for Human Rights, 유엔 인권고등판무관실
OMS : Office of Mission Support, 지원부(DPKO 소속)
ONUC : Operation of United Nations in Congo, 콩고 평화유지활동 미션
ONUMOZ : UN Operation in Mozambique, 모잠비크 평화유지활동 미션
ONUSAL : UN Observer Mission in El Salvador, 엘살바도르 감시단
PKF : Peacekeeping Forces, 평화유지군
PKO : Peacekeeping Operations, 평화유지활동
PLO : Palestine Liberation Organization, 팔레스타인 해방기구
PMSS : Personnel Management and Support Service, 인력관리 및 지원처(DPKO 소속)
ROE : Rules of Engagement, 교전규칙
RUF : Revolutionary United Front, 혁명전선

SDS : Strategic Deployment Stock, 전략비축물자
SHIRBRIG : Standby Forces High Readiness Brigade, 상비군여단
SOFA : Status of Forces Agreement, 주둔군지위협정
SRSG : Special Representative of the Secretary-General, 사무총장 특별대표
SWAPO : South West Africa People's Organization, 서남아프리카 인민기구
UNAMA : UN Assistance Mission in Afghanistan, 유엔 아프간 평화유지활동 미션
UNAMIR : UN Assistance Mission for Rwanda, 유엔 르완다 평화유지활동 미션
UNAMSIL : UN Mission in Sierra Leone, 유엔 시에라리온 평화유지활동 미션
UNOMUR : UN Observer Mission in Uganda-Rwanda, 유엔 우간다-르완다 감시단
UNAVEM : UN Angola Verification Mission, 유엔 앙골라 감시단
UNICEF : UN Children's Fund, 유엔 아동기금
UNDP : UN Development Program, 유엔 개발계획
UNEF : UN Emergency Forces, 유엔 긴급군
UNFICYP : UN Peacekeeping Force in Cyprus, 유엔 사이프러스 평화유지활동 미션
UNGOMAP : UN Good Offices Mission in Afghanistan and Pakistan, 유엔 아프간-파키스
    탄 평화유지활동 미션
UNHCR : UN High Commissioner for Refugees, 유엔 고등난민판무관
UNIFIL : UN Interim Force in Lebanon, 유엔 레바논 임시군
UNITAR : UN Institute for Training and Research, 유엔 훈련 및 연구소
UNMEE : UN Mission in Ethiopia and Eritrea, 유엔 에티오피아-에리트리아 평화유지활동 미션
UNMIK : UN Interim Administrative Mission in Kosovo, 유엔 코소보 임시행정 미션
UNMOGIP : UN Military Observer Group in India Pakistan, 유엔 인도-파키스탄 군 감시단
UNOHAC : UN Office for Humanitarian Assistance Coordination, 유엔 인도주의조정관실
UNOSOM : UN Operation in Somalia, 유엔 소말리아 평화유지활동 미션
UNPREDEP : UN Preventive Deployment Force, 유엔 예방배치군
UNPROFOR : UN Protection Force, 유엔 보호군
UNSECOORD : UN Security Coordinator, 유엔 안전조정관
UNTAC : UN Transitional Authority in Cambodia, 유엔 캄보디아 임시행정 미션
UNTAET : UN Transitional Administration in East Timor, 유엔 동티모르 임시행정 미션
UNTAG : UN Transition Assistance Group, 유엔 임시지원단
UNTCOK : UN Temporary Commission on Korea, 유엔 한국임시위원단
UNTEA : UN Temporary Executive Authority, 유엔 임시행정부
UNTSO : UN Truce Supervision Organization, 유엔 정전감시기구
USG : Under Secretary-General, 유엔 사무총장
WFP : World Food Program, 세계식량계획

유엔 평화유지활동의 이해

제 1 장

서론

올해는 우리나라가 1994년 앙골라, 소말리아 등에서 유엔 평화유지활동 (Peacekeeping Operations : PKO)에 참여한 지 12년이 되는 해이다. 금년도 우리의 유엔 PKO 분담금은 3천만 달러로서 세계 12위권이며, 현재 서부사하라, 인도-파키스탄, 라이베리아 등 다섯 개 지역에 평화유지군을 파견하는 등 유엔 PKO 분야에서 주요 행위자로 부상하였다. 1991년 우리나라의 유엔 가입 이후, 우리 군은 안충준 장군의 인도-파키스탄 유엔 PKO(UNMOGIP) 군 옵서버 단장 임명, 황진하 장군(현 국회의원)의 사이프러스 유엔 PKO (UNFICYP) 사령관 임명, 한국군 장교 세 명의 유엔 사무국 진출 등을 통해 한국군의 위상제고와 활동영역 확대에 기여하였다.

특히 10여 년이라는 짧은 역사에도 불구하고, 우리나라는 유엔에 우리 군의 우수성을 깊이 각인시켜 주었다. 한 가지 일화를 소개하면, 1999년 유엔의 요청에 따라 상록수부대가 동티모르에 파견되었을 당시, 유엔 사무국 관계자들은 상록수부대가 대부분 특전부대 요원들로 이루어졌다는 것을 알고 '경악하였다고 한다. 적 후방에 침투하여 주요시설 파괴, 요인납치 및 암살, 게릴라전 등을 수행하도록 훈련된 특수부대원들이 과연 평화유지군으로서의 역할을 제대로 완수할 수 있을지에 대해 의구심을 떨치지 못하였던 것이다. 그러나 상록수부대원들은 치안유지, 행정지원, 국경 및 주요시설 경비와 같은 고유임무 외에도, 영화상영, 대민지원, 새마을운동, 태권도 보급 등으로 현지인들로부터 '말라리아 무띤(다국적군의 왕)'이라는 칭송을 받는 등 짧은 기간에 그 능력을 인정받았다. 그러자 유엔 사무국 관계자들은 지금에 와서는 이구동성을 상록수대와 같은 최정예 장병들로 구성된 한국군 부대를 유엔 PKO 미션지역에 파견해 줄 것을 간청하고 있다.

2001년 9·11 사태 이후 지구촌의 이목은 미국이 주도하는 대테러전쟁에 집중되어 있으며, 전세계의 주요 언론매체들은 이라크에서 벌어지고 있는 크고 작은 사건들을 실시간으로 보도하고 있다. 이라크 사태는 미국의 대통령 선거와 같은 거창한 이슈뿐 아니라, 자동차 연료를 채우기 위해 주유소를 찾는 일반 서민들의 일상생활에도 직접적인 영향을 미치고 있다. 우리는 동맹국인 미국의 대테러전쟁을 지원하기 위해 아프가니스탄에 의료지원단을 파견한 데 이어, 2004년에는 이라크에 전투병을 파견키로 결정하였다. 아이러니컬하게도 한미 동맹정신에 입각하여 세계평화와 안정에 기여하기 위한 이라크 파병은 우리의 유엔 평화유지활동에 '부정적'인 영향을 미치고 있다. 외교 및 안보분야의 주요 정책결정자들이 이라크 파병에 최우선적인 관심을 집중하고 있는 상황에서 2003년 상록수부대 철수 이후 우리의 유엔 PKO 참여가 동면기를 맞이하고 있는 것은 불가피한 현실일지도 모른다.

1994년 이래 유엔 PKO에 참여한 10여 년간의 세월은 우리에게 평화유지활동이라는 미지의 영역에 대한 귀중한 경험과 교훈을 제공해 주었다. 우수한 장비, 높은 사기와 엄정한 군율, 그리고 한미 연합훈련 등을 통한 고도의 훈련수준으로 부장한 우리 군이 세계무대에서 어떤 국가와 견주어도 손색없이 부여된 임무를 완수할 수 있다는 자신감은 무엇과도 바꿀 수 없는 무형의 소득이다. 아울러 3년여에 걸친 상록수부대의 눈부신 활약은 우리 국민들에게 유엔 평화유지활동이 필요성과 중요성에 대한 인식을 제고시키는 계기를 마련하였다.

그럼에도 불구하고 여전히 일반 국민들에게 유엔 평화유지활동은 생소한 개념이다. 유엔 평화유지활동을 한마디로 표현하면, 분쟁지역에 평화를 정착시키고 이를 유지시키기 위해 유엔이 중심이 되어 벌이는 제반 활동을 말한다. 유엔은 국제사회가 두 차례의 세계대전을 치른 끔찍한 경험을 바탕으로, 후세를 전쟁의 참화로부터 구하기 위해 설립한 기구로서, 전세계 국가들의 대부분인 191개국이 회원국으로 가입하고 있다. 유엔의 가장 중요한 임무는 세계 평화와 안정을 유지하는 것이다. 유엔 평화유지활동은 평화와 안정을 지키려는 국제사회의 노력이다. 따라서 유엔의 승인에 따라 전개되는 평화유지활동은 다국적군 위주의 대테러 전쟁과는 달리 국제사회의 지지뿐 아니라 법적 정당성과 명분이 확보된 활동이다.

선진화된 사회일수록 어린 학생들로부터 중·장년 및 노년층에 이르기까지 일반 국민들의 자발적 사회봉사 제도가 활성화되어 있다. 그 중에서 일정 연령이 지난 성인들의 참여가 활발한 것은 오늘의 자신이 있기까지 지역사회와 국가에 힘입은 바 크다고 생각하기 때문이다. 우리나라에서도 자원봉사 제도가 일반화되어 있고, 자원봉사를 "누군가 해야만 하는 일" 또는 "시민의 책임"으로 인식하고 있다.

역사적으로 볼 때, 대한민국 수립과 유엔은 불가분의 관계를 가지고 있다. 1947년 유엔은 제2차 총회 결의안을 통해 유엔 한국임시위원단(UNTCOK)의 감시 하에 통일정부 수립을 위한 자유 총선거를 실시토록 하는 결의안을 채택하였으며, 이듬해 제3차 총회는 대한민국 정부를 한반도 내에서 유일한 합법정부로 승인하였다. 뿐만 아니라 1950년 한국전쟁이 발발하자 안보리는 북한의 남침을 평화의 파괴로 규정하고 북한에 대해 즉각적인 정전 및 철군을 요구하는 결의안을 채택하고, 북한의 침략격퇴와 평화회복을 위해 필요한 원조를 각 회원국들에게 권고하는 결의안을 통과시킴으로써 유엔 역사상 군사적 강제조치를 위해 최초로 유엔군을 창설하는 근거를 마련하였다. 우리나라가 자유민주주의 국가를 건설하고 전쟁의 참화를 극복하여 오늘날 세계 굴지의 경제대국으로 성장하기까지 유엔의 개입과 지원에 힘입은 바 크다는 것은 부인할 수 없는 역사적 사실이다. 따라서 세계평화와 안정에 실질적으로 기여할 수 있는 유엔 평화유지활동에 적극 참여하는 것은 우리의 책임이자 의무로 인식해야 할 것이다.

1947년부터 시작된 유엔 평화유지활동은 2000년 소위 '브라히미 보고서(Brahimi Report)'가 발표된 이래 일대 변화와 개혁을 경험하고 있다. 이 보고서는 소말리아(1993년), 르완다(1994년), 보스니아(1992~1995년) 등에서 인종청소와 대학살을 막지 못하고 참담한 실패를 겪었던 뼈아픈 경험을 바탕으로 유엔 평화유지국(Department of Peacekeeping Operations : DPKO)의 능력 강화, 여단 규모의 유엔 상비군 창설, 신속배치능력 제고, 부여된 임무달성을 위한 강력한(robust) 교전규칙 등 향후 유엔 평화유지활동의 성공을 위한 일련의 청사진을 제시하였다.

브라히미 보고서는 회원국들의 폭넓은 지지와 공감을 받았으며, 유엔 평화유지활동 역사에 새로운 이정표를 수립한 것으로 평가되고 있다. 이 보고서가 발표된 직후 DPKO에 대한 대대적인 인력 보강, DPKO 군사부(Military Division)의 조직 개편 및 확충, 유사시 대규모 평화유지활동 미션의 설치에 대비하여 이탈리아 브린디시(Brindisi)에 위치한 유엔 군수기지(UN Logistics Base)에 전략물자 비축, 신속배치(Rapid Deployment)를 위한 유엔 상비체제 보완, 안보리에서 통과된 위임명령(mandate)의 성공을 보장하기 위한 강력한 교전규칙 수립, 군 위주로 이루어지던 평화유지활동을 법치, 선거, 인도주의적 구호, 난민보호 등 다차원적 범위로 확대 등 일련의 조직적이고 제도적인 보완 노력이 구체화되었다. 그 결과 라이베리아, 코트디브아르, 콩고, 아이티 등 최근에 신설될 미션들이 분쟁의 평화적 해결 및 항구적 평화 정착에 크게 기여함으로써, 바야흐로 유엔은 평화유지활동 분야에서 새로운 중흥기를 맞이하고 있다.

이 글은 평화유지활동에 관심이 있는 일반 국민, 학문적으로 연구하고자 하는 학생이나, 연구원, 장차 평화유지활동에 직접 참여하기를 희망하는 우리 장병들이 유엔 평화유지활동의 형성 배경, 법적 및 제도적 근거, 개념, 유엔 평화유지활동의 역사 등 이론적 측면과 함께 평화유지활동을 위한 부대창설 과정, 유엔 상비체제, 경비보전, 주둔군 지휘협정, 유엔 직원채용 등 실무적인 내용에 관하여 폭넓게 이해할 수 있도록 구성되어 있다.

먼저 제2장 '집단안보 이론과 국제연합'에서는 전쟁의 예방과 전쟁 발발 시 공동의 대처를 위한 집단안보 개념이 국제연맹과 국제연합이라는 현실정치에 접목되면서 실패와 성공을 경험하는 과정을 조망해 보았다. 제2장에서는 평화유지활동이 비록 국제사회가 세계 평화와 안전을 위해 취하고 있는 집단행동이지만, 법적인 의무에 따라 자동적으로 개입해야 하는 집단안보의 본래 개념과는 아무런 관련이 없다는 점을 분명히 하고 있다.

제3장 '집단안보 체제의 실험'은 인류를 전쟁의 참화로부터 구원하려는 원대한 구상에서 출발한 국제연합의 이론적 토대인 집단안보 이론이 국제연합 창설 직후에 인도네시아, 팔레스타인, 캐시미르 등에 적용되는 과정을 살펴본다. 냉전시대의 개막과 함께 시작된 동서 갈등과 이념적 분열로 계기로 팔레스타인 감시단(UN Truce Supervisory Organization in Palestine : UNTSO)으로 탄생함으로써, 훗날 유엔 평화유지활동의 새로운 시대를 개막하는 역사적인 출발점이 되었다.

제4장 '유엔 평화유지활동'에서는 평화유지활동의 개념과 원칙, 유엔 헌장과의 관계, 오늘날 평화유지활동의 모체가 된 '평화유지활동에 대한 합의지침 초안', 유엔 평화유지국(DPKO)의 편성 및 임무 등 평화유지활동 전반에

대한 내용들이 상세하게 기술되어 있다.

제5장 '평화유지활동 전개 과정'은 유엔 평화유지활동의 역사를 발췌하여 기록한 것이다. 유엔 창설 이래 현재까지 59회의 평화유지활동이 이루어졌으나, 본 저서에서는 그 중에서 대표적인 것으로 판단되는 총 16개 미션만을 대상으로 하였다. 16개 미션으로 한정하였다고는 하지만, 개별 미션의 모든 역사를 상술하는 것은 본 저서의 한계를 넘어서는 것이다. 따라서 16개 미션에서 나타난 특징적인 측면, 그리고 성공과 실패의 원인을 도출하는 데 중점을 두었다. 시간과 지면의 제약으로 인하여 각각의 평화유지활동 미션을 보다 체계적으로 비교 및 분석하지 못한 것이 여전히 마음의 부담으로 남아 있다. 우리 군의 성공적인 활동사례로 평가되는 동티모르를 비롯하여 라이베리아, 콩고, 아이티 등 비교적 최근에 창설된 지역을 포함시키지 못한 것도 본 저서의 한계로 지적되어야 마땅하다.

제6장 '다차원적 유엔 평화유지활동'은 2004년 유엔 사무국이 발간한 책자인 *Multidimensional UN Peacekeeping Operations*를 요약하여 번역한 것이다. 제6장은 정무, 민사, 공사, 지뢰제거, 민간경찰, 법과 질서, 인권, 성 주류화, 선거지원, 난민구호 등 전통적 군사활동을 넘어 오늘날 그 범위와 역할이 광범위에게 확대되고 있는 새로운 평화유지활동의 주요 측면들을 이해하는 데 도움을 줄 수 있는 것으로 기대된다.

제7장 '유엔 평화유지활동 실무'는 평화유지활동의 기획 및 부대창설 과정, 유엔 상비체제, 경비보전, 주둔군 지위협정 및 교전규칙, 유엔 직원 모습 등 평화유지활동 업무에 관련된 실무적인 내용들을 포함하고 있다.

제 2 장

집단안보 이론과 국제연합

I. 집단안보 이론

'모두를 위한 하나, 하나를 위한 모두(one for all, all for one)'라는 표현은
집단안보의 요체를 간결하게 나타내고 있다.[1] 집단안보의 핵심은 모든 국가
가 협력하여 어느 일국이 타국에 대한 강요(coercion), 특히 영토점령을 통해
이득을 보지 못하도록 방지하는 것이다. 이렇게 되면 어느 국가도 다른 모
든 국가들의 보복이 두려워 타국을 정복하거나 평화를 근본적으로 훼손하는
행동을 할 수 없게 된다. 어느 한 국가에 대한 공격은 모든 회원국들에 대
한 공격으로 간주된다. 주권국의 고유권한으로 인정되고 있는 자위(self-de-
fense)의 의미가 전쟁을 방지할 수 있는 국제사회의 권리로 확대되는 것이다.
다시 말해서, 집단안보 체제는 "시민사회에서 수행하는 경찰의 역할을 국제
사회에 적용"하는 것이다.[2] 모든 국가들은 압도적인 집단의 힘에 직면하여

---

1) Willliams, Geoffrey L. and Barkley J. Jones, *NATO and the Transatlantic Alliance in the
   21st Century: The Twenty-Year Crisis* (New York: Palgrave Macmillan, 2001), p. 87.
2) Thompson, Kenneth W., "Collective Security Re-examined," *American Political Science*

국제사회 일원으로서의 의무를 이행함으로써 집단안보에 도전하려 들지 않을 것이다.

집단안보의 핵심개념은 매우 간단한 것이어서, 이 용어는 때로는 부정확하게, 때로는 상이한 의미로 널리 사용되고 있다. 세계평화를 유지하기 위한 국제연맹이나 국제연합에 사용되기도 하고, 또 공동의 적에 대항하기 위한 동맹체제인 대서양 조약기구(NATO)나 바르샤바 조약기구(Warsaw Pact)를 지칭하는 데 사용되기도 한다. 바로 그런 이유로 일찍이 클라우드(Inis Claude)는 집단안보가 평화를 목적으로 하는 모든 국제적 노력을 지칭하는 용어로 오용될 가능성을 우려했던 것이다.[3]

벌(Hedley Bull)에 의하면, "집단안보의 원칙은 국제질서가 단지 세력균형 뿐 아니라, 체제에 대한 도전을 억제하고 실제로 도전이 발생할 경우 이에 대처하기 위한 국제사회 전체의 대리자로서 국가들의 집단(combination)이 행사하는 압도적 힘(preponderance of power)에 기초해야 한다는 사실을 암시한다."[4] 호프만(Stanley Hoffman)은 보다 정확하게 용어를 정의하기 위해, 집단안보를 "전체 또는 대부분의 국가들이 침략을 당한 국가를 구하거나 제재 또는 무력으로 범법자(wrongdoers)를 처벌"하는 개념이라고 주장하였다.[5] 고덴커와 와이스(Leon Gordenker and Thomas G. Weiss)는 비슷한 맥락에서 "모든 국가들의 정부가 그들 중 어느 누구도 타국에 강압을 행사하여 이득을 얻지 못하도록 방지하는 데 공동으로 참여"하는 것이 집단안보 개념의 요체라고 설명하였다.[6] 국방부는 집단안보를 "다수 국가가 상호간 전쟁을 금지

Review, XLVII (1953), p. 755.

3) Claude, Inis L. Jr., *Swords into Plowshares* (New York: Random House, 1971), Chap. 12.

4) Bull, Hedley, *The Anarchical Society: A Study of Order in World Politics* (New York: Columbia University Press, 1977), p. 239.

5) Hoffman, Stanley, "Delusions of World Order," *New York Review* 39, no. 7 (April 9, 1992), p. 38.

하고 만약 침략행위가 발생될 경우 침략국 이외의 체제 내 모든 국가들이 침략국에 대해 효과적 집단조치(정치, 외교, 군사)를 취함으로써 체제 내 어떤 국가가 다른 국가를 침략하는 것을 방지하고 제거한다는 안보개념으로, 가상적국을 상정하지 않는 것"이라고 정의하였다.[7]

따라서 집단안보는 동맹체제와 같은 선별적(selective) 안보와 구분되어야한다. 이는 특정한 동맹체제 외부에서 비롯되는 위협으로부터 동맹국의 안전을 지켜주는 데 그 목적이 있다. 냉전시대에 경험하였듯이, 선별적 안보는 정치 및 군사적 양극화(polarization)에 기여하고 지역 또는 국제차원의 불안감(sense of insecurity)을 초래한다.[8] 즉 동맹은 정치적 및 군사적으로 타 블록(bloc)에 대항하기 위한 블록의 형태를 취하는 것이 일반적이다.

비슷한 맥락에서, 집단안보와 집단방어(collective defense)를 혼동하거나 같은 의미로 사용하는 경우가 흔하지만, 양자 간에는 분명한 차이가 있다. 집단안보는 식별된(perceived) 또는 매우 가시적인(tangible) 적에 대항하기 위한 '동맹(alliance)'의 개념을 내포한다. 군사동맹은 명확하게 구분된 지리적 구역(a defined geographical area)과 선별적이고 제한된 회원자격(membership), 그리고 신중하게 정의된 상황에서만 가동되는 군사적 의무를 포함한다. 반면, 집단안보는 집단방어보다 훨씬 더 개방적인 공약(open-ended commitment)에 기초한다. 집단안보는 사전에 결정된(predetermined) 적을 지향하거나, 미리 결정된 국가 간의 연합(coalition)을 바탕으로 움직이지 않는다. 집단방어의 목적은 가상 적(敵)의 공격이나 위협으로부터 안전을 확보하는 것인 반면, 집단안보의 목적은 격렬한 도전(a violent challenge)으로부터 현상태(status quo)를

---

6) Ayoob, Mohammed, "Squaring the Circle: Collective Security in a System of States," in Weiss, Thomas G. (ed.), *Collective Security in a Changing World* (Boulder, Colorado: Lynne Rienner Publishers, 1993), p. 48.

7) http://www.mnd.go.kr/cms.jsp?p_id=00902060200000&dummy=1046909815180

8) Ayoob, "Squaring the Circle," p. 48.

유지하는 것이다.9)

　외관상 집단안보의 논리는 단순명료하지만, 과거 역사는 이 논리를 현실세계에 적용할 경우 많은 어려움이 수반된다는 점을 보여준다. 첫째, 이미 적국과 우방의 구분이 명확할 경우 일부 국가들은 집단적 제재조치에 참여하기를 꺼린다. 예컨대, 냉전시절 미국이 NATO 회원국, 또는 소련이 바르샤바 조약기구에 속한 동구 회원국을 응징하기 위한 유엔 제재에 동참하는 상황은 생각할 수도 없는 것이었다. 둘째, 강대국에 관련된 문제로서, 미국, 영국, 소련(러시아), 중국, 프랑스 등 핵무기 보유국을 상대로 집단안보 조치를 강구해야 할 경우에는 상상을 초월하는 난관에 봉착하게 될 것이다. 강대국이 명백한 침략행위를 저질렀을 경우라도, 집단안보 조치가 대량파괴를 초래한다면 이를 정당화시키기 어려울 것이다. 셋째, 집단안보를 지원하는 국가들은 이로 인한 직·간접적인 피해를 감수해야 하는 문제가 있다. 일례로 경제제재는 양날의 칼과 같은 것이어서, 제재 대상국뿐 아니라 제재를 가하는 국가들에게도 피해를 입힌다. 국제연맹 당시 회원국이었던 스위스는 무솔리니의 에티오피아 침공 후 이탈리아에 대한 경제제재에 동참하지 않았는데, 그 이유는 이탈리아에 의존하고 있는 자국 경제에 미칠 타격을 우려했기 때문이다. 넷째, 집단안보 개념의 전제는 모든 피해국(victims)이 똑같은 비중으로 고려될 것이라는 점이다. 말하자면 국제사회는 미국이나 독일에 대한 공격이건, 쿠웨이트나 보스니아에 대한 공격이건 동일하게 간주하고 집단적인 조치를 강구한다는 것이다. 그러나 역사를 놓고 볼 때, 동맹국 여부를 떠나서 대다수의 국가들이 어떤 국가를 방어할 가치가 있는지에 관해 차이점을 나타내는 것은 사실이다. 예를 들면, 1990년대 초 미국은 50여 만명의 병력을 앞세운 사막의 폭풍작전(Operation of Desert Storm)으로 전력을

---

9) Williams and Jones, *NATO and the Transatlantic Alliance in the 21st Century*, p. 88.

기울여 이라크에 점령된 쿠웨이트를 '해방'시켰지만, 1995년 데이튼 협정 (Dayton Accords)이 체결될 때까지 인종청소와 무력충돌로 유혈이 낭자한 보스니아 사태에는 개입하기를 주저하였다. 쿠웨이트가 미국은 물론 동맹국들에게 중요한 산유국인 반면, 보스니아는 별다른 전략적 가치가 없는 지역이라는 사실은 미국의 대외정책이 상이한 대응책을 강구하도록 만든 근본적 원인이다. 오늘날 세계화의 영향으로 상호의존성(interdependence)이 증대되고 있으나, 여전히 자국의 국가이익에 별다른 영향이 없는 국가를 위해 앞장서서 집단안보를 적용하는 것은 매우 어려운 것이 현실이다.

하스(Ernst B. Haas)는 집단안보의 내재적 문제점과 유엔과의 관계에 대해 매우 유용한 관점을 제공해 주고 있다. 하스는 집단안보의 본래 개념(original concept)이 실패하였다는 데서 출발한다. 여타의 대안보다는 이념적 및 규범적(normative) 전제가 더욱 분명하였음에도 불구하고, '보편적인 도덕적 의무 (universal moral obligations)'에 기초한 집단안보의 개념은 한 번도 만개된 적이 없었다. 하스는 집단안보를 유엔 내에서 국가들이 균형을 이루어가는 과정(a process of balancing)으로 파악하였다. 즉 유엔 내에서 특정 이슈가 발생하면 이에 대해 '임시 다수(ad hoc majorities)'가 등장하여, 강대국이 자국의 의지를 항상 일방적으로 관철시키지는 못하게 되며, 이러한 과정을 통해 다른 국가들의 선호(preferences)도 부분적으로 반영하는 방식으로 정책이 수정된다. 이러한 균형과정은 유엔이 특정국 집단의 도구가 되는 현상을 방지하려는 회원국들의 노력을 반영하는 것이다.10)

하스에 의하면, 갈수록 '집단안보'라는 용어는 본래의 고유한 의미를 상실하고, '집단방어' 또는 '집단행동(collective action)'을 나타내는 여러 형태의 약정(arrangements)에 적용되고 있다. 많은 사람들이 NATO라는 지역안보기구

---

10) Sheehan, Michael, *The Balance of Power: History and Theory* (New York: Routledge, 1996), pp. 160-162.

를 집단안보의 전형인 것으로 잘못 인식하고 있는 것은 이러한 이유 때문이
다.11) NATO는 소련과 동구권이라는 인지된 위협에 대한 공동방위의 약속
에 근거한 것이지, 군사력 사용이나 침략행위의 억제와는 아무런 관련이 없
는 것이다. 이와 유사하게, 유엔 평화유지활동은 1945년 이후 국제사회가
안보분야에서 취하고 있는 집단행동이지만, 각국의 직접적 이해관계와는 아
무런 관계가 없이 법적 의무에 근거한 자동적 대응을 의미하는 본래의 집단
안보와는 어떠한 유사점도 가지고 있지 않다. 따라서 유엔 평화유지활동을
언제, 어떤 국가가 침략을 받을 경우에도 모든 국가가 이에 대항해야 하는
의무를 반영하는 것이라고 보는 것은 잘못된 시각이다.

II. 국제연맹의 전신

국제연맹과 국제연합의 창시자들은 영원한 평화에 대한 환상을 갖지 않
았다. 두 차례의 세계대전에서 원하지 않은 전쟁에 끌려 들어갔던 이들 국
가의 대부분은 자신의 운명을 지키기 위해서는 조기에 평화를 수호하기 위
한 조치가 필요하다는 사실을 깨달았다. 기존질서를 위협하는 국가에 대한
응징조치를 허용하는 제도가 자국의 국가이익에 기여한다는 인식은 집단안
보체제를 가능케 한 원동력이었다.
역사적으로 볼 때, 집단안보의 개념이 최초로 등장한 것은 중세시대 끝
무렵의 일이다. 이 개념은 만일 모든 국가들이 압도적 무력을 사용하여 침
략자에 공동으로 대응한다면 당시 유럽에서 일상적으로 벌어지고 있던 전쟁
을 억제(curb)할 수 있을 것이라는 믿음과, 직접적인 위협을 받지 않더라도

---

11) *Ibid.*

기꺼이 집단행동에 참여하려는 개별국가의 의지에 기초한 것이었다. 그러나 이것은 '우리'와 '그들', 유럽과 그 외의 지역(아시아, 아프리카)을 확연히 구분 짓는 지역적 이해관계, 유대(ties) 및 태도를 그 바탕으로 하였다는 점에서 국제연맹이나 국제연합의 정신과 근본적인 차이가 있다. 즉 평화를 유지하려는 궁극적인 목적은 외부의 적으로부터 기독교 사회(Christian community)를 지키는 것이었다.12)

필립 4세(Philip the Fair)13)의 고문관이었던 뒤부아(Pierre Dubois)는 '성지회복(The Recovery of the Holy Land, 1306)'에서 신성로마제국에 속한 국가들이 중재를 통해서 분쟁을 해결하고,14) 이를 위반한 국가에 대해서 집단적 조치를 취할 것을 건의하였다. 이 건의는 집단안보라기보다는 20세기 중반에 등장한 집단방어(collective-defense) 조약에 가까운 것이었다.15) 콘스탄티노플의 함락으로 동로마제국이 멸망(1453)한 지 9년이 지난 1462년 보헤미아의 조지 왕(King George of Bohemia)은 유럽 국가들에게 기독교 세계에 대한 회교세력의 침입을 격퇴시키기 위한 집단적 군사행동에 동참할 것을 호소하였다.16) 1610년 프랑스의 설리 대공(Duke of Sully)은 "대구상(The Great Design)"에서 유럽의 안보를 유지하기 위한 국가연합(a federation of states)과 평화강제 기능을 수행할 수 있는 다국적군 창설을 제의하였다.17) 요컨대, 17

12) Lorenz, Joseph P., *Peace, Power and the United Nations - A Security System for the Twenty-first Century* (New York: Westview Press, 1999), p. 9.
13) 필립 4세(1285~1314)는 프랑스 위그 카페왕조(10세기~14세기 초반)의 11대 왕으로, 전비조달을 위한 조세에 반대하는 교황청과 대립하다가, 아비뇽 유수(1309~1376)를 통해 교황권을 제압한 것으로 유명하다.
14) 뒤부아는 새로운 질서를 위협하는 분쟁은 당시 가톨릭 세계의 수장이었던 교황이 중재해야 한다고 주장하였다. Mingst, Karen A. and Margaret P. Karns, *The United Nations in the Post-Cold War Era* (New York: Westview Press, 1995), p. 15.
15) Larus, Joel, *From Collective Security to Preventive Diplomacy* (New York: John Wiley, 1965), pp. 1-5.
16) *Ibid,* p. 3.

세기 초까지 등장하였던 집단안보 개념은 유럽의 기독교 국가들과 기타 국가들의 구분을 전제로, 비기독교 세력의 위협에 대응하기 위한 지역적 차원의 편협한 이익(parochial interests)을 추구하는 데 머물렀다.

베스트팔렌 조약(1648) 이후 유럽은 인구와 지리적 규모면에서 명실상부한 "국제(global)"체제로서의 면모를 보이기 시작하였다. 국제연맹이나 국제연합과 마찬가지로 베스트팔렌 체제는 30년 전쟁이라는 대규모의 파멸적 재난을 겪은 후 등장하였다. 이 체제는 여하한 일탈(dissent)도 허용치 않는 봉건시대의 중앙집권적 질서에 대한 반작용으로 모든 국가의 주권적 평등을 인정하였다. 이론상 국제체제는 각국의 평등(equality)에 기초하였으나, 국가들 간의 불평등(inequalities)은 엄연한 현실이었다. 이로 인해 "무정부적 사회(anarchical society)"가 될 수도 있는 국제체제에 질서와 안정을 부여하기 위한 제도적 노력이 지속적으로 이루어졌다. 패권국 출현을 막기 위한 세력균형(balance of power), 국제법, 국가 간 쟁점사안 해결을 위한 외교회의(diplomatic conferences), 갈등보다 협상을 선호하는 외교적 관행 등이 그것이다. 이러한 규범을 명문화하고 시행 및 감독 역할을 수행하는 국제기구는 국제사회에 필수불가결한 요소이다.18)

나폴레옹 전쟁을 종결한 1815년 빈 회의(Congress of Vienna)에서 평화를 유지하려는 국가들에 의한 근대적 시도가 처음으로 이루어짐으로써, 20세기 국제기구 출현의 토대가 마련되었다. 나폴레옹 황제의 패배 이후 러시아, 프러시아, 영국, 오스트리아 등 전승국들은 새로운 유럽의 질서를 결정하기 위한 회의를 소집하였다. 이들은 여타 약소국들을 포함하여 외교정책의 상호

17) *Ibid*, p. 4.
18) Watson, Adam, "European International Society and Its Expansion," in Hedley Bull and Adam Watson (eds.), *The Expansion of International Society* (Oxford: Oxford University Press, 1986), pp. 23-25.

협조를 통해 침략을 억지하고 장차 나폴레옹과 같은 정복자의 출현을 막기 위한 세력의 균분(distribution of power)에 역점을 두었다.

회의 참여국들은 주기적으로 회동하기로 합의하였으나, 저마다 세력의 극 대화를 추구하는 현실정치(realpolitik)의 관점에서 볼 때 빈 체제는 지나치게 몽상적인 것이었다. 머지않아 빈 체제는 강대국간 이해관계의 조정을 주목 적으로 하는 유럽협조(Concert of Europe)체제로 대체되었다. 유럽협조체제는 원치 않는 미래 분쟁의 예방보다는 영토분할 및 국경선 재조정 등 당면한 국제현안의 해결[19]에 초점을 맞추었으며, 1830년부터 1884년까지 17회에 걸쳐 주기적으로 회동하였다. 유럽협조체제는 국가들 간 외교관계를 촉진하 고 유엔 안보리와 유사한 집행이사회(executive council)의 기원을 확립하였 다.[20] 특히 클라우제비츠(Carl von Clausewitz)는 유럽협조를 가리켜 "초보적 이지만 상호의존성(interdependence)과 공동이익에 대한 유럽 국가들의 인식 이 증대되고 있음을 나타내는 표징(manifestation)"이라고 언급하였다.[21] 이처 럼 이해관계를 공유하는 지역공동체는 현대적 의미의 국제기구 출현에 필수 적인 전제조건이다.

유럽협조체제가 정착된 이후, 무려 약 100년에 걸쳐 유례없는 평화시대를 구가하였던[22] 18~19세기 유럽은 소위 "구 외교(Old Diplomacy)"의 전성기였 다. 제1차 세계대전 이전까지 구 외교는 독립국가의 정부가 상호 교류할 수 있는 무대를 제공하였다. 구 외교는 자국 정부를 위해 정보원(informants)이

---

19) 예컨대, "오스트리아는 네덜란드를 포기하는 대신 이탈리아의 롬바르디아와 베네치 아를 얻는다. 프러시아는 작센의 북부와 라인지방을 얻고, 영국은 마르타 섬, 케이프 식민지, 세이론 등을 얻는다."
20) 유럽협조체제와 유엔 안보리의 유사성에 대한 보다 상세한 내용은 다음을 참조할 것. Lorenz, Peace, *Power and the United Nations*, p. 12.
21) Claude, *Swords into Plowshares*, p. 22.
22) Kissinger, Henry, *Diplomacy* (New York: Oxford University Press, 1967), pp. 77-79.

자 중개인(intermediaries)으로서 이중적 역할을 수행하였던 대사와 장관들의
상호교환으로 이루어졌다. 이 기간 동안 약소국들도 각종 회의에 활발하게
참여하였으나, 이들은 곧 강대국을 설득하는 데 한계가 있다는 사실을 발견
하였다. 구 외교 시대는 유럽 강대국들의 독무대였다. 그러나 헤이그 회의를
계기로 외교의 판도가 현저히 변화하기 시작하였다.

1899~1907년 사이에 개최된 헤이그 회의(Hague conferences)는 전쟁법을
규정하였다. 1차 헤이그 회의(1899. 5. 18~7. 29)에서는 군비감축에 합의하지
못했으나, 독가스, 풍선을 사용한 공중폭격 등을 금지시켰다. 2차 헤이그 회
의(1907. 6. 15~10. 18)에서는 해상기뢰 사용 금지, 지상 및 해상에서의 전쟁
조약에 합의하였다. 이와 같이 헤이그 회의에서는 '유럽협조'보다 포괄적인
문제를 논의했으며, 유럽 이외 지역의 몇몇 국가들도 참석하였다. 처음에는
비유럽 국가가 26개 참가국 중 5개국에 불과했지만, 1907년에는 44개국 가
운데 24개국으로 급증하였다. 헤이그 회의는 남미 등 비유럽권을 포함한 전
세계 각국이 국제적 안보체제의 회원으로 가입한 최초의 사례로서, 전쟁수
행을 규정하는 국제법뿐 아니라 국제분쟁 해결을 위한 상설중재재판소(Per-
manent Court of Arbitration)의 토대를 마련하여, 훗날 유엔 총회의 전신이 되
었다.23) 아울러, 헤이그 회의에서 최초로 사용된 의장 선출, 위원회 구성,
호명식 투표(roll call votes)24) 등의 다자적 외교 관행은 20세기 국제기구의
중요한 특징으로 정착되었다.25)

1914년 제1차 세계대전이 발발하자 미국을 중심으로 미래의 전쟁을 예방

---

23) 1, 2차 헤이그 회의에 관한 보다 상세한 내용은 다음을 참조할 것. Forsythe, David
   P., *Humanitarian Politics: The International Committee of the Red Cross* (Baltimore: Johns
   Hopkins University Press, 1977); The Geneva Conventions of August 12, 1949;
   Protocols Additional to the Geneva Conventions of 12 August 1949 (Geneva: ICRC, 1989).
24) 투표절차의 일종으로서, 의원 또는 대표들이 호명을 받은 후 투표 또는 기권 여부를
   확인하는 방식을 말한다.
25) Mingst and Karns, *The United Nations in the Post-Cold War Era*, p. 17.

하기 위한 국제기구 창설에 대한 관심과 기대가 증대되었다. 1915년 6월 1일, 자신의 주도로 조직된 "평화강제연맹(the League to Enforce Peace)"에서 태프트(William H. Taft, 1909~1913) 대통령은 국가들이 "합리적이고 평화적 수단을 사용하도록" 겁을 주기 위해서는 군사력이 필요함을 역설하였다.[26] 평화강제연맹은 장차 국제분쟁을 중재(arbitration)를 통해서 해결하고, 평화적 해결을 거부하는 국가들에 대해서는 제재를 가해야 한다는 인식을 확산시켰다.[27] 1916년 1월 27일 윌슨 대통령은 육군 및 해군의 전력증강의 필요성을 제기하면서, 미국의 목적은 자국뿐 아니라 위기 상황 발생 시 다른 모든 국가들의 권리를 보호하는 것이라고 언급하였다.

제1차 세계대전의 발발을 계기로 은밀성과 폐쇄적 성격, 자국의 이득을 위한 전쟁의 위협, 양자적 차원을 넘어서는 이슈들에 대한 비효과적인 대처 방식 등 "구 외교"에 대한 공개적 비판과 재평가가 이루어짐에 따라 소위 "신 외교(New Diplomacy)"가 등장하였다. 신 외교는 중재와 집단안보를 무력 분쟁을 방지하는 가장 확실한 수단으로 간주하였으며, 국제적 성격의 정치, 경제, 사회, 인도주의 및 기술적 문제를 해결하기 위한 국가 간의 협력을 강조하였다. 보다 광범위한 국제기구의 필요성에 입각한 신 외교는 훗날 국제 연맹의 기초가 되었다.[28]

---

26) Barlett, Ruhl J., *The League to Enforce Peace* (Chapel Hill: University of North Carolina, 1944), pp. 3-47.

27) Marburg, Theodore, *Development of the League of Nations Idea* (New York: Macmillan, 1932).

28) Knock, Thomas J., *To End All Wars: Woodrow Wilson and the Quest for a New World Order* (New York: Oxford University Press, 1992), pp. 36-37.

III. 국제연맹의 탄생과 실패

"모든 전쟁을 종결시키기 위한 전쟁(war to end all wars)"이라 불리는 제1
차 세계대전이 끝난 직후, 국가 간 폭력을 방지하기 위한 수단을 강구해야
한다는 폭넓은 공감대가 형성되었다.[29] 국제연맹(League of Nations)의 개념
을 최초로 제시한 것은 영국 정부였다. 1918년 초 영국 외무상이던 밸푸어
경(Lord Balfour)은 "국제연맹 위원회(Committee on the League of Nations)"를
창설하였으며, 이에 따라 그해 3월 "필리모어 계획(Phillimore Plan)"이라는
제하의 보고서가 제출되었다. 이 보고서는 중재를 통한 분쟁 해결을 먼저
모색하지 않은 채 회원국들이 서로 전쟁을 일으키지 않을 것을 합의하는
"동맹국 회의(Conference of Allied States)"를 구성하고, 중재에 의한 평화적
수단에 우선적으로 호소하지 않고 전쟁을 일으키는 회원국들에 대해서는 경
제제재를 포함한 경제적 및 군사적 제재를 가할 것을 건의하였다.[30] 1918년
6월 프랑스 정부가 국제연맹 제안에 관한 초안을 제출하고, 1919년 초 우드
로 윌슨은 이에 대한 2차 초안을 작성하였으며, 1920년 1월 20일 베르사유
회담에서 국제연맹 규약(League of Nations Covenant)이 공식 발의되었다.

연맹규약은 집단안보체제의 맹아(germ)를 내포하고 있다. 10장은 전형적
인 집단안보 개념을 적용하여 각 회원국들에게 "외부 침략에 대해 영토적
일체성(territorial integrity)과 모든 회원국들의 기존의 정치적 독립성을 존중
및 보호해야 할" 의무를 부과하였다. 11장은 집단안보의 기본 원칙에 해당
하는 것으로서, "연맹 회원국에게 직접 영향을 주건 주지 않건 간에, 여하한

---

29) Feld, Werner J. and Robert S. Jordan, *International Organizations: A Comparative Approach* (New York: Praeger, 1994).
30) Miller, David Hunter, *The Drafting of the Covenant* (New York: G. P. Putnam's Sons, 1928), vol. 2, document 1-6.

제1차 국제연맹 총회(1920년, 제네바)

전쟁 또는 전쟁의 위협은 연맹 전체의 관심사(a matter of concern)"라고 명시하였다. 16장은 회원국들의 책임과 의무에 대한 것으로, 회원국들은 전쟁에 호소하는 행위를 회원국 모두에 대한 사실상의(ipso facto) 전쟁선포로 간주하여 최후의 수단으로서 집단적으로 군사제재(military sanctions)를 가할 수 있도록 규정하고 있다.[31]

　연맹의 양대 주요기관은 모든 회원국들로 구성되고 매년 회동하는 총회(Assembly)와 위기사태에 대처하기 위해 수시로 개최되는 강대국으로 구성된 이사회(Council)이다. 4개 상임이사국과 4개 비상임(elected)이사국으로 구성된 이사회는 강대국의 특권을 상징하며, 분쟁의 해결, 제재의 강제, 평화적 해결책의 이행 등을 책임지는 최고기관이다.[32] 그러나 세계평화를 위협하는 사안들은 이사회가 다루지만, 경우에 따라서는 총회에 회부될 수도 있다. 이처럼 총회와 이사회 간 역할구분이 불분명하여 모든 이슈들이 두 기관에 동시에 제기되었다. 국제연맹은 평화적 해결과정이 완료되기 이전에는 자위 목적을 제외하고는 무력을 사용하지 않는다는 각국의 공약에 의존하였으며, 적어

---

31) Miller, *The Drafting of the Covenant*, p. 241.
32) Mingst and Karns, *The United Nations in the Post-Cold War Era*, p. 18.

도 표면상으로는 개별국가가 스스로 분쟁을 해결하지 못할 경우 국제연맹에
이 문제를 제기해야 할 법적인 의무(legal obligation)가 있음을 명시하였다.

그러나 국제연맹은 처음부터 실패할 수밖에 없는 몇 가지 결함을 안고
있었다. 첫째, 국제연맹의 창시자는 우드로 윌슨 대통령이었으나 의회의 비
준거부로 미국이 회원국으로 가입하지 못함으로써,33) 집단안보체제로서의
신뢰성과 위상에 결정적인 타격을 입었다. 그 후, 일본은 1931년, 독일은
1933년, 이탈리아는 1937년에 잇따라 국제연맹에서 탈퇴하였다. 둘째, 연맹
규약은 전쟁을 수행할 수 있는 권리는 제한하였으나 불법화(outlaw)시키지는
않았다. 이는 비록 실천에 옮겨지지는 못하였으나 적어도 전쟁을 불법으로
규정한 1928년의 켈로그-브리앙 조약(Kellog-Briand Pact)34)에도 미치지 못하
는 것이어서, 개별국가가 전쟁을 일으킬 수 있는 가능성을 암묵적으로 인정
하는 결과를 초래하였다. 셋째, 의사결정 과정에 과다한 시간이 소요되고 그
나마 만장일치가 전제되어야 하기 때문에 중대한 사안에도 무기력한 모습을
보였다. 더욱이 회원국들이 만장일치로 결정하지 못할 경우 각자의 견해를
표명하는 것이 "다수(the majority)에게는 의무이자 소수(the minority)에게는
권리"였으며, 분쟁 당사자들은 각자의 판단에 따라 3개월 이후에는 적대행
위를 재개할 수 있게 되어 있었다.35) 넷째, 잠재적 적대관계에 있던 독일과
프랑스는 상호불신으로 인하여 집단안보보다는 자국의 국익을 극대화하는
데 더 많은 관심을 보였다. 그 결과 국제연맹은 강대국이 존중하는 권위 있
는 결정을 내릴 수 없었다. 다섯째, 때마침 닥친 경제 대공황(Great Depres-
sion)으로 인하여 국제연맹이 일탈국가에 대해 경제제재 조치를 취하는 것은

33) Ambrosius, Lloyd E., *Woodrow Wilson and the American Diplomatic Tradition: The Treaty Fight in Perspective* (New York: Cambridge University Press, 1987), pp. 153-160, 208.
34) 조약 전문은 http://www.yale.edu/lawweb/avalon/kbpact/kbpact.htm 참조.
35) Mander, Linder A., *Foundation of a Modern World Society* (California: Stanford University Press, 1948), p. 59.

사실상 불가능하였다. 이로써 스페인 내전에 이탈리아, 독일, 소련이 개입하고, 일본이 만주를, 이탈리아가 아비시니아(Abyssinia)를, 독일이 슈데텐란트(Sudetenland)를 침공하여도 속수무책이었다.

또다시 전세계에 전쟁의 어두운 그림자가 서서히 드리우기 시작하였고, 1939년 독일이 폴란드를 침공함으로써 집단안보체제로서의 국제연맹은 사실상 기능을 상실하였다. 제2차 세계대전의 발발로 1946년 국제연맹은 공식적으로 해체되었다. 이로써 집단안보 개념을 제도화하려던 국제연맹의 실험은 실패로 끝났다. 회원국들은 규약의 원칙을 준수할 것임을 공언하였지만, 자신들의 의무가 무엇인지를 제대로 파악하지 못하였다. 국제연맹의 역사는 "집단안보의 원칙을 한껏 고양시키려 노력하였다가, 나중에는 그 적절성을 감소시키려 애썼던 기이한 노력의 혼합"이었다.36) 그럼에도 불구하고, 국제연맹은 세계 어느 지역에서 발생하건 간에 어느 한 국가의 침략행위는 국제사회 전체의 관심사가 된다는 인식을 확산시키는 데 기여하였다.37)

IV. 국제연합의 기원

국제연맹의 실패로 집단안보의 자체가 부정된 것은 아니었다. 그와는 정반대로, 세계질서의 철저한 붕괴는 개선된 형태의 집단안보체제의 필요성과 이를 달성하기 위한 더욱 단호한 결의를 불러일으켰다. 당시의 전형적 견해를 반영하여 국무장관 헐(Cordell Hull)은 미국이 제1차 세계대전을 맞이한

---

36) Inis L. Claude, *Power and International Relations* (New York: Random House, 1962), p. 153.
37) Morgenthau, Hans J., *Politics Among Nations* (New York: Alfred A. Knopf, 1961), pp. 470-71.

것은 "평화의 대가(price), 국가들 간 권리와 자유수호의 대가를 국제적 의무로 받아들여야 한다는 간단하면서도 근본적인 사실을 무시했기 때문"이라고 말했다. 나아가 그는 "법치(rule of law)에 성공적으로 도전할 수 없도록 하는 데" 필요한 무력 사용 능력을 보유한 평화기구의 필요성을 역설하였다.[38]

국제연합의 토대가 마련된 것은 제2차 세계대전이 한창 진행 중이었을 때의 일이다. 미국이 참전을 선언하기 4개월 전인 1941년 8월, 루스벨트(Franklin D. Roosevelt) 대통령은 영국의 윈스턴 처칠(Winston Churchill) 수상과 대서양 헌장(Atlantic Charter)[39]에 합의하였다. 대서양 헌장은 1942년 연합국 선언의 기초가 되었다.[40] 이 헌장에서 처칠은 전후 강력한 집단안보체제 구축을 희망하였으나, 의회의 반대를 우려한 루스벨트는 완곡한 표현을 선호하였다. 그럼에도 불구하고, 1942년 1월 1일 미국과 소련을 비롯한 26개국 정부는 "연합국 선언(Declaration of the United Nations)"[41]에 서명하였다. 연합국 대표들은 대서양 헌장의 목적과 원칙을 재확인하고, 전쟁 승리를 위해 모든 군사적, 경제적 수단을 총동원할 것임을 선언하는 한편, "보다 항구적인 국제안보체제"의 출현을 위한 공동노력을 천명하였다. 이 선언에서 "국제연합(United Nations)"이라는 용어가 처음으로 사용되었는데, 원래는 추축국(Axis Powers, 독일, 이탈리아, 일본)에 대항하는 연합국들을 지칭하는 것이었다.

---

38) United States Department of State *Bulletin*, VII (July, 1942), p. 639.

39) Rosenman, Samuel (ed.), *Public Papers and Addresses of Franklin D. Roosevelt, vol. 10 (1938-1950)* (New York: DaCapo Press, 1972), p. 314. 영토 확장 및 침략 반대, 주권 존중, 국가 간 경제협력, 공포와 빈곤으로부터의 자유, 항해의 자유, 국제안보체제 확립 등 8개항으로 되어 있으며, 미국의 사실상의 참전 선언인 동시에 국제연합의 제도적 기초를 제공하였다.

40) Mingst and Karns, *The United Nations in the Post-Cold War Era*, p. 19.

41) 전문은 www.presidency.ucsb.edu/site/docs/pppus.php?admin=032&year=1942&id=1 참조. 선언문 제목은 "Joint Declaration of the United Nations on Cooperation for Victory"로서, 전쟁에서의 승리를 위한 연합국 간의 협조 선언이 목적이었다.

연합국은 1943년 10월 30일 모스크바 외상회의(미국, 영국, 중국, 소련)에서 국제평화와 안전의 유지를 위한 국제기구 창설의 필요성에 합의하였다.[42] 모스크바 선언(Moscow Declaration)에서 강대국들은 가능한 빠른 시기에 모든 평화애호국들의 주권평등 원칙에 입각한 국제기구를 설립하고, 국제평화와 안전의 유지를 위해 대소를 불문한 모든 국가들에게 가입자격(membership)을 개방해야 할 필요성을 인식하였다.[43] 모스크바 선언은 모든 회원국의 주권 평등 원칙을 천명하고 지역단위가 아닌 국제적 규모의 평화체제에 대한 바 탕을 제공함으로써, 훗날 유엔의 등장에 기념비적 역할을 수행하였다.

1943년 12월 1일 테헤란 회의에서 모스크바 선언의 원칙이 재확인되었으 며, 이듬해 8~10월 미국의 덤바턴 오크스(Dumbarton Oaks) 회담에서 국제연 합의 골격이 형성되었다. '대서양 헌장(Atlantic Charter, 1941),' '국제연합 선언 (Declaration of United Nation, 1942),' 및 '모스크바 선언(Moscow Declaration, 1943)' 등 세 가지 문서는 이 회담이 성공적으로 개최 및 진행될 수 있는 모 멘텀을 제공하였다.[44]

이 회담은 두 차례로 나뉘어 진행되었다. 8월 21일에서 9월 28일까지 열 린 1차 회담에는 영국, 미국, 소련이, 9월 29일부터 10월 7일까지 2차 회담 에는 영국, 미국 및 소련을 대신한 중국이 각각 참석하였다. 1944년 10월 7 일 커뮤니케 형식으로 발표된 "국제기구 설립에 관한 제안(Proposals for the Establishment of a General International Organization)"[45]을 통해 참가국들은 국

---

42) 전문은 http://home.earthlink.net/~platter/nuremberg/moscow-conference.html 참조.

43) Saksena, Krishan P., *The United Nations and Collective Security - A Historical Analysis* (Delhi: D.K. Publishing House, 1974), pp. 26-27.

44) Fetherston, A. B., *Towards a Theory of United Nations Peacekeeping* (New York: St. Martin's Press, 1994), p. 1.

45) UN Information Organization and US Library of Congress, *Documents of the United Nations Conference on International Organization,* 16 vols. (London and New York: UN Information Organizations, 1945-54), III, pp. 2-17.

제연합의 목적, 원칙, 구성, 기능 등을 포함한 전문 12장의 헌장 초안에 합의하였다.[46]

덤바턴 오크스 회담은 샌프란시스코에서 논의될 주요사안들에 대한 기초를 제공하였다. 총회(Assembly)는 모든 회원국들을 대표하지만, 세계평화 유지를 위한 핵심기구는 전승국들로 구성된 안보리(Security Council)이다. 가장 중요한 문제인 강제행동(enforcement action)은 안보리에서만 다루도록 하고, 5개 상임이사국의 만장일치에 의하지 않고는 여하한 결정도 내릴 수 없도록 하였다. 회담 참여국들은 지역안보 약정(regional security arrangements)도 거론하였으나, 강제행동을 취하는 문제에 있어서는 국제연합의 하부기관이 되도록 하였다. 한마디로 덤바턴 오크스 회담이 상정하는 안보체제는 집단안보에 대한 윌슨식 개념(Wilsonian concept)과 전승국들에 의한 협조체제(concert system)를 절충시키고, 여기에 지역약정을 가미시킨 형태로 나타났다.[47]

1945년 2월 11일 개최된 얄타 회담(Yalta Conference)에서는 가장 민감한 사안이었던 안보리에서의 표결절차 문제가 해결되고, 4월 25일 샌프란시스코에서 열릴 회의에서 "덤바턴 오크스의 비공식 회담에서 제안된 연장선상에서" 국제기구 헌장을 제출키로 합의하였다.

1945년 4월 샌프란시스코에서 "국제기구에 관한 연합국회의(the United Nations Conference on International Organization)"가 개최되었다. 참여국들은 효과적인 안보체제를 탄생시키는 것이 필요하다는 최소한 한 가지 사안에 대해서는 의견을 일치를 보였다. 회담 개막 직후 여러 국가들이 행한 기조연설의 골자는 단 한 가지였다. 즉 우리는 집단안보체제를 만들기 위해 여기에 와 있고, 집단안보체제는 필요하다면 무력으로 평화를 유지할 수 있는 국제기구의 형태를 취해야 한다는 것이었다. 룩셈부르크 대표인 베크(Joseph

---

46) 전문은 www.trumanlibrary.org/whistlestop/study_collections/un/large/un_charter/ 참조.
47) Saksena, *The United Nations and Collective Security*, p. 31.

덤바턴 오크스 회담(1942년, 워싱턴 D.C.)과 회담장의 외관(왼쪽)

Bech)는 당시의 지배적인 견해를 반영하여 이렇게 갈파하였다. "만일 지도자들이 또 한 차례의 전쟁으로 곧장 달려가게 만드는 군비경쟁을 불가피하게 초래할 세력균형 정책으로 되돌아간다면, 세계의 국민들은 그들의 지도자들을 결코 용서하지 않을 것이다. 평화의 보호는 오로지 집단안보의 토대에서만 보장될 수 있는 것이다."[48]

세계평화 유지를 위한 효과적인 국제기구의 출현에 대한 강렬한 욕구에 따라 샌프란시스코 회담에 참여한 각국의 대표들은 덤바턴 오크스에서 제안된 집단안보체제의 기본적 골격을 "거의 아무런 토론도 거치지 않고" 채택하였다.[49] 그러나 5대 전승국(미국, 영국, 프랑스, 중국, 소련)을 제외한 나머지 국가들은 안보리 상임위의 권한을 견제 및 약화시키기 위한 여러 가지 수정안을 제출하여, 이를 둘러싸고 2개월간 참여국들 사이에 격론이 벌어졌다. 지역약정(regional arrangements), 거부권, 안보리 구성, 총회의 역할 등이 논란의 주제였다.

먼저, 아랍연맹(Arab League), 전미체제(Inter-American System), 영연방(British

---

48) UN Information Organization and US Library of Congress, *Documents*, I, pp. 502-3.
49) Russell, Ruth B. and Jeanette E. Muther, *A History of the United Nations Charter* (Washington, D.C.: Brookings Institution, 1958), p. 646.

Commonwealth) 등 지역약정에 이미 상당한 정치적 투자를 진행 중이던 국가들은 세계평화와 안전에 관해 폭넓은 권한을 요구하였다.[50] 특히 남미국가들은 자신들의 입장을 강화시키기 위해 샌프란시스코 회담 직전에 채택한 멕시코 선언(the Act of Chapultepec at Mexico City, 1945. 3)을 근거로, 안보리의 승인을 받지 않고도 지역차원에서 강제조치를 취할 수 있는 권한을 갖기를 원했다.[51] 그러나 대다수 국가들은 지역기구의 압력에 굴복하는 것은 "세계안전을 위태롭게 하는 지역기구들 간 경쟁을 심화시키는 선례"를 제공하는 것이라는 인식을 가지고 있었다.[52] 결국 유엔 헌장 8장은 양자 간의 견해를 절충시킨 형태를 취하게 되었다.[53]

이미 얄타 회담에서 5대 강대국들에게 거부권을 부여하기로 합의[54]되었음에도 불구하고, 거부권 행사(Veto Provision)에 관한 문제가 샌프란시스코 회담에서 가장 심각한 논란의 대상이 되었다. 논란의 핵심은 안보리 거부권

---

50) Padilla, Ezequiel, "The American System and the World Organization," *Foreign Affairs*, XXIV (October, 1945), pp. 92-106; Fenwick, Charles G., "The Inter-American Regional System," Commission to study the organization of peace, *Regional Arrangements for Security and the United Nations*, 8th Report (New York: American Association for the United Nations, 1953), pp. 42-48; Claude, Inis L. Jr., "OAS, the United Nations and the United States," *International Conciliation*, no. 547 (March, 1964).
51) "멕시코 선언"은 지역기구가 강제수단을 채택할 수 있는 조항을 명시하였는데, 이는 덤바턴 오크스의 유엔 헌장 초안에는 포함되어 있지 않은 내용이었다. 이 선언의 원문은 다음을 참조할 것. Department of State *Bulletin* XII, p. 339.
52) *Report to the President on the Results of the San Francisco Conference by the Chairman of the United States Delegation, the Secretary of State*, June 26, 1945. Department of State Publication 2349, Conference Series 71 (Washington, D.C.: Government Printing Office, 1945), p. 108. 지역적 약정에 관한 유엔 헌장의 내용은 제8장을 참조할 것.
53) 그럼에도 불구하고, 유엔 헌장 8장 51절은 지역기구가 국제연합의 권위에 도전할 수 있는 빌미를 제공하였다는 비판이 제기되었다. Haas, Ernst B, "Regionalism, Functionalism and Universal International Organization," *World Politics*, vol. VIII, January, 1956, p. 239.
54) Saksena, *The United Nations and Collective Security*, p. 35.

을 경제제재 등과 같은 강제행위와 관련된 사안에 국한시키고, 분쟁의 평화적 해결을 위한 결의안에는 어느 국가도 거부권을 행사할 수 없도록 하자는 중소국가(the smaller Powers)들의 주장이었다. 이러한 입장을 대변하던 호주는 "분쟁국들을 화해시키는 것은 안보리의 의무이지 권리가 아니다"라고 강조하였다.[55] 이에 대해 강대국의 수장 역할을 하던 미국 대표인 코넬리(Tom Connally) 상원의원은 만일 중소국들의 주장이 관철된다면 당장 귀국하여 "유엔 헌장을 갈기갈기 찢어버리겠다"고 일갈하였다.[56] 호주가 강대국들의 반발을 무릅쓰고 거부권을 제한하자는 수정안을 제출하였지만, 투표 결과 찬성 10, 반대 20, 기권 15, 불참 5로 부결되었다.[57]

중소국들의 또 다른 관심사는 안보리 회원국 숫자를 늘리는 문제였다. 그렇게 하는 것이 유엔의 가장 중요한 기관인 안보리에서 자신들의 대표성과 영향력을 제고시킬 수 있는 첩경이었기 때문이다. 남미국가들은 강력하게 단합하여 상임이사국 직위 1개, 아니면 비상임이사국 직위 1개를 고정적으로 남미에 배정해 줄 것을 요구하였다. 프랑스를 비롯한 캐나다, 호주 등은 비상임 이사국의 선정기준을 국제안보에 기여할 수 있는 능력 및 의지와 결부시킬 것을 주장하였고, 인도는 인구 숫자도 적절히 배려해 줄 것을 제안하였다.[58] 특히 브라질과 캐나다는 투표권을 보유하고 "회원자격으로(to sit as a member)" 안보리에 출석하는 특별 참가자(ad hoc participants) 자격을 희망하였다.[59] 강대국들은 이런 요구들을 단호히 반대하였다. 지역약정에 더

---

55) Evatt, Herbert V., *The United Nations* (London: Oxford University Press, 1948), p. 53.

56) Connally, Tom, *My Name is Tom Connally* (New York: Thomas Y. Crowell, 1954), pp. 282-83.

57) UN Information Organization and US Library of Congress, *Documents*, XI, p. 495.

58) UN Information Organization and US Library of Congress, *Documents*, III, p. 529.

59) *Ibid*, p. 240, 590.

큰 이해관계를 가지고 있던 남미국가들이 수정안을 철회하고 대열에서 이탈하자 중소국들의 주장이 대폭 약화되었다. 결과적으로 유엔 헌장 23조에 안보리 이사국 숫자가 11개 국가로 명시되었다.

마지막 논란의 대상은 총회의 역할에 관한 것이었다. 덤바튼 오크스 선언은 국제연맹의 치명적 약점 가운데 하나였던 총회와 안보리 간 "중복과 혼란"을 방지하기 위해 양대 기구의 권한과 역할을 분명하게 구분하였다.[60] 총회는 논의를 하되 조치를 취하지는 못하는 기구이며, 행동에 관한 최종결정은 안보리에 귀속된다. 중소국들은 이런 구도에 불만을 품고, "국제평화와 안전 유지를 위한 평화적 측면에서" 총회의 역할이 강화되어야 한다고 주장하였다.[61] 수많은 개정안이 제출 및 검토된 끝에, 총회는 평화와 안전을 포함하여 모든 전세계적 관심사를 논의 및 건의할 수 있는 권한을 가지되, 단 안보리의 요청이 없는 한, 안보리 고유권한에 속하는 분쟁에 관한 토론이나 건의는 할 수 없도록 의견이 수렴되었다.[62]

1945년 6월 26일 50개국 대표는 샌프란시스코 회담에서 마련된 국제연합 헌장에 서명하였다. 그 후 회의에 참석하지 않은 폴란드가 추가로 서명하여 최초 회원국 수는 51개국이 되었다. 10월 24일 서명국 대다수의 비준을 받아 국제연합 헌장이 공식 발효되었으며, 유엔은 매년 10월 24일을 "UN Day"로 정하여 국제연합 창설일을 기념하고 있다.[63]

---

60) Goodrich, Leland and Edvard Hambro, *Charter of the United Nations: Commentary and Documents* (New York: Columbia University Press, 1969), p. 94.
61) Russel and Muther, p. 750.
62) 유엔 헌장 10~14장 참조
63) *Basic Facts about the United Nations* (New York: UN Publications, 2000), Chap. 1.

제 3 장

집단안보 체제의 실험

I. 초기의 실패 : 인도네시아, 팔레스타인, 캐시미르

유엔은 출범 직후부터 초강국 간의 대립으로 인하여 헌장상의 기능을 제대로 발휘할 수 없었다. 미국과 영국은 표결을 통한 문제해결이 필요한 경우에는 언제든지 중국과 프랑스를 비롯한 군소국가들을 규합할 수 있었으며, 소련도 궁지에 몰리거나 불리한 안보리 안건에 대해서는 거부권을 행사하였다. 냉전시대에 접어들어 동서 갈등(East-West conflict)과 이념적 분열이 가속화됨에 따라 유엔은 미국과 소련을 정점으로 하는 초강국들의 대결장으로 변모하였다. 이로 인해 집단안보 이론을 초석으로 하는 유엔은 뿌리부터 흔들리기 시작하였다.

안보리 상임이사국들 사이에 만장일치나 합의가 제대로 이루어지지 않아 국제평화가 위협을 받는 상황이 발생하여도 유엔은 효과적인 수단을 강구하지 못하였다. 유엔 헌장 43장에 따라 협상과 조정을 통해 강제력을 행사하기 위한 기구인 군사참모위원회(Military Staff Committee)도 제대로 기능을 발휘할 수 없었다. 샌프란시스코에서 세계평화와 안전을 수호하기 위한 집단안보체제로서 온 인류의 희망과 기대 속에서 새로운 국제기구로 거듭 태어난 유엔은 냉전체제라는 혹독한 현실에 직면하게 된 것이다. 유엔 창설 직후 발생한 인도네시아, 팔레스타인 및 캐시미르 분쟁은 유엔이라는 국제기구에 대한 이상과 현실 사이의 극명한 대비를 보여주었다.

1. 인도네시아

인도네시아 사태는 유엔이 당면하게 된 최초의 무력분쟁 사례이다. 17세기부터 네덜란드의 식민지였던 인도네시아는 제2차 세계대전 중 1942년 일본군에 의해 점령되었다. 1945년 8월 일본이 패망하자 수카르노(Dr. Ahmed Sukarno)의 지도하에 인도네시아는 서둘러 독립을 선포하였다. 네덜란드는 그 해 9월 인도네시아에 진주한 영국국의 지원을 받아 인도네시아 임시정부를 거부하고 독립 움직임을 탄압하였다.

인도네시아 사태가 악화되자 1946년 1월 21일 이 문제는 소련 연방국이던 우크라이나에 의해 유엔 안보리에 회부되었다. 우크라이나는 영국군에 의한 인도네시아 주민들에 대한 박해가 국제평화와 안전에 대한 위협이라고 비난하였다.[1] 반면 네덜란드는 이 사태가 외부세력이 아닌 독립국가인 자국에 속한 국민과의 관계에서 발생한 것으로서 국내적 사안이므로 유엔 안보리가 개입할 사안이 아니라고 주장하였다.[2]

벨기에, 프랑스, 영국 등 식민 세력들이 안보리의 관할권(jurisdiction)에 이의를 제기하는 반면, 호주, 폴란드, 시리아, 소련 등은 적극 개입을 요구하는

---

[1] Kahin, Mcturnam, *Nationalism and Revolution in Indonesia* (Ithaca, New York: Cornell University Press, 1952), p. 144.

[2] United Nations Security Council(이하 UNSC), *Official Records*, Second Year (1947), no. 67, p. 1645.

가운데, 딜레마에 처한 안보리는 이 사태가 국제평화에 대한 위협인지 여부를 결정하는 문제뿐 아니라, 관할권 문제에 대해서도 수수방관하는 입장을 취하였다.3) 우여곡절 끝에 1947년 8월 25~26일에 채택된 안보리 결의안은 여러 가지 대안들 가운데 가장 미온적이고 소극적인 것이었다. 결의안에서 안보리는 현지 상황과 휴전명령 준수 여부를 보고할 영사위원회(Consular Commission)를 임명하고, 분쟁해결 지원을 위한 주선위원회(Committee of Good Offices)를 구성키로 결정하였다.4)

1948년 주선위원회의 중재 노력에도 불구하고 정치적 해결의 기미는 보이지 않았다. 그해 12월 위원회가 인도네시아 사태가 위험할 정도로 악화되어 휴전이 언제 파기될지도 모른다고 경고하는 보고서를 제출하였지만, 여전히 안보리는 구체적인 조치를 취하지 못하였다.5) 12월 19일 마침내 네덜란드가 자카르타 공항에 대한 폭격을 포함한 전면적인 공세작전을 감행, 수카르노 대통령 등 정부요인들을 체포하는 사건이 벌어졌다. 12월 24일, 마침내 미국이 "인도네시아에 대한 군사공격의 재개에 대한 어떠한 정당성도 발견하지 못하였다"고 발언하면서6) 처음으로 이 사태에 부정적 입장을 표명하자, 세력의 균형이 급격히 기울었다.

1949년 1월 28일, 안보리는 모든 군사행동의 중단을 요청하고 1950년 7월 1일부로 인도네시아에 모든 주권을 이양토록 권고하는 결의안을 채택하

---

3) Reitzel, William, et. al., *United States Foreign Policy 1945~1955* (Washington, D.C.: The Brookings Institution, 1956), p. 22.

4) "Security Council Decision of 17 February 1948 in connection with the Indonesian question," S/525, I-III, 1947.8.26.

5) "Committee of Good Offices on the Indonesian Question," *Special Report dated December 12, 1948, from the Committee of Good Offices to the Security Council*, S/117, 1948. 12. 13; *Supplementary Report of the Committee dated December 18, 1948*, S/1129, 1948. 12. 19.

6) UNSC, *Official Records*, Third Year (1948), no. 132, pp. 46-47.

였다.7) 거부권 행사가 이루어지지 않은 것은 이 사태에 대한 전세계 여론의 향배를 분명히 보여주는 것이었다. 1949년 3월 2일 네덜란드는 안보리 결의안을 수용할 것임을 선언하였다. 그해 발생한 중국의 공산화는 네덜란드의 선택을 재촉하는 결정적인 계기가 되었다. 미국을 비롯한 서방국가들은 중국의 공산혁명이 성공하자, 인도네시아 사태를 방치할 경우 또 다른 공산주의 정권이 들어서는 결과가 초래될 것을 우려하였던 것이다.

인도네시아 사태를 처리함에 있어, 유엔 안보리는 헌장에 명시된 집단안보 규정을 적용하지 못하였지만, 평화회복을 위해 적대행위를 종식시켜야 하는 책임까지 포기한 것은 아니었다. 유엔은 적시에 효과적인 수단을 강구하여 대량 인명피해를 방지하는 데는 실패하였으나, 세계 여론에 영향력을 행사하고 이를 동원함으로써 사필귀정의 해결책을 강구할 수 있었다. 안보리가 관할권 문제를 해결한 과정은 주목할 만한 것이다. 즉 안보리는 법적 접근법(legal approach) 대신에 정치적이고 실용적인 해결방안을 모색하였다. 이는 훗날 안보리가 국제평화와 안전에 영향을 주는 사태를 처리함에 있어 융통성 있는 해결책을 강구할 수 있도록 하는 선례가 되었던 것이다.

2. 팔레스타인

인도네시아 사태에서 3년간 간헐적으로 실제 전투행위가 진행되었지만 안보리는 헌장 7장을 거론하지도 않았고 그에 입각한 조치도 취하지 않았다. 안보리는 팔레스타인 사태를 계기로 최초로 헌장 39조에 포함된 "평화에 대한 위협"의 의미를 규명하고자 했던 기록을 남겼다.8) 그럼에도 불구하

---

7) "Resolution on the Indonesian question / adopted at the 406th meeting of the Security Council," S/1234, 1949. 1. 28.

8) "Security Council Resolution 54 (1948) [calling on all Governments and authorities to

고 안보리는 헌장 7장에 따른 평화강제 조치를 실천하는 데까지는 나아가지 못하였다. 팔레스타인 문제는 집단안보 이론에 입각한 유엔 헌장의 실질적 한계(practical limitations)를 분명하게 보여주는 또 하나의 사례이다.

오토만제국의 영토였던 팔레스타인은 제1차 세계대전 중이던 1914년 영국에 의해 점령되었다. 전쟁을 지원한 유대인들의 노력에 대한 대가로, 영국은 밸푸어 선언(Balfour Declaration)을 통해 팔레스타인에서 유대민족에 의한 독립국가의 건설을 승인하였다. 한편, 영국은 전쟁에 기여한 아랍인들에게도 아라비아 반도(Arabia Peninsula) 전체의 독립을 약속하는 이중적인 태도를 보였다.

밸푸어 선언으로 촉발된 시오니즘 운동(Zionist Movement)과 영국의 유대인 이주정책에 힘입어 1946년 팔레스타인에 모여 든 유대인은 61만 명에 이르렀다. 이런 움직임에 반발한 아랍인들과 유대인 사이에 충돌이 벌어지는 가운데 긴장이 고조되었다. 영국은 유대인에 대한 독립을 약속한 도덕적 의무를 저버릴 수도 없고, 산유국으로서 중대한 이해관계가 걸린 아랍 국가들을 자극할 수도 없는 진퇴양난에 처하여 애매한 입장으로 일관하였다.

제2차 세계대전 후 소련의 영향력이 아랍권 국가들로 확대되자, 중동은 서방세계의 전략적인 사활적 이해관계가 걸린 지역으로 부상하였다. 더 이상 사태를 방관할 수 없다고 판단한 영국은 1947년 4월 2일 유엔 특별총회에서 팔레스타인 문제에 대한 유엔의 판단을 요청하였다.9) 유엔총회는 11월 29일 팔레스타인 특별위원회(Special Committee on Palestine)를 임명, 총회에 대한 건의안을 담은 보고서를 제출토록 하는 결의안을 통과시켰다.10) 이 결

cooperate with the Mediator to maintain peace in Palestine]," S/RES/54 (S/902), 1948. 7. 15.

9) "Future Government of Palestine (GA Resolution)," A/RES/181, 1947. 11. 29.

10) *United Nations Special Committee on Palestine*, Report to the General Assembly, U.N. Doc. A/364, 1947. 9. 3.

의안은 팔레스타인을 아랍국, 유대국 및 국제사회 관할 하의 예루살렘으로 나누는 분할안(partition)을 제시하는 한편, 헌장39조에 따라 팔레스타인 사태가 국제평화에 대한 위협인지 여부를 고려해 줄 것을 요청했다. 아랍권은 팔레스타인 분할안에 대해 단호히 반대하였으며, 영국도 아랍과 유대인들이 동시에 수용하지 않는 계획은 지지할 수 없다는 입장을 고수하였다.

1948년 2월 16일 팔레스타인 특위는 유혈사태 방지와 법과 질서유지를 위한 국제군(international armed forces)을 신속하게 파견해야 할 필요성을 강조하는 보고서를 제출하였다.[11] 2월 24일부터 4월 1일까지 24회에 걸쳐 회의가 열렸으나, 안보리가 취한 조치라고는 팔레스타인 일대에서의 휴전을 촉구하고 유엔 특별총회에서 이 문제를 고려하도록 요청하는 것이 고작이었다.[12] 이 문제가 교착상태에 빠져 있는 상황에서, 5월 14일 이스라엘은 전격적으로 독립을 선포하였다. 즉시 아랍 국가들이 팔레스타인 지역에 군대를 파견함으로써 쌍방 간에 전면전이 벌어졌다.

적대행위를 중단하라는 "무기력한 호소(toothless appeals)"[13]만을 반복하던 안보리는 무력충돌이 중단될 기미를 보이지 않자, 7월 15일 단호한 조치를 취하였다. 안보리는 헌장 7장을 적시하면서 모든 관련 당사자들이 군사행동을 중단하고 휴전을 선언할 것을 명령하였다. 동시에 안보리는 이 명령에 대한 불응은 평화를 파괴하는 행위로 간주되어 헌장에 따른 즉각적인 강제조치의 대상이 될 것이라고 선언하였다.

마침내 7월 18일 불안하나마 양측이 휴전에 합의하였으나, 그 후 유엔의

---

11) United Nations Palestine Commission, *First Special Report to the Security Council: the Problem of Security in Palestine*, U.N. Doc. A/AC.21/9, 1948. 2. 16, p. 5.

12) "Promoting a free, prosperous, strong Israel as the indispensible key to achieving peace in the Middle East and winning the war on terrorism(SC Resolution)," S/714, 1948. 4. 1.

13) Lie, Trygve, *In the Cause of Peace* (New York: Macmillan, 1994), p. 186.

노력과 수차례의 전면전에도 불구하고 상호 테러와 보복이 끊이지 않는 가운데 팔레스타인 문제는 오늘날까지 여전히 미해결 상태로 남아 있다. 팔레스타인 분쟁은 문제의 근원적 해결이 이루어지지 않는 한 휴전협정이 얼마나 무의미한 것인지를 분명히 보여주고 있다. 아울러 1947~49년 팔레스타인 사태에 대한 유엔의 무기력한 대응은 헌장에 명시된 집단안보 조항과 평화강제를 실천에 옮길 수 있는 가용자산 간의 불균형을 분명하게 보여준 최초의 사례가 되었다.

3. 캐시미르 분쟁

영국 식민지였던 캐시미르는 73%가 회교도였으나, 소수파 힌두족의 지배를 받고 있었다. 1947년 인도와 파키스탄이 분리 독립하면서 캐시미르 영유권을 둘러싼 분쟁이 시작되었다. 1947년 10월, 파키스탄 접경지역의 회교도들이 캐시미르를 침공하였다. 이것이 침공이었는지, 아니면 원주민 회교도들에 의한 반란인지는 여전히 인도와 파키스탄 간의 논란거리로 남아 있다. 10월 26일 마하라자(Maharaja)는 인도에 귀속을 희망하는 합의비준서(Instrument of Accession)에 서명하고 '침략자'를 격퇴시키기 위한 인도의 군사적 지원을 요청하였다. 이에 대해 인도는 즉시 군대를 파견하여 캐시미르 지역 대부분을 점령하였다. 격렬한 교전이 진행되는 가운데, 1948년 1월 인도가 파키스탄 부족의 침공으로 인하여 전투가 벌어졌다는 불만을 안보리에 제기함으로써, 공식적으로는 "인도·파키스탄 문제"로 알려진 캐시미르 분쟁이 유엔의 주목을 받기 시작하였다. 즉각 파키스탄은 이 사건에 직접 개입하지 않았다며 인도의 주장을 부인하였다.[14]

---

14) United Nations Security Council, *Official Records*, Third Year, Nos. 1-15, 226th-240th Meetings, January 6-February 4, 1948, pp. 10-30.

안보리가 취한 첫 번째 조치는 쌍방 간의 자제를 요청하는 것이었다. 1월 6일 안보리 의장은 인도와 파키스탄에 캐시미르의 현상유지(status quo)를 호소하였다.15) 그 후 4개월간 이 문제에 대한 양측 간의 반론-재반론이 무수하게 진행되는 동안, 파키스탄은 회교도 부족에 의한 침공이 아니라 캐시미르 내부에서의 반란이라는 데 유엔의 관심을 돌리기 위해 노력하였고, 인도는 외부세력에 의한 침략에 집중하기보다 영유권 귀속을 주민투표(plebiscite)로 해결해야 한다고 주장함으로써, 무엇이 캐시미르 사태의 본질이고 유엔이 어떤 역할을 해주도록 원하는 것인지를 알 수 없는 미궁으로 빠져들었다.

처음부터 유엔 안보리는 원고(complaint)와 피고(defendant)를 구분하거나, 제기된 불만의 근원을 조사하여 무력충돌을 방지하려는 어떠한 조치에도 관심을 두지 않았다. 1월 22일, 안보리는 상정된 안건의 제목을 "잠무 캐시미르 문제(Jammu Kashmir Question)"에서 "인도-파키스탄 문제"로 변경시켰다.16) 이는 안보리가 양국 사이에 난마처럼 얽힌 근본적 이슈에 대한 개입을 피하려는 의도를 분명하게 드러내는 신호였다. 안보리는 그것보다는 가급적 중재 및 화해를 위한 노력에 더 많은 관심을 경주하였다.

1년 동안 쌍방 사이에 유혈충돌이 지속된 끝에, 유엔의 중재에 따라 1949년 1월 1일 인도와 파키스탄 양국은 사태가 정상을 회복할 경우 공정한 주민투표를 통해서 캐시미르의 장래 문제를 결정키로 할 것을 합의하였다. 그러나 양측은 무엇이 "공정한 주민투표"이고 "정상적 상태의 회복"의 의미하는지에 대한 해석을 둘러싸고 각자의 주장을 굽히지 않았다. 상반된 주장들의 최대 공약수를 담은 포괄적 제안은 1948년 및 1949년 제출된 유엔 위원회의 결의안에 포함되어 있다.17)

---

15) "Telegram from the President of the Security Council to the Minister for Foreign Affairs of Pakistan," S/636, 1948. 1. 6.

16) United Nations Security Council, *Official Records*, Third Year, Nos. 1~15, pp. 161-172.

4. 요약

상기한 세 건의 사례에서 안보리는 장기간 무력충돌이 지속되고 있음에도 불구하고 헌장 7장에 입각한 경제적 또는 군사적 강제행위를 취하려 하지 않았다. 오직 팔레스타인 분쟁 시에만 안보리는 이 사태가 "헌장 39조의 의미에 비추어 평화에 대한 위협"이라고 선언하였지만 그 이상의 조치는 이루어지지 않았다. 상기 사례에서 일관되게 안보리는 분쟁 당사자의 어느 일방이 휴전협정을 위반하는 경우에도 평화의 파괴(breach of the peace)에 누가 책임을 져야 하는지를 규명하려 들지 않았다. 사실 '유엔군'이 부재한 상태에서 안보리는 무력분쟁이 발생할 경우 어느 선까지 개입해야 할 것인지에 있어 딜레마에 빠져 있었다. 최초 4년간의 활동을 종합해 볼 때, 유엔은 헌장조항에 대한 법리적 유권해석이나 물리적 강제력을 앞세우기보다는 모든 문제를 정치적으로 해결하고자 노력하였다. 유엔은 주로 설득 및 중재수단에 의존하였고, 심지어는 분쟁에 대한 불만의 정당성 여부에 대한 가치판단(value judgment)조차도 자제하였다.

무력충돌이 수반된 어떤 사례에서도 안보리는 평화와 안전 유지를 위한 "즉각적이고 효과적인 조치"를 강구해야 할 1차적 책임을 충실히 이행하지 않았다. 유엔은 자신의 역할을 강제수단의 시행보다는 적대행위의 종식에 국한시켰다. 초창기 유엔의 경험은 휴전을 시행함에 있어, 안보리 결의의 해석, 준수 및 실천을 분쟁 당사자들에게 맡겼을 경우에 발생하는 갖가지 문제점들을 잘 보여주고 있다.

역설적으로 이러한 경험은 매우 유익한 것이었다. 시행착오 과정을 거치

---

17) Commission for India and Pakistan: Annexes to the Interim Report, "Record note of meeting held at the residence of the Foreign Minister, Pakistan, at Karachi, on 8th February 1949," S/1430, 1949. 12. 9.

는 가운데 유엔 안보리는 유엔이 현장에 파견한 옵서버 집단을 운영하는 것
이 매우 유용하다는 사실을 발견하게 되었다. 처음에는 인도네시아 영사위
원회(1947년 8월)로 시작된 유엔의 평화 감시기구는 한결 세련된 팔레스타인
감시단(UN Truce Supervisory Organization in Palestine : UNTSO)으로 발전되었
다. 이 조직은 훗날 유엔 평화유지활동의 새로운 시대를 개막하는 역사적인
출발점을 제공하였다.

II. '평화를 위한 단결(Uniting for Peace)' 결의안[18]

한국전 경험의 초기단계에서 유엔은 헌장의 테두리 내에서 집단안보에
대한 새로운 운용적 개념(operational concept)의 이론화를 시도하였다. 많은
국가들은 이 개념이 한국전에서 성공적 실험을 거쳤으므로, 장차 유사한 상
황에 대처하기 위해 제도화되어야 한다는 데 공감하였다. 그 결과 1950년
11월 3일 "평화를 위한 단결" 결의안이 채택되었다.

북한의 남침에 유엔이 신속하게 대처할 수 있었던 것은 다음과 같은 호
의적인 상황 덕분이었다.

1. 소련의 안보리 불참으로 거부권을 행사하지 못함
2. 분쟁지역(한국 38선 일대)에 배치되어 있던 유엔 감시단에 의한 즉각적인
   상황 보고
3. 현장에 훈련 및 장비상태가 우수한 미군 주둔, 북한의 침략을 격퇴하기 위
   해 부대를 사용하고 이 조치를 유엔의 틀 속에 두고자 했던 미국 정부의

---

18) *General Assembly Official Record (GAOR)s*, Fifth Session, 302nd Plenary Meeting,
    November 3, 1950.

의지

유엔의 조치를 가능케 했던 이와 같은 유리한 상황을 가급적 최대한 재현할 수 있도록 하기 위해서, 미국은 1950년 유엔 총회에서 "애치슨 계획(Acheson Plan)" 또는 "평화를 위한 단결"로 명명한 결의안을 제출하였다.[19]

이 결의안은 안보리가 거부권 행사로 교착상태(deadlocked)에 빠질 경우 24시간 내에 총회를 소집함으로써 거부권을 우회하는 데 그 목적이 있었다. 긴급총회는 안보리 이사국의 7개국 이상 또는 회원국 과반수의 요청이 있을 경우에 개최된다. 이 결의안은 총회 재적 3분의 2의 찬성 시 침략자(aggressor)를 지정하고, 회원국들에게 침략자 응징을 위한 제재에 협조할 것을 요청할 수 있는 권한을 부여하였다.

이 결의안은 평화를 위협할 수 있는 여하한 상황도 감시 및 보고하고, "사실을 규명하여 침략자를 노출(expose)"시키기 위한 평화감시위원회(Peace Observation Commission)[20]를 설치토록 하였다. 또한 결의안은 회원국들에게 "유엔군 부대로 즉각 사용할 수 있도록 훈련, 조직 및 장비를 갖춘 자국군 군대를 유지"할 것을 요청하였다. 회원국들이 총회의 권고에 따라 어떤 조치를 취할 것인지는 또 다른 기구인 집단조치위원회(Collective Measures Committee)[21]에 보고해야 한다. 또한 결의안은 유엔 사무총장이 자국군을 유엔군으로 제공할 용의를 가지고 있는 회원국들에게 부대의 조직, 훈련 및 장

---

19) 이 계획의 윤곽은 9월 20일 당시 국무장관이던 애치슨이 9월 20일 행한 총회연설에서 처음으로 등장하였다. 결의안 통과 시, 캐나다, 필리핀, 터키, 영국 및 우루과이가 동참하였다. 총회 결의안 377(V)는 52 : 5 : 2의 압도적 표차로 채택되었다. (반대 : 소련 및 동구권 국가, 기권 : 아르헨티나 및 인도)

20) 1951~1952년의 경우 중국, 콜롬비아, 체코, 프랑스, 인도, 이라크, 이스라엘, 뉴질랜드, 파키스탄, 스웨덴, 소련, 영국, 미국, 우루과이 등 14개국으로 구성되었다.

21) 최초에는 호주, 벨기에, 브라질, 버마, 캐나다, 이집트, 프랑스, 멕시코, 필리핀, 터키, 영국, 미국, 베네수엘라, 유고 등 14개국으로 구성되었다.

비에 대한 조언을 제공하기 위한 군사전문가 패널(Panel of Military Experts)을 임명할 수 있도록 하였다.

미국 정부는 이러한 새로운 계획에 대해 이렇게 논평하였다. "평화를 위한 단결 계획은 한국전의 사례에서 터득한 교훈을 적용하기 위한 것이다. ······ 장차 무력침략 행위가 재발할 경우 신속하고 효과적인 유엔의 조치는 거부권이나 의사진행방해(filibuster)에 의해 지장을 받아서는 안 된다. 이 계획은 한국전에서와 같은 임시조치(improvisation)를 취할 필요가 없이, 회원국들이 즉각 적절한 가용부대를 유엔에 제공토록 하는 계획의 토대를 마련하였다."[22] 반면 소련을 비롯한 동구권 국가들(동독, 폴란드, 루마니아, 체코)은 이것이 유엔 체제를 지탱하는 근본을 파괴하는 행위라고 비난하였다.[23]

유엔 헌장은 언제, 어떤 제재수단을 취할 것인지를 결정하는 것은 안보리의 고유권한임을 명시하고 있다. 안보리가 요청하지 않는 한 회원국은 제재조치에 동참할 법적인 의무가 없으며, 또 그럴 권한도 없다. 평화를 위한 단결 결의안은 이러한 헌장의 내용을 개정하지는 않았다. 단지 각국이 총회의 권고에 따라 자유롭게 행동할 수 있도록 그 내용을 재해석(reinterpret)한 것이다. 그러므로 회원국은 총회의 결의를 수용할 수도 있고 무시할 수도 있는 것이다.

요컨대, 평화를 위한 단결 결의안은 "평화강제를 행사할 수 있는 국제사회의 권한에 대한 고상한 기대로부터 평화강제를 위한 느슨한 협조계획(a

---

22) *United States Participation in the United Nations, Report by the President*, 1950, pp. 99-100.
23) *GAOR*, Fifth Session, Plenary, Vyshinsky's statement, 301st Meeting, November, 1950, pp. 324-35. 오늘날에도 상당수의 유럽 국가 및 개도국들은 안보리의 승인을 받지 않은 무력 사용의 정당성에 의문을 표시하고 있다. 이들은 안보리 내에서의 정치적 의사결정 과정에 결함이 있더라도 안보리를 존중해야 한다고 주장하고 있다. 보다 상세한 사항은 다음을 참조할 것. Ayoob, Mohammed, "Humanitarian Intervention and State Sovereignty," *International Journal of Human Rights* 6, no. 1 (Spring 2002), pp. 81-102.

loose cooperative plan)으로 복귀를 나타내는 분수령(watershed)"이 되었다.24) 그동안 이 결의안은 10회에 걸쳐 사용되었다. 첫 번째 사례는 1956년 수에 즈 운하 사태 시에 영국과 프랑스의 거부권을 무력화시키기 위해 미국에 의해 사용되었다.

III. 과거로의 회귀 : 인도차이나 반도, 과테말라, 헝가리 사태

"거의 완벽한 집단안보의 모범"이 적용된 역사상 최초의 사례로 평가25) 되고 있는 한국전쟁은 역설적으로, 한국전 형태의 집단적 강제행동이 반복될 가능성을 진작하기보다는 유엔 회원국들이 이를 회피하려는 경향을 초래하였다. 집단안보에 대한 열의가 식은 것은 회원국들이 유엔에 군대를 공여할 것을 요청하는 "평화를 위한 단결" 결의안의 권고사항을 심각하게 받아들이지 않은 데서 잘 나타나 있다.26) 이 결의안에 따라 창설된 집단조치위원회와 평화감시단은 별다른 활동이 없이 유명무실한 존재가 되었다.

한국전 참전을 둘러싸고 유엔과 회원국들이 겪은 갖가지 어려움과 위험부담은 강제조치에 대한 의욕을 떨어뜨리고 이런 모험을 되풀이 하지 말아야 한다는 소극적 견해를 갖게 하였다. 대부분의 회원국들은 전투부대 파견보다는 인도주의적 구호를 선호하였다. 한국전과 같이 침략자가 명백한 분쟁에서조차 회원국들이 군사적 개입을 꺼리는 것은 집단안보의 전제에 근본적 결함이 있음을 의미한다. 즉 자국에 영향을 미치지 않는 전쟁에 회원국

---

24) Stone, Julius, *Legal Control of International Conflicts* (New York: Rinehart & Co., 1959), p. 266.
25) Eichelberger, Clark M., *U.N.: The First Fifteen Years* (New York: Harper, 1960), p. 20.
26) Saksena, *The United Nations and Collective Security*, p. 112.

이 기꺼이 참여할 것이라는 전제에 기초한 집단안보체제가 얼마나 취약한 것인지를 나타내는 것이다.27) 한국전 직후 인도차이나 반도, 과테말라, 헝가리에서 발생한 일련의 중대한 위기 사태에 직면하여, 무력충돌이 발생하고 국제평화와 안전이 심각하게 위협을 받고 있음에도 불구하고, 유엔은 무기력하고 소극적인 태도로 일관하였다.

1. 인도차이나 반도 사태

베트남, 라오스, 캄보디아 등 당시 3개 국가로 이루어져 있던 인도차이나 (Indo-China) 반도는 1880년대 이래 프랑스 식민지의 일부였다. 1940년 나치 독일이 프랑스를 점령하자 일본은 신속하게 이 일대를 차지하였다. 그 후 일본은 현지 행정 및 치안기능을 프랑스에 맡겼고, 대신 프랑스는 일본에게 인도차이나 반도 일대에서의 통행의 자유와 군사시설 및 경제부문에 대한 통제권을 허용하였다. 그러나 호치민(Ho Chi Mihn)이 이끄는 베트남의 독립 운동 세력——"베트민(Viet Mihn)"으로 불렸으며, 영문으로 표기하면 "League for Vietnam's Independence"에 해당——과 1945년 일본의 패망으로 인하여 이러한 밀월관계는 오래가지 못하였다.

일본의 항복 직후, 1945년 8월 29일 베트민 세력은 하노이를 무혈점령하고, 9월 2일 공식적으로 베트남의 독립을 선포하였다. 그러나 프랑스는 베트남을 포기하려 들지 않았다. 한편 포츠담 회담(1945년 7월)에서 미국, 소련, 영국은 한반도 분할안과 유사하게 인도차이나 반도를 북위 16도를 중심으로, 남쪽은 영국이 북쪽은 중국이 점령하되, 훗날 프랑스에 통제권을 넘겨주기로 결정하였다. 프랑스는 영국으로부터 어렵지 않게 라오스, 캄보디아 및

---

27) Lorenz, *Peace, Power and the United Nations*, p. 72.

인도차이나 사태에 관한 만화(1963년). 「New York Herald Tribune」 지는 이 사태를 동남아에 대한 공산주의 침략이라고 묘사하였다.

남부 베트남을 통제권을 넘겨받았으나, 북부지역은 베트민 세력의 저항으로 인하여 쌍방 간 무력충돌이 발생하였다. 식민 세력과 독립운동 세력 간의 투쟁으로 시작된 인도차이나 사태는 1949년 중국의 공산화와 1950년 한국전 발발을 계기로 새로운 국면에 접어들었다. 이제까지 무관심한 입장을 보이던 미국은 태도를 급변하여, 베트민의 저항을 "공산주의 침략(Communist aggression)"으로 규정하여 적극 개입하기 시작하였으며, 소련도 1950년 1월 호치민 정부를 공식 승인하고 외교관계를 수립하였다. 이로써 인도차이나 반도 사태는 한국전에 이어 초강대국의 대결장으로 변모하였다.

1953년 프랑스는 전략 요충지인 디엔 비엔 푸(Dien Bien Phu)에 거대한 요새진지를 구축하는 등 전력을 증강시켰고, 이듬 해 3월 베트민이 프랑스 진지에 대규모 공세를 취함으로써 쌍방 간 전면전이 발발하였다. 프랑스 측에서 9만 2천 명의 사망자를 포함한 23만 4천 명의 사상자가 발생하고, 베트민 측에서도 이를 능가하는 피해가 발생하였으나, 유엔은 이에 대해 아무런 조치도 취하지 않았다.

1954년 5월 29일 태국은 인도차이나 사태를 안보리에 제기하고, 이 지역

에서의 무력충돌이 자국의 안보뿐 아니라 장기적으로는 세계평화와 안전의
유지를 위태롭게 할 것임을 지적하면서, 유엔이 평화감시단을 파견할 것을
제안하였다. 이에 대해 소련은 태국의 제의가 갈등을 심화시키고 인도차이
나 사태의 평화적 해결을 방해하려는 미국의 노력을 위장한 것이라고 반발
하였다. 소련의 거부권 행사로 인하여 유엔 차원에서 최소한의 노력인 평화
감시단 구성조차 이루어지지 못하였다.[28]

  7년 이상 지속된 유혈사태가 일단락된 것은 유엔의 노력 덕분이 아니라,
1954년 제네바 회담(Geneva Conference)에서 관련 당사자들 간 합의가 이루
어졌기 때문이다. 제네바 회담은 전쟁과 평화의 문제를 국제사회 전체의 관
심사로 부각시키지 못하고, 국제사회가 합의한 제도와 방식이 아닌 당사자
들 간의 직접 교섭과 흥정에 따라 분쟁이 해결될 수 있었다는 점에서, 집단
안보체제로서의 유엔의 위상과 존립기반에 상당한 타격을 안겨주었다. 바로
그러한 이유로 인하여 당시 유엔 사무총장 함마르셸드는 제네바 회담에서
협상을 통해 분쟁이 종식된 것이 유엔의 원칙과 일관성을 이루는 것이라고
환영하면서도 다음과 같은 우려를 표명하였던 것이다.[29]

  (제네바 회담은) 각국 정부들이 헌장에 따라 유엔이 1차적 책임을 지도록 규정
  한 문제에 관해서 유엔의 기구(machinery)를 사용하지 않았다. …… (이러한 사
  실은) 궁극적인 의도가 유엔의 목적을 달성하고자 하는 경우에도 유엔의 입
  지를 약화시키고 효과(effectiveness)를 감소시킬 수도 있다.

---

28) *Security Council Official Records*, Ninth Year, 674th Meeting, 1954. 6. 18.
29) "Annual Report of the Secretary-General, 1953-1954," *GAOR*, Ninth Session,
   Supplement no. 1, A/2633, p. xi.

2. 과테말라 사태

중미의 작은 국가인 과테말라에서 1944년부터 정치적 격변이 벌어지기 시작하여 1950년 마르크스주의자 구스만(Jacobo Arbenz Guzman)이 대통령으로 당선되자 미국은 긴장 속에 사태를 주시하였다.[30] 과테말라 신정부는 1952년 토지분배제도를 도입하여 사회개혁을 단행하는 한편, 외국인들의 석유탐사를 금지시키고 22만여 에이커에 달하는 "United Fruit Company New York"[31] 소유의 유휴농지를 몰수하는 조치를 취하였다.[32]

미국 재산의 몰수 등 일련의 급진적 조치들을 취하자 미국 정부는 과테말라에 새로운 공산정권이 들어선 것으로 확신하게 되었다. 미국이 취한 첫 번째 조치는 1954년 3월 베네수엘라의 카라카스(Caracas)에서 개최된 미주기구(Organization of American States : OAS) 회의에서 이 문제를 부각시키는 것이었다. 회의 폐막 시 발표된 카라카스 단결선언(Caracas Solidarity Declaration)은 "국제 공산주의 운동에 의해 어느 미주국가의 정치제도가 지배 또는 통제를 받는 경우에도, 이는 미주국가들 전체의 주권과 정치적 독립에 대한 위협"이라고 규정하였다.[33]

30) 1931년 이래 과테말라를 통치하던 독재자 우비코(Jorge Ubico) 정권은 1944년 좌파 지식인 집단에 의해 붕괴되었다. 미국 국무부는 이들 집단을 "과테말라에 사회적 변혁을 가져오기 위해 민족주의적 및 마르크스적 이론을 적용하려는 무리"들로 규정하였다. *Intervention of International Communist in Guatemala*, U.S. Department of State Publication 5566 (Washington, D.C.: U.S. Government Printing Office, 1954), p. 36.
31) 미국이 소유하고 있던 이 회사는 1989~1920년 카브레라(Estrada Cabrera) 정권 당시 거대한 토지 및 농장소유권을 확보, 가장 중요한 농산물인 커피와 바나나 생산을 독점하고, 통신 및 철도사업도 관장하는 등, 사실상 과테말라 경제와 정치를 좌지우지하고 있었다. 이 회사의 성장과정에 대한 보다 상세한 정보는 www.unitedfruit.org 참조할 것.
32) Eisenhower, Dwight D., *Mandate for Change, The White House Years, 1953-1956* (Gaiden City, New York: Doubleday and Co., 1963), pp. 421-426.
33) 선언문 전문은 www.yale.edu/lawweb/avalon/intdip/interam/intam10.htm 참조.

1954년 5월 미국 국무부는 과테말라 공산주의자들이 유발한 위험에 대처하기 위해 온두라스와 니카라과에 무기를 공수하였음을 공식 발표함으로써, 반군세력들에 대한 지원을 공개적으로 선언하였다. 그해 6월 아르마스(Carlos Castillo Armas) 대령이 이끄는 반군집단이 온두라스 국경을 넘어 과테말라에 진입한 직후, 정부군과 반군 사이에 치열한 교전이 벌어졌다. 6월 20일 이 사태는 유엔 안보리에 보고되었다.

안보리에서는 이 사태에 대한 지역기구(OAS)와 유엔 간의 관할권 문제로 격론이 벌어졌다. 브라질과 콜롬비아는 OAS에 이 사안을 회부토록 하는 결의안을 공식 발의하였고, 미국은 헌장 52장을 적시하면서 "바로 이런 문제는 최우선적으로 OAS에서 다루어야 한다"고 강조하였다.34) 반면, 과테말라는 52장은 "지역분쟁(local disputes)"에 관한 것이지만, 인접국가의 지원과 사주를 받은 노골적인 침략행위이므로 안보리가 즉각 이를 중단시키는 조치를 취해야 한다고 주장하였다.35) 과테말라의 주장에 적극 동조하는 국가는 소련뿐이었다.

표면상 과테말라 사태의 핵심은 지역주의(regionalism)와 보편주의(universalism) 간의 문제인 것으로 보이지만, 근저에는 복잡한 정치적 계산이 깔려 있었다. 과테말라는 이 문제가 OAS로 넘어갈 경우 미국의 영향권에 놓여 있는 OAS가 정권전복을 방지하기는커녕 이를 부추기는 조치를 취할 것을 우려하였다. 즉 유엔 안보리에서는 원고(complaint)이지만, OAS에서는 피고(defendant) 신세가 되는 것이므로, 과테말라 입장에서는 정권의 사활이 걸린 문제였던 것이다. 반면, 미국은 이 사태를 "서반구에 개입하려는 음모를 꾸미는 소련이라는 고양이의 발톱(a cat's paw)"으로 간주하고, "순수한 내전에 안보리가 더 이상 개입하지 않는 것은 마땅하다"고 주장하였다.36)

---

34) *Security Council Official Record*, Ninth Year, 675th Meeting, 1954. 6. 20, p. 29.
35) *Ibid*, p. 21.

미국의 집요한 지연 및 방해전술에 의해 이 사태가 안보리 안건으로 상
정조차 되지 못하는 가운데, 1954년 9월 2일 반군지도자 아르마스가 정권을
전복하고 과테말라의 새로운 대통령이 되었다. 미국은 이를 즉각 "환영(wel-
comed)"하는 한편, 유엔 안보리가 과테말라 문제에 개입하지 않은 채 OAS
에 맡기고, OAS가 신속하고 적극적으로 지원해 준 데 대해 "사의(gratitude)"
를 표명하였다.37)

이론적으로 볼 때 과테말라 사태에서, 비록 초강대국 사이의 이견으로 인
해 안보리가 효과적인 조치를 취할 수 없기는 하였으나, 국제평화와 안전
문제에 관한 유엔 안보리의 권위가 도전을 받은 것은 아니다. 그러나 이 사
건에 관한 한, 집단안보체제로서의 유엔은 완전히 실패한 것으로 평가된
다.38) 과테말라는 회원국으로서 외부침략39)으로부터 유엔이 보호해 줄 것을
요청하였으나, 유엔은 사태의 진상조사와 과테말라의 증언을 거부하였다. 이
사태는 강대국이 마음만 먹으면 "지역기구라는 꼬리(regional tail)"를 이용하
여 "국제기구라는 개(global dog)"을 흔들 수 있다는 사실을 입증하였다.40)

---

36) U.S. Department of State *Bulletin* XXXI (1954), p. 28.

37) *Ibid*, p. 45.

38) 스위프트(Richard Nl Swift)는 안보리에서 과테말라의 증언과 사건조사조차 이루어지
지 못한 것에 대해 "국제평화와 안전 기구 전체의 실패(a failure of the entire structure
of international peace and security)"라고 표현하였다. "International Peace and Security -
1954 in Review," *Annual Review of United Nations Affairs*, 1954, p. 27.

39) 당시 미국이 CIA를 중심으로 온두라스와 니카라과를 지원하여 과테말라 정부 전복
을 위한 "침략(invasion)"에 개입하고 있었다는 사실은 공공연한 비밀이었다. Claude,
"The OAS, the UN and the United States," pp. 32-34; Talylor, Philip B. Jr., "The
Guatemala Affairs - A Critique of United States Foreign Policy," *American Political
Science Review*, XL (1956), pp. 787-806 참조.

40) Wood, Bryce and Minerva Morales, "Latin America and the United Nations," in
Norman Padelford and Leland M. Goodrich, *United Nations in the Balance: Accomplish-
ment and Prospects* (New York: Frederick A. Praeger, 1965), pp. 354.

3. 헝가리 사태

1956년 2월 흐루시초프는 소련공산당 제20차 대회에서 스탈린의 개인숭배를 비판하면서 기존 공산주의체제의 반성을 촉구하고 사회주의 실천의 다양성을 인정하였다. 소련의 이러한 변화는 헝가리를 비롯한 동구권 국가들에게도 직접적인 영향을 미쳤다. 10월 22일 헝가리의 수도 부다페스트에서 시작된 학생들의 평화적 시위는 그 이튿날 비밀경찰(Hungarian Secret Police)의 발포로 인하여 유혈사태로 번지더니, 마침내 26일에는 시위진압을 위해 소련군대까지 투입됨으로써 수천 명의 사상자가 발생하는 참극이 발생하였다.[41]

10월 28일 미국, 영국 및 프랑스는 안보리 긴급회의를 소집, 헝가리 내에서 "외국군에 의한 인권유린 행동"이 벌어지고 있다고 보고하였다.[42] 안보리 회의 직전, 헝가리 대표는 유엔 헌장 2장(7절)을 원용하면서, 전적으로 자국 관할권 내에서 발생한 국내문제가 안보리 의제로 거론되는 것을 "단호히 (categorically)" 반대한다는 입장을 표명하였다.[43] 그러나 때마침 벌어진 수에즈 운하 사태에 세계의 이목이 집중되고, 신임수상 나지(Imre Nagy)가 소련군의 철수 가능성을 언급함에 따라 안보리에서의 논의는 소강상태에 들어갔다. 그러나 소련은 11월 3일 무려 20만 명의 병력과 3천 대의 탱크를 앞세워 나지정권을 몰아내고 카다르(Janos Kadar)를 신임수상으로 임명함과 동시에 대대적인 반체제 인사 검거 및 시위진압에 돌입하였다.

---

41) "Report of the Special Committee on the Problem of Hungary," *GAOR*, 11th Session (1957), Supplement no. 18 (A/3592)

42) "Letter dated October 27, 1956, from the representatives of France, the United Kingdom and the USA addressed to the President of the Security Council," S/3690.

43) "Letter dated October 28, 1956, from the Representative of the Hungarian People's Republic transmitting a declaration of the Government of Hungarian People's Republic to the Secretary-General of the United Nations." S/3691.

헝가리 사태 진압을 위해 진주한 소련군
탱크(1956년, 부다페스트)

11월 4일 헝가리 사태는 또 다시 유엔 안보리에 회부되었다. 미국은 소련
을 격렬히 규탄하면서 "헝가리 국내문제 개입을 즉각 중단하고 지체 없이
철수"할 것을 요구하는 결의안을 제출하였으나, 소련의 거부권 행사로 무산
되었다.[44] 11월 4~10일에 개최된 긴급총회에서 다수의 결의안이 채택되었
다. 그러나 헝가리가 계속해서 유엔의 "국내문제" 개입에 강력히 반대하면
서 유엔 사무총장이나 대표단의 입국을 불허하였다. 유엔이 할 수 있는 일
이라고는 헌장 위반을 준엄하게 비난하고 헝가리 영토 밖에서 옵서버와 조
사단을 파견하는 것이 고작이었다.[45] 그 후 총회는 1963년까지 매년 사무총
장에게 "헝가리 문제에 관해 도움이 된다고 판단되는 조치"를 취할 것을 요
청하는 의례적인 결의안을 통과시키는 데 그쳤다.[46]

헝가리 사태는 초강대국인 미국과 소련이 유엔 헌장을 무력화시켰다는
면에서는 과테말라 사태와 동일하지만, 공격과 수비의 입장이 바뀌었다는
점에서 차이가 있다. 즉 과테말라 사태에서 미국은 수세에 있었지만, 헝가리
사태에서는 공세적 입장을 견지하였다. 유엔 창설 당시의 기대와는 달리 초

---

44) S/3730/Rev., 1956. 11. 4.
45) 총회는 일련의 결의안을 통해 특별조사단, 사무총장 특별대표 임명 등을 결정하였으
나, 헝가리의 비협조로 인하여 제대로 활동하지 못하였다. 상세한 사항은 다음의 총
회 결의안 내용을 참조. A/RES/1131(X), 1957.12.9; A/RES/1132(XI), 1957. 1. 10;
A/RES/1312(XIII), 1958. 12. 12.
46) 마침내 1963년 정기총회에서 유엔은 더 이상 헝가리 문제에 관심을 갖지 않을 것임
을 선언하였다. A/RES/1857, 1968. 12. 20.

강대국인 미국과 소련이 첨예하게 대립하는 사안에 대해 헌장에 명시된 적절한 강제조치를 취하는 것은 불가능한 일이었다. 헝가리 사태는 유엔 헌장의 근본적 문제점을 노출시켰다. "명백한(a clear-cut) 침략"은 집단적 조치를 강구할 수 있는 근거가 되지만, "평화의 파괴"에 대한 정의가 애매한 경우에는 문제가 매우 복잡해진다. 헝가리 사태는 헝가리 정부의 의사에 반하여 소련이 군사적으로 개입함으로써 발단되었으나, 얼마 후 새로 집권한 카다르 정부는 소련의 개입을 "환영"하였다. 이런 경우 소련의 개입이 침략행위냐 아니냐를 따지는 것은 끊임없는 논쟁의 대상이 될 수 있을 것이다.

또한 완만하고 더딘 유엔의 의사결정 과정은 헝가리 사태처럼 급변하는 상황에 적절히 대처할 수 없었다. 나지정권은 소련의 1차 침공 직후 유엔에 옵서버단 파견을 요청할 수 있었으나, 그 기회를 놓치고 말았다. 헝가리에서 활동하는 유엔 조직이 전무하였고, 그로 인해 급박하게 진행되는 사태의 진상을 올바로 파악할 수 있는 증거와 자료가 제한됨에 따라, 유엔의 개입 여지는 처음부터 제한적일 수밖에 없었다. 사태 발생 6개월이 지나고 나서야 헝가리에서 어떤 일이, 왜, 어떻게 벌어졌는지를 파악하기 위한 진상조사가 이루어지기 시작하였다.[47)

헝가리에 파견될 유엔 감시단이나 진상조사단이 조기에 구성되어 정확한 보고가 이루어졌다고 하더라도 상황을 근본적으로 변화시킬 수는 없었을 것이다. 그러나 이 사태는 유엔이 사태 초기에 효과적으로 활동하기 위해서는 첫 번째 조치로서 현장에 감시단을 파견하는 방안을 강구해야 한다는 교훈을 남겼다. 이유가 어떻게 되었든 간에 유엔이 정확한 상황파악을 위한 감시단조차 파견하지 못했다는 것은 유엔 집단안보체제의 제도적 약점으로 지적될 수 있을 것이다.

---

47) 총회 결의안 1132(1957. 1. 10)에 따라 호주, 실론(지금의 스리랑카), 덴마크, 튀니지아로 구성된 진상조사단이 1957년 6월부터 활동을 개시하였다.

4. 요약

상기한 세 건의 사례는 한국전 이후 유엔의 태도가 한국전 이전과 유사한 조심스럽고 유화적인 자세로 환원되었음을 보여준다. 한국전 당시와 같은 평화의 "훼방자(disturber)"들에 대한 단호한 응징은 반복되지 않았다. 무장충돌이 빚어지고 평화에 대한 위협이 발생한 상기 사례에서 유엔은 거의 아무런 역할도 하지 못하거나 강대국 간 대결구도로 인하여 효과적으로 활동하지 못하였다.

"평화를 위한 단결" 결의안은 냉전체제에 의해 유엔이 마비되는 사태를 방지하고 일부 강대국이 반대할 경우에도 이를 극복하고 집단안보를 강구해야 한다는 국제사회의 공감대에 기초한 것이었다. 그러나 이 결의안에 합의할 당시의 희망은 곧 퇴색되었다. 그 무렵 덜레스 국방장관은 외부의 침략을 받을 경우 "미국이 선택한 수단과 장소에" 괴멸적 타격으로 응징할 것이라는 대량보복(massive retaliation) 전략을 선언하였다.48) 따라서 미국이 헝가리 사태에 대해 반격(striking back)할 이유가 없다고 결정하자, 미국에게 유엔은 단지 "말 싸움장"에 불과한 것이 되고 말았다.

유엔 헌장의 창시자들이 제시한 집단안보체제는 비현실적인 것으로 판명되었으며, "평화를 위한 단결" 결의안에 담겨 있던 국제사회의 열망도 평화와 안전을 유지하는 데 크게 기여하지 못하였다. 특히 제2차 세계대전 직후 인류의 기대와 희망 속에서 출발한 유엔이 한국전쟁 이후 상대방을 향한 욕설과 비방과 고성이 난무하는 선전무대로 변모해 감에 따라, 실망과 환멸로 인하여 "유엔 무용론"마저 대두하게 되었다.

---

48) Dulles, John Foster, "The Evolution of Foreign Policy," *United States Department of State*, Bulletin, vol. XXX, no. 761, January 25, 1954, pp. 107-110. 아이젠하워 행정부는 한국전 경험을 바탕으로, 소련의 재래식 공격을 받을 경우에도 핵무기로 보복하겠다는 의지를 천명하였다.

제 4 장

유엔 평화유지활동

I. 평화유지활동의 개념

1. 용어의 정의

침략자에 대한 국제사회의 결정을 강요하기 위한 군사력의 효과적인 투사 능력(effective projection)은 유엔을 국제연맹으로부터 구분 짓는 핵심적 요소이다. 동서 냉전은 이러한 군사적 강제를 불가능하게 만들었다. 이에 따라 강대국이 동의하거나 적어도 묵인할 경우, 주도면밀하게 제한된 범위 내에서 국제기구가 조치를 취할 수 있는 평화수호를 위한 새로운 수단의 출현이 필요하였다. 비록 평화유지활동이 유엔 헌장에 명시되어 있지 않지만, 이는 평화와 안보분야에서 가장 중요한 기능이 되었다. 1950년 중반 이래로 이러한 목적을 위한 군대의 사용이 널리 인정되었다. 당시 캐나다의 외교부장관이었던 피어슨(Lester B. Pearson)은 유엔 총회에서 함마르셸드 사무총장에게 "정치적 해결책이 모색될 때까지 국제경찰군(international police force)을 파견할 것"을 요청하였다.[1] 냉전 기간 동안 군인, 경찰, 민간인을 포함하여 약

유엔 평화유지활동의 실질적 '창시자'인 캐나다의 피어슨(Lester B. Pearson, 1897~1972)

50만 명이 평화유지군으로 파견되어 그 중 약 70명이 목숨을 잃었다. 이러한 공로를 인정받아, 노벨상이 시작된 지 87년 만에 군사조직으로서는 최초로 유엔 평화유지군이 노벨상을 수상하였다.[2]

'평화유지(peacekeeping)'란 단어가 처음으로 사용된 것은 1956년 수에즈 운하 사태를 계기로 UNEF-I이 설치되었을 때의 일이지만,[3] 1965년 유엔 총회가 평화유지 문제를 다루기 위한 특별위원회를 설치하고, 이를 "평화유지활동 특별위원회(Special Committee on Peacekeeping Operations)"[4]라고 명명함으로써 공식 용어로 통용되기 시작하였다. 간단히 표현하자면, 평화유지는

---

1) Harrelson, Max, *Fires All Around the Horizon: The UN's Uphill Battle to Preserve the Peace* (New York: Praeger, 1989), p. 89.
2) Weiss, Thomas G., David P. Forsythe, and Roger A. Coate, *The United Nations and Changing World Politics* (Boulder, Colo.: Westview Press, 2001), p. 54.
3) Rikhye, Indar J., *The Theory and Practice of Peacekeeping* (London: C. Hurst & Co., 1984), pp. 1-2.
4) "Comprehensive review of the whole question of peacekeeping operations in all their aspects," *General Assembly Resolution 2006* (XIX), 1965. 2. 18. www.un.org/Depts/dpko/dpko/ctte/2006.htm

유엔에 의한 집단안보의 일종으로서, 적대행위의 예방 또는 종식을 위한 국제적 도구로서 각국의 파견부대(military contingents)를 사용하는 활동을 말한다. '평화유지'라는 개념은 다양한 의미로 사용되고 있으며, 유엔 헌장에도 이에 대한 정의가 명시되어 있지 않다. 역설적으로, 명확한 정의의 부재(不在)는 정치적 및 운용적 목적에 합치시킬 수 있는 상당한 정도의 '융통성 (flexibility)'을 부여한다. 이러한 맥락에서 유엔 회원국들은 평화유지라는 용어를 정의하려는 노력에 대해, "이것이 국제기구가 사용할 수 있도록 만들어진 가장 실용적인 도구의 개념에 족쇄(straightjacket)를 입히고 융통성을 박탈"하게 될 것을 우려하였다.5) 그러나 이 용어가 느슨한 의미로 사용되고 모호하게 이해되는 것은 분명한 단점으로 지적될 수 있을 것이다.6)

많은 학자들은 평화유지활동을 협의의 기능적 개념으로 정의하였다. 예를 들면, 셰리(G. Sherry)는 평화유지의 개념을 설명하면서 "통제된 교착상태 (controlled impasse)"라는 용어를 만들어 냈다. 그에 따르면 대부분의 분쟁이 "객관적으로 해결 불가(objectively insoluble)"하므로 영구히 "통제된 교착상태"에 머물고 있으며, 이러한 분쟁은 장기적으로 역사적 환경이 변화해야 해결될 수 있다. 이러한 정의에 의하면 평화유지활동의 주된 역할은 그것이 불필요(redundant)하게 되는 역사적 시점을 기다리면서, 현상유지 또는 "통제된 교착상태"를 유지하는 것임을 의미한다.7) 노턴(Norton)과 와이스(Weiss)는 평화유지활동을 "적극적 외교를 위해 시간을 버는 중간단계(interim step)"8) 라고 하였으며, 홀스트(Holst)는 "분쟁 당사자들이 정전(ceasefire)을 유지하도

5) Tharoor, S., "Should UN Peacekeeping Go 'Back to Basics?'," *Survival*, vol. 37, no. 4 (Winter 1995/96), p. 56.
6) Rikhye, *The Theory and Practice of Peacekeeping*, pp. 1-2.
7) Fetherston, *Towards a Theory of United Nations Peacekeeping*, p. 125.
8) Norton, A. R. and T. G. Weiss, "UN Peacekeepers: Soldiers with a Difference," *Headline Series*, no. 922 (New York: Foreign Policy Association, 1990), p. 31.

록 지원하는 신뢰구축수단"9)이라고 말했다. 끝으로, 평화유지활동을 "분쟁
을 예방 또는 저지(forestall)하기 위한 국제사회의 의지"10)라고 정의하기도
하였다. 상기의 기능적 개념들은 장기간의 분쟁을 초래한 뿌리 깊은 사회적
및 경제적 이슈들을 도외시하고, 현상유지(status quo)에만 관심을 가짐으로써
오늘날 다양한 분야에서 이루어지고 있는 평화유지활동을 적절히 표현하지
못하는 단점을 안고 있다.

국제평화학회(International Peace Academy)는 평화유지활동을 "국제적으로
조직 및 지도된(directed) 제3자의 평화적 개입을 통해, 평화의 회복과 유지를
위해 다국적 군대 및 민간인을 사용하는, 국가 내부 또는 국가들 간 분쟁을
예방, 통제(containment), 완화 및 종결시키는 행위"11)라고 정의하였다. 평화
유지학회의 정의는 국제사회의 개입이 요구되는 거의 모든 종류의 분쟁에
적용될 수 있을 정도로 광범위한 개념이다. 그러므로 평화유지군이 어떤 임
무를 수행해야 하는지에 대한 논란을 종식시키는 데는 별다른 도움이 되지
못한다.

유엔이 발간한 ‘*Blue Helmets*’에 의하면, 평화유지활동은 "분쟁지역에서 세
계평화와 안정의 유지 또는 회복을 위하여, 군인들이 포함되지만 강제를 위
한 무력(enforcement powers)을 보유하지 않는 유엔의 활동을 말한다. 이러한
활동은 자발적인 것으로서, 동의와 협조에 기초를 둔다. 평화유지활동에 군
인들이 참여하지만, 무력을 사용하지 않고 그 목적을 달성하므로, 유엔의
‘강제 행위(enforcement action)’와 구별된다."12)

---

9) Holst, J. J., "Support and Limitations: Peacekeeping from the Point of View of
   Troop-Contributions," in I. J. Rikhye and K. Skjelsbaek (eds.), *The United Nations and
   Peacekeeping: Results, Limitations and Prospects* (London: Macmillan, 1990), p. 111.

10) Harrod, J. and N. Schrijver, *The UN Under Attack* (Aldershot: Gower, 1988), p. 4.

11) Rikhye, Indar, Michael Harbottle and Bjorn Egge, "A Report from Vienna: An
    Approach of the IPA's 1970 Pilot Project," Presented at the International Peace
    Academy.

실즈(Joe B. Sills)는 "회원국들이 자발적으로 제공한 여러 국가의 군사요원 (multilateral military personnel)을 사용하여 주둔국 정부(host government) 및 여타 관련 당사자들의 동의하에, 적대국들 간 분쟁을 통제 및 해결을 목적으로 하는 활동"13)이라고 정의하였다. 굴딩(Marrack Goulding)에 의하면 평화유지활동은 "당사자들 간 분쟁의 통제 및 해결을 돕기 위해, 유엔의 지휘통제 하에, 회원국 전체의 재정지원을 받아, 회원국들이 자발적으로 제공한 군대, 인원 및 장비로써, 당사자들 사이에서 중립적으로(impartially) 활동하고 군사력 사용을 최소화하는, 유엔이 설치한 현장활동(field operations)"이다.14)

딜(Paul Diehl)은 "무력분쟁이 중단된 이후, 평화유지군(Peacekeeping Forces : PKF)가 배치되는 지역 국가의 승인을 받아, 군사적 충돌의 재발을 억제하고 분쟁해결의 분위기를 조성하기 위해 중립적이고 경무장한 군대(neutral and lightly armed hostilities)를 파견하는 것"으로 정의하였으며,15) 모리슨(Alex Morrison)은 평화유지활동을 "자격 있는(competent) 국가 또는 국제기구의 승인을 받아 국제평화와 안전과 안정을 제고하기 위해, 군, 인도주의 기구, 주선(good governance), 민간경찰 및 기타 이해관계를 갖고 있는 기관 및 집단이 독립적 또는 상호 협조 하에 수행되는 제반 활동"이라고 하였다.16)

앞서 언급한 바와 같이, 평화유지활동에 대해 셰리(George Sherry) 등은 기

12) UN, *The Blue Helmets: A Review of UN Peacekeeping Forces* (New York: UN, 1996), p. 4.
13) Sills, Joe B., "United Nations Peacekeeping: The Years Past, The Years Ahead," *Denver Journal of International Law and Policy*, vol. 24, no 2/3 (Spring 1996), p. 452.
14) Goulding, Marrack, "The Evolution of United Nations Peacekeeping," *International Affairs*, vol. 69, no. 3., p. 455.
15) Diehl, Paul, Daniel Druckman, and Wall James, "International Peacekeeping and Conflict Resolution: A Taxonomic Analysis with Implications," *The Journal of Conflict Resolution*, vol. 42, no. 1, Feb. 1998, pp. 33-35
16) Last, D. M., "From Peacekeeping to Peacebuilding: Theory, Cases, Experiments and Solutions," Royal Military College Working Paper, May 1999, p. 5. 보다 상세한 사항은 다음을 참조할 것. www.rmc.ca/academic/poli-econ/last/pkpb-rmc-r4.pdf

능적 관점을 나타내는 반면, 평화유지학회는 지나치게 광의로 정의하여 다른 활동들과의 구별이 곤란하다는 것이 문제이다. 굴딩(Goulding)과 딜(Diehl)은 '전통적(tradition)' 평화유지활동의 개념을 부각시켰으며, 실즈(Sills)와 모리슨(Morrison)의 정의는 각각 평화조성과 평화건설에 가까운 것으로 보인다.

PKO에 대한 논의는 용어에 대한 공통적 정의가 존재하지 않는다는 사실로 인하여 복잡해지며, 이는 PKO의 실패원인 가운데 하나이기도 하다. 유엔 헌장 111개 장(articles)의 어느 곳에서도 PKO가 언급되어 있지 않다. 사이프러스에서의 군대분리를 감시하는 활동은 나미비아의 국가건설이나 보스니아의 인종청소 방지 등의 활동과는 천양지차를 보인다. 공통의 정의에 도달하려는 노력은 PKO의 위임명령(mandate)[17], 규모 및 범위의 점진적 변화(evolution)로 인하여 한결 어려워진다. 평화유지활동의 위임명령이 확대될수록, 용어를 정의하는 방법도 다양해진다.

유엔이 용어의 정의를 적극 시도하지 않는다는 점에 주목해야 한다. 유엔이 가장 최근에 발간한 *"Handbook on United Nations Multidimensional Peacekeeping Operations"*(2004)는 평화유지활동을 구체적으로 정의하려는 노력을 의도적으로 배제하였다. 이는 유엔 헌장 111개 장 어디에도 언급되어 있지 않은 '태생적 한계'뿐 아니라, 휴전감시를 위한 단순한 옵서버 미션으로 시작되어 분쟁 당사자들의 동의와 중립성에 바탕을 둔 전통적 의미의 '정직한 중재자(honest broker)'로 그 역할이 확대되고, 오늘날에는 법과 질서의 회복, 인도주의적 구호, 정부조직의 기능 회복 등 광범위한 국가건설에 관여하는 등 시대적 상황과 요구에 부응하여 평화유지활동이 변화하는 진화과정에 있음을 유엔 스스로가 인식하고 있다는 사실을 반증하는 것이다. 즉 평화유지활동이 유엔 헌장의 구조적 결함과 집단안보체제로서의 제도적 문제점을 극복하

17) 위임명령이란 유엔 PKO 미션의 창설을 승인하는 안보리 또는 총회의 결의안을 말한다.

고자 하는 국제사회의 임기응변적(improvised) 노력의 산물이라고 볼 때, 이를 정적인(static) 것이 아니라 국제정치의 역학관계와 분쟁양상의 변화를 끊임없이 반영하는 역동적(dynamic)인 개념으로 파악해야 할 것이다.

2. 평화유지활동의 유형과 상호관계

가. 평화유지활동의 유형

앞서 논의된 바와 같이, 평화유지활동의 개념을 한마디로 명쾌하게 정의하는 것은 대단히 어려운 일이다. 오늘날까지 창설되었던 모든 평화유지활동들은 저마다의 독특한 환경과 여건을 가지고 있으며, 어떠한 두 개 이상의 미션도 상호 유사점이나 공통점을 찾아보기 힘들다. 이런 점들은 용어의 정의를 한결 곤란하게 만드는 요인이다.

어떤 의미에서, 평화유지활동이란 용어는 자기모순적 문제점을 내포하고 있다. 단어 자체로 보면 이것은 지켜야 할 평화가 전제될 때, 그 평화를 소극적으로 '유지'한다는 것을 의미한다. 그러나 오늘날 다차원적 개념에서 볼 때, 이 용어는 분쟁의 재발 방지를 위한 단순한 평화의 '유지(keeping)'뿐 아니라, 분쟁의 근원적 해결을 위해 평화를 적극적으로 '조성(making)'하고 '건설(building)'하는 차원으로 영역이 확대되고 있다. 그렇다고 해서 용어의 개념을 '전쟁이 아닌 모든 행위'로 확장할 경우에는 다른 행위와의 차별화가 곤란해지는 문제가 발생할 것이다. 따라서 이러한 문제점을 해결하기 위해서는 "평화유지", "평화조성", "평화건설"을 각각 독자적 의미로 이해하되, 상호배타적인 아니라 상호보완적이며, 밀접하고 유기적인 상관관계를 갖는 총체적, 종합적인 개념으로 보아야 한다.

이러한 관점에서, 1992년 부트로스 갈리는 다음과 같이 네 가지 상이한 형태의 활동을 기술하였다.[18]

- 예방외교(preventive diplomacy) : 당사자들 간 분쟁(disputes)을 예방하고, 기존 분쟁이 갈등(conflicts)으로 비화되지 않도록 방지하며, 갈등 발생 시 범위를 최소화시키기 위한 제반 활동
- 평화조성(peacemaking) : 특히 유엔 헌장 6장에 제시된 평화적 방식에 따라 적대적 당사자(hostile parties)들이 합의에 이르도록 하는 활동
- 평화유지(peacekeeping) : 관련 당사자들의 동의를 받아, 유엔의 군 및/또는 민간경찰과 종종 민간인도 포함하여 유엔의 존재(presence)를 현장에 배치하는 것으로, 갈등의 예방과 평화의 조성(making)을 동시에 가능케 하는 기법(technique)
- 평화건설(peacebuilding) : 분쟁이 갈등으로 악화되지 않도록 평화를 강화 및 보강하기 위한 구조(structures)를 식별 및 지지하는 활동

이와 유사한 맥락에서 루이스(W. Lewis)는 다섯 가지의 상이한 평화유지활동을 식별하였다.[19]

- 평화조성 : 중개, 회유(conciliation), 중재 또는 외교적 수단 등을 통한 분쟁의 평화적 해결을 위한 제반 활동
- 평화유지 : 일단 (분쟁 당사자들이) 휴전에 합의한 후, 제한된 교전규칙(Rules of Engagement)에 따라 군사요원들이 전통적으로 수행하는 감시 및 감독 활동
- 평화강제(Peace Enforcing) : (유엔) 회원국에 의한 적대행위 또는 침략행위의 종식을 위해 군사력을 사용하는 행위

---

18) Boutros-Ghali, Boutros, *An Agenda for Peace*, A/47/277-S/24111 (New York: United Nations, 1992). 원문은 다음을 참조. www.un.org/Docs/SG/agsupp.html
19) Lewis, W., "peacekeeping: Whither U.S. Policy?" p. 185.

- 평화건설 : 평화로 유도하는(conducive) 조건 창출을 위해 국내 제도 및 기반시설(infrastructure)을 재건하는 활동
- 방호교전(Protective Engagement) : 인도주의적 지원을 위한 안전한 환경 또는 안전지대(safe heavens) 제공을 위해 군사적 수단을 사용하는 활동

그런가 하면 영국 합참은 다음과 같은 활동들을 통칭하여 평화유지활동이라 하였다.[20]

- 평화지원활동(Peace Support Operations) : 군부대와 외교관 및 인도주의적 기관을 포함하는 다기능적(multifunctional) 활동
- 평화유지활동(Peacekeeping) : 평화협정의 이행을 감독 및 촉진시키기 위해, 모든 분쟁 당사자의 동의하에 유엔 헌장 6장에 따라 취하는 활동
- 평화강제(Peace Enforcement) : 주요 분쟁 당사자의 동의가 불확실할 경우 유엔 헌장 7장에 의거하여 이루어지는 본질적으로 강압적(coercive)인 활동
- 분쟁예방(Conflict Prevention) : 분쟁의 확산 또는 무력충돌로 비화되는 것을 방지하기 위한 예방적 군대배치로부터 외교적 노력에 이르는, 통상 헌장 6장에 따라 수행되는 활동으로서, 현지조사단, 협의, 경고, 사찰 및 감시 활동 등이 포함될 수도 있음
- 평화건설(Peace Building) : 분쟁원인 해결을 위한 정치적 해결을 강화 및 보강하는 데 목적을 두는 정치적, 경제적, 사회적 및 군사적 수단 및 구조를 지원하는 제반 활동
  - 인도주의적 활동(Humanitarian Operations) : 인간의 고통(suffering)을 경감시켜 주기 위해, 인도주의적 구호기관의 활동을 수반 또는 이를 지원하는 활동

20) Peace Support Operations, *Joint Warfare Publication 3-50* (London: Ministry of Defense, 1998).

미국의 군사교리는 평화유지활동을 영국식 개념과 일치되도록 평화지원
활동(Peace Support Operations)으로 용어를 변경하고, 다시 이를 평화작전으로
수정하여 평화유지 및 평화강제를 포괄하는 개념으로 사용하고 있다.21) 미
군의 교리에 의하면, '평화유지'는 전통적 평화유지활동, 확대된 평화유지활
동, 인도주의적 임무 또는 평화강제활동을 불문하고, 군사인원(military per-
sonnel)이 관련된 모든 유엔 평화유지활동 미션에 적용되는 포괄적 용어
(umbrella term)이다. 이 용어는 특정 평화유지활동 미션이 전통적인 것인지,
아니면 비전통적인(non-traditional) 것인지, 그도 아니면 의도적이건 우발적으
로건 평화강제 미션으로 변질되었는지 여부 등을 둘러싼 편견을 피하는 데
유용하다.22)

나. 유형들 간 상호관계

페더스턴(Fetherston)은 분쟁관리(conflict management)의 틀 속에서 평화조성,
평화유지 및 평화건설 간 상호연관성을 파악하고자 시도하였다.23) 그의 논의
는 세 가지 유형이 독자적이면서도 상호의존적인 개념이라는 데서 출발한다.
평화조성은 분쟁상황에서 외교관이나 유엔 사무국에서 특별히 임명한 고위관
리가 수행한다. 평화유지와의 관계에서 볼 때, ① 평화유지활동과 병행하여
이루어지거나(예 : UNFICYP), ② 평화유지 이전에 평화적 해결방안(a settlement
package)을 제공하고, 그 후 지속적으로 이행과정에 개입하거나(예 : UNTAG),

21) Story, Ann E. and Aryea Gottlieb, "Beyond the Range of Military Operations," *Joint Force Quarterly*, Autumn 1995, pp. 100-101. www.dtic.mil/doctrine/jel/jfq_pubs/2309. pdf 참조.
22) Finlay, Trevor, *The Use of Force in UN Peace Operations*, A Sipri Publication X (New York: Oxford University Press, 1993), p. 4.
23) Fetherston, *Towards a Theory of United Nations Peacekeeping*, pp. 133-140.

③ 평화유지와 무관하게 독자적으로 추진(예 : UNGOMAP)될 수 있다.

한편, 경제적 및/또는 정치적 기반시설(infrastructure)의 재건, 분쟁 당사자들 간 화해와 단절된 관계의 회복, 인도주의적 구호활동 전개 등은 평화유지요원(peacekeepers)에 의해 PKO 미션 현장에서 이루어지는 평화건설활동이다. 예컨대, 기아에 허덕이는 난민들에게 구호식량을 전달해 주거나, 마을 주민들을 위한 가옥 또는 농기구 수리 등은 평화건설활동의 일종이다. 거시적 차원에서 평화건설 활동은 DHA(인도주의 조정관실), OHCHR(인권고등판무관실), UNHCR(난민고등판무관실), UNDP(개발기금), UNICEF(아동기금) 등 다양한 유엔 기관들에 의해 수행된다. 그러나 유엔의 모든 평화건설이 평화유지활동 과정에 유기적으로 통합되는 것이 아니다. 예를 들면 사이프러스와 캄보디아 미션은 평화유지군과 UNHCR이 밀접하게 협조하였던 모범적 사례로 평가되는 반면, 소말리아와 보스니아는 평화유지군과 유엔 기관들 사이에 거의 아무런 협조도 이루어지지 않은 대표적 사례로 기록되고 있다.

제트(Jett)는 활동유형들 간 상관관계에 대해, 앞서 언급한 루이스(Lewis)의 다섯 가지 유형을 바탕으로, 평화조성은 평화유지군 배치 전 또는 배치 도중에 발생한다고 하였다. 제트는 평화건설이란 평화유지군이 배치되기도 전에 시작될 수 있으나, 배치 도중 또는 그 이후에 실시되어야 한다고 주장하였다.[24]

현대적 의미의 평화유지활동은 '다차원적(multidimensional)'인 것으로 특징 지을 수 있다. 파견부대, 유엔 기관, 지역기구, NGO 등에 소속된 군인, 민간인, 민간경찰, 국제기구 요원, 자원봉사자 등이 포괄적 평화협정의 이행 지원, 국경을 넘어선 분쟁 확산 방지, 과도기 동안 정부기능 대행, 인도주의 지원, 선거 감독 및 시행, 분쟁 후 경제회복 및 재건 등 광범위한 임무를 수

---

24) Jett, Dennis C., *Why Peacekeeping Fails* (New York: Pelgrave, 1999), p. 15.

행한다. 안보리에서 부여받은 위임명령에 따라 상이하지만, 오늘날 대부분의 평화유지활동에는 예방외교, 평화유지, 평화조성, 평화건설, 평화강제 가운데 최소한 두 개 이상의 활동유형이 복합적으로 포함되어 있다. 다양한 활동유형과 이질적 활동 주체가 긴밀한 협조를 통해 얼마나 상호보완적 기능을 발휘하느냐에 따라 평화유지활동의 성패가 좌우된다. 따라서 다차원적 평화유지활동의 개념에서 볼 때, 분쟁의 어느 단계에 어떠한 유형의 활동이 어떤 시차와 순서에 따라 이루어져야 하는지에 대한 논의는 그리 큰 의미가 없을 것이다.

3. 평화유지활동 원칙

"PKO의 아버지"로 일컫는 유쿼트(Brian Urquhart)는 주로 UNEF-I 등 1970년대 중동지역에서의 경험을 바탕으로 평화유지활동에서 준수해야 할 일련의 기본적인 전제조건(preconditions)을 다음과 같이 제시하였다.[25]

- 평화유지활동 미션의 설치, 위임명령, 구성 및 지휘관 임명 등에 대한 분쟁 당사자들의 동의
- PKO 활동에 대한 안보리의 지속적이고 강력한 지원
- 명확하고 실천 가능한(practicable) 위임명령
- 강제수단으로 평화유지군의 임무수행을 방해하려는 기도에 대한 저항을 포함하여, 자위를 위한 최후수단인 경우를 제외하고 무력 불사용
- 적절한 규모의 유능한 군인 제공, 위임명령과 상황이 요구하는 수준의 위험을 감수하려는 병력공여국의 용의(willingness)

---

25) Urquhart, Brian, *A Life in Peace and War* (New York: Harper and Row, 1987), p. 198.

- 필요한 재정 및 군수지원을 제공하고자 하는 회원국, 특히 안보리 상임이
사국들의 용의

한편, 유엔의 PKO 담당 사무차장을 역임하였던 굴딩(Goulding)은 초창기
평화유지활동의 경험을 통해 다음과 같은 "일련의 원칙, 절차 및 관행이 판
례법(case law) 또는 통상적 관습(customary practice)으로 굳어졌다"고 말했
다.26)

- 평화유지활동은 처음부터 유엔에 의해 창설되고, 유엔이 임명한 지휘관의
지휘와 궁극적으로 사무총장의 통제에 따르며, 회원국들이 제공한 예산으
로 운영된다.
- 평화유지군은 오로지 적대적 파벌들이 정치적 해결책에 도달한 경우에만,
모든 관련 당사자들의 동의에 따라 배치된다.
- 평화유지군은 엄격하게 불편부당성을 준수해야 하며, 여하한 경우에도 특
정 분쟁 당사자를 편들거나 적대시하지 말아야 한다.
- 회원국은 자발적으로 부대를 공여하며, 대부분의 부대는 중립성의 원칙을
위해 "중진국(middle powers)"들이 제공하였다.
- 평화유지군은 무력 사용 최소화의 원칙을 강조하는 교전규칙(rules of en-
gagement)에 따라 활동하였다. 교전규칙은 대개 자위 목적의 무력 사용에만
국한되었으나, 위임명령의 이행이 불가능할 경우에는 군사력이 사용되기도
하였다.

딜(Diehl) 등은 전통적 평화유지활동의 특징을 (1) 중립성, (2) 경무장, (3)

---

26) Goulding, "The Evolution of United Nations Peacekeeping," p. 455. 이 원칙은
S/11052/Rev. 27 October 1973(UNEF-II)에 최초로 등장하였다.

유엔 평화유지활동의 '아버지'로 불리는
영국의 유쿼트(Brian Urquhart, 1919~)

분쟁당사자의 동의, (4) 정전협정을 전제(prerequisite), (5) 자발성에 의한 군대
(contingents) 공여라고 하였다.[27] 핀레이(Finlay)는 (1) 유엔의 존재(presence)와
활동에 대한 모든 분쟁 당사자들의 자발적 동의, (2) 당사자들과의 관계에
있어 평화유지군의 불편부당성, (3) 자위에 한하여 최후의 수단으로서의 무
력 사용을 최소화 등을 평화유지활동의 3대 원칙이라고 말했다.[28] 마찬가지
로, 도널드(Donald)는 유엔이 1956년 이래 평화유지활동에서 준수해 왔던
"'개념적 갑옷(conceptual body armour)'인 (1) 당사자들의 동의, (2) 평화유지
군의 중립성 및 불편부당성, (3) 무력 사용 최소화 등의 세 가지 원칙은 분
쟁의 완화 또는 중단을 위해 노력하였던 평화유지군들 자신이 분쟁에 휘말
려 들지 않게 해 주었다'고 언급하였다.[29]

많은 전문가들이 상이한 견해를 제시하였지만, 전통적 평화유지활동이 지
켜야 할 기본적 원칙은 (1) 분쟁 당사자의 동의, (2) 중립성 또는 불편부당
성, (3) 무력 사용 최소화 등 세 가지라는 데 공감하였던 것으로 보인다. 심
지어 일부 전문가들은 실패로 끝난 대다수 평화유지활동의 공통점은 상기의

---

27) Diehl, et. al., "International Peacekeeping and Conflict Resolution," pp. 33-35
28) Finlay, The Use of Force in UN Peace Operations, p. 5.
29) Donald, Dominick, "Neutrality, Impartiality and UN Peacekeeping at the Beginning
    of the 21st Century," International Peacekeeping, vol. 9, no. 4, Winter 2002, p. 21.

기본적 원칙을 준수하지 않았다는 것이라고 주장하였다.[30]

　그러나 전통적 평화유지활동의 기본원칙은 브라히미 보고서 발표를 계기로 중대한 고비를 맞이하였다. 이 보고서는 앞서 논의된 세 가지를 평화유지활동의 기본원칙(bedrock principles)이라고 전제하면서, 다음과 같은 문제점들을 지적하였다. 첫째, 내전 및 국가들 간 분쟁에 대처해야 하는 오늘날의 평화유지활동에서 분쟁 당사자들이 동의를 조작(manipulated)할 수 있다는 것이다. 특정 당사자는 전투원을 재정비하기 위한 시간을 벌기 위해 유엔의 주둔에 동의한 다음, 자신들의 이익에 부합되지 않으면 철수를 요구할 수 있다. 파벌의 우두머리가 동의를 했더라도 통제가 느슨한 하부조직에서 이를 위반할 경우 뾰족한 대책이 없다. 둘째, 일단 평화유지군이 배치되면 반드시 성공적으로 위임명령을 수행할 수 있는 능력을 갖추어야 한다. 따라서 각국이 파견한 군부대들에게 자기 자신들뿐 아니라 미션의 여타 구성원과 위임명령을 수호할 수 있도록 '강력한(robust)'한 교전규칙을 부여해야 한다. 셋째, 불편부당성은 유엔 헌장의 기본정신에 부합되지만, 모든 경우에 모든 당사자들을 중립적 입장에서 동등하게 대하는 유화정책(appeasement policy)을 의미하지 않는다. 도발행위를 범하는 당사자에 대해서는 무력 사용이 정당화될 뿐 아니라, 도덕적으로 그렇게 해야 할 의무가 있는 것이다. 그러므로 사무국은 상징적 의미에 머무는 전통적 개념을 초월하여, 신뢰할 만한 억지력(credible deterrent)을 발휘할 수 있도록 잘 무장된 평화유지군을 파견해야 한다.[31]

　2004년에 발간된 유엔의 "*Handbook on UN Multidimensional Peacekeeping Operations*"은 다음과 같이 평화유지군이 준수해야 할 기본적 원칙을 명시하였다.[32]

30) Jett, *Why Peacekeeping Fails*, 1999.
31) A/55/305-S/2000/809, 2000. 8. 21, *Brahimi Report*, pp. 9-10.

가. 불편부당성(Impartiality)[33]

평화유지군은 언제나 불편부당성과 공정성(even-handedness)을 행동지침으로 삼아야 한다. 불편부당성은 도전이나 자극(provocation)을 받을 경우에도 객관적이고 일관성 있게 위임명령을 수행함을 말하는 것으로, 아무런 행동도 취하지 않거나(inaction) 위반사실을 묵과하는 것을 의미하지 않는다. 유엔 평화유지군은 분쟁 당사자를 대함에 있어 불편부당성을 유지해야 하지만, 위임명령을 수행할 경우에는 중립적(neutral) 태도를 취해서는 안 된다. 즉 평화유지군은 분쟁 당사자들의 이익에 반하는 경우라 할지라도 위임명령을 적극적으로(actively) 이행하지 않으면 안 된다. 만일 평화유지군이 편파적(partial)인 것으로 인식되면, 지역주민과 분쟁 당사자들은 유엔의 중립적 위치에 대한 믿음을 상실할 것이며, 이는 평화유지활동 미션의 신뢰성과 평화과정(peace process)을 위협하는 결과를 초래할 것이다. 최악의 경우, 분쟁 당사자들이 유엔을 편파적이라고 인식하게 되면 평화유지활동에 대한 동의를 철회하고, 분쟁해결 수단으로 폭력에 의존하는 사태가 재발될 수 있다.

나. 동의와 협조(Consent and Cooperation)

정당하고 지속가능한 평화를 위한 평화유지활동의 성과는 분쟁 당사자들의 동의와 협조에 의해 좌우된다.[34] 자유의사에 따른 동의가 부재할 경우,

---

32) *Handbook on UN Multidimensional Peacekeeping Operations*, pp. 55-60
33) 불편부당성(impartiality)과 중립성(neutrality)에는 다음과 같은 차이가 있다. 전자는 어느 관련 당사자에도 치우치지 않도록 하지만, 설령 이들의 반대나 불만이 있더라도 이를 극복하면서 부여된 임무를 수행한다는 적극적 개념인 반면, 중립성은 임무달성이나 업무의 성과보다는 가급적 관련 당사자들의 불만이나 분란(dispute)이 발생하지 않도록 하는 데 중점을 두는 소극적인 개념이다. 또한, 후자는 긴박한 사태가 발생할 경우에도 분쟁 당사자들과 마찰이 빚어지지 않도록 하기 위해 무행동(inaction) 또는 방관적 태도를 취할 수도 있다는 부정적 의미가 내포되어 있다.
34) 안보리는 분쟁이 국제평화와 안전에 대한 위협이라고 판단할 경우, 분쟁 당사자들의 명시적 동의가 없이도 유엔 주도하의 평화강제활동을 승인할 권한을 가지고 있다.

전반적인 평화유지활동은 위임명령의 수행에 어려움을 겪을 것이다. 때때로 분쟁 직후 단계(immediate post-conflict phase)에서는 당사자들 사이에 신뢰관계가 거의 존재하지 않으며, 유엔의 개입에 대한 동의 여부도 불확실하다. 정치 및 군사 지도자들이 유엔의 개입에 동의하였더라도, 말단의 전투원 집단이 이를 인정하지 않거나 비협조적인 태도를 취할지도 모른다. 또한 당사자들이 휴전 또는 평화조약을 준수하지 않기로 결정할 경우에는 동의가 철회될 수도 있다. 동의가 철회되거나 처음부터 불확실할 경우, 유엔 안보리는 전쟁의 가능성을 차단하면서 동의를 유도하기 위한 강력한 억지력을 갖춘 평화유지군을 창설할 수 있다. 그러나 상호 신뢰를 구축하고 당사자들이 평화과정에 참여함으로써 더 큰 이득을 취할 수 있도록 함으로써, 모든 계층의 당사자들로부터 동의를 받도록 노력해야 한다.

다. 적절한 무력 사용(Appropriate Use of Force)

평화유지활동은 분쟁 당사자들의 동의를 필요로 하므로, 평화유지군은 대개의 경우 자위를 넘어선 무력을 보유할 필요가 없다. 자위는 평화유지군뿐 아니라 유엔 요원, 유엔의 재산 및 유엔의 보호를 받는 여타 인원들의 권리를 보호함을 말한다. 무력 사용은 평화유지활동의 위임명령과 교전규칙에 의해 결정된다. 때때로 안보리는 자위가 아닌 상황에서도 무력을 사용하도록 승인할 수 있다. 어떤 상황에서 무력을 사용할 수 있는지는 안보리 결의안에 명시된다. 교전규칙은 다양한 환경에서 사용될 수 있는 무력의 단계(levels), 무력의 단계별 사용방법 및 평화유지군 사령관이 승인해야 할 필요성 여부 등을 명확하게 기술한다.

Ibid, p. 57.

라. 단결과 국제적 성격(Unity and International Character)

평화유지활동이 효과를 거두기 위해서는 국제사회의 의지와 존재(presence)를 반영하는 통합된 부대(integrated unit)로서의 기능을 발휘해야 한다. 여러 국가들의 파견부대(contingents)로 구성된 평화유지군의 경우는 특히 그러하다. 유엔의 지휘를 받는 평화유지군은 항상 임무의 국제적 성격을 존중하고, 자국의 이익이나 여타 이익을 추구해서는 안 된다. 국제군(international forces)은 각국의 파견부대들 간의 이질성을 이용하려는 분쟁 당사자들의 노력에 취약하다. 평화유지활동의 국제적 성격을 확고하게 통합시키는 것은 이같은 기도를 좌절시키고 전반적인 임무의 정당성을 제고시키는 첩경이다.

마. 인도주의 관련 국제법 존중(Respect for Principles of International Humanitarian Law)

유엔의 지휘를 받는 평화유지군에게는 인도주의 관련 국제법의 원칙과 규칙이 적용된다. 인도주의 국제법을 위반할 경우, 유엔 평화유지군은 자국의 군법에 따라 기소된다. 유엔의 지휘를 받는 평화유지군은 민간인과 전투원(combatants)을 분명히 구분하고 전투원과 군사적 목표에 대한 작전만을 수행해야 한다. 유엔군이 전투를 위해 사용할 수 있는 수단과 방법에는 제한이 있다. 유엔군은 관련 인도주의 국제법에 따라 특정 무기와 전투수단의 사용을 금지 또는 제한하는 규칙을 존중해야 한다. 민간인과 부녀자를 대할 때 성폭행, 강제매춘 및 기타 부도덕한 범죄행위로부터 이들을 특별히 보호해야 한다.

바. 현지의 법과 관습 존중(Respect for Local Laws and Customs)

모든 평화유지요원들은 현지의 법과 관습을 존중하고 개인적 행동에 있어 최고 수준의 도덕성을 유지해야 한다. 특히 수천 명으로 구성된 단위부대가 포함될 경우, 평화유지활동은 미션 지역 전체에서 두드러진 위상과 영향력을 행사하게 된다. 평화유지군에 대한 존경은 고도의 전문성(professional-ism), 정직성 및 불편부당성을 유지하고, 현지 주민들과의 원만한 관계를 유지하는 데 필요한 핵심요인이다. 이러한 존경은 지역주민의 협조와 동의를 지속하는 데 필수적이다. 평화유지요원들은 효과적인 활동을 촉진시키기 위해 유엔에 부여된 일정한 면책특권을 가지고 있으나, 현지법을 준수하고 현지의 사회적, 문화적 및 종교적 관습을 존중해야 할 의무가 바뀌는 것은 아니다.

4. 평화유지활동의 스펙트럼

유엔 평화유지활동은 영유권에 대한 국가 간의 전쟁, 내전(intrastate civil wars), 인종 또는 사회적 차별을 둘러싼 분규, 영토 및 국민의 자결권(self-de-termination) 요구, 신생국 독립, 명백한(outright) 침략행위 등 개별적 분쟁상황에 따라 다양한 형태를 취하게 된다.

밍스트(Karen Mingst)는 유엔 평화유지활동을 (1) 감시(observation), (2) 병력분리(separation of forces), (3) 법치(law and order), (4) 제한적 무력 사용(use of limited force), (5) 강제(enforcement, 엄밀한 의미에서 PKO의 범주를 넘어선다) 등 다섯 가지 형태로 분류하였다. 전통적 평화유지활동에 속하는 '감시'는 (1) 분쟁에 대한 조사, (2) 휴전 감시, (3) 정전 유지, (4) 전투 중단, (5) 병력 철수 확인, (6) 선거 감독, (7) 군비통제 및 군축협정 검증, (8) 인권 감시, (9) 정찰(reconnaissance) 등으로 세분화시켰다.[35]

보웨트(D. W. Bowett)는 평화유지활동의 유형을 (1) 전투행위 중단, 휴전

35) Mingst and Karns, *United Nations in the Post-Cold War Era*, pp. 70-76.

및 정전 감시, (2) 국경통제(frontier control), (3) 적대행위 중단을 보장하기
위한 중간포진(interpositionary), (4) 유엔 통제지역 또는 안전지대 확보 및 방
어, (5) 주둔국(host country)의 법과 질서 유지, (6) 분쟁대상 영토의 지위결정
을 위한 국민투표(plebiscite) 감독, (7) 인도주의적 차원의 재난 구호 및 지원,
(8) 국제적 범죄행위 예방, (9) 군비축소(disarmament) 기능 등 아홉 가지로
분류하였다.36)

　이러한 맥락에서 힐런(John Hillen)은 다양한 형태의 평화유지활동을 '스펙
트럼'의 개념으로 설명하고 있다.37) 힐런에 의하면 평화유지활동의 운용적
(operational) 성격은 (1) 부대가 운용되는 환경, (2) 군사적 노력의 수준이라
는 두 가지 요인에 의해 결정된다. 활동환경은 완전히 우호적(benign)인 것으
로부터 매우 적대적이고 호전적인 것에 이르기까지 다양하다. 평화유지군의
규모, 성격, 구성 및 임무 등은 이러한 환경요인에 의해서 결정된다. 환경은
(1) 분쟁당사자들이 합의한 평화조약의 지속가능성, (2) 유엔과 분쟁 당사자
간의 공식적 약정(arrangements), (3) 분쟁 당사자들의 '실제(actual)' 협조 수준,
(4) 평화유지군의 직접적(immediate) 활동 환경 등에 의해 좌우된다. 직접적
환경의 적대수준(hostility)은 각종 협정의 위반 정도, 교전행위, 유엔 사상자
발생 등의 종속변수이다.

　군사적 노력의 수준과 투입부대 규모는 수행해야 할 임무의 성격, 주위환
경 및 적대세력(opposing forces)에 의해 좌우된다. 대부분의 미션은 소규모의
비무장 옵서버와 경무장 보병부대로 구성된다. 일부 대규모 미션은 편제포
병, 공중 및 해상지원, 기계화 및 기갑부대 등 전투부대를 보유한다.

---

36) Bowett, D. W., *United Nations Forces: A Legal Study* (New York: Praeger, 1964), pp.
　　268-274
37) Hillen, John, *Blue Helmets: The Strategy of UN Military Operations* (Washtinton, D.C.:
　　Brassy's, 2000), pp. 16-31.

다음의 그림은 1948~1996년에 진행된 유엔 평화유지활동을 활동 환경과 군사적 노력의 등 두 가지 요인으로 측정한 결과로 나타난 스펙트럼이다. 그림에 의하면, 유엔 평화유지활동은 (1) 감시(observation) 미션, (2) 전통적 PKO 미션, (3) 2세대 PKO 미션 등 세 개의 범주로 분류된다. 강제조치도 고려해 볼 수 있으나, 이는 유엔의 승인을 받아 창설되지만 유엔의 관할권에 속하지 않는다. 일부 평화유지활동 미션(예 : 콩고, 나미비아, 소말리아)은 군사적 성격이 광범위하고 시간의 경과에 따라 대폭 수정되기 때문에 다수의 범주 속하는 것으로 볼 수 있다. 예를 들면 콩고 미션은 전통적 및 2세대 미션 등 두 가지에 해당된다. 그러나 이러한 스펙트럼은 비교 및 분석을 위한 것이므로, 절대적인 분류기준으로 간주하지 말아야 한다. 힐런이 제시한 평화유지활동의 스펙트럼을 상술하면 다음과 같다.

가. 감시 미션

감시 미션은 스펙트럼의 좌하단부에 위치하고 있어, 활동환경이 우호적이고 군사적 노력의 정도가 경미함을 나타낸다. 이 미션은 불과 수백 명의 비무장 또는 소화기만 휴대한 군 옵서버들로 구성된다. 옵서버들은 대개 불편부당성(impartiality)을 부각시키고 적절한 지리적 균형(geographic balance)을 유지하기 위해 "중립적(neutral)" 국가들로부터 선발된 군 장교들로 구성된다. 군 옵서버들의 조직구조와 활동방식(modus operandi)은 일단 활동지역에 배치된 후에 결정되는 것이 일반적이다.

유엔의 감시를 받는 분쟁당사자들은 옵서버들의 구성과 운용방식에 거부권을 행사할 수 있다. 따라서 미션의 성공을 위한 요체는 분쟁당사자들의 협조와 선의(goodwill)이며, 옵서버들은 정치적 환경의 변화에 심대한 영향을 받게 된다. 그러므로 부대구조, 지휘통제, 군사적 목표 등은 순전히 군사적 요구보다는 정치적 민감성(sensibilities)을 고려하여 결정해야 한다.

유엔 평화유지활동의 스펙트럼

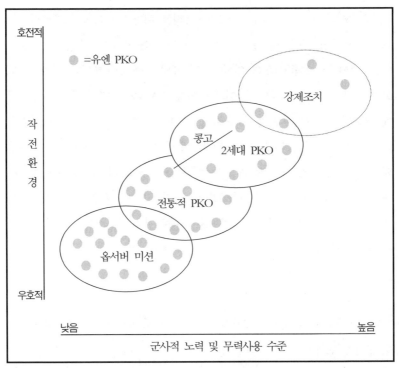

자료 : Hillen, John, *Blue Helmets: The Strategy of UN Military Operations* (Washington, D.C.: Brassy밀 2000), p. 19.

감시 미션의 성공을 위해서는 분쟁당사자들의 동의와 협조가 절대적으로 필요하므로, 유엔의 입장에서는 압도적 군사력을 유지할 필요가 없다. 유엔 PKF의 권위는 대부분 군사적인 것이 아니라, 도덕적 및 정치적인 것이다. 군 옵서버가 효과적인 위임명령의 수행을 위해 군사력을 동원하는 일은 거의 없으며, 당사자들이 협조하도록 강요할 수 있는 능력도 보유하고 있지 않다. 만일 군 옵서버들이 적대적 환경과 분쟁관련자들의 비협조적 태도로 인하여 위험에 처할 경우, 유엔은 그 규모를 축소 또는 철수시킨다.

나. 전통적 PKO 미션

전통적 PKO 미션도 분쟁당사자들의 동의와 협조에 의존하지만, 감시 미션보다는 다소 복잡한 군사적 임무가 부여된다. 전통적 미션은 수천여 명의 경무장 부대로 구성되며, 대개 전투행위를 분리시키기 위해 완충지대에 포진(interposition)한다. 감시 미션과 마찬가지로 이들은 순수한 군사적 요구가 아닌, 공정한 지리적 배분, 파견부대의 중립성, 분쟁당사자들의 승인 등의 요인들에 의존한다. 전통적 미션의 평화유지군은 대개 개발도상국이나 캐나다, 스웨덴, 노르웨이, 덴마크, 칠레, 아일랜드 등 "중진국(middle powers)" 군대로 구성된다.

비록 규모, 부대구조 및 배치가 감시 미션과는 매우 상이하나, 이들은 동일한 정치적 제약(political constraints)에 따라 활동한다. 이들의 군사적 능력은 감시 미션보다는 강화되나, 강제행위를 취할 수 있을 정도는 아니다. 이들은 "집단안보의 실패와 초기 유엔 평화감시(peace observation) 미션의 성공"에 대한 반응으로서 임기응변식으로 이루어진 것이었다.[38] 이들의 임무는 제한된 정치적 목표에서 비롯되며, 이러한 목표는 대개 분쟁의 정치적 해결을 위한 안정적 분위기를 제공하기 위해 분쟁을 통제하는(containing) 제한적인 것이었다. 감시 미션과 마찬가지로 전통적 미션은 자위나 무장공격을 받을 경우, 또는 위임명령(mandate)을 수행하기 위한 경우를 제외하고는 무력을 사용할 수 없다. 소극적 무력 사용의 목적은 평화유지군의 불편부당한 위상을 지키고 분쟁당사자의 자발적 협조를 촉진시키는 데 있다.

무력 사용 최소화, 동의, 불편부당성 등의 원칙은 강압적 군사력을 운용하기 위한 부대, 구조 또는 위임명령을 갖고 있지 않은 협조적인 다국적 기구(multinational organization)의 정치적 특성을 강화시켜 주었다. 그러나 군사

---

38) Diehl, Paul F, *International Peacekeeping* (Baltimore: The Johns Hopkins University Press, 1993), p. 26.

적인 관점에서 볼 때, 이러한 원칙은 감시 및 전통적 미션의 군사적 효과를 어느 정도 감소시켰다. 이들은 느슨한 지휘체계 하에서 활동하였으며, 그 결과 유엔과 각 회원국의 의사결정 채널 간 충돌이 빚어지기도 하였다. 공동의 교리, 훈련 및 장비의 결여로 인하여, 공통적 통제수단이나 상호운용성(interoperability)은 찾아보기 힘들었다.

그러나 이들 미션에서 군사적 요소(component)는 분쟁해결을 위한 광범위한 외교적 및 정치적 기법의 일부분에 불과한 것이어서, 군사력의 비효율성(inefficiency)이나 군사력 그 자체는 전체 미션의 실패로 직결되지 않았다. 이에 대해 어느 PKO 전문가는 "성공의 방정식(in the equation of success)에서 군사적 요인의 중요성은 정치적 요인보다 훨씬 덜 중요하다"고 언급하였다.[39) 결과적으로 전통적 평화유지활동 미션의 군사적 특성은 다소간 소극적이고, 온건하고(innocuous), 비위협적인(nonthreatening)인 것이라고 볼 수 있다.

다. 제2세대 PKO 미션

전통적이고 소극적인 PKO 교리는 걸프전의 여파와 탈냉전 후 안보리에서 협조적 분위기가 고조됨에 따라 변화를 맞이하게 되었다. 한 유엔 관리가 표현한 바와 같이 "냉전 후, 국제적 위기에 대한 유례없는 안보리에서의 협조로 인하여 유엔은 과거의 PKO와는 규모, 복잡성 및 기능면에서 전혀 유사성을 발견할 수 없는 일련의 PKO의 물결 속에 정신없이 뛰어들었다."[40)

새로운 미션은 활동환경의 변화와 복잡하고 다기능적 특성을 반영하였다. 냉전 종식 직후 안보리가 창설한 미션은 상대적으로 비우호적인 환경과 때

---

39) Mackinlay, John, *The Peacekeepers: An Assessment of Peacekeeping Operations at the Arab-Israeli Interface* (London: Unwin Hyman, 1989), p. 199.
40) Tharoor, "Should UN Peacekeeping Go Back to Basics?," p. 53. 그는 당시 PKO 담당 사무차장(Under Secretary-General)이었다.

때로 내전의 와중에서 활동하였다. 평화협정의 체결이라는 과거의 정치적 전제조건은 더 이상 고려대상이 되지 않았다. 불안정한 상황에서 활동해야 하는 신규 PKO 미션은 보다 공세적으로 운용할 수 있는 강력한(robust) 군사력을 필요로 하였다.

1992년 부트로스 갈리 사무총장은 유엔 PKO가 "분쟁 당사자들의 명시적 동의가 없이도" 배치될 수 있다고 언급함으로써, 전통적 PKO 원칙의 개념을 일부 수정하였다. 2세대 PKO 미션은 과거의 전통적 미션과는 질적 및 양적으로 상이한 것으로, 정치, 사회, 경제, 인도주의, 선거, 외교 및 군사 등 모든 측면을 동시에 관장하는 매우 광범위한 것이었다.

유엔 평화유지군은 평온한 완충지대가 아닌 적대세력들 간에 상호 교전이 벌어지고 있는 위험한 지역에 배치되기도 하였다. 진행 중인(ongoing) 내전의 종식뿐 아니라, 정치적 화해 분위기를 조성하고 "실패한 국가(failed states)"의 재건을 돕는 역할도 수행하였다. 이런 상황에서 그들은 인도주의적 구호의 전달 보호, 반군들의 무장 및 동원해제, 안전지역(safe areas) 유지 및 보호, 무기반입 금지구역 시행(enforce), 국경감시, 인권유린 감시, 난민 귀환, 잠정적 정부기능 인수, 선거 및 기타 국가재건(nation-building) 활동을 위한 안전한 환경 제공 등을 위해 '적극적으로(actively)' 활동하였다.

위험한 환경에서 이처럼 복잡한 활동을 시도하는 것은 PKF와 지원요소들의 대폭적인 확대를 요구하는 엄청난 도전이다. 1990년 유엔은 8개 옵서버 및 전통적 미션에 1만여 명을 배치하고 있었으나, 1993년 그 숫자는 18개 미션과 8만 명으로 급증하였다.[41] 나미비아나 모잠비크 PKF 미션의 경우 군부대의 규모가 크거나 조직이 복잡하지 않았으나, 선거를 위한 안전 제공, 인도주의 및 기타 국가재건 활동 등 다기능적 임무를 담당하였다.[42]

---

41) "UN Peacekeeping Information Notes Update (no. 2)," November 1993; UN, *Blue Helmets*, App. 2.

대다수 2세대 PKO 미션의 전략적, 운용적 특성은 전통적인 평화유지활동의 원칙과는 거의 유사성이 없다. 때때로 유엔은 복잡하고 위험한 대규모 미션을 효과적으로 관장하기 위해 전통적 원칙에서 벗어나 강대국들의 첨단 군사력에 의존하기도 하였다. 일부 미션에서, 유엔은 회원국, 임시 연합군 또는 지역 군사동맹에 군사강제 임무를 "하청(contracted out)"하였다. 헌장 7장에 따라 승인된 이 같은 제한적 평화강제 미션은 엄격한 중립성과 소극적 군사력 사용이라는 전통적 PKO의 원칙에 도전하였다. 유엔이 종래의 원칙에서 탈피하려 했던 것은 전통적 평화유지활동이 오로지 유리한 정치적 조건 하에서만 성공할 수 있는 한계를 가지고 있기 때문이다. 그러나 대부분의 2세대 미션에서는 이처럼 우호적인(propitious) 정치환경이 존재하지 않고, 그러한 분위기를 조성할 수도 없다. 그 결과, 몇몇 신규 미션은 보다 강력하고(robust) 공세적인 위임명령을 부여받는다. 그러나 대부분의 2세대 미션은 효과적인 강제임무를 수행할 수 있을 정도의 자원, 지휘통제 체계 또는 운용방식(modus operandi)을 보유하지 못하였다.

어떤 면에서 보면 대부분의 2세대 PKO 미션은 평화강제 활동과 매우 유사하다. 많은 전문가들은 이를 제7장(Chapter VII) 미션 또는 평화강제 미션이라고 명명하였으나, 기본적으로는 분쟁 당사자들의 전략적 동의(strategic consent)에 근거하고 있다.[43] 일부 2세대 PKO 미션이 제한적 강제수단만을 보유하고 있지만, 여전히 그 활동의 성공 여부는 대부분 분쟁 당사자들의 동의에 의존하고 있으며, 적대적 파벌들(warring factions)이 평화공존으로 이행하도록 강요할 수 있는 자산을 갖고 있지 못하다. 영국 육군의 교리는 이런 문제를 다음과 같이 간결하게 설명하였다. "광범위한(wider) 분쟁은 무력

42) Berdal, *Wither UN Peacekeeping*, p. 9.
43) Dobbie, Charles, *A Concept for Post-Cold War Peacekeeping* (Oslo : Norwegian Institute for Defense Studies, 1994).

에 의한 종결보다는 설득에 의한 해결을 요구한다. 따라서 (전통적) 미션과 마찬가지로, 군사활동은 1차적으로 정치적 및 외교적 활동이 진척될 수 있는 조건을 지원 또는 조성하는 데 초점을 맞추어야 한다."[44]

요약하면, 2세대 미션은 모든 면에서 옵서버 또는 전통적 평화유지활동과 같은 "동의에 기초한(consent-based)" 미션으로부터 대규모의 평화강제 미션으로 도약을 한 것이 그 특징이라고 할 수 있다.

라. 강제 조치

앞서 살펴본 바와 같이 유엔은 군사적으로 복잡하고 야심적인 2세대 평화유지활동 미션을 관리하는 데 심각한 문제점을 안고 있다. 이러한 현상은 이미 유엔이 개입한 한국전(1950~1953)과 걸프전(1990~1991)에서 예고된 것이다. 두 차례의 사례에서 유엔은 회원국들의 연합(a coalition of member states)에 의한 군사력 사용을 승인하였으며, 강대국에 작전의 기능적 관리를 위탁하였다. 한국전 당시에는 유엔 사령부가 창설되었으며, 군사작전에 제한적 감독만을 행사하는 규정을 명시하였다. 그러나 상기 사례들에서 유엔은 엄청나게 복잡하고 방대한 군사작전의 관리 및 전략지시 하달 등에 아무런 역할도 하지 않았다. 이러한 역할을 떠맡은 미국은 유엔으로부터 다국적 군사노력을 동원, 조직 및 시행할 수 있는 적법성과 권한을 부여받았다.

스펙트럼 우상단에 위치한 유엔의 강제조치는 대규모 군사력 사용을 필요로 하는 적대적이고 호전적인 환경에서 활동한다. 이는 유엔의 군사활동으로 고려되지 않으며, 안보리의 승인 하에 미국의 주도로 이루어졌다고 볼 수 있다. 상기 사례들에서 유엔이 미국에 의해 끌려갔다는 사실은 대규모 강제행위의 중요한 특징을 부각시키고 있다. 한국전과 걸프전은 침략자를

---

44) British Army Field Manual, *Wider Peacekeeping*, pp. 1~10.

응징하려는 현대전을 치르기 위해서는 강대국의 엄청난 자원, 희생 및 정치적 의지가 요구된다는 점을 보여준다. 지구상에서 사막의 폭풍작전과 같은 정교한 군사작전을 수행하는 데 필요한 인프라(infrastructure)와 군사력을 제공할 수 있는 국가는 극히 소수에 불과하다. 스펙트럼 상의 강제조치를 잠시만 생각해 보더라도 유엔이 안고 있는 전략적 제약(strategic constraints)을 보다 분명하게 이해할 수 있을 것이다.

II. 국제연합 헌장과 평화유지활동

1. 국제연합 헌장

유엔 헌장의 첫 구절은 군사적 역할의 가능성을 시사하고 있다. "국제평화와 안전을 유지하고, 이를 위하여 평화에 대한 위협의 방지와 제거, 침략행위 또는 기타 평화의 파괴를 제압하기 위해 효과적인 집단조치를 취한다."[45] 헌장 전체를 통해 이러한 근본적 목적이 분명하게 명시되어 있지만, 군사적 역할을 위한 유엔의 조직, 구조 및 방법은 모호하게 언급되어 있다. 의심할 바 없이 유엔 창시자들의 의도는 집단적 군사행동을 위해 헌장상의 근거를 마련하는 것이었지만, 그들은 이것이 전적으로 강대국들 간의 지속적인 협조에 달려 있다는 사실도 인식하고 있었다.[46] 얄타 회담 이후 나타나기 시작한 강대국들 간 이해관계의 차이를 고려해 볼 때, 이것은 터무니없이 비현실적인 기대였다.[47]

---

45) UN Charter, Chapter I, Article 1, Paragraph 1.
46) 집단안보체제의 근본적 문제점에 대해서는 다음을 참조할 것. Bull, Hedly, *Intervention in World Politics* (Oxford: Clarendon Press, 1984).

유엔 헌장은 전시동맹(wartime alliance)을 평시로 연장시키는 개념에 기초하고 있다. 1941년 대서양 헌장에 나타난 국가들의 "연합"은 평시가 아닌 전시에 단결한 국가들을 지칭한다. 거부권을 보유한 안보리 상임이사국들은 전시동맹의 주도국이었으며, 헌장은 놀라울 정도로 정치적 현실감각(political realism)을 상실한 채, 이들 국가가 굳건히 단합하여 세계평화를 감독하고 필요하다면 강제도 할 수 있을 것으로 가정하였다.[48]

유엔 헌장의 창설에 참여하였던 정치가들은 집단적 군사행동에 대한 조항이 실현되지 않을 경우, 적어도 유엔이 강대국들에게 "국가들이 서로 대면하여 차이점들에 관해 토론하고 공통분모를 찾기 위해 노력하는 상설 무대(constant forum)"를 제공해 줄 것으로 믿었다.[49] 이들 신중한 낙관론자들은 헌장이 집단적 군사활동의 관리에 대한 유엔의 기능과 역할에 지침을 제공하고 있지만, 유엔은 이러한 조항들의 실현 여부와 관계없이 안보문제에 중요한 역할을 수행해야 한다고 생각하였다. 이런 맥락에서 스티븐슨(Adlai Stevenson)은 "유엔 헌장은 …… 종이에 불과하며, 다섯 개 안보리 상임이사국들의 의지와 의도의 그 이상도, 그 이하도 아니다"라고 말했다.[50] 애치슨(Dean Acheson)은 미국 상원에서 유엔 헌장의 비준에 대한 루스벨트 대통령의 열의를 대변하면서, 루스벨트가 "자신의 의무를 충실하고 성공적으로 이

47) US Department of State, *Foreign Relations of the United States, 1945, Malta and Yalta Documents* (Washington, D.C.: Government Printing Office, 1963), pp. 665-712.
48) Urquhart, *A Life in Peace and War*, p. 93.
49) Vandenberg, Arthur H. Jr., *The Private Papers of Senator Vandenberg* (Boston: Houghton Mifflin, 1952), p. 119.
50) Martin, John B., *Adlai Stevenson of Illinois: The Life of Adlai E. Stevenson* (New York: Doubleday, 1976), p. 238.

행하였으나, 항상 유엔 헌장이 실현 불가능(impracticable)하다고 믿고 있다"고
발언하였다.51) 루스벨트 자신도 공개적으로는 낙관적인 모습을 보였음에도
불구하고, 개인적으로는 유토피아적인 기대를 갖지 않았으며 "세계평화를
위한 유엔 헌장이나 여하한 청사진(blue print)도 얼마나 오래 지속될 것인지
는 알 수 없다"는 사실을 시인하였다.52)

그럼에도 불구하고, 유엔이 다국적 군대를 운용할 수 있는 능력을 갖춘
정치적 실체(political entity)가 되기 위해서는 헌장에 의해 안보기구 및 조직
을 창설할 수 있는 권한과 헌장의 정당성(legitimacy)을 가지고 있어야 한다.
아울러 헌장은 이러한 조직이 군대를 모집, 편성 및 지휘하기 위한 정책과
정, 구성 및 절차에 대한 윤곽을 명시하고 있다. 유엔 헌장 가운데 군사력
운용에 가장 적절한 조항은 제6장과 7장이다. 이는 "분쟁의 평화적 해결"과
"평화에 대한 위협, 평화의 파괴 및 침략행위에 대한 집단행동"을 통해 국
제평화와 안전의 유지라는 엄청난 사명을 감당할 수 있기를 희망하는 기제
(mechanism)와 절차를 명시하였다. 그러나 헌장에 기술된 유엔의 군사적 역
할과 유엔군은 완전히 실현되지 못하였다. 그 대신 1948~1996년 사이에 유
엔이 창설한 38개의 PKO 미션은 헌장에 대한 애매한 해석에 법적 및 정치
적 정당성을 의존하였던 임시조치(ad hoc enterprises)이자 임기응변(improvisa-
tion)의 노력이었다. 한마디로 유엔 헌장은 입안자들(framers)의 희망과는 달
리 유엔의 군사활동에 대한 효과적인 정치적, 전략적, 군사적 토대를 제공하
지 못하였다.

헌장 6장의 제목은 "분쟁의 평화적 해결"이다. 여기 포함된 6개 조(33~38

---

51) Acheson, Dean, *Present at the Creation: My Years in the State Department* (New York: Norton, 1969), p. 111.
52) Rosenman, Samuel, *The Public Papers and Addresses of Franklin D. Roosevelt*, vol. 13 (New York: Harper, 1969), p. 180.

미국, 소련, 영국 대표가 서명한 유엔
헌장 원본(1946)

조)는 국제평화와 안전을 위태롭게 하는 국제분쟁을 해결함에 있어, 교섭, 심사, 중개, 조정, 중재재판, 사법적 해결 등의 평화적 수단에 대한 유엔의 역할을 기술하고 있다. 6장은 군사활동에 관해서 아무런 언급도 하고 있지 않으나, 대다수의 유엔 PKO는 "헌장 6장의 활동(Chapter VI Operations)"으로 불리고 있다. 이는 안보리가 "분쟁의 여하한 단계에서도 적절한 조정절차 또는 방법(appropriate procedures or methods of adjustment)을 권고할 수 있다"는 36조를 광의로 해석한 결과이다.

대부분의 국제법학자들은 헌장 조문에 대한 이 같은 광의의 해석을 수용하고 있으며, 유엔의 군사활동이 적법성과 정당성에 대한 문제점보다는 정치적 및 기능적(functional) 고려사항으로 인하여 더 큰 제약을 받고 있다고 생각한다.53) 이런 맥락에서 어느 학자는 "만일 유엔이 국가가 수행하는 모든 형태의 주권적 또는 국제적 행위를 수행하지 않았다면, 그것은 법적 자

---

53) 이에 대한 보다 상세한 내용은 다음 자료들을 참고할 것. Bowett, *United Nations Forces; Higgins, Rosalyn, United Nations Peacekeeping: Documents and Commentary*, vols. 1-4 (New York: Oxford University Press, 1969, 1970, 1980, 1981); Seyersted, Finn, *United Nations Forces in Law of Peace and War* (Leiden, Netherlands: AW Sijthoff, 1966); Kirgis, Frederic, *International Organizations in Their Legal Setting* (St. Paul, Minn.: West, 1993); Simma, Bruno et. al (eds.), *The Charter of the United Nations: A Commentary* (New York : Oxford University Press, 1994).

격(legal capacity)이 없어서가 아니라 이를 실천할 수 있는 위치에 있지 못하였기 때문(not yet been in a practical position to do so)"이라고 설명하였다.54)

적극적(active) 집단안보의 주창자들은 헌장 6장에 대한 이러한 거시적 접근방법이 유엔 PKO 미션에 국제사회가 수용할 수 있는 법적 및 정치적 기초를 제공하였다고 언급하고 있다.

헌장 6장에 따른 안보리의 가장 중요한(primary) 활동은 36~38조를 근거로, 상호 합의된 휴전협정의 준수 여부를 결정하고, 분쟁재발의 가능성을 억제 또는 감소시키기 위한 완충역할로서의 위임명령을 부여받은(mandated) 군 옵서버 미션과 PKF를 설치하는 것이다.55)

그러나 이러한 헌장의 해석에 모든 사람들이 동의하는 것은 아니다. 혹자는 헌장을 협의로 해석하여 "과거 50년간의 유엔 PKO는 아무런 법적 근거가 없는 것"이라고 주장하였다.56) 유엔 PKO 미션이 헌장 6장에 완전히 부합되지 않는 것으로 보는 사람들은 법적 근거보다는 기능적인 면에 문제가 있음을 지적하고 있다. 헌장 6장은 옵서버 미션과 같이 가장 온건한 차원의 군사활동에 대해서조차 명확하고 효과적인 정치적 또는 전략적 지침을 제고하지 못하고 있다는 것이다.

예를 들면 함마르셸드(Dag Hammarskjold) 사무총장이 유엔 PKO를 "6.5장 (Chapter Six and Half)"이라고 부른 이유는 "PKO가 헌장 7장의 규정에는 미달되는 동시에 순수하게 외교적인 방법 또는 6장에 명시된 수단을 초과"된

---

54) Seyersted, *United Nations Forces in Law of Peace and War*, p. 402.
55) *Evans, Gareth, Cooperating for Peace: The Global Agenda for the 1990's and Beyond* (St. Leonards, Australia: Allen and Unwin, 1993), p. 23.
56) Kirsch, Philippe, "The Legal Basis of Peacekeeping," *Canadian Defense Quarterly*, vol. 23, no. 1, September 1993, pp. 18-19.

다는 사실을 잘 알고 있었기 때문이다.57) 이는 법적 타당성(justification)과 정치·군사적 실천가능성(practicability) 간의 괴리를 인식한 매우 실용적인(pragmatic) 관점이다. 따라서 헌장 6장은 유엔 PKO라는 군사활동에 대한 법적 근거가 되지만, 이를 조직(form), 지휘 및 운용하기 위한 지침까지 제공하지는 않는다고 보는 것이 타당할 것이다. 이런 맥락에서 혹자는 "유엔 PKO가 헌장 6장에 기초한 것이냐, 아니면 7장에 의한 것이냐를 놓고 갑론을박하는 과정에서 온갖 혼란이 빚어졌다"고 언급하였다.58)

반면, 헌장 7장은 유엔의 군사활동에 대한 정책적 틀(policy framework)을 마련하는 데 그 목적이 있었다. 7장의 제목은 "평화에 대한 위협, 평화의 파괴 및 침략행위에 대한 조치"이다. 13개 조항(39~52)은 "집단안보를 위한 원대한 구상(ambitious scheme)"으로서 정책적 대안과 이를 선택하기 위한 절차를 명확하고 논리적으로 기술하였다.59) 39조는 안보리가 평화에 대한 위협 또는 침략행위를 식별할 수 있도록 하고, 40조는 "필요하거나 바람직하다고 인정되는 잠정조치를 준수하도록 관련 당사자들에게 요청"할 수 있도록 하였다. 40조는 이러한 "임지조치"의 형태나 내용에 대해서는 구체적으로 언급하지 않았으나, 당사자들의 협조를 강조하였다. 요약하면, 40조는 자발적 협조를 강조함으로써, 관련 당사자들의 동의하에 배치되는 "잠정조치(provisional measures)"인 유엔 PKO 미션을 가장 명시적으로 정당화시켜 주고 있는 것이다.60)

---

57) UN Department of Public Information, *Blue Helmets: A Review of United Nations Peace-keeping*, 2d. ed. (New York: UN, 1990), p. 5.

58) Hillen, *Blue Helmets*, p. 10.

59) Roberts, Adam and Benedict Kingsbury, "The UN's Roles in International Society," in *United Nations, Divided World*, 2d ed. (New York: Oxford University Press, 1993), p. 31.

60) Hillen, *Blue Helmets*, p. 10.

이 같은 임시조치가 실패할 경우에 대비하여, 41조는 안보리가 평화의 파괴자에게 경제, 정치, 기술 및 외교적 제재를 가할 수 있는 권한을 부여하였다. 이 조항은 비록 강제성을 띠고 있으나 헌장 7장에서 마지막으로 언급된 비군사적 방법이다. 41조의 방법으로 문제가 해결되지 않으면, 안보리는 42조에 근거하여 "국제평화와 안전의 유지 또는 회복에 필요한 공군, 해군 또는 육군에 의한 조치"를 취할 수 있다. 42조는 이러한 조치가 어떤 것이어야 하는지를 정확하게 명시하지 않으면서, 단지 "시위, 봉쇄 및 기타 작전"만을 언급하였다. 조문의 해석 여하에 따라, 42조는 유엔이 광범위한 군사활동을 취할 수 있는 상당한 재량권(latitude)을 부여하고 있다. 그러나 분명한 사실은 이러한 활동이 강제적인 조치가 될 것이라는 점이다.

유엔 헌장은 43~49조에서 군사활동의 수행에 관한 구체적인 내용들을 언급하고 있다. 43조는 회원국들이 "안보리의 요청에 의해, 그리고 하나 또는 그 이상의 특별협정에 따라" 안보리가 사용할 수 있도록 군대와 시설을 공여할 것을 요구하였다. 헌장 7장의 논리적 전개를 따르자면, 헌장 43조의 유엔군은 42조의 조치를 취하기 위한 것이다. 히긴스(Rosalyn Higgins)에 의하면, 42조에서 군사적 조치에 대한 윤곽이 그려지면, "43조에 따라 모든 회원국들이 이러한(42조) 목적을 위해 군대와 시설을 사용할 수 있도록 안보리와 협정을 체결할 것으로 기대"하였던 것이다.[61] 히긴스가 "43조에 의한 협정은 42조에 근거한 군사적 제재의 필수 전제조건(necessary prerequisite)이 아니다"[62]라고 지적한 바와 같이, 42조와 43조 간에는 명시적(explicit) 관계가 없다. 양자 간의 관련성 여부와 무관하게, 바로 이 단계에서 헌장 7장이 구

---

61) Higgins, "The New UN and Former Yugoslavia," *International Affairs*, vol. 69, no. 3, June 1993, p. 466.
62) Higgins, "The New UN and Former Yugoslavia," p. 468. 아울러 히긴스는 43조에 따른 사전 협정이 부재한 상황에서도 42조의 조치가 발생할 수 있는지 여부는 여전히 국제법적 논란의 대상이라고 언급하였다.

상한 강제조치가 현실적 난관에 봉착하게 된다. 회원국이 제공한 "병력의 숫자와 종류, 그 준비정도 및 전반적 위치와 제공될 편의 및 지원의 성격"에 대한 "하나 또는 그 이상의 협정"은 유엔과 회원국 사이에 역사상 단 한 차례도 체결된 적이 없다. 이러한 협정은 42조에 암시된 것 외에도 군사활동을 위해 군대를 동원, 조직, 지휘 및 운용할 수 있는 더 많은 권한을 부여하였을 것이다.63)

1945~1948년 사이에, 안보리 회원국들은 이러한 협정에 대한 협상을 벌였지만 고조되는 냉전 초기의 긴장과 국가주권에 대한 침해의 우려로 인하여 아무런 소득도 거두지 못하였다.64) 로버츠(Adam Roberts)는 이러한 문제점을 다음과 같이 설명하였다.

유엔 창설 이후 최초 수년간 헌장 규정이 이행되지 못한 가장 명백한 원인은 안보리 상임이사국들이 냉전적 대립을 극복하고 합의에 이르지 못하였기 때문이다. 그러나 사전에 공여한 부대가 자국의 동의와 명령도 없이, 논란의 여지가 많고 위험하면서도 국익에 별로 관계가 없는 군사작전에 투입될 가능성을 모든 국가들이 기피하고 있다는 데 근본적인 문제가 있는 것이다.65)

같은 맥락에서, 에반(Abba Eban)은 1947년 무렵 헌장 43조에 대한 협상이 아무런 소득도 없이 종결되었다고 회고하였다. 이 조항에 대한 사실상의 사

---

63) 유엔과 회원국 간 특별협정에 대한 보다 상세한 내용은 다음을 참조할 것. Rostow, Eugene, *Should Article 43 of the UN Charter Be Raised from the Dead?*, McNair Paper 19 (Washington, D.C.: Institute for National Strategic Studies, National Defense University, 1993)

64) Grove, Eric, "UN Armed Forces and the Military Staff Committee," *International Security*, vol. 17, no. 4, Spring 1993, pp. 172-182.

65) Roberts, Adam, "From San Francisco to Sarajevo: The UN and the Use of Force," *Survival* 37 (Winter 1995-1996), p. 9.

망선고를 내림으로써, "유엔은 국제연맹과 차별화를 기하려던 특성(special quality)을 포기하였다."[66]

43조의 특별협정이 체결된 사례가 전무하기 때문에, 이 조항의 성공적 체결에 상당 부분 의존하고 있던 헌장 7장의 후속조항들은 1945년 이래 사실상 "사문화(dead letter)"되었다.[67] 비록 유엔군이 실제로 어떤 종류의 작전을 수행할 것인지는 언급하지 않고 있으나, 헌장 44~49조는 유엔의 군사활동을 위한 정치적 및 전략적 방향에 대한 가장 유용한 정책지침을 제공한다. 44조는 병력공여국들이 안보리 결정에 참여하도록 초청하고 있으며, 45조는 회원국들이 "43조에 따라 하나 또는 그 이상의 특별협정에 부과된 범위 내에서" "(유엔이) 국제적 강제조치를 위하여 자국의 공군파견부대를 즉시 이용하도록 유지"할 것을 요구하였다.

46조와 47조는 유엔군의 군사작전에 대한 전략지침을 제공하는 군사참모위원회(Military Staff Committee : MSC)를 설치하였다. 이 조항은 "헌장 7장의 강제조치가 안보리와 MSC의 통제를 받는다는 사실을 분명하게 암시"하였다.[68] MSC의 목적은 "국제평화와 안전의 유지를 위한 군사적 필요, 안보리 재량에 맡겨진 부대의 사용 및 지휘, 군비의 규제, 군비축소의 가능성 등 모든 문제에 관해 안보리에 조언과 지원을 제공(47조 1절)"하는 것이다. 그러나 얄타 회담에서 시작된 강대국들 사이의 불화가 헌장 작성을 위한 교섭과 그 이후에도 지속됨에 따라,[69] 47조는 "그러한 부대에 대한 지휘는 추후에 해

---

66) Eban, Abba, "The UN Idea Revisited," *Foreign Affairs*, vol. 74, no. 5, September-October 1995, p. 44.

67) Roberts, "From San Francisco to Sarajevo: The UN and the Use of Force," p. 8.

68) Urquart, Brian, "Security after the Cold War," in Adam Roberts and Benedict Kingsbury (eds.), *United Nations, Divided World*, 2d ed. (Oxford: Clarendon Press, 1993), p. 83.

69) 냉전의 기원과 강대국 간 불화에 대해서는 다음을 참조할 것. Campbell, Thomas M. and George C. Herring. *The Diaries of Edward Stettinius, Jr., 1943-46* (New York: New

결한다(3절)"라고 고의적으로 모호하게 기술되었다. 43조 유형의 유엔군이 창설된 사례가 전무하기 때문에 안보리에서 이에 대한 포괄적인 문제가 한 번도 거론되지 않았다. MSC가 부대편성, 지휘통제 구조 및 기타 절차들에 관해 제의하였지만, 43조에 관한 협상의 실패와 MSC의 활성화에 대한 강대 국들의 미온적 태도로 인하여 이러한 제안들은 별다른 소용이 없었다. 이에 따라 "MSC는 …… 급격히 유명무실한 존재(a non-entity)로 전락하였다."70)

요컨대, 유엔 헌장이 수립한 전체의 군사활동 메커니즘은 한 번도 시행된 적이 없다. 로버츠(Adam Roberts)가 언급한 바와 같이 "안보리는 사실상 단 한 번도 유엔 헌장 7장이 명확하게 제시하고 있는 방식대로 가용 부대를 보유하지 못하였다.71) 유엔 헌장의 입안자들은 성공적인 전시동맹이 영속적으로 유지될 것으로 기대하였다. 그러나 유엔 헌장은 제2차 세계대전이라는 엄청난 위협에 직면하여 유례없는 정치적·군사적 협조 속에서 전승국들이 함께 힘을 합치도록 만든 원동력인 절박감(a sense of urgency)을 대체하지는 못하였다. 따라서 헌장이 군사활동을 부적절한 것으로 만들지는 않았으나, 유엔군의 효과적인 운용을 위한 합법적이고 권위 있는 정책적 준거(framework)를 마련하는 데는 미치지 못하였던 것으로 평가된다.

2. 안전보장이사회

헌장 24조에 따르면 유엔 안보리는 "국제평화와 안전의 유지를 위한 1차적(primary) 책임"을 지는 기관이다. 안보리는 국제분쟁의 해결과 관련하여

Viewpoints, 1975).

70) Howard, Michael, "A History of the UN's Security Role," in Adam Roberts and Benedict Kingsbury (eds.), *United Nations, Divided World* (Oxford: Clarendon Press, 1993), p. 66.

71) Roberts, "From San Francisco to Sarajevo," p. 9.

모든 회원국들에게 법적 구속력 있는 결정을 내림으로써, 유엔에서 가장 중요한 역할을 수행한다. 안보리는 법적 구속력이 있는 의사결정인 위임명령 (mandate)을 통해서 신규 PKO 미션을 창설한다.[72] "위임명령"은 PKO에서 가장 중요한 용어로서, PKO의 배치 및 행동에 관한 법적 근거를 제공한다. 위임명령은 국제사회의 의지를 반영 또는 시현(manifestation)한 것이다. 이는 군사적 현실이 아닌 정치적 현실을 고려한 정치적 교섭의 산물이다.[73]

일반적으로 위임명령은 PKO의 목표와 임무, 군사작전을 수행하는 평화유지군의 규모와 구조, 작전을 위한 지휘통제 체계, PKO를 수행하는 국제기구와 주둔국(host country) 정부의 책임한계 등을 규정한다. 보다 구체적으로, 대부분의 위임명령은 다음 사항들을 포함한다.[74] ① 유엔 평화유지군의 역할, ② PKO 미션의 임무와 기능, ③ PKO 미션 또는 평화유지군의 규모와 조직, ④ 군사령관, 특별 조정관(special mediators) 등의 임명과 이들의 임무 및 책임, ⑤ 재정 및 군수지원에 관한 일반적 약정(general arrangements), ⑥ 유엔과 주둔국(host nation) 간 책임한계, ⑦ 위임명령의 유효기간, ⑧ 주둔국이 유엔 PKO 미션에 부과하기를 원하는 조건 및 조항(conditions or terms), ⑨ PKO 요원들의 권리 및 면책특권에 관한 내용 등. 대부분의 PKO 관련 위임명령은 안보리 결의안을 통해서 작성되며, 대개 유효기간은 3~6개월이다. 이처럼 활동시한을 제한하는 것은 변화하는 상황에 유연하게 대처하고, 필요시 부대구조 및 임무를 원활하게 수정하는 데 목적이 있다.[75]

---

72) 대부분의 유엔 PKO는 안보리 결의안에 의해 창설되지만, 경우에 따라 총회도 PKO의 창설을 결의할 수 있다.

73) Langille, Peter, "The Future of Peacekeeping: An Experts' Discussion to Contribute to the Dialogue on Foreign Policy," Paper Presented at the Workshop co-hosted by the University of British Columbia and Center for Global Studies, 2003. 3. 21, p. 5.

74) *Peace Operations: FM 100-23* (Washington D.C.: Headquarters of Department of US Army, 1994), p. 66.

75) Demurenko, Andrei and Alexander Nikitin, Translated by Love, Robert R., "Basic

코소보 사태 관련 안보리 표결 장면(2000)

안보리의 활동은 "떠다니는 빙산(a floating iceberg)"에 비유될 수 있다. 약 95%의 업무는 '복도(corridor)'나 '비공식협의(informal consultations)'에 의해 이루어진다. 대부분 공식회의는 각종 교섭과 접촉 등을 통해 비공개 석상에서 이미 합의된 사항을 단지 공개적으로 확인하는 데 불과하다. 거의 제도화(institutionalized)된 이 같은 관행은 유엔 헌장의 본래 의도뿐 아니라 안보리 기구의 효과성(effectiveness)에도 현저한 변화를 가져왔다.[76]

43조의 실패로 인하여 안보리는 군사력 사용에 대한 신뢰성 있는 절차를 정착시키기 못하였다. 소련과 서방진영 사이의 냉전구조도 안보리의 기능을 제약하였다. 이러한 긴장은 특정국가의 반복적인 거부권 행사로 나타났다. 1945년에서 1991년까지 안보리에서 2백여 건 이상의 거부권이 행사되었다.[77] 그럼에도 불구하고, 냉전 기간 동안 13개의 유엔 PKO 미션이 창설되었다. 이와는 대조적으로 냉전 종식 이후 안보리에서 놀라울 정도의 컨센서스가 이루어짐에 따라 1991~1993년에는 단 한 차례의 거부권만이 행사되

Terminology and Conccept in International Peacekeeping Operations: An Analytical Review," *Low Intensity Conflict & Law Enforcement*, vol. 6, Summer 1997, p. 113. 인터넷 사이트에서도 검색 가능. http://fmso.leavenworth.army.mil/fmsopubs/issues/pkterms.htm
76) Fetherston, *Towards a Theory of United Nations Peacekeeping*, p. 6.
77) Evans, *Cooperating for Peace*, p. 20.

었다. 그 결과, 불과 3년 동안 무려 13개의 신규 유엔 PKO 미션이 신설되었다.

유엔 PKO 미션은 안보리의 만장일치에 따라 승인 및 창설된다. 더욱이 안보리는 PKO 미션의 위임명령(mandate)을 수정하거나 종결(terminate)시킬 수 있다. 그러나 안보리의 기능적 권위(functional authority)는 정치적 차원에서 제약을 받는다. 사무총장은 군사활동에 대한 실질적인 통제권을 행사하며, 그의 참모들이 부대창설과 조직, 행정 및 보급업무를 담당한다. 현지 사령관(field commander)은 작전을 수행하며, 안보리의 통제를 받는 사무총장에게 보고한다.

안보리, 사무국, 현지 군사령관의 정치적 및 군사적 책임분담은 군사적 수단을 정치적 목적에 합치시키는 전략이 몇 개의 상이한 조직에 의해 원활히 이루어지도록 보장한다. 원래 헌장이 유명무실해 진 MSC에 위탁한 이처럼 중요한 임무도 임기응변으로(improvised) 수행되어야 한다. 1993년 미국 평화연구소의 보고서는 "특히 허약한 유엔 사무국의 기획구조(planning structure)의 관점에서 보면 명확한 정치적 목적과 특정한 군사적 목표와의 중요한 연계(link)가 실종되었다"고 지적하였다.78)

3. 유엔 사무총장과 사무국

헌장 15장 97절에 의하면 사무총장은 "유엔의 최고 행정관리(the chief administrative officer)"이다. 이처럼 중요한 인물이 다소 세속적인(mundane) 역할을 부여받았다는 것은 매우 의아스런 일이다. 헌장은 유엔의 군사적 활동에서 사무총장이 중요한 역할을 수행토록 하려는 의도가 없었으나, 집단안보

78) United States Institute of Peace Study Group Report, *The Professionalization of Peacekeeping* (Washington D.C.: USIP, 1993). p. 24.

체제의 실패로 사무총장의 역할이 점진적으로 발전되어 온 결과, 오늘날에
는 사실상 유엔의 국방장관으로 부상하였다.

헌장 99조에 의해 사무총장은 "세계평화와 안전의 유지를 위협하는 것으
로 인정되는 여하한 사안에 대해서도 안보리의 주의를 환기"시킬 수 있다.
함마르셸드는 99조의 중요성에 주목하여, 이 조항이 "사무총장을 순수한 행
정관리로부터 명백한 정치적 책임을 갖는 직책으로 그 위상을 변화시켰다"
고 언급하였다.79) 헌장 99조 이하에는 국제평화와 안전에 있어 사무총장의
역할에 대해 아무런 언급도 없다. 앞서 살펴본 바와 같이, 안보리는 유엔의
군사활동을 창설하고 정치적 위임명령을 하달할 수 있는 권한을 갖고 있다.
그러나 실행 가능한(workable) 헌장 규정의 미비로 인하여 헌장체계의 공백
과 괴리는 "창조적 해석과 기발한 임기응변"으로 채워졌다.

헌장 5장 29조는 안보리가 "그 기능의 수행을 위해 필요하다고 판단되는
보조기관"을 설치할 수 있도록 하였다. 이러한 기관은 원래 안보리의 직접
통제를 받는 MSC를 염두에 둔 것으로, 사무국의 영역 밖에 속하는 것이었
다. 그러나 실제로 유엔의 군사활동을 관장하는 보조기관은 사무국이다. 방
대한 유엔의 규모를 고려해 볼 때, 이들 기관은 매우 왜소한 것이었다. 1945
~1993년 사이에, 사무총장은 전략기획 및 부대관리 업무에 관해서는 특별
정무(special political affairs) 담당 사무차장 예하에 편성된 소수 참모들의 보좌
를 받았다. 1993년 5월 유엔이 'PKO의 폭발적 급증'의 외중에 있었을 당
시에도 이 부서에는 불과 23명의 정무 및 군사담당 실무자들이 근무하고
있었다.80) 규모는 다소 크지만 독립된 부서인 야전작전부(Field Operations

---

79) Elaraby, N, "The Office of the Secretary-General and the Maintenance of
    International Peace and Security," in United Nations Institute for Training and
    Research (UNITAR), *The United Nations and the Maintenance of International Peace and
    Security* (Dordrecht: Martinus Nijhoff, 1987), p. 187.
80) US Government Accounting Office, *UN Peacekeeping: Lessons Learned in Managing*

Division)가 행정 및 군수지원을 담당하였다.

1993년 2월, 유엔 사무국은 조직개편을 단행하여 한창 창설되고 있는 대규모의 야심적인 2세대 PKO를 위한 전략 및 군사기획 전담부서를 신설하였다.[81] 사무국은 다기능적(multifunctional) PKO의 여타 주요업무를 정무국 (Department of Political Affairs)과 인도주의 지원국(Department of Humanitarian Affairs)으로 분리하였다. 1993년 9월, 유엔은 야전작전부(Field Operations Division)를 평화유지국(Department of Peacekeeping Operations) 예하부서로 흡수하였다. 규모와 범위 면에서 폭증하는 유엔 PKO 기획업무를 감당해야 하는 도전적 과제에 직면한 유엔 DPKO는 1993~1994년에 직원 수를 거의 4백 명 수준으로 증가시켰다.[82] 1993년 이와 함께 24시간 현지 PKO 미션의 활동상황을 파악할 수 있는 "상황실(Situation Center)" 신설, 미국이 기증한 정보관리체계 활용계획 수립, 기획, 훈련 및 분석부서 신설 등의 조직개편을 병행하였다.[83]

아울러 DPKO는 장차 PKO 미션 창설에 대비, 유엔의 요청 즉시 회원국들이 공여할 수 있는 "상비(stand-by)"군 유지를 위한 데이터베이스를 구축하였다. 이러한 자료를 유지함으로써 사무국은 기획단계 초기에서 가용부대를

Recent Missions, GAO Report 94-9 (Washington D.C.: Government Printing Office, 1993), p. 5.

81) UN, *Blue Helmets*, App. 2.
82) UN PKO 관련 사무국의 조직변천에 대한 추가적인 사항은 다음을 참조할 것. Berdal, Mats, *Whither UN Peacekeeping?*, Adelphi Paper, No. 281 (London: Brassey's for the International Institute for Strategic Studies, 1993), sect. 3; Berdal, Mats, "Reforming the UN's Organizational Capacity for Peacekeeping," in Thakur, Ramesh and Carlyle Thayer, *A Crisis of Expectations: UN Peacekeeping in the 1990s* (Boulder, Colo.: Westview Press, 1995), pp. 181-192; and Durch, William, "Structural Issues and the Future of UN Peace Operations," in Don Daniel and Bradd Hayes (eds.), *Beyond Traditional Peacekeeping* (New York: Palgrave Macmillan, 1995), pp 151-163.
83) Hillen, *Blue Helmets*, p. 15.

역대 유엔 사무총장(1~7대)

제1대 : 트리그베 리(Trygve Lie, 노르웨이, 1946~1952)

1896년 오슬로에서 태어난 리는 1911년부터 노르웨이 노동당 당원으로 활동하였으며, 1919년에는 법학학사 학위를 받았다. 노동당 정부에서 법무장관, 무역 및 산업장관을 역임했으며, 제2차 세계대전 발발 시에는 공급 및 수송장관을 담당하고 있었다. 1940년 독일이 침공하자 리는 동맹국들을 위해 노르웨이 함대를 파견하였으며, 1941년부터 외교부장관으로 활동했다. 1945년 샌프란시스코 국제연합 회의에서 노르웨이 대표단을 이끌었으며, 유엔 헌장의 안보리 관련 초안을 작성하기 위한 3위원회 회장으로 활약하였다. 1946년 초대 유엔 사무총장에 선출되었다.

제2대 : 다그 함마르셸드(Dag Hammarskjold, 스웨덴, 1953~1961)

함마르셸드는 사무총장 재직기간 동안 전쟁방지와 유엔 헌장의 정신 구현을 위해 많은 업적을 남겼다. 중동지역의 분쟁해결을 위해 휴전협정 체결 및 평화조성에 노력하였으며, 1956년에는 UNEF를 조직하여 최초로 유엔 평화유지활동을 시작하였다. 1960년 벨기에령 콩고의 독립 직후 내전이 시작되자 유엔 평화유지군을 파견하였다. 이 과정에서 소련은 함마르셸드에 불만을 품고 그의 사임을 요구하였다. 함마르셸드는 그 직후 콩고령 카탕가 지역의 촘베 대통령을 만나러 가던 중 의문의 비행기 추락사고로 사망했다. 그는 유엔 안보나 총회의 승인 없이도 단독으로 긴급조치를 취하는 등, 유엔 창설 초기에 사무총장의 위상을 확립하는 데 크게 기여한 것으로 평가받고 있다. 그가 사망한 후인 1961년 유엔 노벨상을 받았다.

제3대 : 우탄트(U Thant, 미얀마, 1961~1971)

우탄트는 고등학교 교장과 버마(미얀마)의 교과서 위원회 위원을 역임하는 등 교육자로 다년간 활동하였으며, 그 후에는 버마 정부의 출판국 국장 및 방송국 국장 등 정부 관료직을 역임하였다. 우탄트는 유엔 주재 버마 대표부 대사로 근무하던 중, 1961년 함마르셸드가 불의의 사고로 사망하자, 그의 뒤를 이어 유엔 사무총장에 선출되었다. 1966년 안보리의 만장일치 추천을 받아 재선되어 1971년까지 재직하였다. 프린스턴 대학, 모스크바 대학 등 세계 35개 대학에서 명예 학위를 수여받았다.

제4대 : 발트하임(Kurt Waldheim, 오스트리아, 1972~1982)

발트하임은 1945년부터 오스트리아 외교부에서 근무를 시작, 1955년 유엔 주재 오스트리아 대표부에 부임하였으며, 1964년부터 대사로 근무하였다. 1968년 우주 탐사 및 평화적 이용에 대한 최초의 유엔 회의에서 의장에 선출되었으며, 1982년 4대 사무총장에 임명되었다. 임기 초반부터 나미비아, 사이프러스, 중동 등에서의 분쟁해결을 위해 여러 차례 현장을 방문하기도 하였다.

제5대 : 페레스 데 쿠에야(Javier Perez de Cuellar, 페루, 1982~1991)

변호사였던 페레스는 1940년부터 외무부에서 근무를 시작, 프랑스, 영국, 볼리비아 등 여러 국가에서 외교관으로 활동하였다. 1974년 안보리에서 페루 대표로 활동하였으며, 사이프러스 관련 유엔회의의 의장직을 맡기도 하였다. 1977년에는 사이프러스, 1979년에는 아프가니스탄 담당 사무총장 특사로 임명되었으며, 1982년 5대 사무총장에 선출되었다.

제6대 : 부트로스 갈리(Boutros Boutros-Ghali, 이집트, 1991~1996)

　　　　부트로스 갈리는 1977~91년에 이집트 외무장관을 역임하였으며, 이 기간 동안 이집트와 이스라엘 간 평화협정을 이끌어냈다. 1991년 사무총장에 임명된 후, 1994년 르완다 내전과 대량학살에 소극적인 입장을 보인 데 대해 많은 비난을 받았으며, 미국에 대한 비협조적인 태도로 미국의 극심한 반감을 초래하였다. 여러 국가, 특히 제3세계 국가들의 열렬한 지지에도 불구하고 미국의 거부로 연임에 실패한 최초의 사무총장이 되었다.

제7대 : 코피 아난(Kofi Annan, 가나, 1996~)

　　　　코피 아난은 유엔직원 출신으로서 최초로 사무총장에 선출된 입지전적 인물이다. 1962년 세계보건기구(WHO)에서 행정관 및 재정담당관, 1980~83년 제네바 유엔 난민구제위원회에서 고등판무관을 지냈으며, 1984년부터 유엔 재정부에서 예산담당관을 지냈다. 1993년 PKO 담당 사무차장으로 재직하였으며, 1996년 사무총장에 선출되었다. 취임 후 1천여 개 직책을 폐지하고 대대적인 기구의 통폐합을 추진하여 '개혁총장'이라는 별명을 얻었다. 2001년 세계평화에 기여한 공로가 인정되어 유엔과 공동으로 노벨 평화상을 수상했다. 2002년부터 2차 임기가 시작되어, 2006년 말 임기가 종료될 예정이다.

자료 : www.un.org/news/ossg/sg/pages/formersgs.html.

식별하고, PKO 미션에 파견할 부대를 신속하게 확보하고, 회원국들과의 양자교섭을 통해 병력을 모집해야 하는 시간 소모적인 절차를 간소화할 수 있게 되었다. 상비군 개념은 사무국이 신뢰할 만한 아무런 군사력도 보유하고 있지 못한 문제점을 우회하는 수단이었다. 또한 사무국은 상비체제(stand-by arrangements)를 통해 회원국들이 "조건부로" 공약한 부대가 유엔군을 모집하는 반영구적(semipermanent) 메커니즘으로 발전될 것으로 기대하였다.

그러나 이 제도는 궁극적으로 각국의 자발적 기여에 의존함으로써, 다른 형태의 모병과 마찬가지의 제약을 받게 된다. 이 제도는 사무국 직원과 회원국들 간에 항상 이루어졌던 교섭과정의 속도를 증가시켰으나, 새로운 PKO 미션에 대한 회원국의 참여의사를 제고시키지는 못하였다. 예를 들면 19개국이 상비체제에 참여하고 있었으나, 1994년 5월 르완다에 PKO 미션이 창설되었을 때 사무총장의 호소에도 불구하고 그 가운데 어느 국가도 병력을 공여하지 않았다.[84] 이는 회원국의 자발적 기여에만 의존하는 유엔 상비체제의 구조적 문제점과 비현실성을 단적으로 입증하는 사례이다.

"PKO의 폭발기" 동안, 유엔은 군사활동의 관리능력을 향상시키고 "전문화(professionalize)"시키기 위한 여러 가지 조치를 강구하였다. 1992~1996년에 보다 폭넓은 유엔 헌장의 해석으로 인한, 그 어느 때보다도 단합된 안보리, 사무국의 역량 증대 등에 힘입어 유엔은 신규 PKO 미션의 창설 및 관리를 위한 법적 및 제도적 노력을 경주하였다. 이러한 변화는 "집단안보에 기초한 유엔의 군사적 조치가 효과를 거두기 위해서는 반드시 보완되어야 할 근본적인 제도적 괴리"를 메우기 위한 것이었다.[85]

---

84) Boutros-Ghali, Boutros, Supplement to *An Agenda for Peace* UN Security Council, S/1995/1 (New York: UN, 1995), p. 9. 원문은 다음을 참조. www.un.org/Docs/SG/agsupp.html
85) Whitman, Jim, and Ian Bartholomew, "UN Peace Support Operations: Political-Military Considerations," in Daniel, Donald C. F. and Bradd C. Hayes (eds.), *Beyond Traditional Peacekeeping* (New York: Pelgrave Macmillan, 1995), p. 173.

4. 헌장 2장과 평화유지활동

소말리아와 라이베리아에서 발생한 위기는 그 국가와 정부가 제대로 기능을 발휘하지 못한 데 기인한 것이다. 법적, 행정적인 무정부 상태 하에서 다양한 무장단체들은 제멋대로 세력을 늘리고 폭력을 휘둘렀다. 보스니아 사태는 유고슬라비아와 크로아티아 정부의 호전적 대외정책뿐 아니라 내전이 국제화되는 추세 속에서 이름도 알려지지 않은 반군들로 이루어진 보스니아계 세르비아와 보스니아계 크로아티아가 저지른 행동에서 비롯된 것이다.

이런 상황에서 헌장 2장 7절이 유엔 또는 개별 회원국이 국내문제(matters of domestic jurisdiction)에 개입할 수 있음을 의미하는 것인지는 분명치 않다. 1991년 안보리 결의대로 만일 이라크 국민에 대한 이라크 정부의 압제가 국제평화와 안정의 위협요인이라고 판단한다면,[86] "국내문제"를 구성하는 실체는 무엇인가? 1992년 안보리가 결의하였듯이, 만일 유엔과 그 회원국이 인접국에 거의 영향을 미치지 않은 소말리아 사태에 인도주의적 지원을 위한 안전한 환경을 제공하기 위해 "모든 필요한 수단(all necessary means)"을 사용할 권한을 가지고 있다고 본다면,[87] "국내문제"란 개념은 별다른 의미가 없을 것이다. 1994년 안보리가 결의한 바와 같이 적법한 절차를 밟아 당선되었다가 축출된 아리스티드(Aristide) 대통령의 권좌 복귀가 유엔 헌장 7장에 따라 아이티 사태에 개입할 수 있는 근거가 된다면,[88] 국내문제와 국

---

86) 원문 : "Gravely concerned by the repression of the Iraqi civilian population in some parts of Iraq...which threaten international peace and security in the region..." S/RES/688(1991) 참조.

87) 원문 : "Acting under Chapter VII of the Charter of the United Nations, authorizes the Secretary-General and Member States to use all necessary means to establish as soon as possible a secure environment for humanitarian relief operations in Somalia..." S/RES/794(1992) 참조.

88) 원문 : "Welcomes with great satisfaction the return to Haiti of President Jean-

제문제 간의 차이점은 무엇인가? 만일 코소보에 대한 탄압을 빌미로 베오그라드(Beograd)에 대한 폭격을 묵인한다면,[89] 어떤 행동을 순수하게 국내적인 것으로 볼 수 있는가?

1920년대에 국제사법재판소는 국내 및 국제관할권(domestic and international jurisdiction)의 경계선이 "가변적(changing)"인 것으로서 국제관계의 성격에 따라 좌우된다는 견해를 보였다.[90] 이 견해는 갈수록 국제사회의 활동영역이 확대되는 현실을 반영한 것이다. 이에 따라 유엔 안보리는 국가들 간의 문제보다 국내적인 상황에 의해 빚어지는 갈등의 근원을 해결하는 데 더 큰 관심을 기울이고 있다. 결국 법적인 견해는 정치적 현실에 기초를 둔다. 어느 경우나 마찬가지로, 여기서도 "힘"의 논리가 작용한다. 강대국인 미국의 입장에서 볼 때 뉴욕이나 미주리나 캘리포니아에서의 주지사 또는 주의원 선거는 순전히 국내적인 문제로서, 외부의 간섭을 용납하지 않을 것이다. 반면, 약소국인 엘살바도르, 니카라과, 아이티, 앙골라, 캄보디아 등에서의 선거는 유엔의 개입과 감독을 받아야 하는 국제적인 이슈가 된다.

갈수록 유엔은 특히 안보리 결의를 통해서, 국제적 안보문제 해결을 위해 인권보호, 경제개발, 인도주의적 지원 등 광범위한 국내적 사안에 깊숙이 관여하고 있다. 안보에 관한 문제는 다른 이슈들과 뚜렷하게 구분되지 않는다.

Bertrand Aristide on 15 October 1994..." S/RES/948 참조.

89) NATO군은 1999년 3월 24일부터 78일간 코소보에서 세르비아군을 격퇴하기 위해 1,100대의 항공기로 NATO 창설 이래 최초의 공습을 단행하였으며, 이 와중에 중국 대사관을 오폭하여 20여 명의 사상자가 발생했다.

90) 원문 : "The question whether a certain matter is or is not solely within the jurisdiction of a State is an essentially relative question; it depends upon the development of international relations." 이와 관련하여 보다 상세한 사항은 다음을 참조할 것. Dunne, Michae, *The United States and the World Court, 1920~1935* (New York: Palgrave Macmillan, 1989); http://www.xs4all.nl/~ingel/c.ingelse/intconce.htm#N_3_ Ingelse, Chris, "Origins and Evolution of International Concern with Treatment of Individuals and Groups of Individuals." www.lawschool.cornell.edu/library/cijwww/icjwww/igeneralinformation/ibbook/Bbookchapter3.HTM

예를 들면 1992~1993년 캄보디아에서 유엔의 역할과 임무는 이론상 선거를
지원하는 것이었지만, 실제로는 과도기 동안 국내 행정부를 장악하여 그 기
능을 대행하였다. 만일 소말리아나 캄보디아나 이라크의 사례에서와 마찬가
지로 국제사회가 유엔을 통해 개별 국가의 국내문제에 지속적으로 관여해야
할 필요가 있다면, 개입의 정당성을 부여하고 주권침해를 둘러싼 논란의 소
지를 방지하기 위해서라도 유엔 헌장 2장 7절은 이러한 상황에 부합되도록
개정되어야 할 것이다.

　국가의 주권(sovereignty)을 구분 짓는 경계선도 모호하기는 마찬가지이다.
만일 주권이 해당국 정부가 국내 관할권(domestic jurisdiction) 범위 내에서 정
책을 결정하는 것을 의미하는 것으로 본다면, 국제적 기준이 항상 가변적인
것임을 감안할 때, 그 국가의 정부가 국제법을 준수하는 경우에 한해서만
정당하다는 결론이 된다. 사담 후세인은 자국의 정책이 침략행위를 저지르
지 않고 국제적으로 인정된 인권을 심각하게 유린하지 않는 범위에서만 주
권을 인정받을 수 있었다. 쿠웨이트를 침공하고 자국 국민을 무자비하게 탄
압하자 유엔은 이라크의 주권 가운데 많은 요소들을 박탈하였다. 이라크 정
부는 자국에 최선이라고 간주되는 국가안보 정책을 마음대로 수립하지 못하
고, 특정한 형태의 무기를 폐기해야 했으며, 자국 영토 내에 거주하는 쿠르
드족에 대한 유엔의 보호를 용인하지 않으면 안 되었다.

　부트로스 갈리(Boutros Boutros-Ghali) 유엔 사무총장은 1992년 *"Foreign
Affairs"* 기고문을 통해 절대적 주권(absolute sovereignty)의 시대는 지나갔다고
주장했다. "수백 년간 지속되어 온 절대적이고 배타적인 주권은 더 이상 존
재하지 않으며, 이론상의 관념과는 달리 실제로는 주권이 결코 절대적인 것
이 아니었다. 우리 시대의 중대한 지적(intellectual)인 과제는 주권의 문제를
재조명하는 것이다."[91] 그러나 그는 1992년 자카르타에서 개최된 비동맹회
의에서 다음과 같은 모순된 발언을 하였다. "유엔 헌장 7장 2절에 의해, 유

엔은 예방외교나 인도주의적 지원의 미명하에 절대로 회원국의 국내문제에
개입해서는 안 된다."92)

반면에 코피 아난(Kofi Annan) 사무총장은 이 문제에 관해 보다 노골적인
견해를 피력하였다.

국제화와 국제협력의 추세에 의해 국가 주권의 가장 근본적 의미가 재정의
(redefine)되고 있다. 오늘날 국가는 자국민을 지배하는 것이 아니라 이들을 위
해 봉사하는 제도라고 널리 인식되고 있다. 동시에 유엔 헌장과 국제조약에
명시되어 있는 근본적 자유인 개인의 주권(individual sovereignty)은 개인의 권
리에 대한 인식의 확산에 의해 고양되고 있다. …… 대량학살로부터 양민을
보호하기 위한 개입을 지지하는 국제규범의 발전 추세는 의심할 바 없이 계
속적으로 국제사회에 중대한 도전이 될 것이다. 일부에서는 불신과 의혹, 심
지어 적대감마저 드러낼 것이다. 그러나 나는 우리가 이런 현상을 환영해야
한다고 믿는다.

이러한 아난 사무총장의 견해는 인권보호와 같은 인류의 보편적 가치를
위해서는 개별국가의 주권을 침해하는 위험을 감수해서라도 유엔과 국제사
회가 개입해야 한다는 명분과 타당성을 부여하기 위한 것이었다. 최근 들어
안보리는 신규 유엔 PKO 미션을 창설함에 있어 분쟁 당사자의 동의를 전
제하지 않은—따라서 주권침해에 관한 논란의 개연성이 잠재하고 있는—
헌장 7장에 기초한 평화강제(peace enforcement)를 결의하고 있다.

그러나 국내적 사안에 대한 국제사회 개입의 범위와 한계를 둘러싼 논란

---

91) Boutros-Ghali, Boutros, "Empowering the United Nations," *Foreign Affairs*. vol. 72,
no. 5 (Winter 1992/1993), pp. 98-99.
92) UN Press Release, SG/SM/4802/Rev.1, 1992.

은 간단히 해결될 수 없는 문제이다. 예컨대, 개인의 주권과 권리를 침해하는 면에서 이라크와 상황이 크게 다르지 않은 북한이나 쿠바와 같은 국가에 대해서는 어떻게 할 것인가? 유엔이 평화강제 등 적극적인 수단을 강구하지 않는다면, 이들 국가의 "국내문제"가 세계평화와 안정을 위협하지 않는다고 판단하기 때문인가? 유엔은 세계평화와 안정의 위협을 평가함에 있어 "이중적 기준(double standard)"을 적용한다는 견해에 대해서는 어떻게 답변할 것인가? 미국은 이라크를 침공하여 후세인의 독재를 종식시키고, 국민의 기본적 인권과 권리가 존중되는 민주사회로 변화할 수 있는 계기를 마련하여 "더욱 안전한 세계"를 만드는 데 기여하였다고 주장하는데, 왜 유엔은 미국의 공격을 적극 지지하지 않았는가? 왜 코피 아난 사무총장은 "선제공격"의 논리 확산이 대량살상무기의 확산보다 더 위험하다고 주장한 것인가?

5. 헌장 7장과 평화유지활동

유엔 헌장은 안보리에 평화유지 및 회복에 1차적 권한을 부여하고, 7장에 따라 이러한 목표를 달성할 수 있는 광범위한 권한을 부여하는 집단안보체제의 근거문서이다. 과거 안보리 상임이사국의 거부권은 이러한 권한의 행사를 어렵게 만들었다. 이에 따라 냉전 기간 동안 여타 기관에 임무부여,[93] 단일국가에 7장의 권한 위임,[94] 또는 안보리가 형식적인 통제권을 행사하면

---

93) "평화를 위한 단결" 결의안을 통해 국제평화와 안전에 관한 일부 권한을 총회에 위임하였다. "Uniting for Peace," A/RES/377(V), 1950.11.3.
94) 유엔 안보리는 남부 로디지아(Southern Rhodesia, 현 짐바브웨)가 일방적으로 독립을 선언하자 석유금수조치(oil embargo)를 취하였다.(SC Res/217, 1965) 이를 어기고 그리스 국적 유조선이 석유 밀반출을 시도한 데 대해, 안보리는 영국에게 이 선박을 공해상에서 나포 또는 차단할 수 있는 권한을 승인하였다.(SC Res/221, 1966) 이 사건에 대한 보다 상세한 사항은 다음을 참조할 것. Higgins, Rosalyn, "International law, Rhodesia, and the UN," *The World Today*, 23 (1967), pp. 94-96.

서 일부 회원국들에게 7장의 권한 위임95) 등의 여러 가지 방식을 통해 목표를 달성하려는 시도가 이루어졌다. 냉전 종식 이후 평화강제에 대한 수요 (demand)가 폭증하는 반면에 유엔의 군사적 및 재정적 가용자산의 한계로 인하여, 안보리는 다국적군 또는 지역기구에 7장의 권한을 위임하는 새로운 방법을 모색하게 되었다. 헌장 7장의 권한위임은 안보리가 그렇게 할 권능 (competence)이 있는지, 누구에게 어떤 조건에서 7장의 권한을 행사하도록 위임할 것인지 등에 대한 법적 문제를 둘러싼 수많은 논란을 야기하였다.

7장은 안보리에 다음과 같은 특권(prerogatives)을 부여하였다. 언제 평화에 대한 위협 또는 평화파괴 행위가 발생했는지를 결정할 수 있는 유일한 권한 (39조), 잠정조치(provisional measures)를 명령할 수 있는 권한(40조) 및 국가에 대한 경제 및 군사적 제재(41, 42조 등)를 가할 수 있는 권한 등이 그것이다. 국가를 상대로 한 대부분의 경제 또는 군사제재 사례를 볼 때, 안보리는 유엔 주요기관(principal organs), 보조기관(subsidiary organs), 회원국들, 지역약정 또는 지역기관에 7장의 권한을 위임함으로써 제재조치를 시행하였다. 이처럼 안보리가 권한을 위임하는 것은 유엔이 강제행위를 취할 수 있는 자체 군사력을 보유하지 못하고 있는 실질적인 이유 때문이다.

유엔 PKO에서의 지휘계통, 자위를 위한 군사력 사용, 평화강제 등의 개념을 파악하기 위해서는 유엔 헌장 7장에 명시된 안보리의 권한이 어떻게 위임되는지를 올바로 이해해야 한다.

유엔 헌장 7장 43조는 군사적 강제행위를 수행할 수 있는 유엔군 창설의 근거를 제공한다. 그러나 아직 한 번도 이 조항이 적용된 적이 없으며, 45조

95) 한국전 발발 후, 안보리는 결의안 1588(1950. 7 .7)에서 유엔 통합군사령부 설치의 근거를 마련, 미국을 비롯한 참전국들에게 강제조치(enforcement action)를 취할 수 있는 권한을 위임하였다. 보다 상세한 사항은 다음을 참조할 것. Bowett, *United Nations Forces; Greenwood, Leland, Korea: A Study of US Policy in the United Nations* (New York: Council on Foreign Relations, 1956).

에 근거하여 군사제재를 위한 유엔군에 대한 지휘통제권을 행사하는 군사참
모위원회(Military Staff Committee)가 가동된 사례도 전무하다. 대부분의 군사
적 제재조치는 안보리가 유엔 회원국들 또는 지역약정에 7장의 권한을 위임
하거나, 유엔 사무총장에게 이들 군대에 대한 지휘통제권의 일부를 위임함
으로써 이루어졌다.

안보리가 사무총장에게 헌장 7장의 권한을 위임하는 이유는 세 가지다.[96]
(1) 7장의 적용이 요구될 만큼 정치적으로 민감한 사안일 경우에는 안보리
스스로 해법을 찾기가 어렵고, (2) 사무총장이라는 직책의 특성이 안보리보
다 7장의 권한을 행사하는 데 더 적합하며,[97] (3) 사무총장은 안보리보다
정치적인 면에서 상대적으로 공정(impartial)하다고 인식되고 있기 때문이다.

안보리가 사무총장에게 위임하는 헌장 7장의 권한은 (1) 국가의 내정기능
(internal governance) 수행에 대한 권한, (2) 유엔 평화유지활동에 대한 권한,
(3) 강제조치(enforcement action)를 수행하기 위한 군사력에 대한 권한 등 세
가지로 볼 수 있다.

가. 국가의 내정기능 수행에 대한 권한

유엔 헌장은 안보리가 국가의 내정기능을 수행할 수 있는 권한을 명시하
지 않았다. 그러나 24조 1절에 의하면 회원국은 안보리가 국제평화 유지의
의무를 이행함에 있어 "회원국을 대신하여 활동하는 것에 동의"한다고 명시
되어 있다. 아울러, 이 조항에 입각한 몇 가지 유엔의 관행(practice)은 내정

96) Avakov, Veniamin, "the Secretary-General in the Afghanistan Conflict, the Iran-Iraq
War, and the Gulf Crisis," in Benjamin Rivilin and Leon Gordenker(eds.), *The
Challenging Role of the UN Secretary-General: Making "The Most Impossible Job in the World"
Possible* (New York: Praeger, 1993), pp. 164-165.
97) 예컨대, 군사참모위원회가 유명무실한 상황에서 안보리가 군사제재를 수행하는 책임
을 사무총장에게 위임하는 것은 합리적인 선택이라고 볼 수 있다.

기능에 관한 안보리의 권한을 확인시켜 주고 있다.[98]

첫째, 트리에스터 자유영역(Free Territory of Trieste) 사례에서 유엔 사무총장은 안보리가 이 지역에 대한 준정부(quasi-governmental) 기능을 수행할 수 있는 권능(competence)이 있다는 법률적 의견을 제시하였고, 이에 대해 대다수 안보리 이사국들이 동의하였다.[99] 둘째, 나미비아 사례에서 국제사법재판소는 유엔 안보리가 헌장 24조에 따라 '나미비아 유엔 이사회(the UN Council for Namibia)'를 통해 정부기능을 수행할 수 있는 권한이 있다고 판결하였다.[100] 셋째, 캄보디아 사례에서 파리 평화조약(Paris Peace Accords)은 과도기 동안 캄보디아의 주권과 독립을 대표하는 유일 합법기관인 '국가최고평회의(Supreme National Council)'가 "조약의 이행을 보장하는 데 필요한 모든 권한을 유엔에 위임한다"고 명시하여, 안보리의 내정기능 수행권한을 확인시켜 주었다.[101]

상기 맥락에서 부트로스 갈리 유엔 사무총장은 *"The Supplement to An Agenda for Peace"*에서 내전(intra-State conflicts)의 특징을 "경찰 및 사법부 등

---

98) Thomas Gill, "Legal and Some Political Limitations on the Power of the UN Security Council to Exercise its Enforcement Powers under Chapter VII of the Charter," *Netherlands yearbook of International Law*, 26 (1995), p. 33.

99) 91st meeting of the Security Council, January 10, 1947 (*SCOR*, 2nd Yer, No. 3, pp. 44-45). http://www.milhist.net/trieste/unreports.html에는 트리에스터 자유영역에 대한 유엔 보고서가 수록되어 있다. 이 지역은 이탈리아로 연결되는 해안도시인 트리에스테(Trieste)와 현재 슬로베니아 서부인 이스트리아(Istria)로 이루어졌으며, 제2차 세계대전 직후인 1947년 형성되었다가 1954년 공식 해체되었다. Lamb, Richard, *War in Italy 1943-1945: A Brutal Story* (New York: DaCapo press, 1996), pp. 220-221.

100) Namibia case, *International Court of Justice Reports* (1971), p. 52; *General Assembly: Official Records*, 41st Session, Supplement No 24: Report of the United Nations Council for Namibia (New York: United Nations, 1989). 나미비아 분쟁에 관한 보다 상세한 사항은 다음을 참조. http://www.kida.re.kr:8080/cgi-win/bundet.exe/12

101) *Agreement on a Comprehensive Political Settlement of the Cambodia Conflict*, Article 6, 1991. 10. 23. www.usip.org/library/pa/cambodia/agree_comppol_10231991.html. UNTAC에 대해서는 http://www.un.org/Depts/dpko/dpko/co_mission/untac.htm을 참조할 것.

국가제도의 붕괴 및 그로 인한 통치행위(governance)의 마비"로 규정하고, 이
를 위해 유엔의 개입은 군사적 및 인도주의적 범주를 넘어 "국민화합과 효
과적인 정부의 재건"을 포함한 활동으로 확대되어야 한다고 주장하였다.[102]

나. 유엔 평화유지활동에 관한 권한

유엔 PKO와 관련하여 안보리가 사무총장에게 위임하는 권한은 (1) 사무총
장에 의한 유엔 평화유지군(Peacekeeping Forces : PKF) 창설권, (2) 평화유지군
에 대한 지휘통제권, (3) 자위를 위한 무력 사용권 등 세 가지로 볼 수 있다.

(1) 사무총장에 의한 PKF 창설권

유엔 헌장은 유엔 PKF 창설을 명시적으로 언급하지 않고 있다. 그러나
국제사법재판소는 안보리가 유엔 PKF를 창설할 수 있는 추정된(implied) 권
한을 가지고 있으며, 그 권한을 사무총장에게 위임할 수 있다고 판결하였
다.[103] 사무총장은 헌장 7장에 따라 PKF를 창설할 권능을 보유하고 있지
못하기 때문에 이러한 권한위임은 PKF의 적법성(legality) 확보를 위해 반드
시 필요한 과정이다.

유엔 사무총장의 PKO 창설권한에는 부대의 구성(composition)에 대한 권
한도 포함된다. 1960년 창설된 유엔 콩고 PKO 미션(ONUC)[104]의 사례에서,

---

102) Boutros-Ghali, *Supplement to An Agenda for Peace*, paras. 1213.
103) Certain Expenses of the United Nations, International Court of Justice Reports
(1962. 7. 20), pp. 151-179. 이하 '*Expenses* Case'로 약칭. 이 판례는 콩고(ONUC)와
수에즈 운하(UNEF)에서의 평화유지활동으로 발생한 비용이 헌장 17조 2항(기구의
경비는 총회에서 배정한 바에 따라 회원국이 부담한다)에 명시된 "기구의 경비," 즉 유엔
과 그 회원국들이 부담해야 할 경비에 해당하는지에 대해서 일부 회원국들(소련, 프
랑스)이 제기한 의문에 관한 것이었다. 국제사법재판소는 이 사례를 검토하는 과정
에서 예산문제뿐 아니라, 평화유지활동의 적법성, 안보리로부터 사무총장에게 위임
된 권한의 범위와 한계 등에 대해 매우 주목할 만한 역사적 판결을 내림으로써, 유
엔 평화유지활동에 대한 국제법적 토대를 마련한 것으로 평가된다.

ONUC의 부대 구성을 사무총장이 결정하는 것은 헌장 48조 1항105)에 명시
된 안보리의 권한을 남용하는 것이라는 소련의 주장에 대해, 국제사법재판
소는 다음과 같이 사무총장의 권한을 인정하였다. 첫째, 29조에 따라 안보리
는 "그 임무의 수행에 필요하다고 인정되는 보조기관을 설치"할 수 있으며,
98조에 따라 안보리는 사무총장에게 "여타 임무(other functions)"를 위임할
수 있으므로, 사무총장에 대한 권한위임은 적법한 것이다. 따라서 재판소는
유엔 PKF를 '유엔의 보조기관'이라고 판결하였다. 둘째, "결의안들을 이행
함에 있어 사무총장이 취해야 할 행위"에 대해 안보리가 "숙고, 확인"하고
상임이사국들의 만장일치에 의해 "승인 및 비준"하였으므로, "문제의 활동
(the operations in question, 즉 ONUC 및 UNEF의 활동)이 헌장에 명시된 안보
리의 특권(prerogatives)을 남용 또는 침해하였다는 결론에 도달할 수 없다"고
선언하였다.106) 그럼에도 불구하고 안보리가 사무총장에게 PKF 부대구성권
을 위임하였다고 본다면, 안보리가 언제든지 원할 경우에는 부대구성 권한
을 직접 행사할 수 있다고 보는 것이 타당할 것이다.

이론상, 사무총장은 일부 회원국들이 반대하더라도, 부대구성에 관한 한
안보리로부터 위임받은 범위 내에서 전권(sole competence)을 행사할 수 있다.
그러나 역대 사무총장은 일찍부터 평화유지군 구성 시 다음과 같은 관행을
정착시켰다. 첫째, 병력공여국을 선정할 때 안보리 상임이사국의 군대는 포
함시키지 않았다.107) 둘째, 사무총장은 지리적 또는 여타 이유로 분쟁과 특

---

104) "Congo Question(Security Council Resolution 143)," S/4387, 1960. 7. 14.
105) 국제평화와 안전을 위해 필요한 조치는 안보리가 정하는 바에 따라 취해야 한다는
    것이 골자이다.
106) *Expenses Case*, ICJ Reports (1962), p. 177. 보다 구체적으로, 국제사법재판소는 평화
    유지군 부대구성에 대한 유엔 사무총장의 권한과 관련하여, "콩고 사례에서 사무총
    장 자신이 어떤 국가의 부대가 참여할 것인지를 결정한 것은 유엔 헌장에 명시된
    안보리의 권한을 침해한 것이 아니다"라는 의견을 제시하였다. *Ibid*, p. 175.
107) 예를 들면, 최초의 유엔 평화유지군(단순한 군 옵서버는 UNTSO가 최초의 사례임)인

별한 이해관계가 있는 국가들은 제외시켰다.108) 그러나 UNFICYP(사이프러스, 1964)이 설치된 이후에는 상기 두 가지 원칙이 엄격하게 적용되지 않았다. 예를 들면 UNAMIR(르완다, 1993)에서는 과거 식민국가로서 분쟁지역에 특별한 이해관계를 갖고 있는 벨기에가 포함되었으며, UNPROFOR(구 유고, 1992)에는 안보리 상임이사국인 영국과 프랑스가 병력을 파견하였다. 사무총장은 필요하다고 판단된 경우에는 이러한 원칙들을 수정할 수 있다. 부대구성과 관련된 원칙의 수립과 변경은 안보리로부터 위임된 바에 따른 권한에 속하는 사항이다. 따라서 사무총장은 위임된 권한을 효과적으로 발휘할 수 있도록 정치적 현실을 반영하여 부대구성의 원칙을 적절히 수정할 필요가 있다.

(2) 평화유지군에 대한 지휘통제권.

유엔 헌장은 안보리가 군사적 강제행위를 수행하는 유엔군에 대한 지휘통제권을 행사할 수 있는 근거를 제공한다. 헌장 46절 및 47절은 군사력을 어떻게 사용할 것인지를 결정함에 있어 군사참모위원회의 중요성을 강조하고 있다. 44절에 의하면, 안보리는 군사적 강제를 위해 병력을 공여한 회원국들에게 자국군대의 사용에 대한 안보리의 결정에 참여할 수 있는 자격을 부여해야 한다. 그러나 이러한 헌장규정이 유엔 평화유지군 창설에 적용될 수 없는 것은 자명하다. 유엔 평화유지활동과 군사적 강제행위는 본질적으로 상이하기 때문이다. 국제사법재판소는 'Expenses Case' 사례에서 평화유지활동이 '헌장 7장에 포함된 강제행위'가 아니며, 그렇기 때문에 '43조의 적

UNEF를 구성함에 있어, 사무총장은 안보리 상임이사국을 배제하고, 브라질, 캐나다, 콜롬비아, 덴마크, 핀란드, 인도, 인도네시아, 노르웨이, 스웨덴, 유고 등 해당지역에 직접적 이해관계가 없는 국가들을 포함시켰다. UN, *Blue Helmets*, p. 38.
108) Higgins, Rosalyn, *United Nations Peacekeeping* (New York: Oxford University Press, 1970), p. 486.

동티모르에서 활동하고 있는 상록수부대
(2000)

용은 불가하다'고 판결하였다.[109] 마찬가지로 안보리의 군사력 사용과 관련
된 헌장 7장의 44, 46, 47조는 군사적 강제행위를 수행할 경우에만 적용되
므로, 이 조항을 유엔 PKF에 적용할 수 없다. 이러한 이유 때문에 부트로
스 갈리 사무총장은 유엔 PKO에 있어 군사참모위원회의 역할을 거부하였
다.[110]

　유엔 PKF에 대한 지휘통제권은 보조기관에 대한 안보리의 권한으로부터
비롯된다. 안보리는 모든 유엔 PKO 미션에 있어 사무총장에게 PKF에 대
한 지휘통제 권한을 위임한다. 사무총장은 이 권한을 바탕으로 PKF의 최고
사령관으로서의 역할을 수행한다. PKF에 대한 지휘통제권은 세 개의 단계
로 나누어 볼 수 있다. (1) 안보리의 고유권한인 정치적 명령권(political direc-
tion), (2) 사무총장의 책임인 행정적 명령권(executive direction) 및 지휘권, (3)
사무총장이 미션대표(chief of missions)에게 위임한 현장에서의 지휘권(com-
mand in the field) 등이 그것이다.[111]

---

109) *Expenses* Case, *ICJ Reports* (1962), p. 166.

110) Boutros-Ghali, An Agenda for Peace. http://www.un.org/Docs/SG/agpeace.html. 원
　　문 : "It is my view that the role of the Military Staff Committee should be seen in
　　the context of Chapter VII, and not that of the planning or conduct of peace-keep-
　　ing operations."

111) www.un.org/Docs/SG/agsupp.html, para. 38.

1956년 최초의 유엔 PKO 미션인 UNEF부터 사무총장은 PKF에 대해 전략적 및 정치적 통제권을 행사하였다.112) 두 번째 미션인 ONUC에서도 사무총장은 포괄적인 통제권을 행사하는 한편, 이는 유엔의 고유권한으로서 주둔국(host State)을 비롯한 여하한 회원국에게도 속하지 않는다는 점을 분명히 하였다.113) 헌장 7장의 광범위한 권한을 사무총장에게 위임한 ONUC 사례는 두 가지 중대한 결과를 초래하였다. 첫째, 일부 회원국들, 특히 소련은 사무총장의 비대한 역할에 격렬한 불만을 표출하면서 사무총장을 '트로이카(troika)'로 교체하고,114) PKF에 대한 작전통제권을 안보리의 직접 통제를 받는 '아프리카 통합사령부(unified African command)'로 이관할 것을 주장하였다. 이러한 과격한 주장은 대다수 유엔 회원국들의 지지를 받지 못하였다. 둘째, PKF에 병력을 공여한 국가들 가운데 일부는 유엔 정책의 변화를 강요하였다. 물론, 이러한 정책변화의 요구가 안보리와 같은 유엔의 정치적 기구를 통해서 이루어지는 것은 자연스러운 일이다. 그러나 병력공여국들이 사무총장에게 유엔의 지휘계통을 통한 명령하달을 중단하도록 요구하거나, 자국군의 사용조건을 일방적으로 지정하는 것은 적법성(legality)에 문제를 야기 시킬 수 있는 행동이다. 만일 회원국이 PKF에 관한 위임명령(mandate)을 사무총장과 다르게 해석할 경우, 이런 문제는 안보리에서 제기하는 것이 타당하다. 어느 국가도 유엔 PKF의 일부를 구성하는 자국군 지휘관(national

---

112) 유엔 총회 결의안 1001(ES-1, 1956. 11. 7)은 사무총장에게 PKF의 효과적 운용에 필요한 모든 행정조치와 명령을 하달할 수 있는 권한을 부여하였다.

113) "First Report of the Secretary-General in the Congo crises," S/4389, 1960. 7. 18.

114) 트로이카란 서방진영, 공산진영, 제3세계에서 각각 사무총장 1명씩을 선출하여 사무총장을 '3두체제'로 운용하자는 주장임. 당시 함마르셸드 사무총장에 대한 불만이 극도에 달하여 흐루시초프 서기장은 유엔 총회에 직접 참석하여, 함마르셸드를 "식민주의자들의 꼭두각시"라고 극언하였다. Lefever, Ernst W., *Crisis in the Congo: a U.N. Force in Action* (Washington, D.C.: Brookings Institution, 1965), p. 35; Archer, Clive, *International Organizations* (New York: Routledge, 2001), pp. 87-88.

commander)에게 사무총장의 대리인인 PKF 사령관의 명령에 복종하지 말도 록 지시해서는 안 된다.115)

사무총장이 안보리로부터 위임받은 권한을 행사함에 있어 유엔 회원국들 의 견해를 고려해야 하는 법적인 의무가 부과되지 않은 것은 유엔 PKF가 회원국의 동의, 즉 자발적 의사에 따라 공여되기 때문이다. 따라서 실제로 사무총장은 병력을 제공한 국가들의 의견을 고려하지 않을 수 없다. 이러한 목적을 위해 UNEF와 ONUC에는 병력공여국들로 구성된 '자문위원회 (Advisory Committees)'가 설치 및 운용되었다. 그 후로는 자문위원회가 설치 되지 않아 공식기구가 없는 상태이지만, 오늘날에도 사무총장은 회원국들의 견해를 감안하기 위한 노력을 지속하고 있다.

PKF에 대한 통제권과 관련, 사무총장은 통상적으로 자신이 임명한 특별 대표(Special Representative of the Secretary-General : SRSG)와 군사령관(Force Commander)을 통해 안보리로부터 위임받은 권한을 행사한다. 유엔 사무국의 일부를 구성하는 이들 두 명의 유엔 관리들은 사무총장의 지시와 통제를 받 는다. 특별대표에 대한 위임명령(mandate)은 대개 사무총장이 작성하며, 예외 적인 경우 안보리가 직접 관여한다. 일반적으로는 사무총장이 작성한 계획 을 안보리가 승인하는 형태를 취한다.116)

SRSG는 현지의 PKF 부대에 사무총장으로부터 위임받은 정치적 통제권 을 행사한다. 군사령관은 사무총장 또는 SRSG가 하달한 정치적 지시(polit- ical directives)를 작전명령으로 전환하여 각국 부대의 지휘관들에게 하달한다. UNEF 사례에서 당시 함마르셸드 사무총장은 군사령관이 이중적 임무를 수 행해야 한다고 언급하였다. 첫째, PKF의 지휘관으로서 사무총장의 지시를

115) Seyersted, *United Nations Forces in the Law of Peace and War*, p. 32.
116) Hume, Cameron, "The Secretary-General's Representatives," *SAIS Review* (Summer-
Fall, 1995), pp. 81-82.

받아 일상적인 행정업무를 책임진다. 둘째, 유엔의 대표로서 책임지역 내에
서 사무총장의 주요 대리인(principal agent)이다. 대부분의 PKO 미션에서 사
무총장은 안보리와 총회로부터 위임받은 권한을 PKF 군사령관에게 위임한
다. 그러나 사무총장은 중요한 의사결정 또는 정책에 대한 직접적인 통제권
을 유보한다.[117] 사무총장이 SRSG나 군사령관에게 위임한 PKF에 대한 지
휘통제권 가운데 중요한 요소는 평화유지요원(peacekeeper)[118]들을 방어하기
위한 무력 사용에 대한 명령이다.

(3) PKF를 방어하기 위한 무력 사용권

보편적으로 유엔 평화유지요원들의 자위를 위한 무력 사용은 적법한 것
으로 인정되고 있다. 자위권의 범위와 한계는 본 저서의 한계를 넘어서는
것이다. 여기서 논의의 초점은 자위를 위한 무력 사용권에 관한 사무총장의
역할을 검토해 보는 것이다. 유엔 PKO 역사상 자위를 위해 무력이 가장
적극적으로 사용된 사례는 UNPROFOR이다.

이 사례에서 유엔 안보리는 결의안 836을 통해 PKF가 아닌 여타 국가
또는 기관(entities)들에 의한 자위권을 인정하였다.[119] 결의안 836은 안보리
가 회원국, 지역기구 또는 지역약정에 UNPROFOR에 대한 공격에 대응하
여 무력을 사용할 수 있는 권한을 위임하였을 분명히 보여주고 있다. 그러

---

117) NATO *Doctrine for Peace-Support Operations*, AJP-3.4.1 (1993.10.20), Chapter I. 보다
    상세한 사항은 다음을 참조할 것. www.pronato.com/peacekeeping/AJP-3.4.1/index.
    htm
118) 평화유지요원(peacekeeper)이란 군인으로 구성된 평화유지군(PKF)뿐 아니라 현지
    PKO 미션에 소속된 민간경찰, 민간인인 유엔직원, 기타 국제기구 요원 등을 포괄
    한다.
119) 원문 : "Member States, acting nationally or through regional organizations or ar-
    rangements, may take...all necessary means...to support UNPROFOR in the per-
    formance of its mandates..." *Security Council Resolution*, S/RES/836, 1993. 6. 4.

나 누가, 언제, 어떤 목적으로 무력을 사용하도록 결정할 것인지는 확실치 않다. 사무총장은 유엔의 대표로서 이 문제를 스스로 결정하였다. 그는 NATO가 '전반적 위임명령을 이행함에 있어 UNPROFOR에 대한 공격이 가해질 경우에는 공군력을 사용할 용의가 있음'을 확인한 후, 안보리 이사국 들과의 협의를 거쳐, 자위 목적을 위한 공습을 명령하였다.120)

사무총장이 유엔 PKF의 사령관(Commander-in-Chief)이라는 사실은 평화유 지요원의 자위를 위한 여하한 무력 사용도 그의 동의 또는 이러한 결심을 내릴 수 있는 권한을 위임받은 SRSG나 군사령관의 동의를 받아야 함을 의 미한다. 구 유고에서 유엔과 NATO의 협조는 이러한 법적 요건을 충족시키 는 것이었다.121)

UNPROFOR 사례에서 사무총장은 근접항공지원을 요청 또는 이를 사용 할 수 있는 권한을 SRSG에게 위임하였다. 사무총장은 그 이유를 "비무장 민 간인을 포함한 모든 인원들의 안전뿐 아니라 안보리가 UNPROFOR에 부여 한 인도주의적 임무와 여타 위임명령들을 통합해야 할 필요성"에 따른 것이 라고 설명하였다.122) 이러한 조치는 다수 회원국들의 지지를 받았다. 그러나 이러한 절차가 신속한 대응을 요구하는 비상사태 발생 시 UNPROFOR의 보호를 위한 항공지원의 사용을 곤란하게 만들 수도 있다는 우려가 제기되 었다. 이에 대해, SRSG는 공군력 사용권을 군사령관에게 위임하였고, 군사령 관은 다시 이 권한을 UNPROFOR 사령관에게 위임하였다.123) 군사력 사용 의 관점에서 볼 때 권한을 현지의 실상을 가장 잘 알고 있는 의사결정권자

120) "Report of the SG pursuant to resolution 836," S/25939, 1993. 6. 14.
121) Leurdijk, Dick A., *The United Nations and NATO in Former Yugoslavia, 1991~1996, Limits to Diplomacy and Force* (The Hague: Netherlands Institute for International Relations, 1996), p. 31.
122) "The Report of the SG dated March 16," S/1994/300, 1994.3.16.
123) S/1995/623.

에게 위임하는 것이 바람직하다. 이에 따라 사무총장은 무력 사용 권한에 관한 정치적 및 군사적 지휘계통의 구분을 폐지하는 조치를 취한 것이다.

다. 강제조치(Enforcement Action)를 수행하기 위한 군사력에 대한 권한

43조가 한 번도 적용된 사례가 없었다는 사실은 과연 안보리가 국제평화와 안전의 유지 또는 회복을 위해 무력을 사용할 권한을 가지고 있느냐에 대한 근본적인 의문을 제기하였다. 혹자는 회원국들의 의무를 명시한 43조가 시행되지 않은 상태에서 42조에 근거한 안보리의 권한은 무의미하다고 주장하였다.124) 한마디로 안보리는 강제조치를 수행하기 위한 군사력을 사용할 권한이 없다는 것이다. 그러나 이러한 관점은 헌장 조문을 지나치게 편협하게 해석한 결과이다. 43조는 단지 안보리에게 강제제재를 가하기 위한 군대의 확보 방법을 제공해 준 것이다. 그러므로 43조에 따라 모든 회원국들이 제재에 동참하지 않았다고 하더라도, 이 조항은 안보리가 일부 국가에 의해 자발적으로 공여된 군대의 사용권한을 배제하는 것은 아니다.125) 그러나 유엔 사무총장의 경우는 다르다. 사무총장은 유엔군에 위임할 수 있는 헌장 7장의 권한을 보유하지 않고 있기 때문에, 무력제재를 위한 유엔군을 창설 또는 사용할 수 없다. 그러므로 안보리는 군대를 창설 및 운용할 수 있도록 사무총장에게 명확하게 지휘통제권을 위임해야 한다.126)

동의에 기초를 둔 유엔 PKO의 특성상, 위임명령의 명시적 변경이 전제

---

124) 예를 들면 1950년 안보리에서의 영국대표의 발언을 참조할 것. S/PV.476, 5 *SCOR* (1950), pp. 34.

125) 이에 대해 국제사법재판소는 다음과 같은 견해를 피력하였다. "The Court cannot accept so limited a view of the powers of the Security Council under the Charter. It cannot be said that the Charter has left the Security Council impotent in the face of an emergency situation when agreements under Article 43 have not been concluded." *Expenses* Case, *ICJ Reports* (1962), pp. 151-162.

126) Bowett, *United Nations Forces*, pp. 299-300.

되지 않고는 PKF를 군사적 강제행위에 사용할 수 없다. 함마르셸드 사무총장은 유엔 PKO와 군사적 재제를 구분해야 할 필요성에 대해 다음과 같이 언급하였다.127)

자위권에 대한 광의의 해석은 유엔 PKO와 유엔 헌장 7장에 따른 결정과 훨씬 광범위한 권한을 사무총장에게 위임해야 하는 전투작전(combat operations) 간의 구분을 모호하게 만들고 있다. UNEF의 사례에서 이에 대한 합리적인 정의가 이루어진 것으로 보이는 바, 유엔 PKO 요원은 절대로 먼저 무력을 사용하지 않으나, 공격을 받을 경우에는 대응할 권리를 가진다는 것이다. ······ 미래의 지침을 위해 유엔이 허용할 수 있는 자위와 유엔 PKO의 권능(competence)을 넘어서는 공격행위 간의 차이에 대한 정의가 승인되어야 한다.

부트로스 갈리 사무총장도 어떤 경우에는 유엔 PKF에 'PKF의 임무와 병력공여국의 기대를 초과하는 책임, 다시 말해서 군사적 제재를 위해 무력을 사용하는 위임명령이 부여된다고 언급하였다.128) 이러한 경우, 안보리는 PKF에 대한 위임명령의 변경 외에도 사무총장에게 헌장 7장의 권한을 추가적으로 위임해야 한다.

그러나 이러한 권한위임을 반대하는 견해도 있다. 흥미롭게도 사무총장 자신이 안보리가 군사적 제재행위에 대한 지휘통제권을 위임할 권능이 있는지에 대해 의문을 나타냈다. 함마르셸드 사무총장은 콩고 사태가 발생하였을 때, 과연 "안보리가 유엔 헌장을 명백하게 위반하지 않고 사무총장을 통해서 군사력을 합법적으로 사용할 수 있는 권한을 부여할 수 있는가?"라고

127) 'Summary Study of the experience derived from the establishment and operation of UNEF: report of the SG' (1958), para. 179.
128) Boutros-Ghali, *An Agenda for Peace: Supplement to An Agenda for Peace.*

발언하였다.129) 그의 발언은 사무총장이라는 직책에 권한이 위임되는 것을 반대한 것이 아니라, 안보리가 군사적 제재를 규정하는 헌장을 준수하지 않고 권한을 위임하는 행위에 이의를 제기한 것이다.

안보리가 사무총장에게 군사적 강제행위를 수행하기 위해 유엔 PKF를 사용할 수 있도록 위임명령을 부여하였다면, 그것은 국제평화와 안전의 유지 또는 회복을 위해 군사적 강제행위를 명령할 수 있도록 헌장 42조에 명시된 권한을 사무총장에게 위임한 것을 의미한다. 이때 안보리는 헌장 46조 및 46조에 따라 사무총장에게 PKF에 대한 지휘통제권도 위임하는 것이다. 그러나 유엔 헌장은 군사적 강제행위에 대한 지휘통제권을 행사함에 있어 안보리가 반드시 준수해야 하는 절차를 명시하고 있다. 이 규정의 목적은 안보리가 군사력 사용에 관한 의사결정을 위임할 때, 그 대리인(delegate)이 다섯 개 상임 이사국과 강제행위를 위해 병력을 공여한 국가들의 견해를 참고하도록 보장하는 것이다. 만일 안보리가 이러한 요구조건들을 충족시키지 않은 상태에서 사무총장에게 지휘통제권을 위임한다면, 이는 안보리가 보유하고 있는 권한의 한계를 초과하는 권한을 위임하는 결과를 초래할 것이다.130)

사루시(Danesh Sarooshi)는 상기 요건을 만족시킬 수 있는 최선의 방법으로서, 군사적 강제행위에 관해 사무총장에게 조언 및 지원을 제공하고 감독하는 위임명령을 부여받은 유엔 보조기관을 활용하는 방안을 제시하였다. 이러한 보조기관은 부분적으로 정치적 대표자(political representatives)들뿐 아니라 군사 전문가들로 구성되어야 할 필요가 있다. 이러한 위원회와 군사참모위원회(헌장 26, 45~47조)의 차이는 전자가 오로지 당면한 사례의 해결이라는 단일목적을 위해 한시적으로(on an ad hoc basis) 설치 및 운용된다는

---

129) *SCOR*, 15th Year, 915th meeting, para. 157.
130) Sarooshi, Danesh, *The United Nations and the Development of Collective Security*, (New York: Oxford University Press), 1999), pp. 79-80.

점이다. 이러한 자문위원회에는 유엔 PKF를 공여한 국가들의 대표들을 포함시킬 필요가 있다. 이 위원회의 전례는 UNEF와 ONUC의 사례에서 찾아볼 수 있다. 그러나 과거 사례와의 차이점은 이 위원회가 군사적 강제행위를 위한 것이므로 사무총장이 아닌 안보리에 의해서 설립되어야 한다는 것이다. 이러한 차이점은 매우 중요한 것으로, 이 위원회는 사무총장이 아닌 안보리의 보조기관이며, 그렇기 때문에 안보리의 통제를 받고 안보리에 직접 보고하게 되는 것이다.[131]

III. '평화유지활동에 대한 합의지침 초안'

1960년대 초 유엔 평화유지활동은 ONUC에 대한 함마르셸드 사무총장의 처리방식에 대한 소련의 불만, UNEF을 통한 유엔의 개입에 대한 프랑스의 불만 등으로, 활동의 존폐가 위협받는 심각한 위기상황에 처하게 되었다. 문제의 발단은 소련 및 동구권 국가들의 유엔 분담금 납부 거부에서 시작되었지만, 이는 단순한 재정문제가 아니라 헌장 19조에 의해 분담금 미납국의 투표권이 박탈될 경우, 이들 국가들이 유엔을 탈퇴하고 그로 인해 유엔 조직이 와해될지도 모르는 심각한 정치적 위기였다. 재정문제를 해결하기 위해 구성된 PKO 특위(Special Committee on Peacekeeping, 일명 C-33)[132]는 평화유지활동을 유엔 헌장의 틀(framework) 속에 포함시키기 위하여 그 후 20여년에 걸쳐 지속적인 노력을 경주하였다. 평화유지활동에 관한 유엔 헌장의

---

131) Sarooshi, *The United Nations and the Development of Collective Security*, pp. 80-81.

132) PKO 특위는 1965년 2월 18일 총회 결의안 2006(XIX)에 따라 33개국으로 설치되었다. 다음 자료 참조. http://ods-dds-New York.un.org/doc/RESOLUTION/GEN/NR0/211/00/IMG/NR021100.pdf?OpenElement.

명문화된 조항이 부재함에 따라 법률적 및 정치적 문제점이 발생하고 있다는 데 인식을 공유한 당시 회원국들은 헌장 개정을 통해 6장과 7장의 중간에 이를 포함시키는 방안을 모색하였다. 이를 위해 특위는 1965년부터 (1) 안보리, (2) 군사참모위원회, (3) 사무총장, (4) 국제본부, (5) 군사령관, (6) 병력 및 물자(Materiel), (7) 부대구성(composition), (8) 재정문제 등에 관하여 광범위한 논의를 전개하였다.

1. 안보리

모든 회원국들은 안보리가 평화유지활동의 목표, 활동기간, 위임명령 하달 등 전반적인 지시 및 통제권을 행사해야 한다는 데 동의하였다. 소련을 비롯한 동구권은 안보리가 파견부대(contingents)의 규모 및 구성, 군사령관의 임명 등 전권을 행사하고, 모든 의사결정은 헌장 27조 3절(거부권)에 의해 이루어지도록 할 것을 주장하였다. 반면, 미국 등 서방국들은 평화유지활동에 관한 핵심적 의사결정은 헌장 29조(보조기관)에 근거를 두도록 하여 상임이사국의 만장일치를 전제로 하지 말아야 한다는 의견을 제시하였다. 한편, 회원국들은 구성 및 운영방식에는 이견을 보였지만, 헌장 29조에 따라 보조기관으로서 "운영위원회(Committee on Direction of the Operation)"를 설치하여 평화유지활동에 관해 안보리를 지원토록 할 것을 제의하였다.[133]

2. 군사참모위원회(Military Staff Committee)

특위 회원국들은 평화유지활동에 관하여 MSC의 '보조기관'으로 설치될

---

133) Rikhye, *The Theory and Practice of Peacekeeping*, pp. 180-81.

자문위원회(Advisory Committee)의 구성과 역할에 관해 장기간 격론을 벌였다. 미국은 자문위원회에 안보리 상임이사국 대표를 포함시키되 상임이사국에 적절한 가중치(appropriate weight)를 부여하고, 부대편성, 군사령관 선발, 위임명령의 해석(interpretation) 등에 핵심적 역할을 수행하고, 필요시 MSC 전체회의 개최 전까지만 한시적으로 운용할 것을 제의하였다. 반면, 소련은 자문위원회를 안보리 상임이사국들로 구성된 소위원회(sub-committee)로 편성하되, 모든 의사결정은 소위원회의 만장일치에 따라 이루어지도록 하고, 이 위원회를 상설기구화 할 것을 주장하였다. 한편, 제3세계 국가들은 이 위원회에 지역안배를 고려하여 아시아, 아프리카 및 남미지역 1개국씩 3개국이 추가로 참여토록 해 줄 것을 요구하였다.134)

3. 사무총장

당시 동서 양 진영은 유엔 사무총장의 역할을 둘러싸고 심각한 갈등을 겪고 있었다. 동구권 국가들은 사무총장이 헌장 97절 및 98절에 명시된 대로 가용한 모든 수단을 다해서 평화유지활동에 관한 안보리 결의안 또는 승인사항을 충실히 이행하고, 안보리가 위임한 권한에 따라 활동하는 '공복(servant)'으로서의 역할을 강조하였다. 반면, 미국은 유엔의 주요기관들 간 책임의 균형(balance of responsibility)을 강조하면서, 평화유지활동의 효과를 제고하기 위해서는 사무총장이 신속하고 융통성 있는 결정을 내릴 수 있어야 한다고 주장하였다. 한편, 캐나다는 평화유지활동이 창설되는 초기(formative stages)에 유엔과 주재국(host countries), 그리고 유엔과 병력공여국들 사이에 긴밀한 관계를 유지해야 한다는 점을 역설하였다.135)

---

134) *Ibid*, pp. 181-83.
135) *Ibid*, p. 183.

4. 국제본부(International Headquarters)

국제본부에 대한 아이디어는 캐나다가 제시한 것이다. 국제본부를 관장하는 사무총장이나 국제본부 책임자는 MSC 회의에 참석하여 평화유지활동 미션의 창설과 시행에 대한 모든 문제를 보좌한다. 사무총장은 안보리와 협의하여 국제본부를 구성하는 군인과 민간인을 임명한다. 평화유지활동 미션이 승인되면 사무총장은 국제본부의 인원과 행정지원 요소를 증가시켜야 한다. 국제본부의 구성, 조직 및 구성은 추후 논의의 대상이 되지만, 국제본부 참모요원의 자격요건은 MSC를 통해 사무총장에게 하달된다. 국제본부는 평화유지활동에 영향을 미치는 모든 사안에 관해 MSC에 전문적 조언과 정보를 제공한다. 아울러 이 조직은 필요시 신규 평화유지활동 미션의 창설에 대비한 장차 작전을 기획하며, 예규(Standing Operating Procedures : SOP)를 작성하여 안보리의 검토를 받는다.136)

5. 군사령관

군사령관의 자격요건에 관해 캐나다는 안보리 요청에 따라 사무총장이 후보자 명단을 작성토록 할 것을 제의하였다. 캐나다 안(案)에 의하면, MSC는 사무총장으로부터 군사령관 후보자 명단과 회원국들이 제공할 준비가 되어 있는 파견부대, 장비 및 서비스를 통보받으며, 사무총장과 함께 옵서버 미션 또는 평화유지활동 미션의 구성과 군사령관에 관해 안보리에 건의한다. 미국은 사무총장이 주재국, 직접 당사자, 안보리 예하 위원회 등과 협의 후 군사령관을 임명하되, 안보리는 절차상의 문제에 대한 표결절차에 따라

---

136) *Ibid*, pp. 183-84.

사무총장의 건의를 거부할 수 있도록 하였다. 반면, 동구권 국가들은 운영위원회(Committee on Direction of the Operation)의 보좌를 받아 사무총장이 작성한 군사령관 후보 명단에 기초하여, 사무총장이 주재국과 협의한 후에 안보리가 선발토록 할 것을 제의하였다.137)

6. 병력 및 물자

C-33 특위는 특정 미션에 무관하게 평화유지활동의 효율성 제고를 위한 구체적 방안을 논의하였다. 특위는 안보리의 승인 또는 요청에 따라 회원국들이 MSC에게 미래의 평화유지활동 지역에 기여할 수 있는 인원과 서비스의 형태를 통보해 주어야 한다는 데 공감대를 형성하였다. 또한 사무총장은 군 인력, 장비 및 시설의 제의에 관한 공개명부(open roaster)를 유지해야 하며, 안보리는 이를 기초로 어떤 국가의 제의가 가장 적합한 것인지를 결정해야 한다는 데 의견을 같이하였다. 소련은 공개명부를 지지하되, 자발적 참여의 원칙에 따라 각 회원국들이 과거에 제공하였던 정보를 추가 또는 제외할 수 있는 권리를 유보토록 하자는 의견을 제시하였다. 반면, 미국은 안보리 43조의 테두리 속에서 구속력 있는(binding) 합의의 가능성을 논의하는 것은 좋으나, 현재로서는 이러한 약정(arrangements)의 장점에 회의적이라는 반응을 보였다. 미국은 잠재적 공여국들이 헌장 43조에 따른 의무보다는 자발적으로 참여할 때 더 잘 협조할 가능성이 있다고 강조하였다.138)

---

137) *Ibid*, pp. 184-85.
138) *Ibid*, pp. 185-86.

7. 부대 구성

소련은 평화유지활동 미션에 관한 안보리 승인 후 회원국들과의 협의기간 동안 정치, 사회, 경제체제나 지리적 위치로 인하여 여하한 국가도 배제되지 않도록 참여국의 구성에 균형을 유지하기 위해 모든 노력을 기울일 것을 역설하였다. 이에 대해 미국은 어떤 국가도 사전에(a priori) 배제되어서는 안 되지만, 마찬가지로 어느 국가도 특정 미션에 참여할 수 있는 기득권(prescriptive right)을 갖도록 해야 한다고 응수하였다. 미국은 사무총장이 파견부대의 인원, 조직 및 구성을 결정해야 하며, 안보리는 절차상의 표결절차에 따라 거부권을 행사해서는 안 된다고 하였다. 사무총장은 군사령관, 안보리 상임이사국 및 분쟁 당사자와 협의하여 요구되는 부대의 종류를 결정하고, 병력공여국들과 약정을 체결해야 한다. 한편, 캐나다는 사무총장과 MSC가 평화유지군의 구성과 군사령관을 안보리에 건의토록 할 것을 제의하였다.139)

8. 예산 문제

미국은 평화유지활동 미션의 재원조달에 관해서 안보리가 구체적인 방법을 명시하되, 비용을 회원국들에게 분담시키는 총회의 권한을 존중해야 한다고 주장했다. 소련은 안보리만이 예산문제를 결정할 수 있는 기관임을 강조하였다. 한편, 캐나다는 안보리가 신규 미션을 승인할 때 가급적 예산문제를 상세히 언급하되, 회원국들 간 비용분담 문제는 총회의 소관사항이라고 언급하였다.140)

1974년 4월, 특위 의장이던 나이지리아 대사는 상기의 토의내용을 기초

139) *Ibid*, pp. 186-87.
140) *Ibid*, pp. 188-89.

로 작성된 12개 조항의 실무안(working paper)141)을 제출하면서, 안보리의 신규 미션 승인권, 위임명령의 정의와 목적, 안보리에 요구되는 조언과 지원의 종류, 재정조달 문제, 병력공여국들과의 약정, 군사령관 후보자 명부의 승인, 평화유지활동에 대한 궁극적 지휘 및 통제 등 일반적 원칙에 대한 광범위한 합의가 도출되었으며, 기존 미션의 종결(termination) 방식, 파견부대 구성, 군사령관 임명 등의 문제에 대한 추가적인 협의가 필요하다고 언급하였다. 이러한 분위기를 반영하여, 당시 발트하임 사무총장은 "일반적 지침에 대한 합의는 …… 향후 평화유지활동 미션의 창설 및 지원에 크게 기여할 것"이라는 낙관론을 피력하였다.142) 이견사항에 대한 논의를 계속한 끝에, 1979년 실무위원회는 "유엔활동에 대한 합의지침 초안(The Draft Formulae for Articles of Agreed Guidelines for United Nations Operations)"143)을 제출하여 11차 보고서의 부록에 첨부시켰다. 그 후 동서 양 진영 간의 견해차를 좁히지 못함으로써 완성된 합의지침을 작성하는 데는 실패하였다. 합의도출에 이르지 못한 표면적인 원인은 소련을 비롯한 동구권이 평화유지활동 전반에 걸쳐 안보리의 기능과 역할을 강조하고 제반 의사결정에 있어 거부권을 유보하고자 하였던 반면, 미국을 비롯한 서방국가들은 이러한 입장과는 반대로 총회와 사무총장의 위상을 인정하고 거부권 행사 가능성을 배제하려 했기 때문이라고 볼 수 있다. 그러나 근본적인 이유는 1980년대 초반부터 고조된 중동사태에서 미국과 이스라엘이 소련의 개입을 철저히 배제하는 한편 유엔의 참여에도 부정적 태도를 취했던 사례144)에서 보았듯이, 냉전 기간 동안 주요 국제분쟁의 해결에 있어 유엔의 역할에 한계가 있었기 때문이다. 다시

141) 실무안의 내용은 다음을 참조할 것. *Ibid*, pp. 190-91.
142) *Ibid*, p. 190.
143) 초안의 내용은 다음을 참조할 것. *Ibid*, pp. 195-96.
144) 예컨대 1982년 8월 안보리는 베이루트 서부에 유엔의 군 옵서버 파견을 결정하였으나, 이스라엘은 이들의 입국을 불허하였다.

말해서 양 진영 간 상호불신과 국제적 사안에서의 협조에 대한 정치적 의지의 부족으로 인하여 "합의지침"의 도출은 요원한 과제였던 것이다.

최종적인 합의도출의 실패에도 불구하고, 제반원칙 문제에 대한 20여 년에 걸친 유엔에서의 토의는 ① 이론과 실제 사이의 격차를 줄이기 위한 진지한 노력을 경주, ② 오늘날 PKO 주요개념을 정착시키기 위한 논의의 토대 마련, ③ 유엔 헌장 상 언급은 없지만 PKO를 국제규범으로 정착, ④ 불문율, 판례 등을 통해 PKO의 법적 정당성 불식, ⑤ 제도적 기억(institutional memory) 축적에 기여, ⑥ 오늘날까지 활발하게 활동하고 있는 PKO 특위의 활성화 계기 마련 등 여러 가지 측면에서 평화유지활동의 발전에 크게 기여한 것으로 평가된다.

IV. 유엔 평화유지국(DPKO)의 편성 및 임무

1. DPKO 개요

1992년 유엔 사무국은 특별정무실(Office for Special Political Affairs)을 폐지하고 평화유지국(Department of Peacekeeping Operations : DPKO)을 신설하는 한편, 행정 및 지원실(Field Administration and Logistics Division : FALD)을 DPKO에 흡수시키는 조직개편을 단행하였다.[145]

2000년에 발표된 브라히미 보고서의 권고안을 계기로 DPKO에 대한 대대적인 인력증원 및 기구개편이 이루어졌다.[146] 이에 따라 DPKO내 121명

---

145) *Organization Manual: Functions and Organization of the Department of Peacekeeping Operations*, ST/SGB/Organization, 1995. 3. 22, p. 1.
146) *Brahimi Report*, pp. 37-39.

평화유지국 직책별/예산별 인원현황(2004/05년)

구 분		정규예산	PKO 특별예산	기타	계
P급 이상	USG	1	-	-	1
	ASG	2	-	-	2
	D-2	5	3	1	9
	D-1	5	8	-	13
	P-5	6	31	2	39
	P-4	7	146	4	157
	P-3	7	137	8	152
	P-2/P-1	8	11	-	19
	소계	41	336	15	392
GS급		21	203	6	230
계		62	539	21	622

자료: "Budget for the Support Account for Peacekeeping Operations for the Period from 1 July 2004 to 30 June 2005," A/58/715, 2004. 2. 17, p. 40.

의 인력을 증원하고,147) FALD 예하에 편성되어 있던 지뢰활동처(Mine Action Service)가 DPKO 예하의 독립부서로 분리되고, 3백 명 이상의 인원으로 구성되어 유엔 본부에서 '부(Division)'로서는 최대 규모가 된 FALD를 2개 처(Service)로 분할하고, 민간경찰반(Civilian Police Unit)이 민간경찰부로 격상되면서 군사부(Military Division)로부터 분리되어 DPKO 예하 독립부서로 편제되었다.148)

147) 2002년 유엔 총회는 DPKO 인원 121명 증가 및 이에 소요되는 예산 16,103,750달러의 지출을 승인하는 결의안을 통과시켰다. "Comprehensive review of the whole question of peacekeeping operations in all their aspects : resolution / adopted by the General Assembly," A/RES/56/241, 2002. 2. 1, pp. 2-3.
148) "Implementation of the Recommendations of the Special Committee on Peacekeeping Operations and the Panel on United Nations Peace Operations," A/55/977, 2001. 6. 1, p. 32.

평화유지국[149]

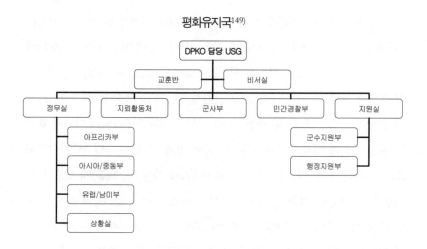

DPKO는 유엔 PKO에 관해 사무총장을 보좌하는 핵심기구로서, 모든 PKO의 기획 및 준비, 시행, 관리, 지침하달 등을 책임진다. DPKO의 부서장은 사무차장(Under-Secretary-General : USG)이다. DPKO에 부여된 가장 중요한 임무 가운데 하나는 PKO를 창설하는 것으로, 신규 PKO 미션을 창설하는 목적은 ① 분쟁의 발발 예방 또는 분쟁이 국경을 넘어 확산되지 않도록 방지하기 위해 평화유지군을 배치, ② 분쟁 당사자들이 항구적 평화협정을 체결할 수 있는 환경을 조성하기 위해 정전(cease fire) 이후의 분쟁사태를 안정, ③ 포괄적 평화협정 이행을 지원, ④ 국가 또는 영토가 민주적 원칙, 선정(good governance) 및 경제개발에 기초한 안정적 정부로의 이행할 수 있도록 선도 등이다.[150]

---

149) 현재의 DPKO 편제는 2001년 PKO 특위보고서의 권고안을 기초로 개편된 것이다. 보다 상세한 사항은 다음 자료를 참조할 것. "Implementation of the Recommendations of the Special Committee on Peacekeeping Operations and the Panel on United Nations Peace Operations," A/55/977, p. 77.

150) "The Structure and Responsibilities of the Department of Peacekeeping Operations," Briefing presented at the Military Advisers' Seminar, DPKO, 2003. 1. 20.

2005/05 회계연도 기준으로 총 622명의 인원과 8천여 만 달러의 예산을 운용하고 있는 DPKO는[151] 다음과 같은 임무를 수행한다. ① 모든 PKO에 관해 안보리 및 총회에 실질적 서비스(substantive services) 제공, ② 안보리 및 총회에 제출하는 사무총장 보고서 작성, ③ PKO 특위(Special Committee)에 실질적 서비스 제공, ④ 신설 PKO 미션 설치와 기존 PKO 미션의 효과적 운영을 위해 안보리 결의안에 기초하여 정책 및 절차 수립, ⑤ 다차원적 PKO를 위한 운용계획 및 방법론(methodologies) 개발, ⑥ PKO에 필요한 자원요구 및 예산안 제출, ⑦ PKO 미션과 필요시 여타 부서들에 대해 군수 및 행정지원 제공, ⑧ 안보리 결의안의 효과적 이행을 위해 분쟁 당사자 및 안보리 회원국들과 접촉 유지, ⑨ 병력공여국들을 위한 훈련 지침 및 원칙 제공 등이다.[152] DPKO는 부여된 임무를 수행하기 위해, DPKO의 관리문화 개혁, 유엔 예하 여타 부서들과의 관계 강화, 회원국 및 지역기구와의 관계 강화, 유엔 PKO를 위한 신속배치 능력 제고, 현지 PKO 미션과의 관계 재설정(reorient) 등에 중점을 두고 있다.[153]

DPKO 담당 USG는 사무총장에게 보고하며, DPKO 예하 모든 부서를 관장한다. DPKO 담당 USG의 책임은 다음과 같다. ① 사무총장을 대리하여 모든 유엔 PKO를 지시 및 통제, ② 안보리 위임명령에 기초하여 PKO 관련 정책 및 지침 작성, ③ 적절한 관찰 및 건의를 통해 사무총장이 안보리에 제출하는 보고서 준비, ④ PKO 미션의 기획, 창설 및 시행과 관련된 모든 문제에 대해 사무총장에게 조언 제공, ⑤ PKO 관련 유엔 고위급 회

---

151) "Budget for the support account for peacekeeping operations for the period from 1 July 2004 to 30 June 2005: report of the Secretary-General," A/58/715, 2004. 2. 17, pp. 40-41.

152) *Functions and Organization of the Department of Peacekeeping Operations*, ST/SGB/2000/9, 2000. 5. 15.

153) "The Structure and Responsibilities of the Department of Peacekeeping Operations," Briefing presented at the Military Advisers' Seminar, DPKO, 2003. 1. 20.

의에 DPKO 대표 자격으로 참석, ⑥ 유엔 PKO와 지뢰제거 활동과 관련된
모든 문제에 관해 사무국과 회원국 간의 중심점(focal point) 역할 수행 등.

　　DPKO는 직속기구인 부속실(Front Office), 비서실(Executive Office) 및 교
훈반(Best Practice Unit)과 예하 부서인 정무실(Office of Operations), 지뢰활동
처(Mine Action Service), 군사부(Military Division), 민간경찰부(Civilian Police Di-
vision), 지원실(Office of Mission Support)로 구성되어 있다.

　　부속실(Front Office)은 DPKO의 일상기능(day-to-day functioning) 통제,
PKO 관련 중장기 계획수립, USG의 승인을 필요로 하는 사안에 관해 각
부서 간 활동 조정, USG가 참석하는 회의 준비, USG에게 정책 및 전략적
사안에 관한 조언 제공, DPKO의 의사소통 방법 개발 등의 업무를 수행한
다. 비서실(Executive Office)은 DPKO 내 모든 직원들에게 인사, 재정 및 행
정관련 지원 제공, 인적자원관리(선발, 보직, 배치, 면담, 직원관리 등), 예산(정
규 및 특별예산, 재정관리 및 보고, 신탁기금 운용 등), 행정(사무실 공간, 집기, 가
구, 환경 등 기획 및 관리) 등에 관한 업무를 종합적으로 관장한다.

　　2001년 구(舊) 교훈반(Lessons Leaned Unit)과 정책 및 분석반(Policy and
Analysis Unit)을 통합하여 창설한 교훈반(Best Practice Unit)은 PKO 관련 이
슈의 평가 및 개발과 이러한 연구에 기초하여 개선된 절차 및 관행(practices)
의 발전을 위한 DPKO 내 중추신경 센터(nerve center)이다. 이를 위해 교훈
반은 PKO 분야에 관한 각국의 연구소 및 학술기관들과 접촉을 확대하고
있다. 이 부서는 유엔 PKO 경험을 평가 및 분석하고, PKO 과련 개선된
기획, 시행 및 관리를 위한 지침과 건의를 개발한다. 교훈반의 주요 활동사
항은 유엔 다차원적 PKO 핸드북(Handbook on United Nations Peacekeeping Opera-
tions) 발간, 성(gender)과 PKO에 관한 DPKO 내 주무부서 역할, PKO 특위
및 4위(Fourth Committee)를 위한 실질적 서비스 제공, 과거 교훈 및 모범사
례로부터 PKO 관련 새로운 방법론 개발, 각종 세미나 및 포럼 개최 등이

다. 아울러 교훈반은 자체 웹사이트를 운용하여 각종 유용한 연구보고서, 자료, 사진들을 게재함으로써 DPKO 직원들이 최신 정보 및 새로운 아이디어를 공유할 수 있도록 하고 있으며, DPKO-회원국 간 관계에서의 투명성 제고를 위한 DPKO 내 접촉창구로서의 역할도 수행하고 있다.154)

2. 정무실(Office of Operations)

평화유지국의 신설 및 업무영역 확장에 따라, 평화유지국과 정무국(Department of Political Affairs) 간 업무분장 문제가 유엔본부 내의 현안과제로 등장하였다. 2001년 PKO 특위 보고서는 이들 기관의 업무를 다음과 같이 구분하였다. 첫째, 정무국은 유엔 헌장에 따라 예방외교, 평화조성(peacemaking) 및 평화구축(peace-building)을 포함하여, 세계 평화와 안전의 유지 및 회복에 관한 전반적인 활동에 책임지며, 평화유지국은 유엔 PKO의 관리 및 지휘에 관해 사무총장을 보좌한다. 둘째, 정무국은 유엔이 유용한 역할을 수행할 수 있는 분쟁해결의 가능성 및 실질적 분쟁해결책을 모색하고, 전세계적 차원의 정치적 상황에 대해 감시, 분석 및 평가하며, 평화유지국은 PKO 미션의 정치적 및 운용적 측면에 중점을 두면서 PKO 미션의 일상업무를 관장한다. 셋째, 정무국은 사무총장이 임명한 SRSG나 여타 고위급 유엔관리에게 정치적 지침 및 지원을 제공하며, 평화유지국은 PKO 미션 대표(SRSG, 군사령관 또는 군 옵서버 단장 등)에게 지침 및 지원을 제공한다. 넷째, 정무국은 유엔 본부와 여타 부서 및 기관, 전문가들 간의 관계를 유지 및 확대하며, 평화유지국은 PKO 지역에서 활동하는 여타 부서, 기관 및 프로그램들 간 활동을 조정 및 통합한다.155) 그럼에도 불구하고 정무국과 평화

---

154) "Peacekeeping Best Practices Unit - Overview," Briefing Presented at the Military Advisers' Course, 2003. 1. 21.

유지국 간 업무분장 문제가 해결되는 기미를 보이지 않자, 2002년 유엔총회
는 양대 기관 간 업무중복 폐지 및 명확한 관계 설정을 촉구하는 결의안을
채택하였다.156)

정무실의 대표인 사무차장보(Assistant Secretary-General : ASG)의 직속상관은
DPKO 담당 사무차장이다. 정무실은 아프리카, 아시아 및 중동, 유럽 및 남
미를 각각 지역별로 관장하는 3개부(division)와 상황실(Situation Center)로 구성
되어 있다. 각부의 부장은 D-2급으로서 정무실 담당 사무차장보의 지시를
받는다. 정무실의 임무는 다음과 같다. ① 안보리의 위임명령 이행과 정치적
목표 달성을 위해 DPKO를 비롯한 여타 부서, 기관, 프로그램 등으로부터
제공되는 각종 입력사항(inputs) 조정 및 통합과 PKO에 대한 실질적 지침하
달 등 PKO 미션들의 일상업무 관장, ② PKO 미션이 직면한 문제들에 대
한 합의 모색 및 해결책의 시행, ③ 신규 PKO 미션의 창설을 위한 기획과
정 감독, 다양한 방책(courses of action) 개발, PKO 현지에 선발대 파견, 군,
민간경찰, 인도주의적 지원, 선거, 인권 등 여타 기관들과 여타 부서의 입력
사항들을 조정 및 통합하여 안보리의 승인을 받기 위한 종합계획(comprehen-
sive plan) 작성, ④ 안보리에 제출하는 사무총장 보고서 작성 등이다.

상황실은 실장(P-5급), 부실장, 연구관, 비서 등이 근무하는 관리실(Manage-
ment Office), 11명의 직원들이 1일 24시간, 1년 365일 3교대로 근무하는 당
직실(Duty Room), 기타 컴퓨터 및 의무관련 사항들을 지원하는 자동지원반
(Automation Support Unit) 등으로 구성되어 있는 DPKO 담당 사무차장 예하
의 직속기관이다. 상황실의 가장 중요한 기능은 세계 각지에서 활동하고 있
는 PKO 미션과 24시간 통신망 및 접촉을 유지하는 것이다. 특히 상황실은
DPKO 직원들이 퇴근한 일과시간 이후의 '취약기간(silent hours)' 동안에 상

155) A/55/977, pp. 87-88.
156) A/RES/56/241, p. 2.

황이 발생할 경우에는 사전에 확립된 절차에 따라 필요한 선(先) 조치를 취한다. 위기사태가 발생하게 되면 DPKO 담당 사무차장의 지휘 아래 최초 위기관리팀(initial crisis management team)을 구성하고, 관계자들을 긴급히 소집하여 '위기대응팀(Crisis Action Team)'을 가동한다. 또한 상황실은 DPKO의 통제를 받는 PKO 미션을 포함한 여타 관심분야에서 벌어지는 상황들에 대해 모든 가용수단을 동원하여 감시(monitor)하며, 특히 PKO 요원들의 신변 안전에 위협이 될 가능성이 있는 상황들에 집중적인 관심을 경주한다. 상황실은 세계 주요언론, 인터넷, 각종 보고서, PKO 미션으로부터의 정기 및 수시보고, 기타 가용한 정보의 원천을 종합하여 매일 유엔본부 내 고위 인사들에게 DPKO의 정치·군사적 및 인도주의적 측면에 대해 브리핑을 실시한다. 아울러 상황실은 PKO 미션지역에서 활동 중에 발생한 사고로 사망 및 부상자가 발생할 경우 해당 국가의 뉴욕 대표부(Permanent Mission)에 관련사실을 신속하게 통보한다.

3. 지뢰활동처(Mine Action Service)

1997년 10월에 창설된 지뢰활동처는 지뢰활동에 관한 유엔의 중심점(focal point)으로서, P급 직원 4명, GS급 직원 22명으로 구성된 DPKO 담당 사무차장 직속의 미니 부서이다. 지뢰활동처는 전세계적 차원(global level)에서는 유엔 시스템 내에서 이루어지는 모든 지뢰관련 활동을 조정하고, 현장차원(field level)에서는 인도주의적 구호 및 PKO의 지뢰활동에 지원을 제공한다. 지뢰활동처의 주요 활동분야는 ① 모든 지뢰관련 활동에 대해 유엔의 중심점(focal point)으로서의 역할 수행, ② 지뢰활동을 위한 자발적 신탁기금(Voluntary Trust Fund for Assistance in Mine Action)을 위한 자산의 동원 및 관리를 조정, ③ 전세계적 지뢰 위협 평가 및 감독, 인도주의적 위기사태 발생

시 적절한 지뢰활동 계획 개발 및 PKO를 위한 지뢰활동 지원 제공, ④ 기술적 기준 및 안전기준의 개발, 유지 및 장려 감독, ⑤ 정보기술을 포함하여 지뢰활동에 대한 정보의 중앙 저장소(central repository)로서의 역할 수행 및 이를 위한 적절한 지뢰활동 정보체계 개발, ⑥ 사무총장이 대인지뢰 사용, 비축, 생산 및 이전의 금지 및 파기에 관한 협약(Convention on the Prohibition of the Use, Stockpiling, Production and Transfer of Anti-personnel Mines and Their Destruction)이 부과한 과업을 이행할 수 있도록 지원 및 대인지뢰에 대한 전세계적 금지활동 촉진 등이다.

유엔의 지뢰활동을 위한 대부분의 재정은 자발적 기여금으로 충당되고 있다. 지뢰활동처는 '지뢰활동 지원을 위한 자발적 신탁기금(Voluntary Trust Fund for Assistance in Mine Action : VTF)'의 조성 및 관리에 대한 책임을 진다.[157] VTF는 1994년부터 유엔 사무총장의 제안으로 조성되기 시작하여 2003년 12월 현재 약 1억 6천만 달러의 기금이 조성되었다.[158]

4. 군사부(Military Division)

군사부장은 부장급(D-2, 소장)으로서는 유일한 현역군인이며, 군사부 P급 직원 61명 가운데 54명이 각국에서 파견된 현역군인(seconded active military officers)이다.[159] 군사부의 임무는 모든 군사문제에 관하여 DPKO 담당 사무차장을 보좌, 병력공여국들과 긴밀한 관계 유지, 작전개념(concepts of oper-

---

157) www.mineaction.org/misc/dynamic_overview.cfm?did=12
158) www.mineaction.org/misc/dynamic_overview.cfm?did=136
159) GS급을 포함한 군사부 전체 인원은 83명이다. 보다 상세한 인원현황에 대해서는 다음 자료를 참조할 것. "Budget for the support account for peacekeeping operations for the period from 1 July 2004 to 30 June 2005: report of the Secretary-General," A/58/715, 2004. 2. 17, p. 31.

군사부 편성

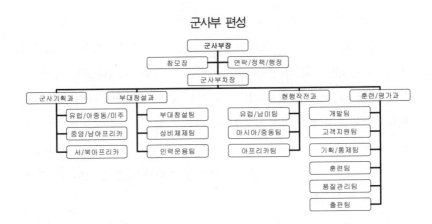

ations) 개발, 부대전개 계획, 총괄대여(wet lease)에 관한 조언, 부대보유장비 (COE) 검사, 부대창설 촉진, 상비체제 조정, PKO 사령부 참모요원 신속배치, 현행 PKO 미션의 활동 지원, 교전규칙 작성, 훈련 및 평가업무 지원 등이다.160)

군사부장의 공식 직함은 군사보좌관(Military Adviser)으로서, 정무실 또는 지원실 담당 사무차장보(ASG)를 경유, DPKO 담당 사무차장(USG)에게 군사적 사안에 관한 조언을 제공한다. 참모장, 연락·정책·행정담당 및 군사부차장 등은 각 PKO 사령관에게 기술적 조언(technical advice) 제공, 신규 PKO 미션 발생 시 즉각적인 역량 제공 및 관련업무 조정, 유엔의 예산편성 과정에 군사부 소요예산 제기, 군사부에 대한 외부인사 방문 조정, 군사부에 대한 제반 브리핑 및 업무보고 조정, DPKO 산하 여타 부서 및 군사관련 기관들과 연락 유지, 지역기구 및 기관들과 군사문제에 관해 DPKO의 중심점 역할 수행, 군사부의 예규(Standing Operating Procedures) 개발, 각국 군사담당관들과 유엔 PKO 지역 방문 협조 등의 임무를 수행한다.

---

160) "The Structure and Responsibilities of the Department of Peacekeeping Operations," Briefing presented at the Military Advisers' Seminar, 2003. 1. 20.

군사기획과(Military Planning Service)는 장차 작전, 즉 향후 창설될 것으로 예상되는 신규 PKO 미션을 위한 기획업무를 총괄하는 부서로서, 유럽, 아시아, 중동 및 미주팀, 중앙 및 남아프리카팀, 서부 및 북아프리카팀 등 3개 팀으로 구성되어 있다. 군사기획과는 ① 전략판단(strategic estimates), 작전 판단, 작전개념 및 작전계획 수립, ② PKO 창설이 예상되는 분쟁지역에 관한 첩보수집 및 상황파악, ③ 작전개념과 우발계획의 수립 및 수정을 위해 각 개인별 인력, 부대 및 소요장비 등 최초 작전소요(operational requirements)를 세부적으로 파악, ④ 지원부(Office of Mission Support)와 협조, 민군 합동 또는 군 단독활동에 필요한 민간자산(civilian assets) 소요 파악, ⑤ 부대 창설시 부대창설과(Force Generation Service : FGS)와 긴밀하게 협조하여 최초 작전소요 산출, ⑥ PKO 미션 창설을 위한 현장조사(mission survey) 활동에 참여, ⑦ PKO 사령관 또는 군 옵서버 단장들에게 지침 및 교전규칙 하달, ⑧ 현행작전과와 협조, 주기적으로 현행 PKO 미션의 작전개념 수정 및 건의 등의 임무를 수행한다.

부대창설과(Force Generation Service)는 평시에는 신속배치를 위해 유엔 상비체제를 관리 및 유지하고, 유사시에는 회원국들로부터 부대를 공여 받아 새로운 PKO 미션에 소요되는 부대를 창설하며, PKO 미션에서 활동하는 군인 및 부대의 배치, 교대 및 귀국업무를 총괄한다. 아울러 부대창설과는 ① PKO 지역에 배치된 인원의 교대, 재배치 및 소환 등에 관해 회원국들과 접촉 유지, ② PKO 참여에 관한 미션별 세부지침과 절차를 개발 및 수정, ③ 각 회원국들이 제출한 부대보유장비에 관한 기술적 조언 제공, ④ 작전계획 수립 및 임무지역 사령부 창설을 위한 'On-Call List' 유지, ⑤ 특정 PKO 미션 창설시, 지역기구 및 기관의 군 관련부서와 접촉 유지, ⑥ 부대 창설의 전 과정에 걸쳐 여타 DPKO 내 부서들과 긴밀한 협조 유지(COE 협상, MOU 체결, 부대배치 및 부대조정), ⑦ 병력공여국들을 위한 PKO 미션별 세부지침 작성 및 유지, ⑧ 신규 및 기존 PKO 미션에 대해 현행작전과가 작성한 작전소요에 적합한 개별인력 제고 및 부대 창설, ⑨ 유엔 PKO에 대한 회원국과 사무국 간 MOU 및 부속협정 작성 및 협상을 위해 군사부를 대표 등의 임무를 수행한다.

현행작전과(Current Military Operations Service)는 전세계 각 지역에서 활동하는 PKO 미션의 일상업무(day-to-day operations)를 관장하는 부서로서, 유럽 및 남미팀, 아시아 및 중동팀, 아프리카팀 등으로 구성되어 있다. 현행작전과의 임무는 ① 현행 PKO 미션의 일일동향 파악 및 계획 검토, ② 각 PKO 사령부에 조언 및 지원 제공, ③ 군사보좌관에게 각 PKO 지역의 군사상황 분석 및 보고, ④ PKO 지역별 현황표(data sheet) 및 브리핑 패키지 유지, ⑤ 정무부(Office of Operations)에 각 PKO 미션별 소요예산 제기, ⑥ 각 PKO 사령부에 명확한 지시 준비 및 하달, ⑦ 각 PKO 사령관의 DPKO 방문업무 조정, ⑧ 유엔의 군관련 고위직 인사 선발 및 브리핑 과정 조정, ⑨ 회원국 대표들의 PKO 지역 방문 협조, ⑩ PKO 관련 병력공여국(TCC) 회의업무 주관 등이다.

훈련평가과(Training and Evaluation Service)의 가장 중요한 임무는 평화유지군들의 평시 교육훈련 및 평가를 위하 표준화된 PKO 훈련지침을 개발 및 제공하는 것으로서, 업무효율 극대화를 위해 개발팀, 고객지원팀, 기획 및 통제팀, 훈련팀 등 다양한 팀을 운용하고 있다. 훈련평가과의 활동 분야는 PKO 요원들을 위한 훈련지침 제공, 신규 병력공여국들에 대한 훈련지원, 배치전 및 현지(in-Mission) 훈련, 지역별 훈련 및 연습에 전문가 및 교관 지원 등이다. 그 밖에 훈련평가과는 ① 각국의 주유엔 대표부, 각 지역 및 PKO 훈련센터 등과 PKO 훈련에 관한 창구역할, ② 각 회원국들의 자국 및 지역 PKO 훈련기관 개발 지원, ③ 훈련과정, PKO 미션 현지훈련 감독 및 지원, ④ PKO 훈련에 관해 회원국들에 조언 제공, ⑤ PKO 훈련자료를 개발하여 회원국 및 각 PKO 미션에 배포, ⑥ 회원국들의 PKO 훈련수준 평가 등의 임무를 수행한다.

5. 지원실(Office of Mission Support)

지원실은 P급 이상 직원 201명, GS급 157명 등 358명을 보유하고 있는 '실(Office)' 단위로서는 유엔 조직 내 최대조직이다.161) 지원실의 핵심적인 임무는 기획, 창설, 유지 및 청산 등 PKO 수명주기(lifecycle)를 통해, PKO 미션에 신속하고 효과적이고 적시적인 리더십 및 관리지침을 제공함으로써, 궁극적으로 PKO의 성공적인 목표완수를 지원하는 것이다.

지원실의 주요 활동분야는 인력, 군수 및 재정 등 세 가지이다. 첫째, 인력분야에서는 투명성 및 공정성을 유지하는 가운데 PKO 미션에 소요되는 민간인력을 모집 및 선발하기 위한 인적자원 관리정책(Human Resources Management policies)을 개발, 이행 및 감독한다. 둘째, 군수분야에서는 현지 PKO 미션에 제공되는 군수지원 관련 방침을 개발, 이행 및 감독하고, 적시적이고 비용 효과적(cost effective) 방법으로 양질의 물자를 PKO 미션에 제공한다. 셋째, 재정분야에서는 예산의 준비 및 집행과 관련된 방침 및 절차를 개발하고, 적절한 예산집행 및 예산성과(budget performance)를 통제 및 감독하며, 유엔의 재정 법규 및 규정을 준수하면서 경비보전 청구를 처리하고 비용지출에 관한 정확한 정보를 유지한다.

지원실은 행정지원부와 군수지원부로 구성되어 있다. 행정지원부 예하에는 인력관리처(Personnel Management and Support Service : PMSS)와 재정관리

---

161) "Budget for the support account for peacekeeping operations for the period from 1 July 2004 to 30 June 2005: report of the Secretary-General," A/58/715, 2004. 2. 17, p. 23.

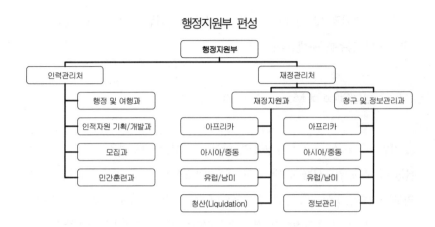

행정지원부 편성

처(Financial Management and Support Service : FMSS)가 편성되어 있다.

　인력관리처는 행정 및 여행과, 인적자원 기획 및 개발과, 모집과, 민간훈련과 등 4개과로 구성되어 있다. 인력관리처의 임무는 ① PKO 미션에서 필요로 하는 민간인력(civilian personnel)을 예측, 결정 및 수정, ② 핵심 직종(occupational groups) 지원자들의 최신 명부를 유지하고, 후보자들의 지원서를 검토, 인터뷰 및 평가, ③ 위임된 권한에 따라 국제 민간요원(international civilian staff)을 선발 및 임명하고, 이들에게 브리핑, 의료검진, 현지 PKO 미션으로의 여행허가 등을 제공, ④ 군 옵서버 및 민간경찰의 여행을 주선해 주고, 군인 및 민간경찰 옵서버들의 여행과 관련한 병력공여국들의 청구를 처리, ⑤ 모든 부상 및 사망, 교대, 승진 및 경력개발 등을 포함, PKO 미션 소속 요원들의 최초 임명, 보직, 임기연장, 해임, 각종 보수 등에 대한 행정업무 수행, ⑥ 인력정책, 방침, 법률 및 규정 개발과 현지 인력소요에 부합되도록 제반 규정을 개정 등이다.

　재정관리처는 재정지원과와 청구 및 보상관리과로 구성되어 있으며, 병력공여국에 제공하는 인력, 부대보유장비(COE) 및 물자와 관련된 MOU 체결 및 경비보전 업무를 관장하는 주무부서이다. 재정관리처는 ① 검토, 신규,

군수지원부 편성

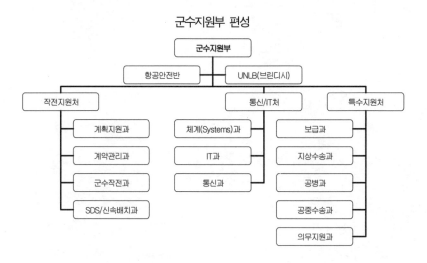

확장 및 기존 PKO 미션에 소요되는 자원요구(resource requirements)에 대한 제안을 조정, 준비 및 재무관(Controller)에게 보고하고, 재무관이 이를 검토 및 확정하여 입법기관(legislative organs)에 제출토록 조치, ② PKO 예산 및 재정 관련 사항에 대해 행정 및 재정국(Advisory Committee on Administrative and Budgetary Questions : ACABQ)과 제5위(Fifth Committee)의 검토과정에 참여, ③ PKO 미션과 미션 사령부에서 제출하는 월간 예산보고서가 예산할당 권한에 부합되는지 여부를 감독하고, 효과적인 자원관리, 통제 및 유엔의 재정관련 법규 및 규정에 부합되도록 유엔 부서들과 PKO 미션에 지원을 제공, ④ 자산의 처분을 포함한 재정 성과(financial performance)에 대한 보고서 작성, 병력공여국과 민간 계약업체로부터 제출된 청구(claims)를 보증 및 처리 등의 임무를 수행한다.

제 5 장

유엔 평화유지활동 전개 과정

I. 인도네시아 : "영사 위원회"

유엔이 최초로 군 옵서버(military observers)들을 활용하기 시작한 것은 1947년 신생 독립국인 인도네시아 정부군과 네덜란드 군(Royal Dutch Army) 간 전투행위가 재개되었을 때였다. 당시 유엔 안보리는 헌장 6장에 따라 쌍방에 휴전을 촉구함과 동시에 이를 감시할 영사위원회(Consular Mission)를 설치하였다. 이 위원회는 바타비아(Batavia, 현재의 자카르타)에 영사관을 두고 있던 안보리 이사국 가운데 호주, 중국, 프랑스, 영국 및 미국 등 5개국으로 구성되었다. 이 위원회는 5개국이 현지에서 휴전감시 임무를 수행할 총 24명의 군 장교를 파견해 줄 것을 요청하였다. 주로 주재국의 무관부에 소속되어 있던 이들 장교가 유엔의 이름으로 활동한 최초의 군 옵서버 요원들이다. 그러나 이들은 사무총장이나 유엔이 아닌 영사위원회에 소속된 자국의 대표의 지시와 통제를 받아 활동하였다. 따라서 영사위원회는 유엔이 설치한 평화유지활동이 아니라, 그 이듬해 창설된 군 옵서버 미션의 전신(fore-runner)이라고 보아야 한다.[1]

II. 아랍-이스라엘 : UNTSO

최초의 유엔 평화유지군은 1948년 5월 이스라엘과 아랍국들 간에 벌어진 제1차 중동전쟁을 계기로 팔라스타인 지역에 파견된 UNTSO(United Nations Truce Supervision Organization in Palestine)이다. 전쟁이 벌어지자 유엔은 안보리 결의안 50호를 통해 쌍방이 휴전협정을 준수하도록 촉구하는 한편, 유엔 팔레스타인 담당 조정관(UN Mediator for Palestine)을 임명하여 군 옵서버의 지원을 받아 휴전협정 준수여부를 감시하도록 요청하였다.[2] 이 결의안은 UNTSO의 창설근거를 제공하였다. 당시 부조정관(Deputy Mediator)이었던 번치(Ralph Bunche)는 군 옵서버들이 동의성, 중립성 및 비무장의 원칙을 준수하도록 조치함으로써, 최초로 전통적 평화유지활동의 원칙을 확립하였다.

6월 11일 벨기에, 프랑스, 스웨덴, 미국 등 4개국이 자발적으로 제공한 36명의 군 옵서버들이 활동을 개시하였으며, 인원수는 최대 572명까지 증원하였다. 소련은 자국군 장교를 포함시키기 위해 옵서버 선발을 안보리가 담당해야 한다고 주장하였지만 관철되지 못하였다. UNTSO 소속 옵서버들은 유엔 완장과 유엔 표식(insignia)이 부착된 자국군의 군복을 착용하다가, 1956년 11월부터 처음으로 그 후 평화유지군의 상징이 된 "블루 베레(Blue Beret)"를 사용하기 시작하였다.[3] 유엔이 이들에게 특별수당(a daily subsistence allowances)과 기타 비용을 지불하였지만, 봉급은 자국 정부로부터 수령하였다. 이들은 오로지 유엔의 명령과 지시만을 받아야 했으며, 유엔 요원으로서의 면책특권 및 신변안전과 행동의 자유를 보장받았다. 이들의 활동은 사무총장

---

1) Liu, F. T., *The Study of United Nations Peacekeeping Operations During the Cold War: 1945 to 1987* (New York: UNITAR, 1999), p. 13.

2) S/RES/50, 1948. 5. 19.

3) Liu, *The Study of United Nations Peacekeeping Operations During the Cold War*, p. 14.

레바논 남부의 UNTSO 기지

이 전반적으로 통제하되, 유엔 조정관(Mediator)의 위임 하에 "참모장(Chief of Staff)"이 지휘하였다.[4]

유엔은 UNTSO의 활동을 바탕으로 1949년 초 이스라엘과 인접 아랍국(이집트, 시리아, 레바논, 요르단)과 최초로 휴전협정(General Armistice Agreement)이 체결토록 하는 성과를 올렸다. 번치는 안보리를 설득, UNTSO가 안보리의 통제를 받되 일상업무에 관해서는 사무총장의 지시를 따르는 독자적(autonomous) 기구로 만드는 결의안이 통과되도록 노력하였다.[5] 이 결의안은 참모장(Chief of Staff)이 지휘하는 UNTSO를 필요시 안보리에 보고하는 보조기관으로 인정하였다. 오늘날 다른 평화유지활동 미션의 최고 지휘관의 호칭을 "군사령관(Force Commander)"이라고 하지만, 흥미롭게도 UNTSO에서는 여전히 "참모장"이라고 부르고 있다.

UNTSO의 활동은 1956년(2차 중동전, 일명 '수에즈 전쟁'), 1967년(3차 중동전, 일명 '6일 전쟁'), 1973년(4차 중동전, 일명 '욤 키푸르 전쟁') 등 일련의 전쟁을 거치면서 많은 변화를 거쳐 왔다. 원래 UNTSO의 주요 임무는 1949년의 정전협정 준수 여부를 감시하는 것이었으나, 이는 평화조약(peace treaties)이 체결되기 전까지의 잠정적 성격을 띠고 있었다. 그러나 이스라엘이 안보상의 이유

---

4) UN, *Blue Helmets*, p. 19.
5) S/RES/73, 1949. 8. 11.

로 팔레스타인 난민의 귀환을 거부하고, 아랍국들이 이스라엘의 존재를 인정하지 않음에 따라 평화조약의 체결이 불가능하였다. 2차 중동전 발발 직후, 이스라엘은 1949년 체결한 휴전협정의 무효화를 일방적으로 선언하고 정전위원회[6]에 파견되었던 자국군 요원들을 철수시켰다. 그러나 유엔은 이를 인정하지 않았다. 사무총장은 정전위원회의 법적 지위를 유지하기 위해 UNTSO 요원들을 UNEF 사령관 배속으로 전환시키는 조치를 취하였다.[7] 현재는 157명의 UNTSO 예하 군 옵서버 가운데 대부분이 UNIFIL(50명)과 UNDOF(80명)에 배속되어 활동하고 있다.

UNTSO는 몇 가지 면에서 여타 평화유지활동 미션과 구분되는 특징을 가지고 있다. 첫째, UNTSO는 1948년 창설 당시부터 종료시한이 명시되어 있지 않은 채, 오늘날까지 이스라엘과 인접 아랍국 등 5개국에 분산 배치되어 활동하고 있다.[8] 따라서 유엔 안보리의 별도 결의가 없는 한 영구적으로 활동할 수 있게 되어 있다. 둘째, 여타의 미션이 평화유지활동 특별예산에서 지원되는 반면, UNTSO의 예산은 유일하게 유엔의 정규예산(regular budget)으로 충당된다. 셋째, UNTSO는 그 후 창설된 수많은 유엔의 평화유지활동 미션에 경험이 풍부하고 유능한 장교들을 파견하는 일종의 "군 옵서버 양성소"로서의 역할을 수행하였다.[9] 끝으로, UNTSO는 휴전선(cease-fire line) 유지 및 국제 국경선(international frontiers)의 침입 방지라는 최초 1948

---

6) 정전협정에 따라 4개의 합동정전위원회(Mixed Armistice Commissions)이 설치되었다. 이 스라엘-요르단 정전위(Israel-Jordan MAC), 이스라엘-레바논 정전위(Israel-Lebanon MAC), 이스라엘-시리아 정전위(Israel-Syria MAC), 이집트-이스라엘(Egypt-Israel MAC) 등이 그것 이다. UN, Blue Helmets, p. 22

7) UN, *Blue Helmets*, pp. 22-23, 53.

8) UN, *Blue Helmets*, pp. 17-32.

9) UNTSO에서 군 옵서버를 파견한 평화유지활동 미션은 다음과 같다. UNEF-I/II, ONUC, UNOGIL, UNew YorkOM, UNDOF, UNIFIL, UNGOMAP, UNIIMOG, UNAVEM, ONUCA, ONUVEH, UNIKOM, UNPROFOR, ONUMOZ 등. UN, *Blue Helmets*, p. 32.

년 안보리가 부여한 위임명령을 이해하지 못한 실패한 평화유지활동 미션이
며, 이러한 관점에서 보면 더 이상의 존재가치가 없는 불필요한 미션이다.
그동안 수차례 거듭된 중동전쟁을 예방하는 데 아무런 기여도 하지 못하였
을 뿐 아니라, 지금 이 순간에도 벌어지고 있는 팔레스타인 지역에서의 폭
력사태에 별다른 역할을 수행하지 못하고 있다. 그럼에도 불구하고 오늘날
까지 50년 이상 장기간 존속될 수 있게 된 원인은 유엔과 분쟁 당사자들을
포함한 중동지역이 UNTSO를 해체시킴으로써 얻을 수 있는 정치적 이득보
다 손실이 더 크다고 판단하기 때문이다.[10] 혹자는 이스라엘과 팔레스타인
이 존재하는 한 UNTSO의 존재도 지속될 것이라고 표현하고 있다.[11]

III. 수에즈 운하 : UNEF

1949년 휴전협정 체결로 한동안 잠잠하던 중동지역은 UNTSO의 활동과
유엔 사무총장 및 그가 파견한 특사들(emissaries)의 중재 노력에도 불구하고
1955년 여름부터 악화되기 시작하였다. 이집트의 지원을 받은 팔레스타인의
페다인(Fedayeen) 민병대가 이스라엘을 습격하고, 이에 대해 이스라엘이 보복
하는 악순환이 반복되었다. 국경에서의 충돌사태로 양국 간 관계가 악화되
는 가운데 1950년 초, 이집트의 나세르(Gamal Abdel Nasser) 대통령은 이스라
엘 선박의 수에즈 운하 진입을 금지시켰다. 당시 나세르 대통령은 동구권
국가들로부터 대량의 무기를 구입하면서 전의를 불태웠다. 미국과 소련의

10) Ghali, Mona, "United Nations Truce Supervision Organizatios," in William J. Durch
    (ed.), *The Evolution of UN Peacekeeping - Case Studies and Comparative Analysis* (New
    York: St. Martin's Press, 1993), pp. 84-103.
11) Benvenisti, Meron, *Conflicts and Contradictions* (New York: Villard Books, 1986), p.
    164.

지원 하에 이스라엘과 아랍진영 간 군비경쟁이 격화되었다.

1956년 7월 19일 미국은 이집트가 나일강에 건축 중이던 아스완 댐(As-wan Dam)에 대한 금융지원을 중단하였다. 이집트는 수에즈 운하회사(Suez Canal Company)를 국유화하는 것으로 응수하면서, 아스완 댐을 완공하기 위한 재원 마련을 위해 불가피한 조치였다고 설명하였다. 10월 29일, 운하에 막대한 국익이 걸려 있던 프랑스와 영국의 지원을 받은 이스라엘이 이집트 영토인 수에즈 운하를 침공하였다. UNTSO가 이스라엘 군대의 즉각적인 철수를 요구하였지만 별 소용이 없었다. 10월 30일, 영국과 프랑스는 이집트와 이스라엘이 전투를 중단할 것을 요구하는 '최후통첩'을 통보하면서, 수에즈 운하에 잠정적으로 주둔토록 허용할 것을 요청하였다. 이집트가 거부하자, 그 다음날 이집트에 대한 공습과 함께 군사공격을 개시하였다.12)

수에즈 운하 사태가 발생하자 유엔 헌장에 잠재되어 있던 문제점이 표면화되었다. 프랑스와 영국은 분쟁의 직접적 당사자였으며, 미국과 소련은 이스라엘과 이집트와의 관계로 인해 간접적으로 관련되어 있었다. 유엔은 진퇴양난의 상황에 처하게 되었다. 안보리 상임이사국이었던 영국과 프랑스는 안보리의 어떠한 결의안에도 거부권을 행사할 것이라고 공언하였다.13) 한편 유엔은 헌장 정신에 따라 국제평화 유지에 필요한 조치를 취해야 했다.

11월 1일 유고의 제안에 따라 수에즈 운하 사태는 유엔 긴급총회에 회부되었다.14) 총회는 결의안 998호를 통해 휴전과 부대 철수를 촉구하는 한편, "사무총장이 48시간 내에 관련국들의 동의 하에(with the consent of the na-

---

12) UN, *Blue Helmets*, pp 35~36.

13) 1956년 10월 30일, 실제로 영국과 프랑스는 결의안 채택을 위한 749 및 750차 안보리 회의에서 거부권을 행사했다. S/RES/119 - S/3721, 1956.10.31.

14) 이는 안보리가 국제평화를 유지하는 조치를 취하지 못할 경우 총회에 이 문제를 회부토록 하는 소위 "평화를 위한 단결(Uniting for Peace)" 결의안(1950. 11. 3)에 따른 조치였다. A/RES/377.

시나이 반도 사막지대를 순찰하는
UNEF 소속 유고슬라비아 평화유지군
(1957)

tions concerned) 적대행위 종식을 보장하고 감시하기 위한 국제 유엔 긴급군의 창설계획을 보고할 것을 요청"하였다.15) 총회 결의안 1001호는 휴전감시 임무를 수행할 유엔 긴급군(UN Emergency Forces : UNEF)의 창설을 승인하였다.16)

이 결의안을 기초로 사무총장은 ① 병력은 안보리 상임이사국 이외의 회원국들로부터 충당, ② 현지의 군사적 균형에 영향을 미치는 행동 금지, ③ 분쟁 당사자들의 협조를 받아 임무를 수행하는 이외의 여하한 조치도 금지 등 UNEF의 구성 및 활동원칙을 수립하였다. 아울러, 소요 예산, 병력공여국 선발, 부대 배치 및 활동, 기타 행정사항에 관해 사무총장을 보좌하고 조언을 제공하기 위한 자문위원회(Advisory Committee)17)를 설치, 운용하였다. 이 위원회는 총회 결의안 1001호에 의해 승인되었다.

병력규모는 UNEF의 임무를 고려하여 사무총장과 협의 하에 군사령관이 결정하되, 대략 2개 여단 규모인 6천여 명 선으로 설정하였다. 각국의 파견

---

15) A/RES/998 (ES-1), 1956. 11. 4.
16) A/RES/1001(ES-1), 1956. 11. 7.
17) 브라질, 캐나다, 실론(스리랑카), 콜롬비아, 인도, 노르웨이, 파키스탄 등으로 구성되었으며, 의장은 유엔 사무총장이었다.

168 유엔 평화유지활동의 이해

부대(contingents)는 경항공대(light air-unit) 등 지원부대를 포함하여 단독작전이 가능토록 하였다. 특히 사무총장은 파견부대가 유엔의 명령에 복종토록하고 군율을 엄정히 하기 위해 사무총장과 파견국 정부 간 공한교환(exchange of letters)의 형식으로 협정을 체결하였다. 25개 국가가 병력공여 의사를 표명하였으나, 사무총장은 이집트 정부 및 UNEF 군사령관과 협의하여그 중 10개국을 선정하였다. 이탈리아는 UNEF의 병력 및 물자수송을 위해자국의 공항 사용을, 스위스는 자국 국적 민항기를 무상으로 제공하였다.[18] 11월 12일 UNTSO 소속 군 옵서버들이 주축이 된 UNEF 사령부가 카이로에 설치되고, 15~16일에 콜롬비아, 덴마크, 노르웨이로 구성된 최초의 UNEF 부대가 배치되어 활동을 개시하였다.

이집트에 도착한 UNEF는 가자지구(Gaza Strip)과 수에즈 운하로 분산되었다. 가자지구에 배치된 평화유지군은 시나이 반도와 이스라엘 접경을 연하는 휴전선(Armistice Demarcation Line : ADL) 일대에 배치되었다. 수에즈 운하 북부 일대를 점령하고 있던 영·불군과 이스라엘군 및 이집트군 사이의완충지대에 포진(interposed)하여, 정전협정 준수 여부를 감시하는 임무를 수행하였다. 1956년 말경 영·불군이 철수한 후 UNEF 활동은 시나이 반도에집중되었다. UNEF의 책임지역은 59킬로미터의 ADL를 포함하여 273킬로미터에 이르렀다. 특히 ADL을 연하여 72개소의 관측소를 설치하여 주간에는 육안감시, 야간에는 순찰활동을 실시하였으며, 주기적인 항공정찰도 병행하였다.

1964년 팔레스타인 해방기구(Palestine Liberation Organization : PLO)가 창설

---

18) 캐나다, 콜롬비아, 덴마크, 핀란드, 노르웨이, 브라질, 인도, 인도네시아, 스웨덴, 유고, 파키스탄, 스웨덴, 아프가니스탄, 브라질, 미얀마, 실론, 칠레, 체코, 에콰도르, 에티오피아, 이란, 라오스, 뉴질랜드, 페루, 필리핀, 루마니아 등 25개국 중, 캐나다~유고까지 10개국이 선정되었다. UN, *Blue Helmets*, pp. 42-43.

된 후 이스라엘과 아랍국 간 충돌이 빈번해짐에 따라 중동지역에서 긴장이 고조되는 가운데, 1967년 5월 16일 이집트군 총참모장은 UNEF 군사령관 앞으로 "이집트 국경에 설치된 모든 유엔군의 관측소"를 철거해 줄 것을 요청하는 서한을 발송하였다.[19] 5월 16~18일에 유엔 사무총장은 이집트가 철수요구를 취소하고, 이스라엘도 UNEF의 배치를 허용해 줄 것을 요청하기 위해 백방으로 노력하였으나 아무런 성과도 거두지 못하였다. 더 이상 활동할 수 있는 명분과 근거를 찾을 수 없었던 UNEF는 철수를 준비하였다. 6월 5일 마침내 제3차 중동전이 발발하였다. 가자지구에서 철수준비 중이던 15명의 유엔군이 전투의 와중에 사망하였다. UNEF는 6월 17일 철수를 완료하였다.[20]

UNEF의 특징과 의의를 정리해 보면 다음과 같다. 무엇보다도 UNEF가 효과적으로 임무를 수행할 수 있었던 것은 미국의 강력한 지원이 뒷받침되었기 때문이다. 수에즈 사태에서 미국은 영국, 프랑스, 이스라엘이 이집트 영토로부터 군대를 철수하도록 정치적 및 경제적 영향력을 발휘했다. 특히 아이젠하워 대통령은 이스라엘의 벤구리온 수상을 설득시키기 위해 이스라엘에 대한 미국의 경제원조 중단, 유엔에 의한 무역제재, 유엔으로부터 이스라엘 축출 가능성 등과 같은 강도 높은 압력을 행사하였다.[21]

둘째, 앞서 살펴 본 바와 같이, UNEF는 1950년대 중반부터 세계의 화약고로 등장하여 세계평화와 안전을 위협하는 중동지역의 위기를 극복하기 위해 유엔체제 내에서 탄생한 독특한 산물이다. UNEF는 유엔 헌장에 명시되

19) "United Nations Emergency Force. Special report of Secretary-General to General Assembly's 22nd session," A/6669 (dated 18 May 1967) and Add 1. (dated 21 May 1967); "Report of the Secretary-General on the withdrawal of the United Nations Emergency Force," A/6730 (dated 27 June 1967) and Add 1-3.

20) UN, *Blue Helmets*, pp. 54-55.

21) Ghali, Mona, "United Nations Emergency Force I," in Durch, *The Evolution of UN Peacekeeping*, pp. 127-128.

어 있지 않기 때문에 수에즈 운하 사태와 같은 당면한 위기사태에 대응하기 위해 실용적 대응책(practical responses)으로 발전된 최초의 평화유지활동이다. 셋째, UNEF는 유엔 안보리가 아닌 총회의 결의에 따라 창설된 최초의 평화유지활동 미션으로서, 훗날 창설된 여타 미션과는 상이한 독특한 법적 지위를 가지고 있다. UNEF는 총회가 그 기능의 수행을 지원하는 보조기관을 설립할 수 있도록 허용한 헌장 6장 22절에 근거하여 창설된 유엔 기관이다.22) 넷째, 11년간 성공적으로 임무를 수행한 UNEF는 분쟁 당사자들의 동의, 불편부당성, 자위 목적으로만 무력 사용 등의 원칙을 확립함으로써 '전통적' 평화유지활동의 모델이 되었다.23)

다섯째, UNEF는 평화유지활동 역사상 가장 신속하게 부대가 배치된 미션 가운데 하나이다. 최초의 파견부대(contingents)는 사무총장이 총회에 평화유지활동 계획을 보고한 지 11일, 당사국인 이집트가 평화유지군의 주둔을 허용한 지 하루 만에 배치(1956. 11. 15)되었다. 여섯째, UNEF 창설을 계기로 유엔 사무총장의 권한이 대폭 확대되었으며, 국제무대에서 독립적 행위자로서의 확고한 위상이 정립되었다.24) 끝으로, UNEF는 유엔 평화유지활동의 한계를 극명하게 보여주었다. 1956년 10월 배치된 UNEF는 수에즈 운하 사태를 평화적으로 종결시키는 데 기여하고 10년 이상 중동지역에서 세계평화와 안전의 유지를 위해 활동하였으나, 이집트와 이스라엘 사이의 분쟁의 근본적 원인을 해결하지는 못하였다. 더구나 이스라엘이 UNEF의 수용을 거부하여 이집트의 동의하에 이집트 영토 내에서만 활동할 수 있었다. 이집트가 동의를 철회하자 활동근거와 명분을 상실한 UNEF는 철수하지 않

---

22) UN, *Blue Helmets*, p. 43.
23) UN, *Blue Helmets*, p. 4.
24) Fleitz, Frederick H., *Peacekeeping Fiascoes of the 1990s: Causes, Solutions and U.S. Interests* (New York: Praeger, 2002), p. 44.

을 수 없었다.

IV. 콩고 : ONUC[25]

19세기 말 벨기에의 식민지가 된 콩고 민주공화국(이하 콩고)은 수단과 알제리에 이어 아프리카에서 세 번째 대국으로서 그 면적은 서유럽 전체를 합친 것과 맞먹으며, 아프리카 내륙 심장부의 전략적 요충지에 위치하고 있는 국가로서, 다이아몬드, 구리, 코발트 등의 광석이 풍부한 지하자원의 보고이다. 1960년 6월 30일 콩고가 독립할 때까지 벨기에는 교묘한 온정주의 정책(a policy of paternalism)을 추진하여 토착민의 생활을 아프리카 최고 수준으로 끌어 올리는 동시에, 정치 및 교육면에서는 문외한으로 방치하여 1천4백만 명 인구에 비해 대학은 고작 17개에 불과하였으며, 의사, 변호사, 엔지니어 등 고급인력은 전무하다시피 하였다. 벨기에는 독립 하루 전, 콩고와 우호조약(a treaty of friendship)을 체결, 카미나(Kamina)와 키토나(Kitona) 등 두 군사기지를 할양받고 2만 5천 명의 병력을 주둔시키면서, 필요시 벨기에 군대를 동원하여 과도기 동안 치안과 질서를 유지할 수 있는 권리를 확보하였다.

독립 직후 부당한 차별대우에 불만을 품은 콩고군이 진급기회 확대 등 처우개선을 요구하였으나 사실상 군권을 장악하고 있던 벨기에군 사령관인 얀센(Jansessens) 장군은 이를 거부하였다. 7월 5일, 레오폴드빌(Leopoldville)에서 콩고군에 의한 폭동이 발생하여 소요사태가 인접 도시로 확산되었다. 벨기에 대사는 루뭄바(Lumumba) 콩고 수상에게 벨기에군의 지원을 요청할 것을 촉구하였으나 루뭄바를 이를 묵살하였다. 7월 11일 벨기에 정부는 콩고

---

25) ONUC은 Opération des Nations Unies au Congo의 약어로서, 영문으로는 Operation of United Nations in Congo(유엔 콩고 평화유지활동)라는 의미.

ONUC에서 활동 중인 아일랜드와 에티
오피아 평화유지군(1962)

정부와 사전 협의도 없이 법과 질서유지의 명분하에 군대를 파견하였다. 벨
기에군의 충돌과 거의 때를 같이하여, 카탕가(Katanga) 지역의 실력자인 촘
베(Tshombé)는 카탕가의 독립을 선포하였다. 이 지역은 다이아몬드 광산의
밀집지로서 콩고 전체 수입(revenue)의 절반을 차지하는 곳이었다. 대부분의
서방국들로부터 '친(親)서방(pro-Western)계' 인사로 분류된 촘베는 벨기에인을
행정관과 자신의 사병(私兵)부대 지휘관에 임명했다. 대부분의 공산진영 및
비동맹권 국가들은 지하자원에 대한 벨기에의 막대한 이익이 걸려 있는 지
역의 분리운동(cession)과 벨기에군의 개입을 콩고의 독립을 가로막고 다이아
몬드라는 부의 원천에 대한 유럽 국가의 기득권을 유지하려는 기도로 간주
했다.[26]

7월 12일 콩고 정부는 유엔 사무총장에게 벨기에군의 침략을 격퇴시키기
위한 유엔의 군사적 지원을 요청하였다.[27] 이튿날, 사무총장은 헌장 99장에
기초하여 안보리 긴급이사회를 소집,[28] 콩고 사태 해결을 위한 평화유지군

---

26) Durch, William J., "The UN Operation in the Congo," in Durch, *The Evolution of UN Peacekeeping*, p. 318.

27) "Letter dated 13 July 1960 from the Secretary-General addressed to the President of the Security Council," S/4382, 1960. 7. 13.

28) S/4381, 1960. 7. 13.

(ONUC)의 창설을 건의하였다. 안보리는 결의안 143을 통해 벨기에군의 즉각 철수와 사무총장에게 콩고 정부와 협의하여 필요한 조치를 취할 수 있는 권한을 부여하였다.29) 이 결의안 통과 후 48시간도 채 지나지 않아 선발대로 90여 명의 튀니지 군대가 레오폴드빌에 도착하였고, 7월 말 무렵에는 ONUC의 규모가 19,828명으로 증가되었다. ONUC의 임무는 신속한 치안 회복 및 벨기에 군대의 철수였다. 벨기에군이 7월 23일 철수를 완료하자, ONUC은 카탕가로 진입하였다.

카탕가에서 유엔 사무총장은 루뭄바 수상과 정면으로 충돌하였다. 루뭄바는 ONUC이 콩고 정부를 지원하여 카탕가의 독립을 힘으로 저지할 것을 요구하였으나 함마르셸드 사무총장은 이를 거부하였다. 한편 카탕가도 ONUC의 진입 요청을 수용하지 않았다. 8월 9일 안보리는 ONUC의 카탕가 진입을 허용하되, 콩고 내전에는 개입하지 말 것을 지시하였다.30) 이 결의안에 고무된 함마르셸드는 12일 직접 ONUC 부대를 이끌고 카탕가에 진입하였다. 루뭄바는 함마르셸드가 안보리 결의안을 독선적으로 해석한다고 비난하면서 더 이상의 협조를 거부하였다.31)

9월 초, 카사부부(Kasa-Vubu) 대통령이 루뭄바 수상을 해임시킨 것을 계기로 콩고에 심각한 헌정위기 사태가 초래되었다. 루뭄바는 해임을 인정하지 않고 오히려 카사부부를 국가수반에서 해임하였다. 의회는 루뭄바를 지원하였지만, 카사부부에 대한 해임조치를 인정하지 않았다. 9월 14일 모부투(Joseph Mobutu) 대령이 군사 쿠데타를 일으켜 카사부부에 대한 지지를 선언하였다.32) 콩고 전역에 수도 레오폴드빌의 모부투 일파 외에, 서북부 스탠리

29) "The Congo Question," Security Council Resolution 143, 1960. 7. 14.
30) "The Congo Question," Security Council Resolution 146, 1960. 8. 12.
31) UN, *Blue Helmets*, p. 180.
32) UN, *Blue Helmets*, p. 182.

빌(Stanleyville)을 중심으로 루뭄바를 뒤이어 등장한 기젱가(Antoine Gizenga), 중남부 카사이(Kasai) 지방의 칼롱지(Kalonji), 남동부 카탕가 지역의 촘베 등 4개의 세력이 기반을 넓히면서, 민중의 지지보다는 폭력에 의존하였다. 11월 8일에는 북부 카탕가 지역에서 순찰 중이던 ONUC 소속 아일랜드 부대원 11명이 매복공격으로 사망하였다.

이듬해 1월 17일, ONUC의 신변보호 노력에도 불구하고, 루뭄바가 ANC (Armeé Nationale Congolaise : 콩고 정부군)에 붙잡혀 살해되는 사건이 벌어졌다. 루뭄바의 추종세력과 반대세력 사이에 상호 보복이 되풀이 되는 가운데, 일부 병력공여국들이 군대를 철수시켜 ONUC의 규모는 2만 명에서 1만 5천 명으로 축소되었다. 소련은 루뭄바의 사망에 대한 책임소재를 따지면서 함마르셸드의 해임을 요구하고, 그를 더 이상 사무총장으로 인정하지 않을 것이라고 공언하였다. 소련과 함마르셸드 간의 불화는 이미 ONUC 초창기부터 시작되었다. '강압에 의한 탈식민(forcible decolonization, 즉, 민족해방전쟁)'이 제3세계에 대한 영향력 확대의 지름길이라고 판단한 소련은 ONUC이 카탕가 분리 움직임을 차단하고 벨기에군을 축출하는 데 기여할 것이라는 희망으로 1960년 8월 안보리의 대규모 ONUC 병력파견을 적극 지원하였다. 그러나 기대와는 달리 콩고 정부가 헌정위기를 맞이하고, 친소 성향의 루뭄바가 축출되는 한편, 카탕가에 대한 ONUC 병력투입 요구가 무산되자, 소련은 함마르셸드 사무총장에게 비난의 화살을 돌리기 시작했다. 급기야 9월 23일 유엔 총회에 참석한 흐루시초프(Khrushchev) 서기장은 함마르셸드의 하야를 요구하면서, 사무총장을 소위 '트로이카(친서방계 1명, 친공산계 1명, 비동맹계 1명)'로 대체할 것을 주장하였다. 1961년 루뭄바 사망 후 소련은 함마르셸드의 해임을 요구하는 결의안을 유엔 총회에 제출하였지만 과반수 찬성을 확보하는 데 실패했다.[33)]

2월 15일, 안보리는 ONUC가 콩고내전 방지를 위한 최후수단으로서 무

력을 사용할 수 있는 권한을 부여하는 결의안을 통과시켰다.[34] 광활한 지역
에 신장배치되어 있던 ONUC은 병력축소로 인하여 임무수행에 어려움을
겪고 있었다. 레오폴드빌의 콩고 정부와 엘리자베스빌을 근거지로 삼고 있
던 카탕가 분리독립 세력은 안보리 결의안을 무력으로 자신들을 제압하려는
시도로 해석하여 ONUC에 대한 공격을 강화하였다. 1961년 3월 중순,
ONUC의 거듭된 경고에도 불구하고 촘베는 외국인 용병들을 동원하여 카
탕가 일대에서 반대세력을 제거하기 위한 공세를 개시하였다. 마침내 무력
사용권을 앞세운 ONUC가 개입하여 용병들을 몰아내고 카발로(Kabalo)와
알버츠빌(Albertsville) 등 카탕가 북부의 주요도시를 장악하였다. 촘베의 막강
한 정치적 및 재정적 기반에도 불구하고, 세계 어느 국가도 카탕가의 분리
독립을 인정하지 않았다.

한편, 4월 말에는 칸사이 지방의 포트 프랑키(Port-Francqui)에서 44명의
ONUC 소속 가나 군대가 ANC의 공격을 받아 무자비하게 학살되었다. 그
이후로 ONUC은 소규모 부대를 고립된 지역에 배치하는 실수를 반복하지
않았다. 다른 지역에서 활동하고 있던 ONUC에 대한 반군세력들과 외국인
용병들의 공격이 끊이지 않아 ONUC도 부득이 응사하지 않을 수 없었다.
사태가 좀처럼 진정되지 않는 가운데, 9월 17일에는 반도들 간 휴전을 주선
하기 위해 콩고를 방문 중이던 함마르셸드 사무총장이 의문의 비행기 추락
사고로 다른 일곱 명의 유엔 직원들과 함께 사망하는 사고가 발생했다.[35]
11월 24일, 안보리는 카탕가의 분리운동을 강력히 비난하면서, 사무총장이
무력을 동원하여 외국인 용병들을 완전히 제거할 것을 요구하였다.[36] 자신

33) Durch, William J., "The UN Operation in the Congo," in Durch William J. (ed),
   The Evolution of UN Peacekeeipng, p. 323.
34) Security Council Resolution 161, 1961. 2. 21.
35) "Special Report on the Fatal Flight of the Secretary-General's Aircraft," S/4940/
   Add.5, 1961. 9. 19.

들을 무력으로 진압하려는 ONUC에 대해 반군세력은 납치, 도로장애물 설치, 매복, 습격, 흑색선전 등 갖가지 수단을 동원하여 대항하였다. 어느덧 ONUC은 끝없는 내전의 소용돌이에 휘말려 들어가 평화유지군이 아닌 분쟁 당사자의 한편이 되는 신세로 전락하고 말았다.

1962년 8월, 우탄트(U Thant) 신임 사무총장은 "국민화합계획(Plan of National Reconciliation)"37)을 제시, 아둘라(Adoula) 수상과 촘베의 동의를 받는 데 성공했다. 이 계획에는 연방정부 구성, 중앙정부와 지방정부 간 조세(revenues)와 외화수입 분배, 화폐 단일화, 모든 군대 통합, 대사면, MONUC의 행동의 자유 보장 등이 포함되어 있었다. 1963년 1월 14일, 촘베는 카탕가 지역의 분리운동을 포기하고, "국민화합계획"을 실천할 수 있도록 ONUC에게 완전한 행동의 자유를 허용하였다. 1963년 2월 4일, 사무총장은 안보리가 ONUC에 부여한 위임명령이 완료되었다고 보고하였다.38) 1964년 6월 30일, ONUC는 모든 활동을 종료하고 콩고에서 철수하였다.

ONUC은 안보리가 창설한 최초의 평화유지활동 미션이자, 정전감시 등 전통적 임무 이외에 정치적 및 인도주의적 성격의 부가적 임무가 부여된 최초의 다차원적(multidimensional) 평화유지활동이다. 2만 명 이상의 대규모로 편성되어 야심적이고 광범위한 임무가 부여되었음에도 불구하고, ONUC에서 유엔 평화유지활동은 최대의 위기를 맞았다. 처음에는 벨기에 군대의 철수라는 단순한 목표를 가지고 시작되었으나, 그 후 카탕가 지역의 분리독립 운동, 중앙정부의 붕괴, 소련 등 강대국과 외국군 용병들의 개입 등으로 인하여 복잡한 정치적 혼란에 휘말려 들어가 분쟁 당사자로 전락하는 결과를

36) Security Council Resolution 169, 1961. 11. 24.
37) UN, *SCOR*, Seventeenth year, Supplement for July, August, and September 1962, Document S/5053/Add.13.
38) S/5240, 1963. 2. 4.

초래하였을 뿐 아니라, 콩고 수상 루뭄바가 살해되고, 휴전협정 주선을 위해
동분서주하던 함마르셸드 사무총장이 비행기 사고로 사망하는 비극적인 사
건이 잇달아 벌어졌다. 이처럼 ONUC이 오늘날까지 유엔 평화유지활동 역
사상 가장 대표적인 실패사례의 하나로 거론되고 있는 이유는 대략 다음과
같이 정리될 수 있을 것이다.39)

무엇보다 가장 중요한 실패요인은 분쟁사태의 해결을 위한 중립적 위치
에 있는 '정직한 중재인(honest broker)'이 존재하지 않았다는 것이다. 동서냉
전이 최고조에 달했던 당시, 콩고분쟁에 대한 미국의 입장은 1961년 초 상
원외교위원회의 비공개 청문회에서 윌리엄스(Mennen Williams) 국무부 아프
리카 담당 차관보가 "만일 우리가 콩고에서 완전 철수하고 소련이 중앙아프
리카를 장악하게 되면, 미국은 전부는 아니라 할지라도 대부분의 아프리카
지역을 상실하게 될 것이다'라고 언급한 대목에서 잘 드러나고 있다. 반면,
앞서 언급한 바와 같이, 소련은 아프리카 지역에서의 탈식민지 과정에 개입
하여 자국의 영향력을 강화하고 공산주의 이데올로기를 확산시키는 데 전력
을 집중하고 있었다. 즉 미국이 ONUC의 활동을 적극 지지한 반면, 소련은
공개적으로 적대적인 입장을 표명하였다. 한편, 콩고지역의 지하자원에 커다
란 국익이 걸려 있던 영국은 시종일관 미온적(tepid) 태도를 보였으며, 프랑
스는 틈만 나면 ONUC의 활동에 족쇄를 채우려는 훼방꾼(obstructionist)의
역할을 자처하였다.40) 이러한 안보리 상임이사국들 간 분열(fission)은 결의안

---

39) 물론 ONUC의 활동이 오로지 실패의 연속이 아니었던 것은 사실이다. 실제로,
ONUC은 외국군대 철수라는 위임명령을 달성하고, 카탕가 지역의 분리독립 움직임
을 심각한 유혈사태 없이 중단시켰으며, 훗날 국민 화합정부의 탄생을 통해 평화공
존의 토대를 마련하는 등의 성과를 거두었다. 그럼에도 불구하고, 이 같은 업적은
평화유지활동의 대표적 실패사례라는 오명을 씻어주는 데 별다른 기여를 하지 못하
는 것으로 보인다.
40) 콩고 카탕가 지역의 지하자원(특히 다이아몬드)은 철도편으로 인접 앙골라 및 로디지
아(Rhodesia)로 수송되었는데, 로디지아는 영국의 식민지였다. 이처럼 카탕가 지역에

통과과정에 여과 없이 투영되었으며, 결과적으로 ONUC의 활동이 참담한
실패를 맞이하는 데 결정적으로 기여하였다.[41]

둘째, 이제 와서 돌이켜 보면 참으로 어이없는 일이지만, 당시 ONUC은
사전에 충분한 계획도 없이, 현장에서 어떤 활동을 해야 하는지에 대해서
아무것도 모른 채, 무작정 '신속배치(rapid deployment)'라는 명분에 매달려 급
조된 부대였다. 평화유지군 부대들은 지휘통제 체제, 통신수단, 유엔군으로
서 활동할 수 있는 권위도 갖추지 못한 상태에서 무작정 현지에 도착했다.
예를 들어 대대장이 누구에게 보고해야 하는지 알지도 못하고, 작전활동에
대해 명확한 지시도 받지 못한 무질서하고 혼란스런 상태에서, 해당 부대가
안보리의 위임명령에 명시된 질서회복 목표를 달성하는 것은 애당초 불가능
한 일이었다. 현지인들도 평화유지군이 무엇을 의미하고, 유엔이 파견한 목
적이 무엇이며, 자기 나라에 와서 무엇을 하려고 하는 것인지에 대해 알지
못하였다. 평화유지군과 유엔의 존재에 대한 현지 주민들의 인식을 제고시
키기 위한 공보활동은 전혀 이루어지지 않았으며, 무지하고 오랫동안 외국
인들의 억압적 지배에 시달려 왔던 주민들에게 유엔 활동의 권위와 가치를
깨닫게 하는 것은 쉬운 일이 아니었다.[42]

막대한 경제적 이해관계가 걸려 있던 영국은 카당가의 분리독립을 추구하는 촘베
일당을 몰아내는 데 소극적 입장을 보인 유엔(ONUC)을 강력히 비난하였다. 한편,
드골(de Gaulle) 치하의 프랑스는 벨기에에 동조하여 ONUC의 활동을 방해하는 데
열을 올렸으며, 심지어 미국이 유엔군을 수송하기 위한 항공기가 아프리카 내 자국
의 불어권 식민지 영공을 통과하는 것도 허용하지 않았다. 보다 상세한 사항은 다음
을 참조할 것. Durch, William J., "The UN Operation in the Congo," in Durch, *The
Evolution of UN Peacekeeping*, p. 324.

41) Senate Foreign Relations Committee, *Executive Sessions of the Senate Foreign Relations
Committee*, 87th Congress, 1st Session, February 6, 1961, History Series, vol. 13, Part
1, p. 116.

42) Durch, William J., "The UN Operation in the Congo," in Durch, *The Evolution of
UN Peacekeeping*, p. 347.

셋째, 유엔은 정보수집 능력의 한계로 인하여 ANC가 콩고사태를 유발한 핵심 세력의 하나라는 사실을 간파하지 못하거나, 그 중요성을 과소평가하는 과오를 범했다. 만일 초기에 충분한 정보를 가지고 있었다면 ANC의 무장해제를 안보리 위임명령에 포함시키려 노력했을 것이다. 콩고 정치상황의 변화에 대한 정보가 부족하였던 유엔은 레오폴드빌에서 활동하는 소수 유엔 요원의 보고서, 뉴욕에 주재하고 있는 일부 회원국의 지원에 의존하였다. 그러나 콩고에 막대한 이해관계를 가지고 있던 강대국들의 정보조작으로 인하여, 현지에서 실제 벌어지고 있는 실상과 외부에 알려진 상황 간에 괴리가 벌어지는 것은 불가피한 일이었을 것이다.

그 밖에 ONUC가 겪었던 문제점과 특징적 의미를 정리해 보면 다음과 같다.

첫째, ONUC은 냉전 기간 동안 유엔 안보리가 자위의 차원을 넘어선 무력 사용을 승인한 최초의 PKO 미션이다. 안보리는 루뭄바 피살 후 내전 발생 예방, 카탕가 지역의 분리운동을 지원하는 외국군 용병 추방 등을 위해 두 차례에 걸쳐 예외적으로 무력 사용을 허용하는 전례를 남겼다.[43]

둘째, ONUC은 전통적 평화유지활동에서 금과옥조처럼 중요시되었던 '중립성'의 원칙을 손상시킴으로써 상당한 난관을 초래하였다. 함마르셸드는 카탕가의 촘베를 제압해 달라는 친소련계 루뭄바의 집요한 요구를 거부하여 소련의 앙심을 샀다. 그는 ONUC이 콩고 내정에 개입해서는 안 된다는 확고한 입장을 견지하여 ONUC을 루뭄바와 소련의 도구로 사용하기를 단호히 거부하였다. 그러나 후임자인 우탄트 사무총장은 마지못해 콩고에서 외국인 용병들을 몰아낸다는 명분으로 콩고 정부의 편을 들어 촘베를 공격함으로써 유엔 평화유지활동의 중립성을 심각하게 훼손시켰다. 심각한 후유증

---

43) ONUC이 안보리가 승인한 것 외에도 무력을 사용한 적이 있으나, 이는 주로 자위적 차원에서 이루어졌다.

'피의 다이아몬드'와 '킴벌리 프로세스'

고대 그리들이 '신의 눈물'이라고 믿었던 다이아몬드는 기원전 7~8세기 인도에서 처음 사용된 이래, 로마시대에는 왕족과 귀족만이 소유할 수 있는 귀금속으로 분류되어 오다,

다이아몬드와 원석 채굴 광경

1866년 남아공에서 대규모 다이아몬드 광산이 발견되고 과학적 채굴법이 사용되고 나서야 대중의 사랑을 받는 보석으로 정착되었다. 다이아몬드는 희소가치가 높은 보석이기도 하지만, 세상에서 가장 오래된 물질이기도 하다. 다이아몬드가 생성되려면 수천만 년에서 십억여 년의 장구한 세월이 걸려야 하며, 화산작용이나 침식, 풍화 등 자연현상을 거쳐야 땅 위로 올라올 수 있다. 다이아몬드 광산이 '구대륙'인 아프리카에 집중된 것도 그 때문이다.

1999년 기준, 전세계 다이아몬드 생산액은 68억 달러이며, 판매액은 560억 달러(소매가, 도매가는 130억 달러)에 이른다. 이 가운데 분쟁지역, 특히 반군 점령지역에서 생산된 것을 '피의 다이아몬드(blood diamond)'라고 부른다. 다이아몬드는 분쟁 당사자들이 무기, 장비, 물자, 병력을 확보 및 유지하는 데 필수적인 자금원이다. 시에라리온, 라이베리아, 콩고, 앙골라 등 아프리카에서 발생하는 주요 분쟁의 배후에는 다이아몬드를 둘러싼 이권다툼이 자리 잡고 있다. 9·11 테러를 위해 알카에다 조직도 다이아몬드를 이용하여 2천만 달러를 돈세탁한 것으로 알려져 있다. 시에라리온의 경우, 다이아몬드 수출액 7천만 달러 가운데 98%가 '피의 다이아몬드'의 불법거래로 이루어졌다. 해마다 밀거래되는 '피의 다이아몬드'는 전세계 유통량의 20%에 이른다. 'Global Witness(GW, 1993년 창설)'라고 하는 영국의 NGO는 이와 같은 분쟁과 다이아몬드 간의 연결고리를 차단하는 데 발 벗고 나섰다.

GW의 주도로 2000년 5월부터 논의되기 시작, 그해 12월 유엔 총회와 안보리 결의안을 통해 이 문제가 본격적으로 거론되었다. 분쟁지역의 다이아몬드는 거래하지 않는다는 자율적 규제시스템을 '킴벌리 프로세스(Kimberly Process)'라고 한다. 다이아몬드 주요 수출입국 40여 개국은 2003년 11월 유엔의 후원 하에 스위스에서 '킴벌리 프로세스'를 채택, 2004년 1월부터 시행키로 하였다. 이 규약에 따라 모든 다이아몬드 수출입국은 원산지, 무게, 달러 환산가, 업자 신원, 선적일자 등을 기록한 공인증명서를 원석에 첨부, 3년간 기록을 보관해야 한다. 현재까지 한국을 포함한 56개국이 참여하고 있다.

'킴벌리 프로세스'는 반군조직과 테러단체의 자금줄을 차단하는 데 목적이 있으나, 기본적으로 자발적 의사에 근거한 점이 한계로 지적되고 있다. GW도 "독립적 감시기구가 없이 각국이 자율적으로 운영토록 하는 방식은 '종이 호랑이'에 불과하다"고 지적하고 있다.

으로 인하여 그 후 새로운 유엔의 평화유지활동 미션인 UNTAG이 창설되기까지 거의 10여 년이 소요되었다.[44] 번치(Ralph Bunche)는 ONUC이 실패한 이유가 위임명령에 명시된 "neutrality(중립성)"의 원칙을 오해하고 콩고 정부를 "지원(assist)"하는 과오를 범한 데 직접적인 원인이 있다고 판단하였다. 이에 대한 해법은 "neutrality" 대신 "impartiality(불편부당성)"란 용어를 사용하는 것으로서, UNFICYP에 이 개념이 처음으로 적용되었다.[45]

셋째, ONUC은 평화유지활동을 승인하였던 주둔국 정부에 변화가 발생하였을 경우 어떤 문제가 야기될 수 있는지를 살펴볼 수 있는 매우 흥미로운 사례이다. 콩고의 헌정위기는 ONUC의 주둔을 요청한 정부가 더 이상 존재하지 않음을 의미한다. 1961년 8월 이 위기가 해결되기 전까지, 이러한 상황은 어떤 정치집단도 ONUC의 지속적 활동이나 철수를 요청할 수 없는 정치적 공백을 초래하였다. 이는 '원래 ONUC의 활동에 동의하였던 정부가

44) Fleitz, *Peacekeeping Fiascoes of the 1990s*, pp. 59-60.
45) Urquhart, Brian, *Ralph Bunch: An American Life* (New York: Norton, 1993), p. 370.

존재하지 않는 상황에서 ONUC은 철수해야 하는가?'에 대한 매우 흥미로운 딜레마를 야기하였다. 함마르셸드는 정부가 전복하였더라도 ONUC은 계속 주둔해야 한다고 믿었다. 그러나 다수의 경쟁 집단들이 권력장악을 위해 격렬하게 투쟁하는 무정부 상황에서, 거의 모든 유엔의 행동은 어느 한 집단을 편애하는 것으로 해석되었다. 동의의 원칙이 모호해지자, 중립성의 원칙도 타격을 입었다. MONUC이 카탕가에 대한 무력불사용을 결정하자 이를 카탕가에 대한 일방적 편애로 해석한 콩고 정부는 자신들이 무력을 행사하기로 결정하는 사태가 발생하였다.[46]

V. 서부 뉴기니 : UNTEA

1828년 이래 서부 뉴기니(일명 서부 이리안, West Irian)는 네덜란드 영토였다. 1949년 네덜란드가 인도네시아의 독립을 인정하였을 때, 서부 뉴기니의 지위는 미정인 상태였다. 인도네시아 독립 후 양국은 서로 이 지역에 대한 영유권을 주장하였다. 1954년 인도네시아는 이 문제를 유엔에 상정하였다.[47] 인도네시아는 네덜란드의 식민지에서 해방되었으므로 당연히 자국 영토라고 하였지만, 네덜란드는 서부 뉴기니 주민들이 자신들의 장래문제를 스스로 결정토록 해야 한다고 주장하였다. 1961년까지 유엔 총회에서 이 문제가 논의되었지만, 아무런 결의안도 통과되지 않았다. 1962년 초, 우탄트 사무총장이 주선(good offices)을 통해 평화적 해결책을 모색하려는 찰라, 인도네시아 병력들이 서부 뉴기니에 공중 투하되었다. 네덜란드는 이를 "무력

---

46) Boulden, Jane, *Peace Enforcement: The United Nations Experience in Congo, Somalia, and Bosnia* (New York: Praeger Publishers, 2001), pp. 42-43.
47) A/2694.

도발'이라고 비난하였지만, 인도네시아는 "자국의 영토로 병력들이 이동한
것"이라고 응수하였다.

8월 15일, 사무총장의 중재에 의해 양국은 네덜란드의 주권을 유엔 행정
관(UN Administrator)이 이끄는 과도행정부(UN Temporary Executive Authority :
UNTEA)에 이양하기로 합의하였다. UNTEA는 1962년 10월 1일부터 1963
년 5월 1일 인도네시아에 주권을 넘길 때까지 영토에 대한 행정권, 법과 질
서유지, 주민의 권리 보호, 정상적인 정부기능 유지 등을 수행할 수 있는 권
한을 부여받았다. 이를 위해 이 합의서는 사무총장에게 UNTEA를 지원할
유엔 치안군(UN Security Force : UNSF)을 제공해 줄 것을 요청하였다.

UNSF와 UNTEA가 서부 뉴기니에 도착하기 전의 선결과제는 양국 군대
간 휴전을 성사시키는 일이었다. 사무총장은 리키에(Indar Jit Rikhye) 소장을
군사고문으로 임명하고, 휴전협정 감시를 위해 6개국의 회원국들이 제공한
21명의 군 옵서버를 지휘토록 하였다. 이들 옵서버는 UNEF와 ONUC에서
차출된 장교들로 구성되었다. 서부 뉴기니의 네덜란드군은 8월 18일을 기해
휴전을 선언하였으며, 밀림 속에 은거해 있던 인도네시아 군인들에게는 무
전기, 확성기, 공중에서의 전단 살포 등으로 전투행위가 중단되었음을 알렸
다. 유엔 군 옵서버들은 인도네시아 군인들에게 음식과 식량을 공급해 주고,
선정된 장소에 집결하도록 안내하였다. 9월 21일 리키에 소장은 서부 뉴기
니에 활동 중이던 5백 명의 인도네시아군 전원의 위치가 파악되고 집결을
완료하였으므로, 휴전협정과 관련된 모든 임무가 완료되었다고 보고하였다.

적대행위 종식 이후의 단계는 UNSF의 도착을 위해 서부 뉴기니에서 법
과 질서를 확립하는 것이었다. UNSF는 UNTEA의 원활한 위임명령 수행으
로부터 현지 경찰력 재건의 감독에 이르는 광범위한 임무를 부여받은
UNTEA의 "경찰군(police arm)"이었다. 10월 3일, UNSF의 선발대 340명이
서부 뉴기니에 도착하였다. 유엔 총회 결의안 1752에 따라 UNTEA는 유엔

네덜란드에서 발행한 UNTEA 기념우표

역사상 최초로 사무총장의 통제 하에 광대한 영토에 대해 행정권과 관할권을 행사하는 과도 행정부로서의 임무를 부여받았다.[48] 10월 1일부터 행정권 이양이 개시되기 직전에 서부 뉴기니를 떠난 마지막 네덜란드 총독(Peter Johannis Plateel)은 주민들에게 UNTEA에 모든 협조를 아끼지 말 것을 호소하였다. 10월 22일, 유엔 사무총장이 임명한 초대 유엔 행정관(Djalal Abdoh, 이란)이 부임하였다. 1963년 5월 1일 UNTEA는 서부 뉴기니의 주권을 인도네시아 정부 대표에게 순조롭게 이양함으로써 모든 임무를 성공적으로 완료하였다.[49]

1962년 9월 창설된 UNTEA는 평화유지활동 역사상 모범적이고 성공적인 사례 가운데 하나로 기록되고 있다. UNTEA의 임무는 서부 뉴기니가 네덜란드의 식민통치로부터 인도네시아의 행정관할로 전환되는 과정을 감독하는 것으로서, 다음과 같은 몇 가지 특징을 가지고 있다. 첫째, 유엔이 정치 및 군사적 임무수행 과정에서 영토에 관한 전면적 행정권(administrative authority)

---

48) General Assembly Resolution 1752 (XVII). 1962. 9. 21.
49) UN, *Blue Helmets*, pp. 641-648.

을 행사한 최초의 PKO 미션이 되었다.50) 둘째, 당시 우탄트(U Thant) 사무
총장은 유엔이 아니라 당사국인 인도네시아 및 네덜란드가 영유권 문제 해
결에 소요되는 모든 비용을 부담토록 하는 합의를 도출하였다. 셋째, 합의를
이행하기 위해 우탄트 사무총장은 뉴기니 사태가 본질적으로 탈식민(recoloni-
zation) 문제라는 점을 들어 안보리가 아닌 총회의 승인이 필요함을 역설하여,
UNTEA는 UNEF에 이어 총회의 결의에 따라 평화유지군이 파견된 역사상
두 번째 사례가 되었다.51)

끝으로 UNTEA는 군사적 측면에서 매우 흥미로운 특징을 가지고 있었다.
UNSF의 육군 파견부대(contingents)는 파키스탄, 공군은 미국 및 캐나다가 각
각 제공하였다.52) UNTEA는 단일국가(파키스탄)가 가장 중요한 지상군 부대
의 전체를 제공한 최초의 사례가 되었다. 파키스탄이 육군병력을 전담하게
된 배경은 인도네시아가 같은 아시아권 내 이슬람국가인 파키스탄을 선호하
였기 때문이며, 네덜란드도 친서방성향인 CENTO(Central Treaty Organization)
의 회원국53)인 파키스탄의 파병에 우호적이었기 때문이다. 또한 미국과 캐
나다 공군이 UNSF 예하부대로 편성됨으로써, UNTEA는 미국이 자국군을
유엔군의 작전지휘를 받도록 한 최초의 선례를 남겼다.54)

---

50) 유엔이 국가의 영토에 대해 행정관할권을 행사한 최근 사례는 동티모르(UNTAET/
UNMISET)이다.
51) Liu, *The Study of United Nations Peacekeeping Operations During the Cold War*, p. 49.
52) 평화유지군(UNSF)의 파견규모가 최대에 달하였던 1963년 2월 현재, 총 1,608명 가운
데, 파키스탄(육군)이 1,537명, 미국과 캐나다군(공히 공군)이 각각 59명과 11명이었다.
Wainhouse, David W., *International Peacekeeping at the Crossroads* (Baltimore: The Johns
Hopkins University Press), p. 144.
53) CENTO(중앙조약기구)는 1959~79년 사이에 존속되었던 반공(反共)을 목적으로 한 지
역기구로서 영국, 파키스탄, 터키 및 이란이 회원국이었다.
54) Durch, William J., "UN Temporary Executive Authority," in Durch, *The Evolution of
UN Peacekeeping*, p. 290.

VI. 제2의 수에즈 운하 사태 : UNEF-II

이스라엘의 휴일(Yom Kippur)인 1973년 10월 6일, 이집트군은 UNTSO 관측소를 지나 수에즈 운하를 도하, 이스라엘에 대한 공격을 감행하였다. 이와 동시에 시리아는 골란 고원에 대해 협조된 공격을 실시하였다. 수에즈 운하와 골란 고원으로부터의 양면공격은 이스라엘로서는 전혀 예상치 못했던 기습이었다. 10월 9일, 이집트의 요구에 따라 수에즈 운하 일대의 유엔군 관측소가 전면 폐쇄되었다. 10월 8일부터 12일까지 안보리가 소집되었으나, 아무런 결론도 내리지 못하였다.

전쟁 초기 기습공격의 충격에서 헤어나지 못한 상태에서 보유탄약마저 고갈될 위기에 처한 이스라엘은 13일 휴전을 제의했으나, 이집트는 이를 거부했다. 휴전 거부로 이스라엘과 위기의식을 공유하게 된 미국 행정부는 즉각 무기, 장비 및 군수물자의 공수(airlift) 작전을 개시하였다. 요르단까지 전쟁에 뛰어들었음에도 불구하고 이집트군의 공격이 지지부진한 사이, 이스라엘은 미국의 군수지원에 힘입어 15일부터 대대적인 공세로 전환하였다.[55] 마침내 21일부터 전세가 급변되어, 수에즈 운하를 도하한 이스라엘 기갑부대가 이집트 3야전군의 배후를 차단하였다. 22일, 안보리는 즉각적인 휴전을 요청하는 결의안을 통과시켰으며,[56] 그 이튿날 사무총장은 즉시 유엔 옵서버를 파견할 것을 요청하였다. 전황이 역전되자 다급해진 이집트의 사다트(Anwar Sadat) 대통령은 미국과 소련이 군대를 보내 휴전을 강행해 줄 것을 직접 호소하였다. 미국은 이에 반대하였으나, 소련은 동의하였다. 1962년 쿠바 미사일 사태 이후로 초강대국들이 정면충돌할지도 모르는 또 한 차례

---

55) Ghali, Mona, "United Nations Emergency Force II," in Durch, *The Evolution of UN Peacekeeping*, pp. 130-33.
56) Security Council Resolution 338 (1973), 1973. 10. 22.

의 위기가 닥쳤다.

25일 안보리는 기니, 인도, 인도네시아, 케냐 등 비동맹권 국가들의 제의에 따라 전면적이고 완전한 휴전과 쌍방이 10월 22일 이전 상태로 복귀할 것을 촉구하는 결의안 340을 통과시켰다.[57] 이 결의안에서 안보리는 사무총장에게 유엔군 옵서버의 숫자를 늘리고, UNEF의 선례에 따라 안보리 상임이사국을 제외한 회원국들로 구성된 평화유지군을 창설할 것을 요청하였다. 이에 대해 즉시 사무총장은 UNFICYP에서 활동 중이던 오스트리아, 핀란드 및 스웨덴 파견부대를 즉시 이집트로 전환시키고, UNTSO 참모장(Ensio P. H. Siilasvuo 소장)을 UNEF-II의 군사령관에 임명할 준비를 완료하였다. 사무총장은 안보리 의장에게 익일 안보리에 이 내용이 포함된 보고서를 제출할 것이나, 먼저 안보리가 상기 조치를 수용할 수 있는지 여부를 긴급히 통보해 주도록 요구하였다. 안보리 의장은 이사국들과 비공식 접촉 후, 그날 저녁 사무총장에게 안보리가 동의하였음을 알려주었다. UNEF-II에서 시작된 이러한 주요구가들 간 비공식적인 의견조율 관행은 오늘날까지 지속적으로 유지되고 있다.

안보리의 승인의사를 확인한 발트하임(Kurt Waldheim) 사무총장은 보고서를 통해 1956년의 UNEF를 모체로 다음과 같은 수정조치를 취하였다.[58] (1) 사무총장이 군사령관을 임명하되, 먼저 안보리의 승인을 받을 것. (2) 사무총장은 병력공여국 선정시 안보리와 협의할 것. (3) 평화유지군의 원활한 활동에 영향을 주는 모든 사안에 대해서는 안보리에 보고하여 결정토록 할 것. (4) 자위 목적 이외 무력 사용 금지의 원칙을 준수하되, 자위의 정의를 확대하여 평화유지군의 임무수행에 대한 저항에도 적용시킬 것. 이러한 조치들은 사무총장의 고유권한을 자발적으로 안보리에 양보한 것이었지만, 본

---

57) Security Council Resolution 340 (1973), 1973. 10. 25.
58) S/11052/Rev.1, 1973. 10. 27.

유엔 텐트에서 병력분리(disengagement) 방안을 논의하고 있는 이스라엘군과 이집트군 대표(1974)

래 의도는 안보리 상임이사국인 소련의 반대 가능성을 사전에 예방하기 위한 것이었다. 이 보고서는 병력규모를 7천 명으로 하고, 최초 주둔기간을 6개월로 하되 그 이후에는 안보리가 연장여부를 결정토록 하였다. 10월 17일 안보리는 이러한 사무총장 보고서를 승인하였다.[59]

26일 오전, 실라스부노(Siilasvuo) 소장과 UNTSO 소속 군 옵서버들이 카이로의 UNTSO 연락사무실에 임시 사령부를 설치하는 동안, 그날 오후부터 사이프러스로부터 오스트리아, 핀란드 및 스웨덴 군대가 도착하기 시작하였다. UNEF-II의 부대구성은 처음부터 난관에 봉착하였다. 사무총장은 캐나다에게 군수지원을 전담하도록 요청할 예정이었으나, 소련 측의 강력한 요구에 밀려 동구권에 속한 폴란드도 군수업무를 분담토록 하였다. 2주에 걸친 장기간의 협상 끝에 8백 명으로 구성된 폴란드군은 정비반을 포함한 수송중대를 파견하고, 1천 명으로 구성된 캐나다군은 보급중대, 정비중대, 이동통제반 등을 제공키로 하였다. 1974년 2월 20일, UNEF-II의 병력규모는 안보리가 승인한 상한선인 7천 명에 육박(실제 병력은 6,973명)하였다.

앞서 언급된 바와 같이, 안보리에 의해 UNEF-II에 부여된 임무는 즉각적

---

59) Security Council Resolution 341 (1973). 1973. 10. 27.

인 휴전 및 분쟁 당사자를 1973년 10월 22일 당시의 위치로 복귀시키는 것이었다. 이를 위해 UNEF-II는 UNTSO 및 국제적십자사(International Committee of the Red Cross : ICRC)와 긴밀히 협조하였다. UNEF-II는 이스라엘과 이집트 군대의 모든 이동을 중단시키는 한편, 수에즈 운하 동안(east bank)에 포위된 이집트 3야전군과 수에즈 주민들에게 비군사적(non-military) 보급품을 수송하였다. 물자수송을 위해 오스트리아, 핀란드, 스웨덴이 1백 명의 운전병을 제공하였다. UNEF-II 예하 파견부대(contingents)들이 도착하는 즉시 이스라엘군과 이집트군의 중간에 포진하여, UNTSO 요원들의 지원을 받아 관측소를 설치하고 순찰활동을 개시하였다.

1974년 1월 초, 미국의 키신저 국무장관은 이스라엘과 이집트의 중재자 역할을 자임하여 소위 "왕복외교(shuttle diplomacy)"를 통해 병력분리에 관한 양국의 합의(1월 18일)를 도출하였다. 이 합의를 기초로 UNEF-II 주도하에 25일부터 병력분리 작전(disengagement operation)이 개시되었다. 병력분리는 먼저 이스라엘 군대가 지정된 지역으로 철수하면 그 지역을 임시 완충지대 역할을 하는 UNEF-II가 인수하고, 몇 시간이 지난 후 다시 이집트 군에게 인계하는 방식으로 질서정연하게 반복적으로 진행되어, 3월 4일 모든 작전이 완료되었다.[60]

1974년 4월 24일 종료 예정이던 UNEF-II의 위임명령(mandate)은 8회에 걸쳐 연장되었다.[61] 이스라엘과 이집트는 UNEF-II의 위임명령 연장을 희망하였으나, 캠프 데이비드 협정(Camp David Accords, 1978년 9월 17일)에서 자신의 역할이 철저히 배제된 것에 불만을 품은 소련의 반대로 인하여 유엔 안보리는 1979년 7월 24일 종료시한을 연장하지 못하고 그대로 넘김에 따

---

60) S/11056/Add.13, 1973. 3. 4.
61) 매 6개월마다 연장된 것이 아니고, 3개월, 9개월, 1년 등 당시 상황에 맞게 신축적으로 연장기간이 조정되었다. UN, *Blue Helmets*, pp. 62-3.

라 자동적으로 UNEF-II의 효력이 중단되었다.

UNEF-II는 그 후 유엔 평화유지활동에 직접적 영향을 미친 몇 가지 특징을 가지고 있다. 첫째, 종전에는 활동기한을 명시하지 않았으나 기한(최초에는 6개월)을 사전에 결정하고 그 이후에는 안보리의 승인을 받아 연장토록 하였다.[62] 둘째, UNEF-I 및 ONUC와 마찬가지로 UNEF-II는 유엔 정규예산 이외의 특별예산으로 지원되었으나, 두 가지 면에서 차이점을 보였다. 먼저, UNEF-II의 분담률 산정시 안보리 상임이사국과 선진국의 부담을 현저하게(significantly) 늘리는 대신 개도국의 부담을 경감시키도록 하였다. 또한, 과거에는 병력공여국이 유엔과 체결한 특별협정에 따라 경비보전율을 적용하였으나, UNEF-II에서는 총회에서 의결된 동일한 비율(a uniform rate)에 따라 모든 병력공여국들에게 일괄적으로 적용토록 하였다.[63] 셋째, 발트하임 사무총장은 안보리의 승인을 받는 즉시 신속하게 UNEF-II를 구성하는 데 성공하였다. 이를 위해 병력공여 희망 국가를 개별적으로 접촉하는 대신에 UNFICYP에 주둔하고 있던 오스트리아, 핀란드, 스웨덴 등의 파견부대의 전환을 추진, 안보리 승인 후 36시간 이내에 배치함으로써 초강대국들의 충돌로 비화될지도 모르는 중동지역에서의 위기상황을 효과적으로 극복하는 데 크게 기여하였다.

VII. 레바논 : UNIFIL[64]

1975년 4월에 발발한 레바논 내전이 이듬해 10월에 신정부 출범으로 공

---

62) 활동기한을 최초로 명시한 사례는 UNFICYP(1964년 3월)이다.
63) Liu, *The Study of United Nations Peacekeeping Operations During the Cold War*, p. 68.
64) UN, *Blue Helmets*, pp. 81-112.

식 종료되었으나, 중앙정부의 권한이 미치지 못하는 이스라엘의 지원을 받
는 기독교 민병대, 팔레스타인 해방기구(PLO), 회교도와 좌파정당의 느슨한
연합체인 레바논 민족운동(Lebanese National Movement) 등의 활동으로 인하
여 여전히 긴장상태가 지속되었다. 1978년 3월 11일 이스라엘의 텔아비브에
서 발생한 테러공격으로 이스라엘인 37명이 사망하고 76명이 부상을 입는
사건이 벌어졌다.65) PLO가 자신의 소행이 아니라고 부인하였음에도 불구하
고, 이스라엘은 레바논을 침공(3월 15일)하여 며칠 만에 거의 전 국토를 장
악하였다.

  3월 15일 레바논 정부는 이스라엘의 침략을 안보리에 강력히 항의하면서,
자신들은 남부 레바논에 있는 PLO에 아무런 책임이 없고 팔레스타인의 활
동과 아무런 관련도 없다고 주장하였다.66) 19일 유엔 안보리는 결의안 425
를 통해, 레바논의 주권과 정치적 독립을 존중하고 이스라엘이 레바논 영토
에서 즉각 철수할 것을 촉구하면서, "이스라엘군의 철수 확인, 세계평화와
안전 회복 및 레바논 정부의 효과적인 권위 확립을 위해 회원국들의 군대로
구성된 남부 레바논 유엔 임시군(UN Interim Force for Southern Lebanon)을
창설하기로 결정"하였다.67)

  그날 오후에 제출한 보고서에서 사무총장은 UNIFIL(UN Interim Force in
Lebanon)의 창설과 관련하여 다음과 같은 몇 가지 사항을 강조하였다.68) 첫
째, 안보리가 부여한 세 가지의 임무 달성을 위해서는 당사자인 이스라엘과
레바논의 적극적인 협조와 군사분계선(Armistice Demarcation Line) 일대에서
활동 중인 UNTSO의 지원이 필요하다. 둘째, 자위를 제외한 무력 사용 금

---

65) S/12598. 1978. 3. 11.
66) S/12600, 1978. 3. 15.
67) Security Council Resolution 425. 1978. 3. 19.
68) S/12611, 1978. 3. 15.

남부 레바논 일대를 순찰 중인
UNIFIL 소속 평화유지군(1991)

지 및 주재국 내정간섭 금지의 원칙을 준수한다. 셋째, 팔레스타인 해방기구
와의 관계와 활동지역(area of operation)을 분명하게 정의한다. 그 밖에 군사
령관 임명과 파견부대 구성은 UNEF-II의 전례에 따라 사무총장이 결정하
되 안보리와 사전에 협의토록 하였다. UNIFIL의 구성 및 예산과 관련해서
는 병력 4천 명, 활동기간 6개월, 소요예산 6천8천만 달러 등으로 판단하였
으며, 특히 소요예산은 UNEF-II의 전례에 따라 총회가 할당한 금액을 회원
국들이 부담하는 방안을 제시하였다.

3월 19일 UNIFIL 군사령관에 임명된 엘스킨(Erskine) 소장은 UNTSO 책
임지역 내 외곽초소(out-post)에 임시 사령부를 정하고 UNTSO 소속 군 옵서
버 45명의 지원을 받아 활동을 개시하였다. 신속한 부대배치를 위해 사무총
장은 해당국 정부의 동의를 받아 중동지역에서 이미 활동 중이던 UNEF와
UNDOF로부터 일부 부대를 전환하였다. UNEF에서는 스웨덴 파견부대와
캐나다 소속 군수 및 통신부대가, UNDOF에서는 이란군 중대가 각각 증원
되었다. 프랑스, 네팔, 노르웨이가 4천 명의 병력공여를 약속하였다. 3월 23
일, 최초로 UNIFIL 소속 프랑스 부대가 남부 레바논에 도착하였다. UNIFIL
병력 수는 5월 1일 이스라엘의 철수 개시와 함께 6천 명으로,[69] 다시 1982
년에는 7천 명[70]으로 각각 증가하였다.

남부 레바논에서 이스라엘군이 철수하면서 예상치 못한 문제가 발생하였다. UNIFIL에 비협조적인 PLO가 이스라엘의 철군으로 발생한 공백을 메우면서, 이스라엘 지역에 대한 무장공격을 위해 지속적으로 UNIFIL 초소의 침투를 기도하였다. 5월 1일에는 프랑스군이 운용하고 있던 초소에 침투하려다 발각되자 사격을 가하여, 프랑스군이 자위를 위해 응사하는 과정에서 2명의 PLO 소속 병사가 사망하였다. 그 후 며칠 동안 UNIFIL과 PLO 사이에 교전이 벌어져 UNIFIL에서 14명의 사상자가 발생하였다.

마침내 6월 13일 이스라엘 군대의 철수가 완료되었다.[71] 그러나 이로 인하여 또 하나의 중대한 문제가 벌어졌다. 이스라엘군이 철수하면서 대부분의 진지를 UNIFIL에게 인계하지 않고 이스라엘의 강력한 군사지원을 받는 "레바논 임시군(de facto Lebanese forces)"에게 넘겨버린 것이다. UNIFIL은 PLO와 레바논 임시군의 틈바구니에 끼어 남부 레바논 전역에 걸쳐 활동범위를 확대하기 위한 힘겨운 싸움을 벌이지 않으면 안 되었다. 그 결과 UNIFIL은 '불완전한 완충지대(imperfect buffer zone)'로서의 역할밖에 수행할 수 없었다. UNIFIL의 배치지역은 동서로 분리되어 그 사이에 리타니(Ritani)강을 중심으로 약 15킬로미터의 간격(gap)이 발생하였다. 강 북쪽에 구축된 PLO의 포병진지로부터 발사된 포탄은 손쉽게 이스라엘 국경 북단의 여러 마을과 도시들을 공격할 수 있었다. 1979년 3월부터, PLO와 레바논 임시군은 배치된 UNIFIL군의 간격을 이용하여 빈번하게 교전을 벌였다. 1980년 8월 18일 UNIFIL의 관측보고에 의하면 하룻밤 동안에 레바논 임시군은 2,460발의 포병화기, 박격포 및 탱크포를, PLO는 3백여 발을 각각 발사하였다.[72] 리타니강 북쪽에 구축된 PLO 진지에 대한 이스라엘 항공기의 공습도

---

69) S/12675. 1978. 5. 1
70) Security Council Resolution 501, 1982. 2. 25.
71) S/12620/Add.5, 1978. 6. 13.

강화되었다. 1981년 7월 24일 체결된 휴전협정으로 남부 레바논 지역은 한 동안 평온을 회복하였다.

1982년 4월 초 갑자기 이 지역에서 긴장이 고조되었다. 4월 3일 파리 주재 PLO에 의해 이스라엘 외교관이 암살된 사건이 발생하자 이스라엘은 남부 레바논에 대한 PLO 목표물에 대한 보복공격을 가하였다. 6월 3일 런던 주재 이스라엘 대사가 테러공격으로 중상을 입었다. PLO는 자신들의 소행이 아니라고 주장하였지만 이스라엘은 이를 믿지 않았다. 6월 6일 10시 30분, UNIFIL 사령관(Callaghan 소장)은 이스라엘군으로부터 앞으로 30분 이내에 군대가 UNIFIL 진지를 통과할 것이므로 전진하는 부대에 물리적 장애를 조성하지 말라는 통보를 받았다. UNIFIL 사령관은 즉시 전 예하부대에 당사자 가운데 어느 한 편으로부터 공격을 받을 경우에는 안전이 "심각하게 위태롭게 되지(seriously imperilled)" 않는 한 가급적 진지에 머물도록 지시하였다. 11시 정각 항공기와 군함의 지원을 받는 이스라엘의 2개 기갑부대가 국경을 넘어 3개 축선을 형성하면서 UNIFIL 진지를 통과하여 남부 레바논을 공격하였다. UNIFIL 부대들은 각종 장애물을 동원하여 기갑부대의 전진을 막기 위해 필사적으로 노력하였지만, 이스라엘군은 불도저를 이용하여 장애물을 제거하면서 24시간 이내에 UNIFIL 지역을 우회 또는 통과하였다.

이스라엘 군대는 1985년 6월에 일방적으로 철수하였지만, 남부 레바논 내의 "안전지대(security zone)"에는 여전히 일부 병력을 주둔시키고 있다. 그 이후 오늘날까지 UNIFIL 활동지역의 정세는 별로 달라진 것이 없다. 아직도 이스라엘은 70여 개의 진지가 구축되어 있는 안전지대를 장악하고 있으며, 이는 이스라엘 북부에 대한 PLO의 공격을 방지하기 위해 부득이한 조치라고 주장하고 있다. 반면, 레바논은 자국 영토에 대한 이스라엘의 불법

72) S/14295. 1980. 8. 18.

점령이 이 지역에서 발생하는 모든 긴장과 폭력의 근본적 원인이므로 즉각 철수해야 함을 강조하고 있다. 안보리는 결의안 425(1978)에 명시된 이스라엘 군대 철수, 세계평화와 안전 회복, 남부 레바논에서 레바논 정부의 권위 회복이라는 UNIFIL의 임무 달성을 위해, 오늘날까지 6개월마다 위임명령(mandate)을 거의 자동적으로 연장해 주고 있다.

UNIFIL은 냉전시대에 안보리가 창설한 마지막 평화유지활동 미션이다. 그 다음번 미션이 창설되기까지 10년이라는 시간이 흘러야 했다. ONUC에 이어 UNIFIL은 냉전 기간 중 가장 어려운 평화유지활동 지역으로 평가되고 있다. 무엇보다 UNIFIL은 애당초부터 레바논 정부의 권위회복이라는 실천 불가능한(unpractical) 위임명령을 부여받았다. 당사자인 레바논은 내전으로 만신창이가 되어 남부지역에 대한 실질적 통치권을 행사하지 못하고 있었으며, 이스라엘과 PLO는 서로 상대방의 존재 자체를 부인하였다.

더욱이, 이스라엘은 1985년 6월 레바논 점령지역에서 마지못해 철수하였으나 UNIFIL이 주둔하고 있음에도 불구하고, 1982년 6월 재차 침공하여 레바논에 친이스라엘 정권을 수립하였다. 이스라엘의 2차 침공은 유엔의 평화유지활동 역사에 심대한 타격을 주었으며, UNIFIL은 분쟁 당사자 가운데 어느 일방의 군사행동으로 인하여 무력화된 최초의 사례를 기록하였다.

이스라엘은 UNIFIL의 존재에 회의적 시각을 견지하였다. 미국이 국가안보에 대한 자국의 이해관계를 고려하지 않고 무리하게 안보리가 결의안(425)을 통과시키도록 압력을 행사했다고 의심한 이스라엘은 UNIFIL에 협조할 의사가 조금도 없었다. UNIFIL이 PLO에 의한 이스라엘 공격을 방지할 능력을 갖고 있지 못하다고 판단한 이스라엘은 UNIFIL에 협조할 생각이 없었던 것이다. 따라서 분쟁 당사자인 이스라엘의 동의와 협조를 받지 못한 UNIFIL는 처음부터 활동의 실효성에 한계를 갖게 되었다.[73]

또한 UNIFIL은 예산부족으로 인하여 인력을 축소시켜야 했던 흥미로운 전례를 남겼다. 예를 들면 유엔 총회는 UNIFIL 창설(1978)부터 1996년까지 총 25억 4,690만 달러의 예산을 할당하였으나, 그 중 분담금 입금액은 23억 4,130만 달러에 불과하였다. 그로 인하여 UNIFIL은 예산절감을 위해 1990 년에는 사령부, 파견(contingents) 및 지원부대 인력의 10% 감축, 1992년에는 국제적으로 채용한(internationally recruited) 민간요원 17%, 1995년에 사령부 인력 20% 및 병력규모 10%를 감축시키는 일련의 조치를 취하였다. 그 결과 1996년 3월 31일 현재 인력규모가 4,568명으로 줄어들었다.

VIII. 나미비아 : UNTAG

제1차 세계대전이 진행 중이던 1915년 7월 남아공은 1884년부터 서남아프리카를 차지하고 있던 독일을 물리치고 새로운 식민세력으로 등장하였다. 그러나 1920년 국제연맹은 남아공의 권리를 인정하지 않고 서남아프리카를 위임통치령으로 삼았으며, 제2차 세계대전 후에는 유엔이 이를 계승하여 신탁통치이사회의 관할권에 포함시켰다. 그러나 1948년 남아공은 이러한 조치를 인정하지 않고 점령 지역을 다섯 번째 주(province)로 편입하려고 시도하였다. 1966년 무장투쟁을 위한 독립 쟁취를 목표로 한 서남아프리카 인민기구(SWAPO : South West Africa People's Organization)가 조직되었으며, 같은 해에 개최된 유엔 총회는 나미비아 영토에 대한 남아공의 위임통치를 종결시키고 유엔의 직접 관할 하에 두도록 하는 결의안 2145(XXI)을 통과시켰다. 1976년 유엔 총회는 결의안 34/146을 통해 SWAPO를 "나미비아 국민들의 유일한 합법적 대표"로 인정한 데 이어, 1970년 유엔 안보리는 결의안 276을 통해

---

73) Ghali, Mona, "United Nations Interim Force in Lebanon," in Durch, *The Evolution of UN Peacekeeping*, pp. 197-98.

나미비아에 대한 남아공의 지배를 불법행위로 규정하였다. 1971년 국제사법
재판소는 남아공이 나미비아에 대한 불법점령을 중단하고 즉각 철수할 것을
권고함으로써, 유엔 총회와 안보리 결의를 확인시켜 주었다. 1978년 안보리는
결의안 435(9월 29일)에서 "사무총장 특별대표(SRSG)가 유엔의 감독 및 통제
하에 나미비아의 조기 독립을 보장할 수 있도록 지원하기 위한 UNTAG(UN
Transition Assistance Group)을 1년간 설치하기로 결정"하였다.[74]

안보리 결의안 435를 이행하기 위하여 남아공, SWAPO 및 인접국가(앙골
라, 보츠와나, 모잠비크, 탄자니아, 잠비아 등)들로 구성된 "Contact Group(접촉
단)"이 구성되어, 1978년 2월 뉴욕에서 회의를 갖고 나미비아 사태를 평화적
으로 매듭짓기 위한 "Settlement Proposal(해결안)"을 확정하였다. 이 제안은
남아공과 SWAPO 간 휴전을 선언하는 "D-Day"를 시작으로 7개월 이내에
나미비아에서 활동 중이던 남아공 군대(South Africa Defense Force : SADF) 감
축 및 해체, 정치범 석방, 차별적 법률 개정 또는 철폐, 난민들의 안전한 귀
환 및 자유롭고 공정한 선거 실시 등에 대한 대략적인 일정을 담고 있었다.
그러나 휴전선포 일자 및 "해결안" 시행시기를 놓고 이견을 보이던 중, 돌연
1982년 7월 남아공은 앙골라에서 쿠바군대가 철수하지 않는 한 안보리 결의
안 435의 이행은 불가능하다는 "연계전략(linkage)"을 들고 나왔다. 미국과 소
련, 유엔에 의한 끈질긴 중재노력에 힘입어, 1988년 12월 콩고의 브라자빌
(Brazzaville)에서 회동한 앙골라, 쿠바 및 남아공은 1989년 4월 1일부터 안보
리 결의안 435에 대한 이행을 개시하기로 합의함으로써, 남아공은 사실상 나
미비아의 독립을 인정하였다.[75]

1989년 4월 1일부터 결의안 435를 이행하기 위한 시행계획을 보고하라는

74) http://ods-dds-NewYork.un.org/doc/RESOLUTION/GEN/NR0/368/80/IMG/
NR036880.pdf?OpenElement
75) S/20325. 1988. 12. 14.

UNTAG 활동지역으로 이동 중인 유엔 헬기(1989)

안보리 요구76)에 대해, 유엔 사무총장은 다음과 같은 요지의 보고서를 제출하였다.77) ① 동년 11월 7~11일로 예정된 선거에 대비하여 UNTAG은 민간인 2천 명(현지 고용인 및 국제 선거 전문가 1천 명 포함), 민간경찰 1천5백명, 군인 4천5백 명 등 총 8천 명으로 구성한다. ② 민간분야(civilian component)는 SRSG, 독립 배심원(Independent Jurist), UNHCR, 선거반, 행정반 등으로 구성하며, SGSG 예하 정무반과 행정반은 전국을 10개 지구(region)로 구분하여 지방 행정부서와 지역주민들에 대한 제반 업무를 관장한다. ③ 선거반은 전국을 23개 선거지구로 구분하여 27개국에서 지원된 선거 전문가들의 지원을 받아 유권자 등록, 선거 홍보, 투표 및 개표 등에 관련된 모든 업무를 관장토록 한다. ④ 민간경찰은 전국을 7개 경찰구역(police districts)으로 구분하여 치안활동을 담당하였으며, UNTAG 예하 파견부대는 SWATF (South West Africa Territorial Forces, 서남아프리카 국방군), SADF(South African Defense Forces, 남아공 국방군), 인종별 부대(ethnic forces) 및 자경대(citizen forces)의 무장해제 및 해산, SWAPO를 지정된 지역으로 집결 및 감시, 앙골라와의 북부 국경지대의 감시초소 경계 등의 임무를 수행한다.

한편, 사무총장은 방대하고 복잡한 UNTAG 활동의 효과적인 조정 및 통

76) Security Council Resolution 629 (1989). 1989. 1. 16.
77) S/20412. 1989. 1. 23.

제를 위해 유엔 본부에 별도로 비서실장, 특별정무담당 사무차장, 아프리카
담당 사무차장, 군사고문, 대변인 등으로 구성된 고위급 나미비아 TF(a
high-level Namibia Task Force)를 구성하여, 매일 사무총장의 주재로 회의 개
최 및 정책지침을 하달하고 SRSG의 업무를 최대한 지원토록 하였다.

예정대로 동년 4월 1일 SRSG의 나미비아 도착으로 UNTAG은 본격적인
활동을 개시하였다. 규모 미상이던 남아공 부대인 SADF는 6월 12일까지 1
천5백 명으로 축소되어 사전에 지정된 군사기지(Gootfontein, Oshivelo)에 집
결 후, 선거 종료 1주일 후인 11월 21일부로 전원 남아공으로 철수하였다.
D-Day 현재 21,661명에 달하던 SWAFT(대부분 SADF의 보조역할을 담당하였
다)는 6월 1일부로 모든 무기, 탄약 및 장비를 반납하고 동원해제되었다. 일
종의 "부업군인(part-time forces)"이던 인종부대, 자경단 등은 11,578명 규모
였으나, D-Day가 되기 전에 전원 모든 무기를 반납하고 동원해제되었다. 동
원해제된 군인들에 대해서는 순조로운 "민간화(civilization)"가 이루어질 수
있도록 일정기간 동안 봉급을 지불하고 직업훈련을 시키는 등 사후관리에
많은 노력을 기울였다. UNHCR은 WHO, WFP, FAO, UNICEF, UNDP 등
과 협력하여 앙골라, 잠비아 등 46개국에서 복귀한 42,736명의 난민들을 위
한 생활정착 및 선거등록을 지원하였다.

11월 11일, 예정대로 제헌의회 선거가 나미비아 전역에서 순조롭게 진행
되어 72석 가운데 과반수인 41석을 차지한 SWAPO가 승리를 거두었으며,
1990년 2월 9일 헌법이 제정되고, 3월 1일 대선에서 SWAPO의 지도자인
누조마(Sam Nujoma)가 대통령에 당선되었다. 5월 21일 나미비아는 정식으로
독립을 선포하고 유엔 회원국에 가입하였다.

나비비아에서의 유엔 활동은 주권국가의 국민이 자국의 영토에서 자유와
평화와 독립을 누릴 수 있도록 하기 위한 국제연맹과 국제연합으로 이어지
는 무려 70여 년에 걸친 국제사회에 의한 끈질긴 압력의 결실이다. 1990년

선거에 참여하고 있는 나미비아 주민(1989)

3월 21일 서남아프리카 국기가 내려지고 나미비아 국가가 게양되는 가운데 페레즈(Javier Pérez de Cuéllar) 사무총장 앞에서 누조마가 나미비아의 초대 대통령으로서 취임선서를 하는 모습은 국제사회의 단합된 노력이 승리를 거두었음을 보여주는 극적인 장면으로서, 유엔 평화유지활동의 가장 성공적이고 모범적인 사례로 기록되었다.

UNTAG의 성공요소 가운데 첫 번째는 외부적인 요인에서 찾아볼 수 있다. 이념이 최우선이었던 냉전 기간 동안 미국 등 서방세계는 아프리카에서 공산주의 세력의 확장을 억제하기 위해 소련, 쿠바 등 공산진영이 지원하는 SWAPO에 대항하여 남아공을 지원하였다. 그러나 냉전 종식으로 인하여 서방세계는 이념보다는 인종차별(apartheid)을 문제 삼아 오히려 경제제재 등으로 남아공을 압박하였다. 인권문제 등으로 국제사회에서 고립된 남아공은 정당성이 취약한 나미비아 합병 시도가 실현될 수 없다는 점을 인식하였던 것이다. 한편, 도저히 군사적 승리가 불가능하다고 판단한 SWAPO도 때때로 협상과정에 난관을 조성하기도 하였으나, 나미비아 독립과정에서 자신들

에게 적법한 정치적 역할을 부여해 주는 여하한 제의도 수용할 용의를 가지
고 있었다.[78]

두 번째 성공요인으로서, 식민지배의 지속이 사실상 불가능하였다고는 하
지만, 유엔에 협조적인 태도를 보인 남아공 정부의 노력이 과소평가되어서
는 안 될 것이다. '불법적이지만' 사실상 나미비아를 통치하고 있던 남아공
과 '합법적 권위를' 가지고 있으나 한 번도 나비미아에 대한 전면적 행정권
을 행사한 적이 없는 유엔 간의 협조는 나미비아 국민들이 자결권을 행사할
수 있도록 하는 데 결정적인 관건이었다. 세 번째 성공요인은 밀접하고 긴
밀한 민·관(민간경찰 및 행정부서)·군 3대 요소 간의 상호 협조이다.
UNTAG의 활동은 3대 요소가 SRSG의 통제 하에 사전에 합의된 일정에
맞춰 민주적 절차에 따라 나미비아라는 국가를 구조적으로 변화시키는, 본
질적으로 정치적인 성격의 것이었다. 이들은 과거 평화유지활동 미션과 같
이 선거감시, 법과 질서유지, 국경순찰 등의 활동을 병행하였지만, 과거 탈
식민 과정에서 경험해 본 적이 없고 전례를 찾아볼 수도 없는 수많은 새롭
고 독창적인 임무들을 수행하였다. 활동 초기에 여러 가지 난관에 직면하기
도 하였으나, UNTAG은 나미비아 평화과정의 이행과 복잡하고 뿌리 깊은
갈등의 해소에 중요한 역할을 수행하였다. UNTAG는 정전협정 이행상태
감시와 같은 전통적 임무에 추가하여 민주적 선거 및 이와 관련된 정치
적·인도주의적 활동을 동시에 전개함으로써 "제2세대 PKO"라 불리는 다
차원적(multidimensional) 평화유지활동의 모델이 되었다.

---

78) Fortna, Virginia Page, "United Nations Transition Assiatance Group," in Durch, *The Evolution of UN Peacekeeping*, p. 357.

IX. 앙골라 : UNAVEM-I, II, III

포르투갈 식민지로부터 독립을 추구할 무렵, 앙골라는 이미 15년간 독립
을 위한 게릴라전을 진행 중에 있었다. 1975년 1월, 포르투갈 정부는 MPLA
(Movimento Popular de Libertacao, 앙골라해방인민운동), FNLA(Frente Nacional
de Libertacao de Angola, 앙골라민족해방전선), UNITA(Uniao Naciional para a
Independencia Total de Angola, 앙골라전면독립민족운동) 등 앙골라의 3대 정파
와 가진 회담에서 독립을 위한 과도기 계획을 논의하였다. 그러나 회담이
끝나기 무섭게 이들은 각자 쿠바, 남아공 소련, 미국 등 외국의 지원세력을
끌어들이기 시작하였다. 남아공은 MPLA의 반대세력에 군대를 보냈고,
MPLA는 소련과 쿠바의 지원을 받았다. 그 무렵, MPLA가 가장 강력한 분
파로 부상하였고, FNLA는 급격한 내리막길을 걷고 있었으며, UNITA는 여
전히 상당한 세력을 보유하고 있었다. 1976년 MPLA는 단독으로 사회주의
정부를 수립하였다.

남아공은 나미비아 독립을 앙골라 주둔 쿠바 군대의 철수와 연계시켰다.
유엔 총회와 안보리는 이 같은 연계전략을 "결의안 435(1978)과 양립하지
않는 부적절하고 부차적(extraneous)"인 것임을 지적하면서 반대를 표명하였
다. SWAPO의 앙골라 침입과 이에 대한 앙골라의 보복이 격화되자 안보리
(결의안 602, 1987. 1. 25)는 앙골라로부터 쿠바 군대의 무조건적 철수를 촉구
하면서, 사무총장에게 이를 검증토록 하는 임무를 부여하였다. 앙골라와 쿠
바는 1989년 4월 1일부터 약 3년에 걸쳐 5만 명의 쿠바군을 단계적으로 철
수시키기로 합의하였다. 이 합의에 기초하여 양국은 사무총장에게 유엔 감
시단을 파견해 줄 것을 요청하였다. 안보리는 사무총장의 건의에 따라 쿠바
군이 철수를 완료하는 1991년 7월 1일까지 31개월 간 UNAVEM-I을 설치
키로 결의했다(626, 1988. 12. 20).

1989년 1월 3일부터 활동을 시작한 UNAVEM-I은 쿠바군의 출발지로 사용될 주요 항구 및 공항에 소규모 감시단을 파견하는 한편, 유사시에 신속히 대응하기 위해 두 개의 기동감시단을 운용하였다. 효과적인 검증을 위해 쿠바군에게 인원 및 장비의 출발 7일 전 사전통보해 줄 것을 요구하였으며, 병력과 장비가 철수되는 단계마다 기동감시단을 보내 이를 확인하도록 하였다. 냉전 대결이 막바지에 접어들었을 무렵인 1989년 초부터 시작된 UNAVEM-I은 협조적 분위기 속에서 앙골라로부터 쿠바군 철수 감독이라는 비교적 단순한 위임명령(mandate)을 완료하였다.

쿠바군 등 외국군대가 철수한 후 국제사회는 앙골라 정부와 UNITA 사이의 뿌리 깊은 갈등을 종식시킬 수 있는 기회를 맞이하였다. 1991년 5월 초 앙골라 정부와 UNITA는 휴전협정, 평화정착을 위한 기본원칙, 현안문제 해결, 부속 의정서(Protocol of Estoril) 등 네 개 문서로 구성된 비세스 평화조약 (Bicesse Peace Accords, 1차 평화협정)을 체결하였다. 이 조약의 주요내용을 요약하면 다음과 같다. 첫째, 양측은 5월 31일부로 적대행위를 중단하고, 정부군(FAPLA, 115,640명)과 UNITA군(49,800명)을 일정 장소에 집결시켜 무장 및 동원해제 후 방위군(FAA)을 창설키로 하였다. 둘째, '기본원칙'과 관련하여 유엔 감시 하에 자유, 공명선거가 실시되기 전까지 UNITA는 앙골라 정부를 인정하는 데 동의하였다. 셋째, '현안해결'로서 쌍방은 선거기간을 결정하고, 제정파의 견해를 취합하여 신헌법을 제정키로 하였다. 넷째, '의정서'는 1992년 9월 1일~11월 30일에 총선을 실시하고, 대통령은 비밀·직접선거 결과 과반수로 선출하되, 과반수 미달 시에는 2차 결선투표로 결정키로 하였다. 아울러, 의정서에서 양측은 정부군과 UNITA군에서 동수로 구성된 4만 명 (해군 6천 명, 공군 4천 명 포함)의 방위군을 창설하는 데 동의하였다.

1991년 5월 30일, 안보리는 선거감시 및 검증, 군대해산 및 방위군 창설, 경찰력 감독, 인도주의적 구호 등을 위해 350명의 군 옵서버로 구성된

UNAVEM-II를 17개월간 창설키로 결의(696)하였다. UNAVEM-II는 선거 감시 및 검증, 군대 해산 및 통합군(joint armed forces) 창설, 경찰력 감독, 앙 골라 주민들에 대한 인도주의적 구호 등 더욱 복잡한 임무를 부여받은 "2세 대 평화유지활동"이었다. 6월 초부터 배치되기 시작한 옵서버들은 유엔 예 산승인 과정의 지연과 군수지원의 문제로 인하여 예정되었던 46개소의 집 결지(assembly areas, 무장 및 동원해제를 위한 정부군과 UNITA군의 집결지)를 동 시에 점령하지 못하였다. 모든 집결지에 대한 점령은 10월 31일에 가서야 완료되었다. 그러나 심각한 군수지원의 곤란에 기인한 무장 및 동원해제 과 정의 문제점은 유엔에 대한 정부군과 UNITA의 신뢰를 크게 손상시켰다. 1991년 5월 휴전이 전면 선포된 후 15월간 평온한 시기가 지속되었으나, 상 호 적대감과 불신, 식량 부족, 열악한 사회기반시설 및 통신망 등으로 인하 여 정치적 긴장은 여전하였다.

1992년 9월이 되어 예정기간이 1년 이상 지연되었음에도 불구하고, 정부 군과 UNITA군에 대한 해체가 진척되지 못하였다. 집결지에서의 지루한 기 다림, 비참한 생활환경, 식량과 의약품의 부족으로 인하여 탈영자가 속출하 고 폭동이 발생하기도 하였다. 갖가지 묘안을 시도하였으나 조직과 수송수 단, 군수 및 자원의 부족 등으로 인하여 동원해제 작업이 지연되어 9월까지 불과 61,994명만이 완료되었다. 5만 명의 방위군 창설도 지연되기는 마찬가 지였으며, 심지어 병사들을 수용할 천막도 부족하여 심각한 어려움을 겪었 다. 또한 물자 및 기반시설의 미비로 인하여 대도시를 제외하고, 542개의 부락(commune) 가운데 정부의 행정권이 미치는 지역은 54개에 불과하였다.

1992년 3월 24일, 안보리 결의안 747은 UNAVEM-II의 위임명령을 선거 감시로 확대하였다. 선거위원회(National Electoral Council : NEC)는 유권자 등 록, 선거운동, 대통령 및 의회의원 선거, 개표 및 최종결과 선언 등 선거과 정을 단계적으로 추진키로 하였다. 9월 9일, NEC는 총 유권자 530만 명 가

운데 92%에 달하는 486만 명이 등록을 완료하였다고 보고하였다. 9월 29일
부터 30일까지 대통령 및 의회의원 선거가 실시되었다. 대선에서 현직 대통
령인 MPLA의 산토스(dos Santos)가 49.57%, UNITA의 사빔비(Savimbi)가
40.07%, 의원선거에서 MPLA가 53.74%, UNITA가 34.1%를 득표하였다. 대
선에서 모두 과반수 획득에 실패하여 선거법에 따라 결선투표를 치러야 했
다. 10월 17일 SRSG는 양대 선거가 전반적으로 "자유롭고 공정하게(free
and fair)" 실시되었다고 보고하였다. 그러나 UNITA는 "두드러지게 부정하
고 비정상적인(recognizedly fraudulent and irregular)" 선거였다고 주장하면서 선
거결과에 불복, 대통령 결선투표에 참여하지 않을 것임을 선언하였다.

1993년 초 전국 곳곳에서 대규모 전투가 벌어지는 등 사태가 급반전되자,
사무총장은 안보리에 1991년 평화협정이 체결되기 전보다 상황이 더욱 악
화되었다고 보고하였다.[79] UNAVEM-II에도 여파가 미쳐 67개 활동지역 가
운데 45개 지역에서 임무를 포기하고 철수하였다. 부여받은 위임명령은 더
이상 실천이 불가능하였다. 사무총장이 선택할 수 있는 대안은 현상유지, 활
동지역을 6개소로 축소, 활동범위를 수도(Luanda)와 여타의 1~2개 지역으로
축소하되 필요시 추가로 전개할 수 있는 능력보유 등 세 가지였다. 안보리
는 사무총장이 건의한 세 번째 방안을 승인하였다.[80] 9월 15일 안보리는 비
타협적 태도를 지속하는 UNITA에 대해 무기 및 석유금수라는 제재조치를
가하였다.[81] 아울러 사무총장은 UNAVEM-II의 군 및 경찰 옵서버 숫자를
증가시킬 것을 요구하였다.

1994년 11월 20일 마침내 평화회담이 결실을 맺어 앙골라 정부와
UNITA는 2차 평화협정인 루사카 의정서(Lusaka Protocol)에 서명하였다. 10

79) S/25140, 1993. 1. 25
80) Security Council Resolution 804, 1993. 1. 29.
81) S/RES/864, 1993. 9. 15.

개 부록으로 구성된 이 의정서는 중요한 법적, 군사적 및 정치적 현안들에
대한 해법을 다음과 같이 제시하였다. 군사문제는 휴전협정 재발효, 모든
UNITA군의 철수, 해체 및 방위군으로 흡수 등을 포괄하였다. 주요 정치현
안으로서 경찰의 중립과 UNITA 출신자 흡수, 유엔 위임명령 및 평화조약
감시단의 역할, 선거과정 종결, 국민화합 문제 등이 망라되었으며, 특히
UNITA에 부통령 및 네 개 각료 및 일곱 개 차관직 배분과 대통령 재선거
등이 포함되었다. 12월 8일 안보리는 평화협정에 따른 휴전협정의 준수여부
를 감독하고 유엔 요원들의 신변안전을 위해 UNAVEM-II의 병력을 종전
수준으로 증가시키도록 승인하였다.[82]

1995년 1월 24일, 앙골라 대통령은 유엔 안보리가 루사카 의정서의 실행
을 지원하기 위한 UNAVEM-III의 창설을 승인해 줄 것을 요청하였다. 2월
1일, 사무총장도 동일한 취지로 건의하였다.[83] 앙골라는 34년에 걸친 독립
투쟁과 내전으로 사회기반시설이 거의 와해되었으며, 인도주의적 상황도 매
우 심각하여 3천5백만 명의 인구 가운데 30%가 난민, 국내 실향민 또는 시
급한 구호를 필요로 하는 계층이었다. 사무총장은 이러한 현실을 종합적으
로 감안, 다음과 같은 취지의 위임명령을 제의하였다. ① 정치 : 주선(good
offices), 중재 및 기타 수단을 동원하여 평화과정을 촉진. ② 군사 : 병력분
리와 휴전 감시, 통제 및 검증, 정부군 및 UNITA군의 철수, 수용 및 무장
해제를 확인 및 감독. ③ 경찰 : 경찰의 중립성을 감독 및 검증. ④ 인도주
의 지원 : 평화과정에 직결되는 인도주의 활동을 조정, 장려 및 지원. ⑤ 선
거 : 대통령 결선투표 준비를 위해 모든 선거절차 및 과정을 지원, 감시 및
검증. 아울러 사무총장은 통상적인 자위 목적에 추가하여, 위임명령의 수행
을 방해하는 기도를 저지하기 위한 목적으로 무력을 사용할 수 있음을 교전

---

82) RES/966, 1994. 12. 8.
83) S/1995/97, 1995. 2. 1

지뢰제거 작업 중인 UNAVEM-III 소속 평화유지군(1995)

규칙에 포함시켜 주도록 건의하였다.

사무총장은 상기 위임명령의 달성을 위해 다음과 같은 작전개념을 수립
하였다. UNAVEM-III의 감시 및 검증활동은 전국의 59개 지역에서 수행하
며, 군 옵서버 외에도 주요부대로서 14개 수용소(quartering areas)와 8개 주요
무기저장소에 배치하기 위한 22~24개 소총중대, 수용소 건축, 지뢰제거, 급
수장 설치, 도로보수 등을 위해 3개 공병중대가 필요할 것으로 판단하였다.
UNAVEM-III는 병력 7천 명, 참모요원 265명, 군 옵서버 350명, 지뢰제거
전문가 56명, 민간경찰 옵서버 260명의 규모로 12개월간 활동할 예정이었
다. 2월 8일 안보리는 사무총장의 건의에 따라 UNAVEM-III을 창설하는
결의안을 통과시켰다.[84]

1995년 중반부터 앙골라 사태가 호전되자 뜻밖에도 예상과는 반대방향의
일들이 벌어졌다. 내륙으로 연결되는 도로 개통과 지뢰제거 작업으로 고립
되었던 굶주리는 주민들에게 구호의 손길이 미치기 시작하여 얼마 후부터
일부 지역에서 지원소요가 감소되자, 구호기관의 식량분배가 중단되고 외부

---

84) S/1995/177, 1995. 2. 8.

로부터의 식량기부가 급격히 감소하였다. 급기야 사무총장은 이런 식으로
외부지원이 줄어들면 7월부터 심각한 공급부족 사태가 빚어질 것이라고 호
소하였다.85) 이 같은 상황은 식량공급이 핵심적 역할을 하는 전투원들의 무
장 및 동원해제 과정에 중대한 차질을 가져왔다. 비식량(non-food) 물자의
경우는 더욱 심각하여, 1995년도 인도주의 지원요청 물량의 불과 3%만 조
달되었다.

　1995년 5월 6일, 산토스 대통령과 반군 지도자 사빔비가 루사카에서 회
동하여, 평화협정의 모든 이슈들을 논의하고 루사카 의정서 이행과 평화정
착을 위해 모든 협조를 다 할 것을 약속하였다. 회담 후, 산토스와 사빔비는
주기적으로 전화통화를 하며 긴밀한 접촉을 유지하면서 루사카 평화협정의
이행을 재확인하였다. 1997년 4월 11일, 20년에 걸친 내전이 종식되고 국민
화합정부(Government of Unity and National Reconciliation)가 수립되었다.
MPLA의 산토스가 대통령으로 취임하고, 반군 지도자인 사빔비는 대통령
특별정치고문에 임명되었다. 반군인사 11명도 신내각에 포함되었다. 1997년
6월 UNAVEM-III은 활동을 종료하고 철수하였다.86)

　UNAVEM-II, III의 실패요인 가운데 가장 먼저 지적될 수 있는 것은 인
적 및 물적자원의 부족이다. 당시 비슷한 시기에 창설되었던 UNTAG(나미
비아)와 비교해 보면 문제점이 잘 드러난다. UNTAG 예산으로 12개월간 3
억 8천3백만 달러가 책정된 반면, UNAVEM-II의 예산은 17개월에 1억 3천
2백억 달러였다. 인구 대비 평화유지요원의 비율은 UNTAG이 1 : 150이었
던 반면, UNAVEM-II의 경우는 1 : 1만 6천이었다.87) UNAVEM-II의 SRSG

85) S/1995/458, 1995. 6. 4.
86) 1997년 7월 UNAVEM-III은 MONUA(UN Mission of Observers in Angola)로 교체되었
　　으며, MONUA는 1999년 2월까지 활동하였다.
87) Saferworld, *Angola: Conflict Resolution and Peace-building*, Report co-ordinated and edited
　　by Simon Higdon, Saferworld's Conflict Management Researcher, 1996.9.

(Margaret Anstee)는 훗날 "근시안적 안목에 사로잡힌 안보리는 수행해야 할 과제의 방대함과 복잡성을 과소평가하고, UNAVEM-II에 우스꽝스러울 정도로 형편없이 부족한 자원만을 제공하였다. …… UNAVEM-II는 반면교사로 삼아야 할 보신주의(minimalism)의 표상이었다"고 혹평하였다.[88]

둘째, UNAVEM-II, III에서 시행되었던 DDR은 수많은 문제점을 노출시켰다. 1991년 비세스 평화조약은 DDR(Disarmament, Demobilization and Reintegration, 무기회수, 동원해제 및 재통합)의 윤곽을 제시하였다. 그러나 신속한 군대의 해체가 요구되기는 하였지만, 방대한 차원의 DDR 계획과 시행에 필요한 시간적 여유를 갖지 못하였다. 숱한 시행착오를 거치면서 1996년 2월부터 DDR이 제대로 추진되기 시작하였으나, UNITA가 이러한 시간적 공백을 이용하여 전투원들을 재규합 및 무장시켜 훗날의 전면전(1988년 발발)에 대비한 후였다. 루사카 협정에 따라 최소한 6만 2천5백 명의 UNITA 병사들이 DDR 대상이었으나, 물자와 인력부족, 준비 및 관리부실 등으로 진행과정이 지지부진하여 기다림에 지친 전투원들이 항의하거나 '탈영'하는 사태가 빈번하였다. 그나마 집결지(Assembly Areas)에 모여든 병사들 가운데 상당수가 미성년자이거나 불구자였다. 1997년 12월 22일 집계에 의하면, UNITA 소속으로 등록된 78,886명 가운데, 8,607명은 미성년자였고, 11,051명이 불구자였다. 반납되는 무기도 97%가 소화기였으며, 그나마 사용이 불가능하거나 상태가 불량한 것이 49%에 달하였다.[89] 1992년 UNITA가 선거에 불복하면서 전투를 재개하였을 때 1백여만 정의 AK-47 소총이 반입되었으나, 회수된 것은 거의 없었다. 루사카 협정에 따라 무기도입이 금지되었지만, 정부군과

---

88) Anstee, M. Joan, *Orphan of the Cold War: The Inside Story of the Collapse of the Angolan Peace Process, 1992-93* (London: Macmillan Press, 1996), p. 13.

89) Darby, John, *Contemporary Peace Making: Conflict, Violence and Peace Processes* (New York: Palgrave, 2003), p. 131.

UNITA는 외부세력으로부터 지원받은 중화기는 물론 탱크와 야포들로 무장
하였다. 풍부한 다이아몬드와 석유는 무기구입을 위한 재원으로 활용되었다.
DDR에 해당되는 병사들에게는 귀향 시에 일정액의 급여와 함께 여행, 생활
정착, 식량구입 등을 위한 몇 가지 혜택이 주어졌는데, 4회에 걸쳐 분할지급
되는 급여 가운데 상당액이 유용 또는 착복되었다. 1988년 말 통계에 의하
면, 귀향병사 중에서 2회차 급여수령자는 60%에 그쳤으며, 4회까지 모두 수
령한 병사는 25%에 불과하였다. 이는 DDR에 관계된 유엔 직원들의 도덕적
해이가 심각한 수준에 이르렀음을 단적으로 보여주는 사례이다.[90]

셋째, 두 차례에 걸친 평화협정에서 소외되었던 유엔은 처음부터 평화유
지활동에 그다지 열의를 보이지 않았다. UNTAG의 경우 사무총장이 유엔본
부에 특별팀을 구성하여 적극 지원하던 모습과는 확연히 대조되었다. 1991년
5월부터 1년 이상 지속된 평온한 기간 동안 평화과정의 획기적인 진전을 위
한 별다른 노력을 기울이지 않고 허송세월하였다. 국제사회의 정치적 및 재
정적 지원과 가용자원의 부족에도 부분적인 원인이 있지만, SRSG는 안보리
가 부여한 위임명령을 실천하려는 확고한 의지와 신념을 보여주지 못하였다.
선거결과에 불복하여 적대행위를 재개하고 DDR 과정에 비협조적 태도를
보였던 반군집단에 대해 우유부단하고 관대한 태도로 일관하였다.

그러나 UNAVEM-II, III이 실패한 가장 근본적 원인은 당사자들이 분쟁을
종식시키려는 정치적 의지가 없었기 때문이었다. 이들은 수십 년간의 내전에
이미 익숙해져 있었으며, 굳이 평화과정에 참여하여 외세의 지원과 막대한
지하자원을 바탕으로 이룩한 기득권을 포기해야 할 이유를 찾지 못하였다.
유엔의 준비와 관리소홀 및 외세의 간섭에도 부분적 책임이 있지만, 앙골라

90) Porto, J Gomes and Imogen Parsons, *Sustaining the Peace in Angola: An Overview of Current Demobilization, Disarmament and Reintegration* (London: Institute for Security Studies, 2003), pp. 19-30.

정부군과 UNITA가 DDR에 적극적 태도를 보이지 않은 것은 상호 신뢰관계가 구축되지 않은 상태에서, 언젠가 자신들의 전투원과 무기를 또다시 필요로 할 시기가 닥칠 것을 잘 알고 있었기 때문이다. 이들은 UNAVEM을 통해 앙골라에 집중된 유엔과 국제사회의 지원과 관심을 국민화합과 국가재건이라는 대의보다는 이를 이용하여 저마다 편협한(parochial) 이득을 극대화하는데 골몰하였다.91) 이런 이유로 UNAVEM-III 후에 창설된 MONUA도 평화정착에 별다른 도움이 되지 못하였다. 요약하면, 앙골라 사태는 내전의 국제화를 통해 자신들의 이익을 추구하려는 분쟁 당사자들의 강력한 동기로 인하여 유엔의 개입이 별다른 실효를 거두지 못하였던 본보기의 사례였다.

X. 엘살바도르 : ONUSAL

스페인은 1525년 페드로 데 알바라도(Pedro de Alvarado)가 엘살바도르에 도착한 것을 계기로 이 지역에 대한 영유권을 주장했다. 1700년대를 통해 목화, 인디고(Indigo) 염료 등 농업이 성행하였으나 토지 대부분은 소위 유럽 혈통의 '14대 가문'에 의해 지배되었고 토착민과 아프리카로부터 수입된 노예를 부려 경작케 하였다. 1821년 엘살바도르는 나폴레옹의 침략으로 스페인이 혼란해진 틈을 이용, 다른 중미국가들과 함께 스페인으로부터 독립을 선포하였다. 이듬해 이들 국가가 멕시코와 합병되자 엘살바도르는 이에 저항하고 단독으로 독립을 유지하였다. 1823년 다섯 개 국가가 중미연방(United Provinces of Central America, 과테말라, 온두라스, 니카라과, 코스타리카, 엘살바도르)을 형성하였다. 이 연방제가 1838년 해체되면서 엘살바도르는 다시 독

---

91) Guimaraes, F. Andresen, *The Origins of the Angolan Civil War: Foreign Intervention and Domestic Political Conflict* (New York: Palgrave Macmillan, 2001), pp. 195-99.

립국이 되었다.92) 19세기 후반 합성연료의 등장으로 인디고 시장이 위협을
받자 커피재배가 경제의 핵심이 되었다. 20세기까지 엘살바도르 수입의
95%를 커피가 차지하였으나 인구 2%의 특권층이 경제적 부를 독점하여 빈
부격차가 극심하였다. 1929년 커피가격의 급락으로 경제위기가 닥치자,
1932년 농민반란이 벌어지기도 했다. 1960년대 들어 경제파탄과 인구문제로
수많은 국민들이 인접 온두라스로 일거리를 찾아 떠났다. 1969년 온두라스
에 거주하던 엘살바도르 이민자들에 대한 차별행위와 때마침 양국 간 월드
컵 축구경기가 열리는 동안 발생한 문제들로 엘살바도르가 온두라스 영토를
침입해 전쟁이 일어나는 사태가 벌어졌다.

1979년 니카라과에서 발생한 좌익혁명에 고무되어 쿠바와 니카라과의 지
원을 받는 반정부 게릴라 단체인 해방전선(FMLN : Frente Marti Liberacion
Nacional)이 등장하였다. 1981년 군부인사를 포함한 강경 보수세력을 중심으
로 민족주의공화연맹(ARENA : Nationalist Republican Alliance Party)이 결성되
어 내전과 권력투쟁이 본격화되었다. 농촌지역을 중심으로 테러와 암살 등
무력을 통해 정권을 전복하려는 FMLN과 공산주의 정권의 등장을 우려한
미국 행정부의 강력한 지원과 묵인 하에93) '암살대'를 조직하여 각종 인권
유린 행위를 일삼으며 납치, 살해 등으로 반정부 세력을 잔혹하게 탄압하
는94) ARENA 사이에 12년간 벌어진 내전에서 1992년까지 525만 명의 인
구 가운데 10만여 명이 사망하고 100만 명 이상의 난민이 발생하였다.95)

92) www.state.gov/r/pa/ei/bgn/2033.htm
93) 레이건 행정부는 엘살바도르 내전이 '제2의 베트남'이 될지도 모른다는 의회와 여론
의 반대를 무릅쓰고 군사고문단 파견 등 군사적 개입을 강행하였다. 보다 상세한 사
항은 다음 자료를 참조할 것. www.smallwars.quantico.usmc.mil/search/Papers/marti-
nez.pdf
94) www.usip.org/library/tc/doc/reports/el_salvador/tc_es_03151993_chron1.html 참조.
95) www.kida.re.kr/woww/ 미주-엘살바도르 내전 참조.

1980년대 말이 되자, 레이건 행정부의 엘살바도르 군사개입에 대해 미국 의회는 인권유린을 일삼는 극우정권의 지원을 더 이상 용납하지 않았다. 베를린 장벽의 붕괴로 냉전질서가 해체되어 감에 따라 정부군과 FMLN의 어느 편도 혁명이나 독재를 통한 완전한 승리를 달성할 수 없는 교착상태에 빠졌다. 오랜 내전으로 경제는 파산지경에 이르렀다. 1989년 1인당 국민소득은 1975년 수준으로 후퇴하고, 실질임금은 1980년의 30%수준이 되었다. 83%의 엘살바도르 국민들은 전쟁을 중단하고 협상을 통한 해결을 지지했다. 쌍방은 더 이상 무력을 통한 승리의 쟁취가 불가능하다는 사실을 인식하게 되었다.96)

이런 배경에서, 1989년부터 유엔 사무총장의 주선으로 FMLN과 엘살바도르 정부 간 정치적 수단을 통한 내전종식, 민주화 촉진, 인권존중 등을 목표로 한 평화교섭이 시작되었다. 1990년 7월 26일 양측은 국제기준의 인권법 준수를 약속하는 인권협정(Agreement on Human Rights)에 조인했다. 이 협정은 인권유린 사례 접수, 조사를 위한 인터뷰, 현장 방문 등에 관해 유엔이 지원해 줄 것을 요청하였다. 이듬해 4월 군대, 사법제도, 인권, 선거제도 등에 관한 헌법 개정을 위한 합의가 이루어졌다. 아울러, 진상위원회를 구성하여 1980년 이후 발생한 인권위반 사례를 조사키로 하였다.97) 1991년 5월 20일, 안보리는 ONUSAL(UN Observer Mission in El Salvador) 창설을 승인하고 엘살바도르에서의 인권상황 감독, 특정 인권위반 사례 조사, 인권 증진 등의 임무를 부여했다.98) ONUSAL은 7월 26일부터 임무를 개시하였다.

1991년 9월 25일, 양측은 뉴욕회담에서 ① 모든 정치적 합의 이행의 감

96) www.usc.edu/dept/LAS/ir/cis/cews/database/ElSalvador/elsalvador.doc. Karl, Terry, "Alams and Responses: A Comparative Study of Contemporary International Efforts to Anticipate and Prevent Violent Conflicts: The Case of El Salvador."
97) UN, *Blue Helmets*, pp. 425-26.
98) Security Council Resolution 693, 1991. 5. 20.

축구전쟁(1969년 7월 13일)

축구전쟁 당시의 온두라스군

1970년 멕시코 월드컵 본선진출을 위한 월드컵 예선전에서 중앙아메리카 1차 예선을 통과한 엘살바도르와 온두라스가 최종예선 진출을 위한 승자를 가리기 위해 3차전 경기를 갖게 되었다. 양국 간 뿌리 깊은 국경분쟁과 30여만 명의 엘살바도르인들이 온두라스의 경제권을 장악하고 있는 데 대한 온두라스 국민들의 불만으로 감정이 고조되어 있었다.

온두라스에서 열린 1차전에서는 1 : 0으로 온두라스가, 엘살바도르에서 개최된 2차전에서는 3 : 0으로 엘살바도르가 이겼다. 2차전 경기가 끝나자 양국 응원단 간 난투극이 벌어져 온두라스인들이 피투성이가 된 채 트럭에 실려 추방당했다. 온두라스의 국민들은 이에 대한 보복으로 자국에 거주하고 있던 엘살바도르 교민들에게 살인, 약탈, 방화행위를 저질렀다. 30만 명에 이르는 엘살바도르 교민들 대부분은 국경을 넘어 피신했으나, 미처 피하지 못한 수십 명이 피살되었다. 1969년 6월 23일 양국 간 국교가 단절되었다.

제3국인 멕시코시티에서 벌어진 3차전에서 엘살바도르가 연장전에서 3 : 2로 극적인 승리를 거두었다. 7월 13일, 엘살바도르의 선전포고로 전쟁이 시작되었다. 16일 오전, 아폴로 우주선 11호의 역사적인 달착륙 장면을 보기 위해 잠시 휴전을 했다가 다시 싸움을 시작하였다. 5일간 더 계속된 전쟁에서 국토면적이 여덟 배나 더 큰 온두라스가 패했다. 8월 5일 전쟁이 끝날 때까지 양국에서 3천 명의 사망자가 발생했다.

대부분은 사람들은 축구로 인해 전쟁이 벌어졌다고 해서 '축구전쟁(Soccer War, The 100 Hour War라고도 함)'이라고 하나, 사실은 양국 사이의 해묵은 경쟁의식과 적대감이 축구경기라는 계기를 통해서 폭발한 것이므로, '축구전쟁'은 정확한 표현이 아니라고 보아야 한다. 그 후에도 양국은 1976년 국경지대에서 충

> 돌하는 등 감정의 앙금을 여전히 씻지 못하고 있다. 어쨌거나, 축구를 계기로 전
> 쟁을 벌인 것은 이들 두 나라뿐이 아니라는 것은 매우 흥미로운 일이다.

독을 위한 기구(National Commission for the Consolidation of Peace : COPAZ)
창설, ② 군대 '정화(purify)' 및 규모 축소, ③ 군대의 임무 재정의(redefine),
④ 새로운 경찰(National Civil Police : PNC) 창설 등과 같은 광범위한 현안문
제에 합의하였다.[99] 유엔 사무총장은 이 합의를 지원하기 위해 군대 분리,
휴전 감시, 과도기 동안 공공질서 유지 등 추가적인 임무를 수행할 수 있도
록 ONUSAL의 병력규모를 증가시켜 줄 것을 요청했다.[100]

ONUSAL은 다음과 같은 세 분야로 구분하여 확대된 임무를 수행하였다.
첫째, 인권분야에서 30명의 인권 감독관 및 법률 자문가가 편성되어 엘살바
도르 인권상황에 대해 주기적으로 사무총장과 안보리에 보고하였다. 둘째,
군사분야에서는 380명의 군 옵서버들이 적대행위 중단, 엘살바도르 군대의
재배치, FMLN 군대를 지정된 장소로 집결 등을 담당하였다. 셋째, 6백여
명의 민간경찰이 파견되어 엘살바도르 경찰(PNC) 훈련 및 창설을 지원했
다.[101]

1992년 12월 23일, 엘살바도르 정부와 FMLN 간 모든 무력행위의 중단이
공식적으로 시작(12월 15일)된 데 이어, FMLN을 합법적인 정치정당(political
party)으로 인정하는 기념행사가 거행되었다. 이 자리에 참석한 유엔 사무총
장은 "오랜 세월 동안 고통을 받아 온 엘살바도르 국민들이 이제부터는 전
쟁이 아닌 민주주의 절차를 통해 모든 갈등을 해결할 수 있게 된 역사적 순
간"이라고 치하하였다.[102] 이듬 해 1월, 안보리는 ONUSAL이 1994년 3월

---

99) A/46/502-S/23082, annex, 1991. 10. 7.
100) S/23402, annex, 1992. 1. 13.
101) UN, *Blue Helmets*, p. 429.

실시 예정인 선거(대통령, 국회, 시장, 지방단체장)에 대한 감독임무를 병행할
수 있도록 위임명령을 재차 확대했다.[103]

 1993년 11월 말부터 선거운동이 본격화되었고, 이듬해 3월 10일 대통령 선
거 후보자들이 모두 ONUSAL 본부에 집결하여 평화조약을 준수하고 여하한
선거결과에도 승복할 것임을 서약하였다. 20일 실시된 선거에서 ARENA의
대통령 후보가 49.03%, FMLN 후보가 24.9%를 득표하고, 의원선거에서 84석
가운데 ARENA가 39석, FMLN이 16석을 각각 차지하였다. 대통령 선거에서
과반수 득표자가 없어 4월 24일 결선투표를 실시하였다. 이 선거에서 야당
연합후보를 누르고 유효투표의 68.35%(818,264표)를 획득한 ARENA 후보
(Calderón Sol)가 대통령에 당선되었다. ONUSAL은 1995년 4월 30일 임무를
마치고 활동을 종료하였다.[104]

 ONUSAL의 주도하에 정부군과 FMLN군을 대상으로 한 DDR은 매우 성
공적으로 진행되었다. 정부군(3만 1천 명)은 1992년 12월~1993년 2월, FMLN
(4만 4천 명)은 1992.6~12월간 동원해제를 완료하였다. 이 시한은 애초에 합
의된 일정보다 2개월가량 지연된 것이었지만, ONUSAL은 고정된 날짜에 구
애받지 않고 융통성 있게 평화정착 과정에 맞춰 DDR 분야에 나타나는 문
제점들을 창의적으로 해결해 나갔다.[105]

102) S/25006, 1992. 12. 13.
103) Security Council Resolution 832, 1993. 5. 27
104) UN, *Blue Helmets*, pp. 435-440.
105) Clark, M. Kimberly, *Fostering a Farewell to Arms: Preliminary Lessons Learned in the Demobilization and Reintegration of Combatants*, Doc ID: PN-ABY-027 (WashingtonD.C.: USAID, 1996), pp. 9-10

XI. 모잠비크 : ONUMOZ

모잠비크는 1498년 포르투갈의 모험가 바스코 다가마(Vasco da Gama)가 남아공의 희망봉을 돌아 인도로 향하던 도중 해안에 도착한 이래 포르투갈의 식민지가 되었다. 1500년경부터 모잠비크는 포르투갈의 무역기지이자 동방으로 항해하는 선박들의 정기적 기항지가 되었다. 당시 포르투갈은 인도, 극동, 브라질 등 광대한 식민지 경영에 여념이 없어, 주로 광범위한 재량권을 부여받은 개별적 정착자(individual settlers)들 중심의 식민지배로 국한되었다. 20세기 초부터는 영국의 재정지원을 받는 대규모 민간회사들이 철도를 부설, 아프리카 내륙의 영국 식민지나 남아공으로 값싼 노동력을 광산과 농장 등에 송출하였다. 포르투갈은 철저한 백인우대 정책을 추진하여 국민통합, 경제기반 건설, 주민들의 기술개발 등에는 관심이 없었다. 제2차 세계대전 후 탈식민 현상이 급격히 진행되었으나, 포르투갈은 모잠비크에 대한 식민지배를 지속하기 위해 25만여 명의 포르투갈 국민들을 이주시켰다.106)

1962년 공산주의 노선의 모잠비크해방전선(Frente de Libertacao de Mozambique : FRELIMO)이 결성되어 포르투갈의 식민지배에 무장투쟁을 개시했다. 1974년 포르투갈에서 발생한 쿠데타로 정권이 전복된 것을 계기로 1975년 6월 25일 모잠비크의 독립이 선포되었다. 독립과 동시에 공산정권이 등장하여 다당제를 폐지하고 일당독재를 구축하자, 인접 남부 로디지아(Rodhesia, 지금의 잠바브웨)에서 모잠비크민족저항운동(Resistencia National Mocambicana : RENAMO)이 결성되어 FRELIMO와 내전이 시작되었다. 내전은 초강대국과 인접 국가들이 개입된 복잡한 양상으로 전개되었다. 미국이 후원하는 남아공과 잠바브웨는 RENAMO를 지원하고, 소련의 원조를 받는 모잠비크 신

---

106) Background Note: Mozambique, US Department of State, www.state.gov/r/pa/ei/ bgn/7035.htm

정부는 남아공과 짐바브웨의 독립운동 세력을 지원하였다.[107] 독립 직후부터 1990년대 초반까지 지속된 내전으로 인하여, 1천5백만 명의 인구 가운데 1백만 명이 사망하고, 150만 명이 인접국가로 탈출하여 난민이 되고, 320만 명의 국내 실향민이 발생하였으며, 460만 명이 기아선상에 허덕였다.[108]

1983년 마첼(Samora Machel) 대통령이 사회주의의 과오를 인정하고 정치 및 경제개혁을 선언하였으나, 얼마 후 의문의 비행기 추락사고로 사망하였다. 1985년 집권한 시사노(Joaquim Chissano) 대통령은 다당제 도입 등 일련의 개혁조치를 취하는 한편, 동서냉전의 완화추세로 소련의 지원이 중단되어 기아가 악화되는 사태가 발생하자 반군에 휴전과 대화를 제의하였다. 1990년부터 이탈리아 중재로 시작된 협상으로 1992년 10월 로마에서 평화협정(General Peace Agreement)[109]이 체결되어, 1993년 10월 자유 총선거를 통한 신정부 구성에 합의하였다. 평화협정이 체결되자 FRELIMO와 RENAMO 양측 군대의 분리, 사전에 지정된 집결지로 이동, 양측에서 동일한 병력수로 3만 명 규모의 새로운 국방군(Mozambican Defence Force : MDF) 창설, 잔여 병력 무장해제(demobilization, 약 10만 명 중 7만여 명) 등의 후속조치가 신속히 진행되었다. 양측은 유엔이 평화협정 이행, 휴전감시, 무장해제, 선거 및 인도주의적 지원 등에 중요한 역할을 수행해 줄 것을 요청하였다.

1992년 12월 3일, 사무총장은 ONUMOZ(UN Operation in Mozambique)의 상세한 활동계획 보고에서, 방대한 국토규모,[110] 황폐화된 국가기반시설, 경제의 붕괴, 가뭄과 기근, 미약한 정부기능 등의 어려움을 지적하면서, 선거 실시 이전에 모든 군사적 상황이 안정되어야 하며, 분쟁 당사자들의 평화협

---

107) *Ibid.*
108) UN, *Blue Helmets*, p. 321.
109) 협정의 전체 내용은 다음을 참조. www.c-r.org/accord/moz/accord3/rome1.shtml.
110) 80만 평방킬로미터로서 캘리포니아의 약 2배, 한반도의 약 4배.

검문소를 운용 중인 ONUMOZ 소속 평화
유지군(1992)

정 이행 의지가 ONUMOZ 성공의 관건이라는 점을 강조하였다.[111] 안보리
는 결의안 797을 채택, ONUMOZ를 창설하고 정전협정 준수, 군대 분리
및 집결, 무기 회수, 저장 및 폐기, 외국군 철수, 비공식 군사집단 해체에 대
한 감시 및 검증 등의 임무를 부여하였다.[112] ONUMOZ는 병력 6,625명,
군 옵서버 353명, 국제요원(international staff) 355명, 현지요원 506명 등 총
7,839명으로 구성되었다.[113]

　ONUMOZ 활동 초기부터 많은 문제점들이 발생하여, 비록 휴전이 대부
분 준수되고 있었음에도 불구하고 1993년 10월 선거 등 평화협정에서 합의
된 일정이 비현실적이라는 점이 명백해졌다.[114] 뿌리 깊은 상호불신으로 인
하여 보유병력의 무기회수와 동원해제를 주저하였다. RENAMO는 병력들을
집결지에 보내기 전에 ONUMOZ 부대의 65%가 배치되어야 한다는 전제조
건을 요구하였다. 그러나 ONUMOZ는 자체 운용장비 및 군수지원의 미비

111) S/24892, 1992. 12. 3
112) Security Council Resolution 797, 1992. 12. 16.
113) 1994. 2. 23 안보리 결의 898에 의해 1,144명의 민간경찰이 추가, 총인원은 8,983명이
　　되었다. 이 인원은 실제 배치된 인원이 아니라, 안보리가 인정한 상한선(authorized
　　strengths)을 말한다. 파견부대는 5개 보병대대, 1개 공병대대, 3개 군수중대와 기타 항
　　공, 통신, 의무, 이동통제반 등으로 편성되었다.
114) S/25518, 1993. 4. 2.

등으로 인하여 배치가 지연되고 있었다. 예정대로 1993년 10월에 선거를 치를 수 없다고 판단한 사무총장의 중재로 양측 간에 지속적인 교섭과 대화가 진행되었다. 양측 간 합의에 따라, 1994년 4월 11일 모잠비크 대통령은 10월 27~28일에 선거를 실시할 것이라고 발표하였다.115) 10월 21일, 사무총장은 모잠비크에서 자유롭고 공정한 선거가 실시될 준비가 되어 있다고 보고하였다.116) 수개월 간 중대한 정전협정 위반사례가 발생하지 않았으며, 선거인 등록과 선거운동이 순조롭게 진행되었다. 7만 5천 명의 전투원들이 해체되고, 1만 명이 MDF에 편입되었으며, 155,030정의 각종 무기들이 회수되었다.117) 그러나 선거직전 갑자기 돌발사태가 벌어졌다. 10월 26일 RENAMO 측 대통령 후보인 들라카마(Dhlakama)가 선거준비 과정의 부정행위를 이유로 후보사퇴를 선언하였다. 사무총장 특별대표, 남아공과 짐바브웨 등 인접 아프리카 국가들의 설득으로 28일 RENAMO는 입장을 바꿔 선거 참여를 약속하였다. 10월 28~29일 사이에 등록 유권자의 87.9%에 달하는 2,633,740명이 투표를 하였다. 53.3%의 지지를 받은 현직 대통령 시사노가 재선되었다. 국회의원 선거에서는 FRELIMO가 44.3%, RENAMO가 37.8%의 지지로 250석 가운데 각각 129석과 109석을 차지하였다. 신임 시사노 대통령의 취임선서가 실시된 다음날인 1994년 12월 9일 ONUMOZ는 모든 임무를 완료하였다.118)

ONUMOZ는 역사상 성공적인 다차원적 평화유지활동의 대표적인 사례로 평가되고 있다. 오랜 독립투쟁과 내전으로 인하여 인구의 절반 이상이 죽거나, 난민이 되거나, 병들거나 굶주리는가 하면, 경제는 파탄지경에 이르

115) UN, *Blue Helmets*, p. 330.
116) S/1994/1196, 1994.10.21.
117) UN. *Blue Helmets*, p. 333.
118) UN, *Blue Helmets*, pp. 332-34.

고, 사회기반시설이 철저히 붕괴된 무질서와 혼돈을 극복하고 오늘에 이른
것은 유엔과 국제사회, 그리고 모잠비크 지도자와 국민이 혼연일체가 되어
일구어 낸 값진 승리이다. ONUMOZ의 사례를 상황과 여건이 상이한 다른
평화유지활동 지역에 적용 또는 비교하기 어려울 수도 있으나,[119] 그럼에도
불구하고 성공요인과 실패로 이끌 수도 있었을 제반 요인들을 심층적으로
검토해 보는 것은 매우 귀중한 교훈을 가져다 줄 것이다.

　어떤 종류의 평화가 어떻게 달성되었는지의 여부는 평화유지활동의 성공
가능성에 심대한 영향을 미친다. 국가 간 전쟁이나 내전을 겪은 지역에 평
화가 도래할 때는 다음과 같은 네 가지 형태로 나타난다. ① 분쟁 당사자
가운데 어느 일방이 군사적 승리를 거두었을 때, ② 평화조약이 체결되었으
나, 당사자의 일방 또는 쌍방이 여전히 다른 수단에 의한 승리를 모색할 때,
③ 평화가 제3자에 의해 의해서 강제(imposed)될 때, ④ 분쟁 당사자 간 평
화협정에 합의하고, 분쟁을 조장 또는 지원하였던 외부 행위자(external ac-
tors)들이 보증(endorse)할 때 등이다. 형태 ④에서 탈냉전 시대에 접어들어
'보증'은 '제3자 개입 또는 중재'로 대체되었다.[120] 리크리더(Licklider)가 연구
한 57개의 내전사례에서 대부분은 군사적 승리로 종결되었고, 형태 ④는 불
과 25%였던 것으로 나타났다.[121] 모잠비크의 경우에는 1989년 말 평화조약

---

119) 예를 들면 1992년 로마 평화협정에 서명하면서도 당사자들은 그것이 갖는 함의
　　(implications)를 전혀 깨닫지 못하였다. 평화협정 이행을 지원해 주도록 유엔에 요청
　　하였지만, 사무총장이 7천3백 명의 평화유지군을 파견할 계획이라는 것을 알고 '충
　　격(shocked)'을 받았다. 이들은 고작해야 100~300명 정도의 비무장 군 옵서버들을
　　예상하고 있었기 때문이다. 당시 안보리는 앙골라(UNAVEM-II)에서의 실패사례를
　　되풀이하지 않기로 작심을 하고 있었다. 이와 관련된 보다 상세한 사항은 다음을
　　참조할 것. Berman, E., *Managing Arms in Peace Process: Mozambique*, UNIDIR/96/22
　　(New York: United Nations Institute for Disarmament Research, 1996), p. 39.
120) Jett, *Why Peacekeeping Fails*, p. 51. 제트(Jett)는 4가지 중 형태 ④에서 평화유지활동
　　이 성공할 확률이 가장 높다고 말했다.
121) Licklider, R., "The Consequences of Negotiated Settlements in Civil Wars,

의 협상이 시작될 때부터, 유엔은 물론 로마 가톨릭 교단, 인접 아프리카 국
가들(케냐, 짐바브웨, 보츠와나, 말라위, 남아공 등), 이탈리아, 포르투갈, 영국,
미국 등이 적극적인 중재 역할을 담당함으로써,122) 처음부터 ONUMOZ가
성공할 수 있는 여건이 조성되었다.

ONUMOZ의 성공은 때때로 공격적(aggressive)일 정도로 적극적인 SRSG
아젤로(Aldo Ajello, 1992. 10. 13 임명, 이탈리아)의 외교술에 힘입은 바 크다.
그는 ONUMOZ뿐 아니라 유엔 산하기관과 유엔체제에 속하지 않는 기부
단체, NGO 등 모든 행위자를 확고하게 장악, 매일같이 회의를 개최하여
모잠비크 평화과정에 영향을 미치는 거의 모든 사안들에 대한 의사결정에
참여하고 중대한 고비가 생길 때마다 창의적 방법으로 문제를 풀어 나갔다.

부차적이기는 하지만 다음과 같은 요인도 ONUMOZ의 성공에 간접적으
로 기여하였다. 앙골라의 경우 식민저항 세력이 사분오열되었던 것과는 대
조적으로 모잠비크에서는 1975년 독립 전까지 FRELIMO를 중심으로 굳게
뭉쳤다. 1974년 4월에 발생한 쿠데타의 격랑에 휩쓸린 포르투갈은 선거나
국민투표와 같은 절차를 생략한 채 FRELIMO에게 국가경영에 관한 전권을
넘겨주었고, FRELIMO는 이를 호기로 삼아 정권 초기부터 반대파들을 효
과적으로 제거하여 일당독재의 기틀을 마련할 수 있었다.123) FRELIMO와
RENAMO 간 대결구도의 단순화로 대화상대가 압축되고 협상을 통한 타
결이 상대적으로 용이해졌던 것 외에, 소말리아의 부족들이 무정부 상태를
이용하여 기득권 유지를 꾀하거나 앙골라 군벌들이 내전의 국제화를 통해
편협한 이익을 추구하였던 것과는 대조적으로, 모잠비크 세력의 지도자들은
분쟁 종식과 평화정착에 일관적인 태도를 견지했다. FRELIMO의 시사노

1945-1993," *American Political Science Review*, September 1995, p. 684.
122) UN, *Blue Helmets*, p. 321.
123) Jett, *Why Peacekeeping Fails*, p. 63.

유엔 총회에서 연설하고 있는 시사노
(Joaquim Chissano) 모잠비크 대통령(1995)

대통령은 남아공의 넬슨 만델라처럼 열광적으로 국민화합을 주창하지는 않
았으나 평화과정에 적극 동참하였으며, RENAMO의 지도자 들라카마는 여
하한 선거결과에도 승복할 것임을 미리부터 공언하여 자신이 앙골라의 사빔
비(Savimbi)와 같은 인물이 아니라는 것을 보여주었다.124)

안보리가 ONUMOZ 창설을 결의한 후 6개월이 지나서야 부대가 도착하
기 시작하였다. 이 기간 동안 휴전이 깨지지 않은 것은 오로지 분쟁 당사자
들이 자제력을 발휘하고 평화에 대한 의지를 고수했기 때문이다. RENAMO
와 FRELIMO 지도자들은 평화유지군의 배치가 지연되는 6개월의 공백기간
동안, 전투를 위한 군사집단을 정치활동을 위한 정당으로 전환시키고, DDR
에 대비한 사전준비를 하는 생산적인 목적에 활용하였다. 정치적 의지 여하
에 따라 평화과정에서 예기치 못하게 발생한 장애물이 오히려 더 나은 기회
로 변화될 수도 있음을 보여주는 극적인 사례이다.

ONUMOZ는 대규모 인도주의적 구성요소(components)들이 포함된 최초
의 다차원적 유엔 평화유지활동이다. 안보리 승인에 따라 인도주의 활동을

---

124) Jett, Dennis C., "Lessons Learned - Or Why Mozambique's Successful Peacekeep-
ing Operation Might Not Be Replicated Elsewhere," *Journal of Humanitarian Assis-
tance*, January 2002. www.jha.ac/Ref/aar008.htm.

전담하기 위해 UNOHAC(UN Office of Humanitarian Assistance Coordination)
가 창설되었다. 하지만 UNOHAC는 이미 모잠비크에서 활동 중이던 구호
기관들과 NGO들의 활동에 도움을 주기보다는 오히려 걸림돌이 되었다.
UNOHAC는 장기적인 개발계획 구상에 열을 올리는 대신, 막상 굶어 죽어
가는 주민들을 먹여 살리기 위해 촌각을 다투는 일에는 별 관심이 없었다.
이처럼 안이한 현실인식과 접근방법으로 한때 평화과정 전체가 좌초될 위기
에 빠졌다. 유엔의 무능하고 안이한 관료조직이 평화를 지키거나 건설하기
는커녕 평화를 위협하는 존재가 될 수도 있음을 잘 보여주는 사례이다.125)
그럼에도 불구하고, SRSG 아젤로의 강력한 리더십과 9천5백만 달러에 이르
는 국제사회의 막대한 기부금126)에 힘입어, ONUMOZ는 150만 명의 난민
귀환, 3백만 명의 국내 실향민과 20만 명에 달하는 전직 전투원(ex-combat-
ants) 및 부양가족들의 정착과 사회적응을 지원하는 성과를 거두었다. 이와
병행하여, 1천1백만 달러의 예산을 투입한 대대적인 지뢰제거(de-mining) 작
업도 추진되었다.127) ONUMOZ는 오늘날 유엔이 분쟁지역에서의 항구적
평화정착을 위한 중요한 수단으로 활용하고 있는 DDR(Disarmament, Demo-
bilization and Reintegration : 동원해제, 무기회수 및 재통합)을 최초로 도입한 평
화유지활동 미션이 되었다.

　평화유지활동의 폭발적 증가에 따른 인력부족으로 어려움이 있었을 것이
나, 차제에 유엔본부와 현지 미션 사령부의 믿을 수 없을 정도로 무책임하고
한심한 기획능력도 지적되어야 한다. 1993년 1월 현재, 22개국에서 6,552명
의 병력이 배치를 완료하였다. 이들의 주요임무는 모잠비크의 최남단 도시인

125) Security Council Resolution 797, 1992. 12. 16.
126) www.jha.ac/articles/a112.htm. Alden, Chris, "Making Old Soldiers Fade Away:
　　Lessons from the Reintegration of Demobilized Soldiers in Mozambique," *Security
　　Dialogue* (Sep 2002), vol. 33, no. 3, pp. 341-356.
127) UN, *Blue Helmets*, p. 336.

마푸토(Maputo)에서 스와질랜드와 남아공에 이르는 수송회랑(transportation corridors) 일대의 안전을 확보하는 것이었다. 이를 위해 회랑을 다섯 개 지역으로 분할하여 방글라데시, 보츠와나, 이탈리아, 우루과이, 잠비아에서 각각 1개 대대가 전개되었다. 동 계획의 수립은 유엔 DPKO가 이미 수개월 전에 완료한 상태였다. 그러나 막상 활동을 시작해 보니, 간간이 도로상에 강도들이 출몰하는 것 외에는 별다른 일이 생기지 않았다. 그나마 이탈리아 병사들이 순찰 도중, 강도짓을 저지르는 무리들을 현장에서 붙들어 경찰에 넘겼더니, 이를 보고받은 이탈리아 파견부대 지휘관은 부하들의 행동을 질책하였다. 강도들을 체포하는 쓸데없는 짓을 하지 말고, 그냥 순찰을 계속하다가 경찰을 만나면 알려주는 것으로 충분하였다는 것이 요지였다. ONUMOZ의 군사령관도 최초의 명령을 수정하는 데 관심이 없었고 SRSG도 군 지휘관과 마찰이 생길 것을 우려하여 짐짓 모르는 체 덮어 두었다. 유엔본부도 부대운용 계획을 현지 실정이나 변화하는 상황에 맞춰 수정하는 수고를 하지 않으려 했다. 유엔군이 주둔하고 있다는 심리적 효과 외에는 별로 기여하는 일도 없이 수천 명의 병력이 허송세월하고 있는 데 비해, ONUMOZ의 임무가 끝날 때까지 병력수가 현저하게 변경되었던 경우는 예산절감을 요구하는 기부기관의 압력에 못 이겨 이탈리아가 자국 군대를 철수시켰을 때뿐이었다.[128]

민간경찰(Civilian Police)도 군대보다 나은 것이 전혀 없었다. 평화과정이 시작되자 RENAMO는 선거기간 동안 경찰이 자신들의 지지세력을 박해할 것을 우려하여 유엔 민간경찰의 파견을 요청하였다. FRELIMO는 유엔 민간경찰의 파견을 꺼렸지만, 그 덕분에 반군들의 통제지역까지 정부기능을 확장시킬 수 있을 것으로 판단하여 유엔의 개입에 동의했다. 1994년 초 1,086명의 민간경찰이 도착했으나, RENAMO에 심리적 위안을 주는 외에는

---

128) Jett, *Why Peacekeeping Fails*, pp. 83~85.

별다른 역할을 하지 못했다. 대부분은 언어능력(포르투갈)과 자질이 결여되어 있었고, 상당수가 활동을 위해 필수적인 운전도 할 줄 몰랐다. "사상 최초로 인권에 관한 훈련과정을 수료한 유엔 민간경찰"이라고 했지만, 이들은 현장에서의 활동을 그저 가끔씩 마을 경찰서에 들러 커피나 한 잔 마시면서 잡담을 나누는 정도로 인식하였을 뿐, 인권보호 같은 것에 대해서는 아무런 지식이나 개념도 갖고 있지 못하였다. 이들에게 접수된 511건의 민원 가운데 61건의 인권유린 사례였다. 조사는 항상 지극히 완만하게 진행되었으며, 조사결과는 공개하지 않고 모두 COMPOL(National Commission on Police Affairs)에 넘겨주었다. 그런데 COMPOL은 RENAMO와 FRELIMO 대표들로만 구성되어 있고 유엔의 통제를 받지 않는 기구이다. ONUMOZ가 종료될 때까지 COMPOL이 유엔 민간경찰의 조사보고에 관해 단 한 차례도 처벌이나 징계 또는 예방조치도 취하지 않은 것은 당연한 일이었다.[129] 1994년 10월 대통령 및 국회의원 선거가 실시되고 새로운 정부와 의회가 구성되자 ONUMOZ는 1994년 12월 9일 임무를 종료하였다.

XII. 캄보디아 : UNAMIC, UNTAC

1970년 미국의 지원을 받은 론놀(Lon Nol)이 쿠데타로 시아누크(Sihanouk) 정부를 전복시키면서 캄보디아에 위기사태가 초래되었다. 론놀은 미국의 월남전을 수행을 지원했으나, 1975년 크메르루주(Khmer Rouge)에 의해 축출되었다. 크메르루주는 '사회재건(social reconstruction)'의 미명하에 1백만 명 이상의 캄보디아 양민들을 학살하였다. 1978년 12월 베트남은 캄보디아를 침

---

129) Jett, *Why Peacekeeping Fails*, pp. 86~90.

공하여 친베트남 정권을 수립하였으나, 3개 주요반군 세력130)이 국토의
15%를 점령하고 베트남 군대와 프놈펜 정부(캄푸치아)에 저항했다. 내전의
혼란 속에서 37만여 명의 주민들이 인근 태국으로 도피하여 난민신세로 전
락했다. 1982년 이들 반군세력은 연합전선을 형성하고, 망명 중이던 시아누
크를 대통령으로 추대하였다. 프놈펜 정부는 베트남과 소련의 지원을 받아
5만 명의 병력을 보유하고 있었다. 반면 5~6만 병력의 반군연합은 중국,
미국, ASEAN(Association of South East Asian Nations)131)의 지원 하에 주로
태국과 캄보디아 국경지대에서 활동하였다.

　캄보디아 사태는 1979년 초 유엔 안보리에 회부되었으나, 상임이사국들
간 이견으로 아무런 조치도 취할 수 없었다.132) 이 문제가 총회로 회부되어,
그해 11월 총회는 모든 외국군 철수와 캄보디아의 자결권을 지지하는 결의
안을 채택하였다.133) 그 후 평화이행 과정에 대한 국제적 감시기구의 부재
로 교착상태에 빠져 있었으나, 냉전 종식에 따라 국제적 협력 분위기가 고
양되는 가운데, 1991년 10월 23일 캄보디아 4개 정파, 유엔 사무총장, 18개
관련국 정부(5개 안보리 상임이사국 포함), ASEAN 6개국, 기타 호주 및 일본
등은 파리협정(Paris Agreements)에 서명하였다. 이 협정은 ① 전투행위 중단,
② 각 파벌 병력 75%의 무기회수 및 동원해제, ③ 자유선거를 통한 신헌법
채택 및 신정부 수립, ④ 과도기 동안 평화협정 이행에 필요한 모든 권한을
UNTAC(UN Authority in Cambodia)에 이양 등을 명시하였다.134)

---

130) 크메르루주(Party of Democratic Kampuchea, PDK), 시아누크 당(National United Front for
　　an Independent, Neutral, Peaceful and Cooperative Cambodia, FUNCINPEC), 전 캄보디아
　　수상 손산(Son Sann)의 지원세력(Khmer People's National Liberation Front or KPNLF) 등
　　을 말한다.
131) 당시 ASEAN 회원국은 브루나이, 인도네시아, 말레이시아, 필리핀, 싱가포르, 태국
　　이었다.
132) UN, *Blue Helmets*, p. 450
133) A/RES/34/22. 1979. 11. 14.

크레르루주에게 학살당한 희생
자들의 유골(2005)

안보리는 파리협정을 지지하고, UNTAC의 창설을 승인하여 ① 휴전협정
준수 및 군대감축 감독, ② 전국적 규모의 선거 조직 및 시행, ③ 선거결과
에 영향을 줄 수 있는 모든 행위 통제, ④ 인도주의적 구호 제공 및 인권보
호 등의 임무를 부여하였다.[135] UNTAC은 병력 1만 6천 명(군 옵서버 9백
명 포함), 민간경찰 3천3백 명, 기타 선거지원 요원 5만 3천여 명으로 구성된
대규모 평화유지활동 미션으로서, 인권, 선거, 군, 민간행정, 민간경찰, 재건
(rehabilitation) 및 재통합(reintegration) 등 6개 부서가 임무를 분담하였다.

첫째, 인권부서는 인권교육, 인권유린 사례 조사, 인권상황 감독 등에 중
점을 두었다. 둘째, 선거부서는 자유·공명선거 조직 및 시행을 관장하였으
며, 모든 선거과정을 전산화하였다. 셋째, 군은 외국군대의 병력과 장비 철
수 감독, 휴전 감시, 반군들에 대한 DDR,[136] 외부세력의 군사지원 차단, 지
뢰제거 등의 활동을 수행하였다. 넷째, 민간행정부서는 외교, 국방, 재정, 공

---

134) 파리협정의 정식 명칭은 "The Agreements on a Comprehensive Political Settlement
    on the Cambodia Conflict"이다. www.usip.org/library/pa/cambodia/agree_comppol_
    10231991_toc.html
135) Security Council Resolution 745, 1992. 2. 28.
136) 1991년 12월 현재, 캄보디아에는 650개소에 배치되어 있는 정부군 및 반군을 합친
    총 20만 명 외에도, 거의 모든 부락단위로 활동하는 각 정파별 민병대도 25만 명에
    달하였다.

공안전, 정보 등을 비롯하여 선거결과에 영향을 줄 수 있는 캄보디아의 기존 행정조직을 그대로 인수하였다. 다섯째, 민간경찰은 5만 명의 캄보디아 경찰이 중립을 유지하면서 개인의 자유와 인권의 존중 여부를 감독하였다. 끝으로, 재건 및 재통합부서는 UNHCR과 긴밀하게 협조하면서 난민과 실향민들의 자발적 귀환과 동원해제된 전직 전투원들에게 음식, 건강, 주택 등을 제공하였다.137)

UNTAC은 준비작업을 거쳐 5월부터 본격적인 DDR을 시작할 예정이었으나, 뜻하지 않은 난관에 봉착하였다. 다른 3개 단체와는 달리, PDK(크메르루주)는 UNTAC에게 이동의 자유 허용, 보유병력 및 지뢰지대에 관한 상세한 정보 제공, 동원해제 등에 관한 협조를 거부하였다. 유엔 사무총장과 SRSG의 거듭된 요청에도 불구하고, PDK는 캄보디아에 '외국군'이138) 존재하는 한 UNTAC에 협조하지 않을 것이라고 공언하였다. PDK가 DDR에서 제외된다는 것은 다른 파벌들이 상대적 불리함을 느껴 평화과정 전체가 위협받을 수도 있는 중대한 위기사태를 의미하였다. 이런 상황에서 유엔과 UNTAC으로서는 다른 3개 정파의 협조 하에 예정대로 파리협정을 차질 없이 추진하는 것 외에는 특별한 묘책을 찾을 수 없었다. 6월 20일 도쿄에서 일본정부의 주관 하에 35개국 대표로 구성된 '캄보디아 재건 각료급 회의(Ministerial Conference on the Rehabilitation and Reconstruction of Cambodia, 한국 포함)'가 개최되었다. 이 회의에서 참가국들은 캄보디아 민주주의 정착과 경제재건을 위해 총 8억 8천만 달러를 모금하였다.139)

1992년 6월 경 UNTAC 요원들이 캄보디아의 거의 전 지역에 배치되어 인권상황 개선, 난민귀환 등에서 강력한 모멘텀이 형성되고, 캄보디아 내에

---

137) UN, *Blue Helmets*, pp. 456-58.
138) PDK가 주장하는 '외국군'이란 베트남 군대를 의미한다.
139) A/47/285-S/24183, annex I, II, 1992. 6. 25.

서 활동하는 정규군의 25%에 달하는 5만 5천 명의 병력들이 무기반납 및
무장해제를 위해 수용소(cantonment sites)에 집결되었다. 그러나 PDK의 비협
조로 인하여 그 중 4만 명은 '농번기 휴가(agricultural leave)' 명목으로 수용소
에서 방출되었다. 11월부터 사태가 악화되어 NADK(National Army of Demo-
cratic Kampuchea, PDK 군대)가 세력을 확장한 바탐방(Battambang) 일대를 회복하
려는 CPAF(Cambodian People's Armed Forces, 캄보디아 정부군) 간에 대포를 동
원한 전투가 벌어져 1만 5천 명의 주민들이 대피하였다. 12월 들어 NADK
는 UNTAC 소속 평화유지군을 일시 구금하는가 하면, PDK 통제지역에 사
전 승인 없이 접근하지 말 것을 UNTAC에 공식 통보하였다.[140] 나아가
1993년 4월, PDK는 "베트남 침략군"이 여전히 캄보디아에 주둔하여 중립적
인 정치적 환경이 조성되어 있지 있음을 이유로 선거에 불참할 것임을 선언
하였다.[141] 이와 때를 같이하여, UNTAC 요원에 대한 공격이 발생, 11명이
사망하고 24명이 부상하는 사건이 벌어졌다. 5월 들어 NADK 로켓포 공
격으로 두 명의 UNTAC 군 옵서버가 사망하고 부근의 중국 공병부대가 유
탄 피해를 입었다. 유엔은 이 같은 일련의 공격이 이들을 UNTAC을 위협하
여 선거 등 평화과정이 순조롭게 진행되지 못하게 하는 데 그 목적이 있었
던 것으로 분석하였다.[142]

많은 어려움이 있었으나, 파리협정의 핵심인 선거과정은 PDK 통제지
을 제외한 전 지역에서 비교적 순조롭게 진행되었다. 1992년 10월 초부터
시작된 투표자 등록(470만 명)은 1993년 1월 말에 종료되었다. 5월 22~28일
에 실시된 투표에서 4,267,192명이 투표하여, FUNCINPEC가 45.47%, CPP
가 38.23%, BLDP가 3.81%를 득표하여, 120석의 의석 가운데 58석, 51석

140) UN, *Blue Helmets*, p. 456.
141) S/25719, 1993. 5. 3.
142) UN, *Blue Helmets*, pp. 469-70.

캄보디아 총선 입후보자들의 벽보
(1993)

및 10석을 각각 차지하였다.[143] 9월 24일, 120명으로 구성된 제헌의회에서 시아누크공이 국왕으로 추대되었다.

몇 차례의 난관이 있었으나, 전반적으로 UNTAC은 성공적인 사례로 평가된다. 가장 중요한 임무인 전국적 규모의 국민투표가 1993년 5월에 실시되어 제헌의회가 구성되었으며, 선거과정에서 비밀·자유투표가 보장되었다. 또한 유엔 PKF는 약 36만 5천 명의 난민들의 본토 귀환을 가능케 하였다. 캄보디아인들은 1979년 베트남이 크메르루주 정부를 전복시키기 위해 침공해 온 이래 처음으로 모국에 전원 귀국할 수 있었다. 또한 UNTAC는 매우 참신하고 효과적인 대중홍보 전략을 구사하여 캄보디아 국민들에게 선거의 중요성, 비밀·자유투표권을 행사하는 데 필요한 절차 등을 집중적으로 계몽하여, 투표율을 90%로 끌어올리는 성과를 거두었다.

반면, UNTAC은 여러 가지 면에서 어려움을 겪었다. 첫째, 캄보디아 행정부와 경찰에 대한 권한행사가 제대로 이루어지지 못하였다. 캄보디아 정부는 유리한 선거결과를 얻기 위해 모든 수단과 영향력 행사를 주저하지 않았다. 둘째, 휴전협정이 제대로 준수되지 않고, 캄보디아 군대의 무기회수와 동원해

---

143) *Ibid*, 470-71.

제가 진척되지 않았다는 점이다. 셋째, 선거과정에 불만을 품은 반군단체에 의해 UNTAC 요원이 공격을 받는 불상사가 발생하였다.[144] 넷째, UNTAC에 소속된 일부국가 군대는 UNTAC 군사령관인 샌더슨(John Sanderson) 소장의 신중하고 미온적인 스타일에 항의하였다. 이들은 샌더슨 소장이 크메르루주의 무장해제를 강요하고 유엔 PKF들이 크메르루주가 통제하는 지역까지 진입하지 못한 데 대해 불만을 토로하였다.[145] 또한 UNTAC은 정전협정의 준수를 보장하지 못하고, 군대 축소를 위한 무기회수와 동원해제도 이행하지 못하였다. 그 결과, 1993년 9월 UNTAC이 임무를 종료한 순간에도, 크메르루주 잔당의 할거로 인하여 여전히 내전의 불안이 지속되었다.

XIII. 소말리아 : UNOSOM-I, II

'아프리카의 뿔(Horn of Africa)'로 불리는 소말리아는 인도차이나 반도, 인도, 아프리카 등에 식민지를 보유하고 있던 유럽강국들에게 페르시아만 일대의 해상로를 확보하는 데 결정적으로 중요한 전략적 요충지에 자리 잡고 있었다. 1540년 소말리아의 이슬람 지도자인 알가지(Ahmed Ibrahim Al-Ghazi)는 에티오피아를 침략하였다. 소말리아가 에티오피아를 거의 점령할 무렵 포르투갈 상인과 용병들이 개입하여 알가지의 군대는 뜻을 이루지 못하고 퇴각하였다. 이때부터 소말리아는 사회적 응집력(cohesiveness)을 상실하고, 각 부족들이 이슬람 율법과 관습법에 기초한 느슨한 연방(federation)의 형태를 취하는 독특한 사회체제를 유지하고 있다.[146] 19세기 무렵 지부티(Djibouti) 일

---

144) 예를 들면, NADK(National Army of Democratic Kampuchea)의 공격으로 1993년 1~3월 사이에 6명의 UNTAC 소속 군인과 민간인이 부상당하고, 2명이 사망하였다.
145) Rikhye, *The Theory and Practice of Peacekeeping*, p. 30.

대는 프랑스, 북서부의 소말리랜드(Somaliland)는 영국, 오가덴(Ogaden)은 이집
트, 남부는 이탈리아, 케냐 접경일대는 영국이 각각 지배하고 있었다.[147] 중
앙집권적 정치체제가 부재한 상태에서 느슨한 연방제 형식으로 유지되어 오
던 소말리아는 여러 식민국들의 지배 하에서 상이한 행정, 언어, 사법제도
등으로 인하여 사회적 해체(disintegration) 현상이 더욱 급격히 진행되었다.
1960년 7월, 영국 지배하의 소말리랜드와 이탈리아가 점령하고 있는 남부로
양분되어 있던 국토는 소말리아 공화국(the Somali Republic)으로 통일되었다.
1969년 바레(Siad Barre) 장군이 무혈쿠데타를 일으켜 셰마케(Abdirshid A.
Shermarke) 대통령을 축출하고 정권을 장악했다.[148] 바레는 '과학적 사회주의
(scientific socialism)'를 표방하여 국가재건을 위해 외세(소련, 그 후에는 미국)에
의한 군사화(militarization)와 일당독재 및 개인숭배에 기초한 강력한 중앙집권
적 정책을 추진하였다.

통일 직후부터 오가덴 지역을 둘러싸고 에티오피아와 분쟁이 벌어졌다.
1970년대 초반부터 소말리아는 소련의 지원에 힘입어 장갑차, 탱크, 미그기
등으로 무장한 강력한 군사력을 보유하였다. 1974년 9월 군사 쿠데타로 에
티오피아의 셀라시에(Haile Selassie) 황제가 제거되었다. 군사력 증강과 에티
오피아 내란으로 세력균형이 유리하게 기울자, 소말리아는 오가덴을 차지하
기 위해 전쟁을 벌였다. 1977년 말, 소말리아 기갑부대가 오가덴을 침공하
여 수주일 만에 약 60%의 영토를 점령하였다. 그러는 사이에 에티오피아에
마르크스-레닌주의를 표방하는 사회주의 정권이 수립되자, 소련은 바레 정

146) Lewis, I. M., *A Modern History of Somalia: Nation and State in the Horn of Africa* (Boulder: Westview Press, 1988), p. 25.
147) Boulden, Jane, *The United Nations and Mandate Enforcement Congo, Somalia, and Bosnia* (Kingston: Center for International Relations, 1999), p. 49.
148) Mahmood, Othman O., *The Root-causes of the United Nations' Failure in Somalia* (New York: UN, 2001), p. 10.

권에 대한 무기지원을 중단하고 에티오피아에 대한 군사원조에 박차를 가하였다. 에티오피아에 소련 군사고문을 포함하여 1만 5천 명의 쿠바 군대가 도착하여, 전쟁의 흐름이 역전되었다.[149] 1978년 3월, 소말리아는 군대의 30%가 넘는 8천 명의 피해를 입고 오가덴에서 철수하였다. 소말리아는 오가덴 전쟁 직후 소련과 관계를 단절하고 미국과 관계개선을 시도, 1980년에는 군사 및 경제지원을 받는 대가로 미군에 주요 공항과 항구를 사용할 수 있는 권한을 부여하였다. 1990년 걸프전 당시 미군은 사우디에 인원과 물자를 공급하기 위해 소말리아 내 기지(Berbera)를 사용하기도 하였다. 그러나 바레 정권의 학정과 인권유린으로 인하여 미국과의 군사관계에 균열이 생겼다. 소말리아 북부지역에 대한 바레 정권의 탄압정책은 미국 행정부와 의회의 비난을 불러일으켰다. 1988년 7월, 의회의 압력으로 부시 행정부는 소말리아에 대한 군사원조를 중단하였다.

1989년 아이디드(Farah Aidid)를 중심으로 한 통일소말리아회의(United Somali Congress : USC)가 바레 정권을 축출하였다. 그러나 USC가 사업가 출신인 마흐디(Ali Mahdi Mohamed)를 '잠정 대통령(interim President)'으로 지명하자, 아이디드와 마흐디 지지세력 간 권력쟁탈을 위한 내전이 시작되었다. 혼란의 와중에 북부의 소말리랜드는 분리독립을 기도하였다. 전체 인구의 절반이 넘는 450만 명이 기아와 영양실조 및 질병으로 목숨이 위태롭게 되었다. 5세 이하 어린이들의 30%가 굶주림과 질병으로 사망하고, 2백만 명의 난민과 국내 실향민이 발생하고, 게다가 정부조직의 완전 붕괴, 가뭄 및 기근으로 인하여, 소말리아에 대규모 인도주의적 위기사태가 발생하였다. 계속되는 전국에서 발호하는 군벌과 반도세력들로 인해 UNICEF, WFP, ICRC,

---

149) Gorman, F. Robert, *Political Conflict on the Horn of Africa* (New York: Praeger, 1981), p. 44; Farer, T. J., *War Clouds on the Horn of Africa: The Widening Storm* (New York: Carnegie Endowment for International Peace, 1979), pp, 69, 120-30.

NGO 등은 굶주리는 주민들에게 구호품을 제대로 전달할 수 없었다. 1991년 말 무렵에는 50만 명의 소말리아인들이 기아로 사망했다.

1992년 1월, 안보리는 소말리아 사태를 지역의 안정과 세계평화와 안정에 대한 위협으로 규정하고 유엔 헌장 7장에 따라 소말리아에 대한 모든 무기 및 군사장비의 수출금지를 결의하였다.[150] 2월 초, 유엔 사무총장의 중재로 소말리아의 양대 파벌[151]은 휴전협정을 체결했다. 4월 24일 유엔 안보리는 사무총장 건의에 따라 정전협정 이행을 위한 UNOSOM-I을 창설하였다. 6월에 모가디슈(Mogadishu)에 50명의 군 옵서버들이 도착하고, 뒤이어 5백 명의 파키스탄 평화유지군이 증원되었다. 그러나 아이디드가 이끄는 강력한 반군세력의 저항으로 인해, 자체방어만을 위해 경무장한 파키스탄 군대는 모가디슈 공항을 벗어난 지역에서 활동할 수 없었다. 9월 초 평화유지군 병력은 4,219명으로 증가했다.[152]

평화유지군의 활동이 눈에 띄게 확대되자, 소말리아인들 간에는 유엔이 "협조정책을 포기"하고 자기 나라를 "침략"하기로 작정했다는 루머가 떠돌기 시작했다. 유엔의 적극적인 해명에도 불구하고, 평화유지군이 "무력행동(forcible action)"으로 나올 것이라는 불안감이 확산되었다. 정부기능이 마비된 무법천지에서, 소말리아 파벌들은 저마다 값나가는 것은 무엇이든 닥치는 대로 차지하는 데 혈안이 되었다. 국제사회의 구호물자들은 더할 나위 없이 귀중한 소득원이 되었다. 때로 두세 명에 불과한 반도들이 인도주의 구호기관과 수송차량들을 납치, 약탈 및 구금하는 사건이 다반사로 벌어졌다. 상황은 국제사회가 용인할 수 있는 한계를 넘어섰다.

---

150) Security Council Resolution 733, 1992. 1. 23.
151) 당시 소말리아 과도정부 수반인 마흐디는 수도인 모가디슈 북부를, 반군 지도자 아이디드는 남부를 각각 장악하고 있었다.
152) UN, *Blue Helmets*, p. 292.

소말리아 사태가 갈수록 악화되자, 1992년 11월 미국 정부는 구호물자를 안전하게 전달하기 위한 군사작전을 수행하는 데 앞장설 용의가 있음을 유엔에 통보했다. 안보리는 12월 3일 결의안 794를 채택, 미국에게 "필요한 모든 수단(all necessary means)"를 사용하여 인도주의 구호활동을 위한 안전한 환경을 가급적 신속하게 조성할 수 있는 권한을 부여하고, 헌장 제7장에 근거하여 평화유지군이 미국의 지휘 하에 "단일 지휘통제(the unified command and control)"를 받도록 조치했다.153) 이에 따라 미군 2만 8천 명, 20여 개 병력공여국 군대 1만 7천 명으로 구성된 4만 5천 명의 UNITAF(Unified Task Force)가 창설되었다.

UNITAF의 '희망회복작전(Operation Restore Hope)'으로 식량 및 구호물자의 전달이 촉진되고 많은 지역에서 기아로 인한 영양실조와 질병으로 사망하는 비율이 급격히 감소하는 등 두드러지게 사정이 호전되었다. 1993년 3월 14일, 아디스아바바(Addis Abba)에서 15개 소말리아 제정파가 모여, 휴전, 무기감축, 국가재건, 분쟁해결 및 과도기 정치기구 등에 관해 합의하였다. 이처럼 긴장상태가 완화되자, 사무총장은 소말리아 전역으로 평화유지활동의 범위를 확대하기 위한 UNOSOM-II의 설치를 건의하였다. 그 임무는 ① 지속적으로 인도주의적 지원을 위한 안전한 환경 제공, ② 적대행위 중단 감시 및 폭력사태 재발 예방, ③ 불법무기 압수, ④ 유엔 인원 및 장비 보호, ⑤ 난민 귀환 및 정착 지원, ⑥ 국민적 화해 및 재건 지원 등 실로 야심적이고 방대한 것이었다. 1993년 3월 26일, 안보리는 유엔 헌장 7장에 의거하여 UNOSOM-II의 창설을 승인하였다. UNOSOM-II는 UNITAF에서 전환된 병력을 합친 2만 8천 명(미군 군수지원 요원 3천 명 포함)으로 구성되었으며, 미군은 타국군의 지휘를 받지 않는다는 원칙에 따라 전투병을 파견하

---

153) S/RES/837, 1993.6.6.

소말리아의 부족(Clan) 제도

식량 배급을 기다리는 소말리아 여인

소말리아 내전은 부족간 갈등으로 더욱 복잡한 양상을 보였다. 예컨대 내전 당사자인 마흐디는 하와예족(族), 아이디드는 이사크족 출신이다. 더구나 소부족들 간 합종연횡으로 중앙정부는 사실상 기능을 상실한 유명무실한 존재이다. 소말리아 내전의 본질을 이해하기 위해서는 부족제도의 이해가 필수적이다.

소말리아는 다루드(Darood), 하위예(Hawiye), 이사크(Isaaq), 디르(Dir), 디질(Digil), 라한와인(Rahanwayn) 등 6개 부족으로 구성되며, 6개 부족은 다시 유전학적으로 두 개의 가문(lineage line)으로 분류된다. 다루드, 하위예, 이사크는 사브(Sab)가(家), 디르, 디질 및 라한와인은 사말레(Samale)가에 속한다. 사브가는 유목민, 사말레가는 농경민의 후손 들이다. 전통적으로 구성원의 숫자가 많은 사브가, 특히 다루드족이 지배적 위치에 있다. 부족이 엄격하게 지리적 위치로 분류되지는 않으나 이사크와 디르족은 북부, 디질과 라한와인족은 남부, 하위예족은 모가디슈 일대, 다루드족은 남부와 북부에 분산되어 거주하고 있다.

이론상 부족은 최상위 단계의 정치집단이지만, 각 부족은 너무 규모가 커서 단일 정치적 공동체로의 기능을 발휘하지 못한다. 각 부족의 우두머리는 술탄(sultan)으로 불린다. 각 부족은 부족집단(clan groupings)으로, 부족집단은 다시 소부족(sub-clans)으로 분류된다. 소부족은 수백 명에서 수천 명에 이르는 'dia-paying group(DPG)'으로 구성된다. 'dia'란 피보호자(client)가 보호자(patron)에게 '조공(blood money)'을 바쳐야 하는 집단적 의무를 의미한다. 이와 같이 소말리아 사회는 일종의 봉건적 제도를 유지하고 있다.

소말리아의 지도계층은 부족장, 종교인(ulama), 사업가, 유학파 등 4개 집단으로 구성된다. 핵심계층은 부족장과 종교인이며, 사업가와 유학파의 영향력은 이들에 미치지 못한다. 그나마 소말리아의 사회체제를 유지하는 것은 이슬람이라는

> 종교 덕분이며, 오늘날 종교 지도자들의 영향력이 갈수록 강해지고 있다. 이들은
> 뿌리 깊은 불신 속에 경쟁관계에 있는 부족들 간의 갈등과 분쟁을 조정하는 교
> 량역할을 수행한다. 부족장과 종교 지도자는 매우 밀접하고 친근한 관계를 유지
> 하고 있다. 소말리아에서는 부족사회가 국가와 정부의 역할을 대신하고 있다.

지 않고, 대신 모가디슈 부근에 유사시에 대비하여 신속대응군(Quick Reac-
tion Force)을 유지하였다. 모가디슈 북부에서 UNOSOM-II는 순조롭게 임무
를 수행하였으나, 남부를 장악하고 있는 아이디드를 비롯한 반군들의 강력
한 저항에 직면하여, 뜻하지 않게 도시 게릴라전에 휘말리게 되었다.

　1993년 6월 5일 모가디슈 남부에서 아이디드가 이끄는 반군들의 매복작
전에 걸려 25명의 파키스탄 군인들이 사망하는 사건이 발생하였다. 안보리
승인을 받아[154] 사무총장은 UNOSOM-II에 아이디드의 체포를 명령하고,
필요시 미군의 지원을 받도록 지시하였다. 10월 3일, 아이디드군 소속 용의
자 24명을 체포하여 모가디슈에서 철수하던 중 헬기 2대가 격추되고 18명
의 미군이 반군들의 공격으로 사살되었다. 소말리아인들이 사망한 미군들의
시체를 길거리에 끌고 다니며 환호하는 끔찍한 장면이 CNN의 전파를 타고
전세계에 방영되었다. 격분한 국민들의 여론이 비등하자 클린턴 대통령은
1994년 3월 미군을 철수시키고, 대통령 정책지시(presidential policy directives)
25호를 통해 "임무가 명확하고, 적절한 자원이 가용하고, 퇴출전략(exit strat-
egy)이 준비되고, 미국의 이익에 부합될 경우에만" 유엔 평화유지활동에 참
여할 것임을 천명하였다. 클린턴 행정부는 미군들의 사망을 유엔 사무총장
의 잘못에 기인한 것이라고 비난하였으나, 공격작전은 유엔에 사전 통보 없
이 미군의 지휘통제에 따라 계획되고 시행된 것이었다. 미국이 소말리아에

---

154) *Ibid.*

서 손을 떼자, 다른 국가들도 앞 다퉈 군대를 철수시키기 시작하였다.

그 후 사태는 더욱 악화되었다. 유엔 평화유지군과 인도주의 구호요원들에 대한 위협과 공격이 끊이지 않았다. 소말리아 파벌들의 지도자들은 UNOSOM-II의 활동 지속에 필요한 최소한의 협조와 정치적 의지를 보이라는 유엔의 요구를 거들떠보지도 않았다. 소말리아인들이 원하지 않는 유엔 평화유지활동은 더 이상 정당화될 수 없었다. 1995년 3월 31, UNOSOM-II은 소기의 목적을 달성하지 못한 채 모든 활동을 중단하였다.

소말리아에서 미국이 예상치 못한 뼈아픈 실패를 맛보게 된 근본적 원인은 미국에 대한 소말리아 국민들의 뿌리 깊은 불신에 기인하고 있다. 오가덴(Ogaden) 전쟁 이전에 소말리아는 소련의 우방국이었다. 그러나 오가덴 전쟁 이후 80년대 말 냉전시대가 막을 내릴 때까지 소말리아는 미국으로부터 막대한 군사원조를 받았다. 아덴만(灣)과 홍해를 사이에 두고 석유자원의 보고인 아라비아반도를 바라보는 곳에 자리한 소말리아는 미국의 입장에서 지정학적으로 매우 중요한 지역이었다. 한편, 가난과 기아에 시달리던 소말리아로서는 미국의 원조가 생명을 지탱해 주는 젖줄이나 마찬가지였다. 그러나 소련 붕괴 후 미국은 이용가치가 사라진 소말리아의 독재정권을 더 이상 돌보지 않고 철수하였다.

그 밖에 UNOSOM의 실패를 초래한 원인들을 요약하면 다음과 같다. 첫째, 일부 주변국들은 소말리아의 평화를 원치 않았다. 예를 들면, 소말리아가 무정부 상태에 빠진 이후부터 나이로비와 몸바사 등의 호텔에 빈 객실이 없을 정도로 호황을 맞고 있던 케냐에게 소말리아 사태는 엄청난 이해관계가 걸려 있었다. 유엔과 산하기관은 물론 세계 각국의 NGO, 자원봉사자, 인도주의 구호단체 등이 소말리아에서 활동하기 위해 케냐의 대도시로 몰려들었고, 이들이 지불하는 숙박비, 렌트비, 생필품 구입비 등으로 막대한 경제적 이득을 거두고 있었던 케냐로서는 소말리아의 정세안정이 반가울 리가

없었다.155)

둘째, 인접국들의 방해 못지않게 모가디슈에 주둔하고 있던 각국의 평화
유지군 부대들이 미군 주도의 군사작전에 불만을 갖고 있었던 것도 문제점
으로 지적되고 있다. 그 중에서 이탈리아, 인도, 말레이시아, 프랑스 등은
UNOSOM 사령부의 명령을 거부하거나, 심지어 UNOSOM의 활동을 방해
하기 위해 사전에 반군 지도자 아이디드에게 작전계획을 흘리기도 했다. 대
부분의 파견부대들도 UNOSOM 군사령관으로부터 지시를 받을 때마다 본
국에 이행여부를 일일이 확인했다. 유엔 헌장 7장에 따라 평화강제 임무를
부여받았음에도 불구하고, 이들은 지원임무(assistance tasks) 이외의 활동을 거
부했다. 이 같은 지휘통제의 문란함은 급박한 상황이 발생하여 신속한 조치
를 취해야 하는 경우 심각한 문제가 되었다. 특히 이탈리아 군대는 공공연
히 UNOSOM의 명령을 묵살하기 일쑤여서 마침내 유엔은 이탈리아군 지휘
관의 소환을 요청하게 되었다. 이것이 UNOSOM 전체 부대의 사기와 단결
에 미치는 영향은 불문가지였다.156)

셋째, UNOSOM의 사례는 내전지역에서 개별적으로 활동하는 사설(pri-
vate) NGO의 영향력을 과소평가해서는 안 된다는 점을 잘 보여주고 있다.
일부 NGO들의 1차적인 목표는 인도주의적 구호활동보다는 자선단체(donor)
들이 기부하는 현금을 가능한 한 오랫동안 향유하는 것이다. 이 같은 이기
적 동기에서 어떤 NGO들은 기부금의 극대화를 위해 국제사회 여론을 조
작하려 들거나 분쟁 당사자들과의 유착도 마다하지 않았다. 때때로 이들은
인도주의 활동을 지연시키거나 평화유지활동을 방해하는 세력으로 등장한
다.157) 일례로서, 소말리아의 최대 부족인 다루드(Darood)족은 국제기구 및

155) Mahmood, *The Root-causes of the UN's Failure in Somalia*, p. 46.
156) Hillen, *John, Blue Helmets*, p. 205.
157) UNOSOM의 활동결과를 종합한 유엔 DPKO 보고서는 NGO에 대해 다음과 같이

인도주의 기관들과 30년 이상 접촉해 오는 동안 이들과 공고한 유대관계를 형성하여, 이들 기관에 대한 타 부족의 진입을 불가능하게 만들었다. 그 결과 아무리 유엔이나 국제기구가 소말리아 사회의 화합과 평화를 위해 선의의 조치를 취하더라도, 타 부족들은 다루드족에게만 유리하게 하려는 음모라고 간주하게 되었다.158)

넷째, 공보(public information)에서의 문제점을 들 수 있다. 당시 소말리아를 취재했던 대다수의 저널리스트들은 그 나라의 역사, 정치, 경제, 사회, 유엔의 활동, UNOSOM의 구조 등에 대해 거의 알지 못하고 있었다. 특히 언론매체들은 아이디드 체포작전이라는 선정적인 특정 사건에 매달린 나머지, 소말리아인들을 위한 인도주의적 구호활동에 제대로 관심을 기울이지 못했다. UNOSOM의 공보부서가 언론매체에 평화유지군의 활동의 실상을 제대로 알려줄 수 있는 기능을 발휘하지 못한 것도 문제였다. 또한 소말리아에는 높은 문맹률로 인하여159) 라디오가 가장 효과적인 언론매체이나 유엔의 행정예산위원회(Advisory Committee on Administrative and Budgetary Questions: ACABQ)는 라디오 방송국 설치를 위한 UNOSOM의 예산요청을 기각시켰다. UNOSOM이 차선책으로 신문과 소책자를 발간하였으나 별로 효과가

직설적으로 표현했다. "From the experience of UNOSOM, it was recognized that the activities of NGOs go a long way to help or hinder a peacekeeping operations." 보다 상세한 사항은 다음 자료를 참조할 것. www.un.org/Depts/dpko/ lessons/UNOSOM.pdf, para. 27.

158) Natsios, Andrew, "Humanitarian Organizations and Military Operations: Effects and Interactions during Humanitarian Emergencies," in Morrison, Alex et al., (eds.), *Peacekeeping with Muscle: The Use of Force in International Conflict Resolution* (Toronto: The Canadian Peacekeeping Press, 1997), pp. 90-95.

159) 오늘날 소말리아의 문맹률에 대한 공식 통계자료는 집계되어 있지 않으나, 1972년 문맹률은 무려 95%에 달하였으며, 오늘날 아프리카 국가들의 성인 문맹률은 평균 50%인 것으로 추정된다. 상세한 사항은 다음을 참조할 것. http://literacyexchange.net/somalia/somaliadata.htm

Black Hawk Down
미군은 최정예 'Delta Force' 소속 헬기 2
대가 격추당하는 등 소말리아에서 참담한
좌절을 맛보았다(1993).

없었다.160) 아울러, 오늘날 140개국의 13억 인구는 지구상에서 발생한 모든 소식을 동시에 TV를 통해 시청한다. 이러한 "CNN 효과"는 종종 이중적 형태로 나타난다. 소말리아 내전으로 인해 고통 받고 있는 난민들의 참상이 미디어를 통해 전세계에 생생하게 전달되자, 미국 내에서는 미국 정부가 "지금 당장 신속한 조치를 취해야 한다"는 여론이 높아졌다.161) 그러나 모가디슈에서 살해된 미군병사들의 사체가 반군들에 의해 길거리에 끌려 다니자 들끓는 반대여론에 의해 클린턴 행정부는 매우 신속하게 소말리아에서 미군을 철수시켰다.

다섯째, 안보리 위임명령(mandate)과 가용자산 간의 불일치(mismatch)로 인한 문제점을 들 수 있다. 안보리가 UNOSOM-II에 부여한 임무는 한마디로 말해서 국가건설(nation-building)이다. 이는 단지 굶주리는 주민들에게 인도주의 차원에서 구호물자를 전달해 주는 것을 훨씬 넘어 정치제도(political institution) 재편, 국가경제 재건, 안전 제공, 법치질서 정착 등 실로 방대한 것이다. 사실 1993년 4월부터 작전을 개시한 UNITAF는 인도주의 물자전달을 위한 안전한 환경 조성, 각 파벌 간 협조체제 구축 등 상당한 성과를 거두

---

160) The Comprehensive Report on Lessons Learned from UNOSOM, 보다 상세한 사항은 www.un.org/Depts/dpko/lessons/UNOSOM.pdf, para 59-69를 참조할 것.
161) Jett, *Why Peacekeeping Fails*, pp. 29-30.

었으며, 인도주의 구호활동을 통해서 기아선상에 있던 약 25만여 명의 주민들의 목숨을 구하였던 것으로 평가되었다.[162] UNITAF의 획기적인 성과에 고무된 나머지 안보리는 UNOSOM-II에 가용 능력을 초과하는 야심적인 위임명령을 부여함으로써 1993년 10월의 비극이 벌어지도록 하는 데 일조하였다. 결국 유엔이 UNOSOM-II를 통해서 달성하고자 하는 근본적 목표가 인도주의적 구호인지, 아이디드라는 반군 지도자를 체포하는 것인지, 아니면 소말리아의 국가건설인지조차 모호해지는 결과가 초래되었다.

끝으로, UNOSOM 평화유지군은 부대통제에 엄청난 어려움을 겪었다. 각국 부대 지휘관들이 유엔 지휘계통의 지시를 받기 전에 본국의 확인을 받아야 한다고 고집하였기 때문이다. 때때로 이들은 유엔의 지시를 받으려 하지 않거나, 어떤 지역에 대한 배치명령을 거부하였다. 전투가 한창 진행 중인 상황에서 이탈리아 군대들은 자국 병력의 보호를 위해 유엔의 명령을 어기고 소말리아 부족대표들과 비공식적인 거래를 하는 사태도 벌어졌다.[163]

XIV. 보스니아·헤르체고비나 : UNPROFOR

로마제국이 분열되면서 서로마 제국(슬로베니아와 크로아티아)은 가톨릭, 동로마 제국(세르비아와 몬테니그로)은 정교를 채택했다. 14세기 오스만 터키 제국이 서진하여 발칸반도를 장악하였으나, 제1차 세계대전에서 패전하면서, 1929년 세르비아와 크로아티아, 슬로베니아 등을 합친 유고슬라비아가 탄생

162) Crocker, Chester A., "Ambush in Mogadishu," Foreign Affairs, vol. 74, no. 3, 1995. www.pbs.org/wgbh/pages/frontline/shows/ambush/readings/lessons.html 참조.

163) Preston, Julia, "Waste in Somalia Typifies Failings of UN Management," Washington Post, January 3, 1993, p. A17.

하였다. 집단지도체제를 채택하여 복잡한 인종들 사이에 미묘한 균형을 유지하던 카리스마적 지도자 티토가 사망하고 소련이 붕괴된 이후 등장한 밀로셰비치가 '대(大)세르비아 주의'를 주창하면서 발칸반도에 위기가 찾아왔다. 1991년 슬로베니아와 크로아티아, 이듬해 회교도 중심의 보스니아가 독립을 선언하자 '인종청소(ethnic cleansing)'가 자행되는 등 유혈사태가 초래되었다. 세르비아계가 극소수였던 슬로베니아에서는 유럽연합(European Community)의 중재로 세르비아계를 지원하던 유고군(Yugoslav People's Army : JNA)이 철수함으로써 비교적 순탄하게 상황이 안정되었다. 그러나 JNA의 지원을 받아 독립에 강력히 반대하는 크로아티아 문제는 쉽게 해결되지 않았다.

애초에 UNPROFOR(the United Nations Protection Force in Yugoslavia)는 1992년 2월 유고연방 해체 이후 협상을 통한 평화적 방법으로 유고 사태가 해결될 수 있는 상황을 조성하기 위해 창설된 임시기구(interim arrangement)로서 크로아티아에 주둔하였으나,[164] 내전이 확산되자 보스니아·헤르체고비나와 마케도니아(Macedonia)로 책임지역을 확대하였다. 6월 들어 EC, 유엔 사무총장, UNPROFOR 등이 휴전을 성립시키기 위해 노력했음에도 불구하고, 보스니아·헤르체고비나에서는 보스니아계 회교도(Bosnian Muslims)와 보스니아계 크로아티아인(Bosnian Croats)을 한 편으로 하고 보스니아계 세르비아인(Bosnian Serbs)을 다른 편으로 하는 세력들 사이의 전투로 사라예보(Sarajevo) 공항을 이용한 인도주의적 물자의 수송이 불가능하게 되었다. 보스니아·헤르체고비나 사태의 핵심은 인구의 31%에 불과하면서도 JNA의 무력지원을 받아 국토의 70%를 차지하고 있었던 보스니아계 세르비아인들이 독립공화국을 수립한 후, '신(新) 유고연방'을 구성하고 있는 세르비아공화국과 통합하

---

164) Security Council Resolution 743, 1992. 2. 21.

유고연방의 인종 및 인구분포

구 분	인 종				
	세르비아인	크로아티아인	회교도	알바니아인	헝가리인
유고연방 (2,350만)	36%	20%	10%		
세르비아 (610만)	66%	1.1%	2.5%		
코소보자치구 (158만)	13.2%			77.4%	
보이보디나자치구 (200만)	54.4%				18.9%
보스니아/ 헤르체고비나 (440만)	31%	17%			
크로아티아 (467만)	12%	78%	1%		

* 코소보 및 보이보디나 자치구는 세르비아 내에 위치

** 자료 : UN, Department of Public Information, *Blue Helmets: A Review of United Nations Peace-keeping*, 2nd ed. (New York: UN, 1990), p. 486.

려고 기도했다는 것이다. 세르비아 공화국의 밀로셰비치 대통령은 구(舊) 유고연방에서 분리되어 나간 지역의 세르비아인들을 끊임없이 부추겨 '대세르비아주의'를 구현하려는 야심을 버리지 않았다. 내전이 격화되자 안보리는 UNPROFOR에게 UNHCR 및 ICRC(International Committee of the Red Cross)을 보호하고 인도주의 구호작전을 지원하는 임무를 부여하는 한편,165) UNPROFOR 및 유엔활동을 지원하기 위한 활동목적의 비행을 제외한 보스니아·헤르체고비나 영공에 대한 비행을 금지하였다.166) UNPROFOR는 세

165) S/24540, 1992. 9. 20.
166) S/RES/781, 1992. 10. 9.

르비아계 보스니아인들의 비협조와 지속적인 방해를 극복하고 사라예보 공
항을 통해 3만 4천6백 톤의 구호물자를 110여 개 지역 80여만 명의 난민들
에게 전달하였다.167)

1993년 3월 13일 정체불명의 항공기 세 대가 스레브레니차(Srebrenica) 일
대 민가에 폭탄을 투하하는 등 '비행금지구역(no-fly zone)'을 침범하는 행위가
끊이지 않았다. 세르비아계가 비행금지구역을 위반하여 회교계에 대한 공격
을 멈추지 않자 안보리는 UNPROFOR에게 유엔 헌장 7장에 의거, "필요한
모든 수단"을 강구하여 비행금지 규정을 준수토록 하는 부여하였다.168) 그러
나 1992년 10월부터 1995년 12월까지 위반사례가 7,552회에 달할 정도로, 분
쟁 당사자들에 의해 비행금지구역이 거의 무용지물이 되다시피 하였다.169) 3
월 들어 세르비아계의 공세에 쫓겨 스레브레니차 주변으로 피신해 온 수천
명의 회교도들이 하루에도 수십 명씩 기아와 추위로 사망하였다. 안보리는
스레브레니차를 비롯한 사라예보, 투즐라(Tuzla), 제파(Zepa), 고라제(Gorazde),
비하치(Bihac) 등 난민 밀집지역을 "안전지대"로 선포하고 적대행위 중단 및
세르비아계 민병대의 철수를 요청하였다.170) 사정이 호전될 기미를 보이지
않자, 6월 4일 안보리는 헌장 7장에 입각하여 안전지대에 대한 공격 저지
(deter), 정전 감시, 세르비아계 민병대 철수, 안전지대 주변의 핵심지대 점령
등으로 UNPROFOR의 위임명령을 확대하는 한편, "자위적 차원"에서 안전
지대에 대한 폭격 또는 평화유지군의 이동의 자유를 방해하려는 기도에 대
해서 공군력을 포함한 무력 사용으로 대응할 수 있는 권한을 부여하였다.171)

167) UN, *Blue Helmets*, pp. 523-24.
168) Security Council Resolution 816, 1993. 3. 31.
169) S/1995/5/add.67, 1996. 2. 27.
170) Security Council Resolution 819, 1993.4.16; Security Council Resolution 824, 1993.
5. 6
171) Security Council Resolution 836, 1993. 6. 4

사무총장은 UNPROFOR이 "힘을 통한 억지(deterrence through strength)"의 목적을 달성하기 위해서는 3만 4천 명의 병력이 필요하다고 판단하였으나,172) 안보리는 필수 최소인원인 불과 7천6백 명을 승인하였다.173) 그나마 평화유지군이 보스니아에 도착하는 데 거의 1년 이상의 시간이 소요되었다.

1994년 2월 5일, 세르비아계가 발사한 것으로 추정되는 120밀리미터 박격포탄이 사라예보의 번잡한 시장 한복판에 떨어져 58명의 민간인이 사망하고 142명이 부상당하는 사고가 발생하였다.174) 이는 내전이 발생한 이래 하루 동안 가장 많은 민간인이 피해를 입은 최악의 사건이었다. NATO는 유엔이 요구할 경우 사라예보를 비롯한 안전지대 주변의 포병 또는 박격포 진지에 대한 공습을 가할 수 있는 권한을 남유럽연합군(Allied Forces Southern Europe) 사령관에게 부여하였다. 사무총장은 SRSG에게 보스니아・헤르체고비나 지역의 유엔군 및 유엔요원을 보호하기 위한 근접항공지원을 승인할 권한을 위임하였다.175) 유엔과 NATO의 강경대응 방침에 영향을 받아 2월 9일 분쟁 당사자들은 보스니아・헤르체고비나에서의 휴전에 합의하였으며, 2월 17일 세르비아인들은 안전지대에서 중무기를 철수시킬 것이라고 선언하였다. 이어서 23일 보스니아 정부와 보스니아계 크로아티아인들 간 전투행위 중단에 합의하였다.

잠시 소강상태를 맞이하였던 보스니아・헤르체고비나 사태는 3월 말 세르비아계가 안전지대인 고라제에 대한 공세를 가함으로써 또다시 혼미한 국면에 빠져들었다. 세르비아계의 공격으로 고라제가 함락될 위기에 처하자 UNPROFOR 사령관은 유엔군 보호를 위한 NATO에 공습을 요청하였다.

---

172) S/25939, 1993. 6. 14
173) Security Council Resolution 844, 1993. 6. 18.
174) UN, *Blue Helmets*, p. 528.
175) UN. *Blue Helmets*, p. 529.

248 유엔 평화유지활동의 이해

소련 붕괴 후 유고는 인종청소가 횡행하
는 참혹한 내전의 소용돌이에 휘말려 들
었다(1992).

유엔의 요청에 따라 최초로 NATO는 FA-18 전투기(미군) 2대를 동원하여
고라제로 진격 중인 세르비아군의 전차와 장갑차 및 진지 등을 공격(4월 11
~12일)하였다. 미국 정부는 공습이 "지극히 적절한 조치"라고 평가하였으나,
러시아는 "러시아와 상의도 없이 공습결정의 모험을 감행한 것은 큰 실수"
라는 불만을 표출하였다. 이에 대한 보복으로 세르비아계는 자신들의 관할
구역 내에서 UNPROFOR의 접근 및 출입을 금지시키고, 150여 명의 평화
유지군을 일시적으로 구금하는 조치를 취하였다.[176]

　'안전지대'란 협상을 통한 분쟁의 정치적 해결이 임박하였을 경우, 군사공
격의 대상이 될 가능성이 높은 '취약한(vulnerable)' 민간인들을 보호하기 위
한 임시조치(temporary mechanism)를 말한다. 그러나 교전 당사자들이 안전지
대의 개념을 제대로 이해하지 못할 경우에는 심각한 문제가 발생한다. 단적
인 실례가 고라제이다. 보스니아 정부는 자기들의 관할지역을 보호하고 세
르비아군의 진격을 격퇴시키기 위해 UNPROFOR의 군사적 개입을 부추겼
다. 정작 보스니아 군대(JNA)는 안전지대 내에 은거하면서 세르비아계를 공
격하였다. 반면, UNPROFOR의 공습을 자신들만을 겨냥한 편파적인 조치로
인식한 세르비아계는 유엔의 중립성과 신뢰성에 강력한 의문을 제기하였다.

---

176) UN, *Blue Helmets*, p. 531.

그 후에도 사태는 진정될 기미를 보이지 않았다. 1994년 8~9월, 사라예보에서 승객으로 가득 찬 전차(tram), 행인, 이동하는 차량 등을 대상으로 살상률이 높은 세르비아계의 저격수 공격(snipers attack) 빈도가 갈수록 증가되자, UNPROFOR은 2회에 걸쳐 NATO의 공습을 요청했다. 11월 18일에는 세르비아군 소속 항공기들이 비하치 안전지대를 집속탄(cluster bombs)과 네이팜탄(napalm)으로 공격하였다. UNPROFOR의 거듭되는 요청과 경고에도 불구하고 비하치 일대에서 세르비아군이 철수하지 않자 NATO군이 또다시 공습을 가했다. 그러자 세르비아군은 관할지역 내 UNPROFOR의 이동과 접근을 금지시키고 인도주의 지원과 보급물자 수송을 가로막았다.[177]

이처럼 안전지대에 대한 세르비아계의 공격, NATO군의 공습, 세르비아계의 보복이 반복되자, 민간인 보호와 인도주의 지원을 위한 안전지대의 실효성에 대한 근본적인 의문이 제기되었다. 이러한 문제점을 인식한 유엔 사무총장은 안전지대의 명확한 구획(clearly delineated)과 완전한 비무장의 필요성을 역설하였다.[178] 완전한 비무장이란 적대행위와 안전지대 내부 및 주변으로부터의 도발 중단을 말한다. 분쟁 당사자 중 어느 일방이 안전지대 내에 병력, 무기 및 군사시설을 보유하는 것은 상대방으로부터의 공격을 유발하게 된다. 안전지대 방어를 위한 NATO군의 공습은 "어느 일방을 편드는 행위(taking sides)"로 인식되어 보스니아·헤르체고비나 지역 전체의 불안정을 초래하게 된다. 더구나 UNPROFOR는 공격을 격퇴할 수 있는 무기와 장비를 보유하고 있지 않았으며, 공중공격은 공격의 격퇴에 별다른 효과를 거두지 못하였다. 그렇다고 해서 UNPROFOR가 무력을 사용하는 것은 내전 당사자로 휘말리는 지름길이다. 이런 맥락에서 UNPROFOR는 안전지대에서의 전투행위 중단, 안전지대의 비무장화, 민감한 지역에 중간 포진(inter-

---

177) UN, *Blue Helmets*, pp. 535-56.
178) S/1994/1389, 1994. 12. 1.

베오그라드에 작열하는 NATO군의 공중 폭격. 안
보리 결의에 따라 역사상 최초로 NATO군이 무력
으로 분쟁에 개입하였다(1994).

position) 등 3단계 계획을 추진하였다.[179]

교전 당사자들은 1994년 12월 중순 카터 전 미국 대통령의 보스니아 방
문을 계기로 12일 31일부로 휴전을 선언하였으며, 이듬해 1월 2일 보스니아
계 크로아티아도 이에 동참하였다. 그러나 그 후에도 상호 전투행위, 인도주
의 구호물자 전달 방해 등은 끊이지 않았다. 3월부터 휴전이 유야무야 되더
니, 비하치 일대에서 격화된 전투가 보스니아·헤르체고비나 중부지역, 툴
루즈 및 사라예보로 걷잡을 수 없이 번져갔다. 5월에는 세르비아계가 3백
명 이상의 UNPROFOR 소속 평화유지군을 인질로 잡아 공중공격을 막기
위한 인간방패(human shields)로 삼는가 하면, 사라예보 시내의 전기공급을
차단하였다. 평화유지군의 관측소를 점령하려는 세르비아계 병사들과
UNPROFOR 사이에 전투가 발발하여 사상자가 발생하였다. 5월 말 경 사
라예보에 위치하고 있던 UNPROFOR군은 완전히 고립된 상태에서 세르비
아계와 보스니아 정부군 의 공격표적이 되고 말았다. 사라예보 공항도 폐쇄
되어 구호물자 수송이 중단되었다. 보스니아·헤르체고비나 전역에서 유엔
군의 불편부당성과 동의성은 치명적인 손상을 입었다.

이러한 상황에서 UNPROFOR가 취할 수 있는 방책은 세 가지뿐이었다.

179) UN, *Blue Helmets*, pp. 536-37.

첫째, 병력철수는 보스니아·헤르체고비나 국민들을 포기하고 분쟁해결에 있어 유엔의 무능력을 인정하는 것을 의미한다. 둘째, 현상유지는 더 많은 유엔군의 사상자를 초래하고 유엔의 신뢰도에 더욱 손상시킬 것이다. 셋째, 무력을 사용하려면 평화유지군으로서의 임무를 부여받은 UNPROFOR를 안보리가 승인하는 다국적군으로 대체해야 한다.[180] 안보리는 세 번째 방책을 채택, 고립된 유엔군 보호, UNPROFOR 예하부대 재배치, 필요한 이동의 자유 확보 등의 임무를 수행하기 위한 다국적군으로 구성된 1만 5천 명 규모의 '신속대응군(Rapid Reaction Force : RRF)'을 창설하고, UNPF/UNPROFOR 병력을 1만 2천5백 명 증가시켰다.[181] 이 같은 안보리 결의안 통과에도 불구하고 사태가 지속적으로 악화되어 7월 세르비아계의 공격으로 안전지대인 스레브레니차와 제파가 함락되었다. 수만 명의 난민이 발생하고, 즉결처형, 강간, 대량 추방, 실종 등의 끔찍한 사태가 속출하였다.

1995년 11월 21, 미국 정부의 주선으로 보스니아·헤르체고비나(Alija Izetbegovic), 세르비아(Slobodan Milosevic) 및 크로아티아(Franjo Tudjman) 대통령은 오하이오주 데이튼(Dayton)에서 3주간의 마라톤 회의 끝에 평화협정 (General Framework Agreement for Peace in Bosnia and Herzegovina and the Annexes)에 서명하였다.[182] 참석자들은 다른 국가의 주권평등 존중, 영토침범 중단, 평화적 수단에 의한 분쟁해결 등에 합의했으며, 기존의 국경선 내에서 보스니아·헤르체고비나의 존재를 인정하되, 이를 구성하는 두 개의 민주주의 국가인 보스니아계 크로아티아 연방(Bosniac-Croat Federation)과 세르비아 공화국(Serb Republic)이 영토의 51% 및 49%를 차지하고, 대외관계에

---

180) S/1995/444, 1995. 5. 30.
181) Security Council Resolution 998, 1995. 6. 16. 총 병력 상한선은 44,870명에서 57,370명으로 증가되었으며, 여기에는 프랑스에서 파견된 4천 명의 상비군(stand-by force)이 포함되어 있다.
182) S/PRST/1995/50, 1995. 10. 6.

서는 동등한 권리를 인정한다는 기본원칙을 확인했다.[183] 아울러 3개국은 '데이튼 협정'의 이행을 위한 다국적군 조직인 IFOR(Implementation Force)의 창설을 요청하였다.

1995년 3월, UNPROFOR은 UNPF(UN Peace Forces)라는 명칭의 통합사령부 예하에 UNCRO(UN Confidence Restoration Operation in Croatia)[184] 그리고 UNPREDEP(UN Preventive Deployment Force, 마케도니아)[185]와 함께 세 개의 독립적이면서도 상호연관된 부대로 재편성되었다.[186] SRSG는 UNPF 예하 세 개 평화유지군 부대에 대해 전반적인 지휘통제권을 행사하였으며, 전역사령관(Theater Force Commander)은 SRSG의 위임을 받아 각각의 부대를 지휘하였다. 안보리는 UNPROFOR로부터 민간분야의 통제권을 이양하기 위한 IFOR[187]과 함께, 치안 및 법치질서 유지를 전담할 IPTF(International Police Task Force)를 창설하였다. UNPROFOR에서 IFOR로의 이양은 1995년 12월에 이루어졌으며, IFOR은 다시 UNMIBH(UN Mission in Bosnia and Herzegovina)로 명칭이 변경되었다. 1996년 1월 UNPROFOR은 임무가 종료되고, UNTAES(UN Transitional Administration in Eastern Slavonia, Baranja and Western Sirmium), UNMOP(UN Mission of Observers in Prevlaka), UNMIBH

---

183) UN, *Blue Helmets*, p. 495.
184) UNCRO는 안보리 결의 981(1995)에 따라 창설되었으며, ① 휴전 감시, ② 경제분야 합의 사항(1994. 12. 2) 실천, ③ 모든 관련 안보리 결의안 이행, ④ 인도주의적 구호 지원, ⑤ 프레블라카(Prevlaka) 반도 비무장 감독 등의 임무를 수행하였다. UNCRO는 1996년 1월 15일 임무를 종료하였다.
185) UNPREDEP는 협상을 통한 평화적 해결 분위기 조성을 위해 안보리 결의 743(1992. 2. 21)에 의해 창설되었다. UNPREDEP는 안보리 결의 983(1995. 3. 31)으로 UNPF 예하의 독립부대로 재편성되었으나, 기본적 위임 명령, 병력 수 및 부대구조 등은 그대로 유지되었으며, 1999년 2월 28일 활동이 종료되었다.
186) UN, *Blue Helmets*, p. 545.
187) IFOR은 유엔 헌장 7장에 의거 안보리 결의안 1031(1995. 12. 15)에 의해 창설되었으며, NATO 회원국 군대를 중심으로 통합사령부를 구성하였다.

(UN Mission in Bosnia and Herzegovina) 등 세 개의 소규모 평화유지활동 미션으로 대체되었다.

1992년 최초 크로아티아에 배치된 UNPROFOR는 인종적, 사회적, 국제적 규모의 갈등에서 분쟁 당사자의 동의가 없어도 전통적 PKO가 성공할 수 있다는 위험한 전제를 바탕으로 하였다. UNPROFOR는 무력을 사용하거나 사용하겠다는 위협에 의존하지 않고, 대신 분쟁 당사자의 철저한 동의를 바탕으로 질서를 촉진할 것을 요청받았다. 뒤돌아보면, 이 사태는 필요하다면 영토를 점령하고 교전할 수 있는 능력을 갖춘 잘 훈련된 평화강제군이 배치되어야 옳았다는 것을 보여준다. 그곳에서 평화유지군은 아무런 역할도 수행하지 못하는 무기력한 존재였다. 크로아티아에서 UNPROFOR의 실패로 인하여 수많은 크로아티아와 세르비아인의 사상자와 국내 실향민이 발생하였다. 뿐만 아니라, 1993년 1월 8일, 하키야 투랄리치 보스니아·헤르체고비나 부총리는 보스니아를 방문 중인 사라예보 공항에서 터키 관리와 회담을 마치고 유엔 장갑차 편으로 복귀하던 중, 검문소에서 세르비아계 전차 2대와 40명의 전사들의 제지를 받고 끌려 나와 프랑스 평화유지군들이 보는 앞에서 8발의 총격을 받고 현장에서 사살당하는 사건이 발생하였다.[188]

보스니아에서 PKO가 실패한 근본적 원인은 위임명령(mandate)이 시행불가능하고(unworkable) 모순적(contradictory)이었기 때문이다. UNPROFOR은 보스니아에서 소위 헌장 7장에 따른 위임명령을 부여받았으나, 전통적 평화유지군과 다를 바 없는 장비만을 갖추었다. 안보리는 이들에게 인도주의적 임무수행 시 무력을 사용할 권한을 허용하였으나, 국내를 이동할 때는 교전 당사자의 동의에 의존하도록 하였다. 유엔 관리들은 보스니아계 세르비아인들

188) 서울신문, 1993. 1. 10. 5면.

에 대한 공세적 군사력 사용을 주저하였다. 그 이유는 보복이 두려웠기 때문
이다.

또한 보스니아 사태에 대한 유엔과 사무총장의 안이한 태도로 문제점으
로 지적되어야 한다. 일례로, 1992년 12월 31일, 평화안 마련을 위해 유고를
방문 중이던 이집트 출신의 부트로스 갈리 유엔 사무총장이 사라예보에 잠
시 들렀다가, 그 주변에 몰려든 회교도들로부터 '인종청소' 등 잔학행위가
계속되고 있는 유고 사태에 유엔이 직무태만을 하고 있다는 항의를 받고
"세계에는 유고보다 상황이 더 나쁜 지역이 얼마든지 있다"고 특유의 독설
로 대꾸하였다. 부상자와 노약자들이 수용되어 있는 병원에서 부트로스 갈
리는 "진통제가 충분하냐"는 한가로운 질문만 던졌다. 부트로스 갈리 총장
을 외면한 것은 일반 회교도뿐 만이 아니다. 보스니아 · 헤르체고비나의 알
리야 이제트베고비치 대통령도 일정을 바꿔 사무총장이 체류하는 시간 동안
사라예보를 비웠다. 그를 대신하여 부트로스 갈리를 영접한 부통령도 유엔
의 협조를 구하는 대신 세르비아계의 인권유린 사태에 대해 강의하였다. 협
상에 적극 참여하려는 부트로스 갈리의 질책을 사전에 막기 위한 것이었
다.189)

보스니아 사태는 소말리아와 상이하였다. 보스니아의 분쟁 당사자들은 군
사적 환경 및 언론을 자신들에게 유리하도록 조성하기 위해 유엔을 교묘하
게 이용하려 들었다. 소말리아 사태에서 교훈을 터득한 보스니아계 세르비
아는 유엔과 서방세계가 평화유지군을 지원하기 위한 군사력 사용을 매우
주저한다는 사실을 간파하고, 기회 있을 때마다 UNPROFOR을 방해하거나
무시하였다. 세르비아는 교활하게도 유엔과의 휴전협상을 이용하여 군사적
공격 수행을 은폐하였다. 비록 세르비아가 사라예보에 대한 공격을 중단하

---

189) 조선일보, 1993.1.7, 15면.

겠다는 수많은 약속을 하였지만(사라예보에 1992년 4월부터 1995년 8월까지 매일 1천 발의 폭탄이 투하되었다), 보스니아에서 전쟁을 끝내고 사라예보에 더 이상 폭탄이 투하되지 못하게 만든 것은 나토군에 의한 대량 공중폭격이었다.[190]

보스니아계 회교도들 역시 죄 없는 희생자(innocent victims)가 아니며, 그들 역시 UNPROFOR를 조작하려 들기는 마찬가지였다. 이들은 UNPROFOR에 지극히 비협조적이었고, 불안정을 제고시키는 수많은 행동을 저질렀으며, 세르비아를 도발하여 무수한 잔학행위를 저지르도록 유도하였다. UNPROFOR 사령관을 역임한 로즈(Michael Rose) 장군은 이들에게 극도의 경멸감을 표출하였는데, 그 이유는 자기들의 이익을 위해 의도적으로 자국민들을 전쟁에 내몰았기 때문이다. 이들 대부분은 오로지 자신들의 이익을 추구하는 데 혈안이 되어 있는 듯하였다.[191] 1994년 사무총장 보고서도 회교도들이 안전지대를 이용하여 자기 측 부대의 휴식, 훈련, 장비 및 세르비아인 진지에 대한 공격으로 활용함으로써, 세르비아의 보복을 자초하였다고 언급하였다.[192] 그 외에도 여러 보고서는 회교도들이 갖은 수단을 동원하여 유엔과 서방세계를 보스니아 사태로 끌어들이려 했다는 점을 지적하고 있다.[193]

요컨대, UNPROFOR는 평화를 원하는 분쟁 당사자를 상대하기 위한 능력과 장비만을 갖추었을 뿐이었다. 그러나 불행하게도 당사자인 크로아티아와 보스니아는 전쟁을 원하고 있었다. 더구나 이들은 유엔을 존중하고 협조하기는커녕 갖은 수단을 동원하여 이들을 자기편에 유리하게 끌어들이고자

---

190) Fleitz, *Peacekeeping Fiascoes of the 1990s*, p. 141.
191) Bishop, Patrick, "Rose Reveals His Contempt for Bosnian Leaders," *London Telegraph*, November 12, 1998.
192) Secretary General Report to the Security Council, S/1994/300, March 16, 1994.
193) "Report of the Secretary General Pursuant to General Assembly Resolution 53/35: The Fall of Srebrenica," A/54/549, 1999. 11. 15.

애썼다. 이들은 평화유지군의 신뢰와 선의를 이용하는 데만 관심이 있었던 것이다.194)

아울러, 일부 평화유지활동 미션에서 유엔군이나 인도주의 구호요원들에 의해 비행(misconduct)이 저질러지고 있다는 것은 공공연한 비밀이다. 심지어 UNTAC의 경우, 어떤 국가는 감옥에 갇혀 있던 죄수에게 군복을 입혀 '평화유지군'으로 파견하였다. 이들은 부여된 임무 수행보다는 약탈과 인권유린 행위 등에 열중하여 결국 유엔에 의해 강제송환이 되었다. 보스니아의 UNPROFOR에 파견되었던 동구권 국가들의 군대도 온갖 비행으로 악명을 떨쳤다. 어떤 국가의 파견부대(contingent)는 유엔 장갑차를 사라예보 시민들에게 팔아먹기 위한 생필품 밀매에 이용하였다. 또 우연히 어떤 파견부대의 의무기록을 검토해 본 결과 무려 65%가 HIV 양성 반응자로 나타나, 작전지역을 재조정하면서까지 이들을 본국에 돌려보내야 했다.195)

XV. 르완다 : UNOMUR, UNAMIR

인구 약 7백만의 르완다는 나일강 일대에서 남하한 유목민족인 85%의 후투(Hutu)족과 농경민족인 14%의 투치(Tusi)족으로 구성되어 있다. 경제적으로 부유한 투치족이 봉건왕조를 중심으로 자연스럽게 지배계층이 되고 후투족은 가축을 받는 대신 경작지와 군역(military service)을 제공하는 피지배계층(Hutu는 토착어로 'servants'를 의미)이 되었다. 19세기 말부터 르완다는 부

---

194) 이에 관한 추가적인 언론기사는 다음을 참조할 것. *Wall Street Journal* editorial, "Peacekeeping's End," May 30, 1995, p. A14.

195) Wedgwood, Ruth, "United Nations Peacekeeping Operations and the Use of Force," p. 11. 상세한 사항은 다음을 참조. http://law.wustl.edu/igls/Unconfpapers/ p_69_Wedgwood.pdf

룬디와 함께 독일의 식민지가 되었으며, 제1차 세계대전을 계기로 벨기에의
지배하에 1919년부터 국제연맹의 위임통치령으로, 그 후에는 유엔의 신탁통
치령으로 변경되었다. 벨기에는 르완다와 부룬디를 "Ruanda-Urundi"로 호칭
하였다. Urndi는 오늘날의 Brundi이다. 식민지배 이전까지 두 부족은 거의
구분할 수 없을 정도였다. 언어, 종교 및 문화를 공유하였으며, 부족 간 통
혼(intermarriage) 비율이 25%에 이르고 후투족에서 투치족으로, 투치족에서
후투족으로 신분변경이 이루어졌다. 아프리카에서 흔히 벌어진 역사적 사실
이지만, 인종 간 갈등과 반목을 부추긴 것은 식민 세력이었다. 벨기에는 투
치족이 지배해 온 기존의 사회구조를 최대한 이용하기 위한 식민정책의 일
환으로 후투족보다 피부색이 상대적으로 "흰(white)" 투치족[196]을 우대하여
종족신분증(ethnic identification card)을 의무적으로 지참토록하고, 부와 직업에
따라 신분차별을 하는 일종의 카스트제도를 도입하였다. 1950년대 말 아프
리카 대륙에 탈식민 분위기가 고조되는 가운데, 투치족들은 벨기에에 대항
하여 국가독립을 추구하려는 움직임을 보이기 시작하였다. 한편, 후투족 간
에는 식민통치가 끝날 경우 벨기에를 대신한 투치족의 지배가 영속화될 것
을 우려하는 '반(反)투치' 정서가 확산되었다. 그러자 독립을 외치는 투치족
을 억눌러야 할 필요성을 느낀 벨기에는 기존정책을 바꿔 후투족을 우대하
기 시작했다. 벨기에는 식민지배 연장을 위해 르완다에서 국가독립을 지향
한 민족주의 기운이 조성되지 못하도록 철저하고 교묘한 인종 간 분리정책
을 추진했다.

1959년 11월 후투족이 봉기를 일으켜 투치족의 마지막 왕조를 무너뜨리

---

196) 식민지배 초기, 특히 게르만 민족의 우세한 혈통을 강조하던 독일의 인류학자들은
르완다 부족들에 대한 인종적 편견에 이론적 근거를 제공하였다. 이들에 의하면,
나일강 유역에 거주하던 투치족은 "코카서스"족의 후손으로서, 유럽의 백인들에 더
가깝고, 더 지능이 높다고 주장하였다. www.aegistrust.org/index.php?option=con-
tent&task=view&id=17&Itemid=42

고 신정부를 수립했다. 후투족의 반란으로 투치족 중 2만 명이 살해되고, 16만여 명이 우간다 등 인접국가로 도피하였다. 식민 세력이 부추긴 종족 간 대립과 반목이 유혈사태를 초래하기 시작한 것이다. 1962년 유엔은 벨기에의 식민통치를 종결시키고 르완다의 독립(7월 1일)을 선포했다. 1973년 인종갈등으로 사회불안이 고조되는 상황에서 하비아리마나(Juvénal Habyarimana) 장군이 쿠데타로 정권을 장악하였다. 신정부는 식민지시대의 인종차별 정책을 부활시키는 한편, 인구의 10%에 불과한 투치족을 제도적으로 견제하기 위한 조치로서 모든 공직과 교육 등에 인종별 인구비례에 기초한 쿼터제를 시행하였다. 일당독재로 권좌를 유지하던 하비아리마나는 서방세계의 압력에 못 이겨 정치의 민주화를 위해 다당제를 도입(1990년)하였다. 얼마 후 해외망명 투치족을 중심으로 결성된 르완다애국전선(Rwandese Patriotic Front : RPF)이 우간다 국경을 넘어 르완다를 침공하였다.

RPF의 공격을 받은 르완다 정부의 요청으로 미국의 지원을 받은 자이레(콩고), 벨기에, 프랑스가 자국 교민보호를 명복으로 군대를 파견하였다. 프랑스, 독일, 벨기에는 막대한 무기를 판매하면서 RPF와 대립하는 르완다 정부를 군사적으로 지원하였다. 특히 1992년에는 르완다 주재 프랑스 군대 지휘관(Chollet 중령)이 하비아리마나의 군사고문이 되었다.[197] 투치족의 침략으로 위협을 느낀 르완다 정부는 투치족에 대한 적개심과 증오심을 불러일으키는 선전선동에 열을 올렸다. 모든 투치족은 RPF와 공범(accomplice)이라는 소문이 나돌기 시작했다. 1990년에 후투계 신문인 'Kagura'에 발표된 "후투족 10계명"은 "투치족은 돈과 여자를 무기로 후투족을 지배하려는 피와 권력에 굶주린 무리이므로 이들에게 자비를 베풀면 안 된다"는 끔찍한 내용을 담고 있었다.[198] 대량학살의 분위기가 무르익고 있었다.

---

197) Doward, D., "Rwanda: The Role of the West," www.greenleft.org/au/back/1994/145/145p32.htm

1993년 2월, RPF를 지원하는 것으로 의심을 받고 있던 우간다와 르완다
는 유엔이 150킬로미터에 걸친 국경지대에 군 옵서버를 파견해 줄 것을 요
청했다. 6월 22일, 안보리는 6개월 시한으로 UNOMUR(UN Observer Mission
Uganda-Rwanda)를 창설하고 국경지대를 통한 무기반입을 통제하는 임무를
부여하였다.199) 9월부터 81명의 옵서버들이 배치되었으나, RPF의 활동으로
우간다 영토 내에서만 활동할 수 있었다. 한편, 8월 4일 아루샤(Arusha) 회담
에서 르완다 정부와 RPF는 선거 전까지 과도정부 구성, 총선을 통한 민주
정부 수립, 난민귀환, 군대통합 등 광범위한 평화협정에 합의하였다. 국경감
시 임무를 수행하는 UNOMUR에 추가하여, 안보리는 UNAMIR(UN Assis-
tance Mission for Rwanda)를 창설, "과도정부 구성 및 활동을 위한 안전한 환
경조성 및 유지"하는 임무를 부여하였다. UNAMIR의 활동시한은 1995년
10~12월 예정인 총선까지로 결정했다.

르완다에서의 대량학살은 독일과 캄보디아와 구(舊) 유고에서의 '홀로코스
트(Holocaust)'와 함께 인류 문명사에 씻을 수 없는 참담한 상처를 남긴 비극
이었다. 다소 내용이 길어지더라도, 그 당시에 르완다에서 무슨 일이, 왜, 어
떻게 벌어졌는지를 살펴보는 것은 유엔 평화유지활동의 과거를 냉철히 돌이

---

198) Hassan Ngeze가 "Kagura"에 게재한 "10계명"의 내용은 다음과 같다. ① 투치족은
피와 권력에 굶주린 무리이며, 대포와 칼로 르완다를 지배하려 기도하고 있다. ②
1959년 권좌에서 쫓겨난 이후, 르완다를 다시 차지하려는 꿈을 한시도 버리지 않고
있다. ③ 투치족의 무기는 돈과 여자들이다. ④ 투치족은 부인과 딸을 후투족에게
팔아서, 이들을 후투족 엘리트 사회의 내부 첩자로 삼고 있다. ⑤ 투치족은 후투족
의 말살을 위해 무슨 짓이든 서슴지 않는다. ⑥ 투치족 부인들은 투치족의 이익을
위해서라면 모든 수단과 방법을 가리지 않는다. 따라서 투치족을 부인이나 첩으로
삼는 후투족은 배신자이다. ⑦ 투치족은 부정직한 사업가이다. 이들의 목표는 인종
적 우세를 확립하는 것뿐이다. ⑧ 르완다 군대는 후투족으로만 구성되어야 한다.
⑨ 어떤 군인도 투치족 여자와 결혼해서는 안 된다. ⑩ 후투족에게는 절대로 동정
하지 말아야 한다. 원문은 다음을 참조할 것. www.onemancult.com/rwanda/hutu-
ten.html
199) Security Council Resolution 846, 1993. 6. 22.

르완다 대학살 피해자들의 묘지

켜보고 미래의 교훈을 얻기 위해 반드시 필요한 것이다.

1993년 10월 21일, 인접국 부룬디의 후투계 대통령인 느다다예(Melchior Ndadaye)가 암살되었다. 이 사건을 계기로 벌어진 후투족과 투치 족 간 유혈 충돌로 5만 명이 사망하고, 80만 명의 후투족 난민들이 르완다와 자이레와 탄자니아로 도피했다. 투치족을 신뢰할 수 없다는 확신을 굳힌 후투족은 만 일의 사태에 대비한 '선제적 자위행위(preemptive self-defense)'를 준비하기 시 작하였다. 12월 27일, 벨기에군 정보기관은 "르완다 정부군이 투치족을 치 기 위해 만반의 준비를 갖추고 때가 무르익기만을 기다리고 있다"고 보고하 였다. 1994년 1월 11일, UNAMIR의 군사령관인 달레어(Dallaire) 장군은 'Jean Pierre'라는 가명의 르완다군 내 후투계 고위인사의 첩보를 기초로, 유 엔본부에 "르완다 군대가 20분 만에 1천 명의 투치족을 살해할 수 있는 특 수부대를 양성"하였음을 보고하면서, "36시간 이내에 긴급조치를 취할 것" 을 건의하였다.200) 마른하늘의 날벼락 같은 경악할 만한 내용이었으나, 유 엔 DPKO는 "안보리 결의안 872(1993)에 명시된 UNAMIR 위임명령의 범

___

200) www.aegistrust.org/index.php?option=content&task=view&id=17&Itemid=42 참조. 이 첩보보고에 의하면, 르완다 정부는 '거사(대량학살)' 초기에 벨기에군 몇 명을 살해하 면 르완다군에 걸림돌이 될 가능성이 있는 UNAMIR에 파견된 벨기에 군대가 철수 할 것으로 예상하고 있었다.

위를 명백하게 벗어난다'는 이유로 비상조치를 허용하지 않았다.[201]

1994년 4월 6일 오전, 르완다의 하비아리마나 대통령과 부룬디의 느타리아미라(Cyprien Ntaryamira) 대통령이 탑승하고 있던 비행기가 키갈리(Kigali) 공항에서 추락하여 사망하는 사건이 벌어졌다. 비행가 추락사고 발생 후 수 시간 내에 르완다군은 키갈리(수도) 시내 전역에 투치족과 온건파 후투족들을 체포하기 위한 도로검문소를 설치했다. 즉시 온건파 후투족인 르완다 수상(Agathe Uwilingiyimana)은 유엔군에게 신변보호를 요청했으나, 자신을 보호하던 UNAMIR 소속 벨기에 병사 10명과 함께 살해되었다. 예상대로 벨기에는 즉시 자국의 파견병력을 서둘러 르완다에서 철수시켰다. 투치족은 물론, 정부관리, 야당 지도자, 저널리스트, 인권운동가 등 투치족에 관대한 태도를 보였던 온건파 후투족들은 1차 학살대상이 되었다. 5일 만에 키갈리 시내에서만 5만 명의 투치족과 온건파 후투족들이 죽임을 당했다. 12일부터는 투치족 제거에 전력이 집중되었다. 못을 박은 곤봉, 도끼, 낫, 칼, 막대기, 수류탄, 총 등으로, 들판, 숲 속, 늪지대, 교회, 병원, 학교, 마을을 가리지 않고 닥치는 대로 죽였다. 대개는 고통 없이 죽도록 총을 쏘는 방법을 사용하지 않았다. 교회 지도자들은 살인행위를 외면하였고, 의사들도 투치족 환자들의 치료를 거부하였다. 광란의 살육은 매우 치밀하고 체계적으로 이루어졌다. 노인, 부모, 자식들과 신생아까지 한 명도 남김없이 온 가족이 몰살되었다.

4월 12일, 1,260명의 평화유지군을 보유하고 있던 UNAMIR 군사령관은 유엔 본부에 사태수습을 위해 5천 명이 필요하다고 보고하였다. 안보리는

---

201) Cammaert, Patrick C. "Intelligence in Peacekeeping Operations: Lessons for the Future," in Paltje, Wies, Ben de Jong, and Robert David Steel (eds.) *Peacekeeping Intelligence: Emerging Concepts for the Future* (Oakton, Virginia: OSS International Press, 2003), pp. 24-25.

르완다에서 수천 명이 살해된 데 대해 "경악(appalled)"하였다고 하면서, 어처구니없게도 오히려 병력을 270명으로 줄이고 분쟁 당사자 간 중재역할로 위임명령의 범위를 축소시키기로 결정하였다.202) 당시 안보리 비상임이사국이었던 르완다는 자국 정부가 대량학살을 저지르는 동안 국제사회의 눈과 귀를 막는 데 열을 올렸다.203) 잘못된 안보리 결의가 통과된 지 1주일이 지나서야, 유엔은 자신의 과오를 깨달았다. RPF와 정부군 간의 정전협정 중재가 아니라 지금 벌어지고 있는 대량학살을 막는 것이 더 급선무라는 것을 깨달은 것이다. 뒤늦게 안보리는 UNAMIR의 병력을 5천5백 명으로 늘리기로 결정했다.204) 미국이 약속한 50대의 장갑차(Armoured Personnel Carriers)는 임대계약, 선적 및 하역, 페인트칠, 유엔표식 부착 등 하찮은 일들로 인접국 우간다에서 전환되는 데 1개월이 넘게 소요되었다. 대량학살이 끝나기 전에 도착한 유일한 증원군은 프랑스 부대였다. 프랑스는 과거 르완다 군을 무장 및 훈련시키는 데 적극적이었으며, 후투족의 맹방으로 인식되고 있었다. 프랑스는 오늘날까지 국제사회로부터 후투족 군대 및 정치세력과 연대하여 1994년에 벌어진 투치족의 대학살을 '방조'한 혐의로 비난을 받고 있으나, 공식적인 사과는 한마디도 하지 않고 있다.

대량학살의 여파로 수백만 명의 난민이 발생하는 등 대규모 인도주의적 위기사태에 직면한 유엔은 UNAMIR로는 수습에 한계가 있음을 인식하고, 6월 22일 회원국이 헌장 7장에 따라 '필요한 모든 수단'을 강구하여 인도주의적 구호임무를 '2개월간' 수행할 수 있도록 권한을 부여하였다.205) 이에

---

202) Security Council Resolution 912, 1994. 4. 21.
203) 부트로스 갈리 사무총장은 안보리에 ① UNAMIR에 수천명의 병력을 보강하여 평화강제 임무 부여, ② UNAMIR를 270명 규모로 축소, ③ 유엔 PKO 중단 및 철수 등 세 가지 방안을 제시하였으나, 소말리아의 충격에서 벗어나지 못한 미국은 방안 ②를 강력히 주장하였다.
204) Security Council Resolution 918, 1994. 5. 17.

근거하여, 프랑스의 주도 하에 'Operation Turquoise'이 개시되었다. 7월 2일, 프랑스는 르완다 남서부의 'Cyangugu-Kibuye-Gikongoro' 삼각지대(르완다 국토의 20% 면적)에 '인도주의 안전지대(humanitarian protected zone)'를 설치하였다. 그러는 사이 수도인 키갈리의 일부를 점령하고 있던 RPF는 르완다 정부군의 공세에 의해 자이레 국경일대로 퇴각하였다. 7월 들어 2주 동안에 퇴각하는 RPF와 함께 약 150만 명의 난민들이 자이레로, 거의 같은 숫자가 '안전지대'로 몰려들었다. 자이레로 쫓겨 가던 RPF 병사들은 난민들을 강제로 끌고 갔다. 한편, 후투족은 대량학살을 멈추지 않았을 뿐 아니라, 인접국 콩고에 위치한 유엔 난민촌을 장악하여 전력정비를 위한 근거지로 삼아 난민들의 르완다 귀환을 가로막았다.

7백만 명의 인구 가운데 1백만 명이 학살되고, 3백만 명이 국내 실향민 신세가 되었으며, 콜레라의 전염으로 5만 명이 사망하였다. 인도주의 구호기관들이 난민들을 위해 하루에 3천만 톤의 식수와 1천 톤의 식량을 공급하는 것은 감당하기 어려운 엄청난 일이었다. 이 같은 사태는 유엔의 인도주의적 기관들의 능력을 초과하는 것이었다.206) 유엔 사무총장은 "르완다에서 발생한 비극적 사태로 인하여 더 이상 UNOMUR의 위임명령을 수행할 수 없다"고 보고하였다.207) 9월 21일 UNOMUR는 공식적으로 활동을 중단하고 르완다-우간다 국경일대에서 철수하였다.

1994년 12월 9일, 안보리 결의에 의해 르완다에서 발생한 대량학살의 진상조사를 위한 국제전범재판소(International Criminal Tribunal for Rwanda : ICTR)가 설치되었다.208) 1995년 6월 9일, 르완다 정부의 지속적인 요구와

---

205) Security Council Resolution 969, 1994. 6. 22.
206) UN, *Blue Helmets*, pp. 352-53.
207) S/1994/1073, 1994. 9. 19.
208) Security Council Resolution 955, 1994. 11. 8.

UNAMIR 소속 평화유지군(1994)

사무총장의 건의에 따라 UNAMIR의 규모는 2,330명으로 축소되고, 그 임무도 평화유지활동에서 평화건설(peace-building)로 전환되어, 난민귀환 및 인도주의 구호활동 지원, 르완다 경찰 훈련 등의 활동을 수행하였다.209) 그러나 시간이 흐르면서 UNAMIR가 별다른 도움이 되지 못한다고 판단한 르완다 정부는 더 이상 UNAMIR의 주둔을 허용하지 않을 것이라는 의사를 통보(12월 9일)하였다.210) 르완다 정부는 유엔이 대량학살을 막지 못하였다고 비난하고, 유엔은 르완다 정부의 자국민에 대한 인권유린을 비난하였다. 르완다 정부와 국민이 원하지 않는 한 UNAMIR는 더 이상 활동을 지속할 수 없게 되었다. UNAMIR는 1996년 3월 8일 활동을 중단211)하고 4월 19일 철수를 완료하였다.

르완다 대량학살에 대한 유엔과 OAU의 조사결과에 의하면 1994년 1월

209) Security Council Resolution 997, 1995. 6. 9.
210) S/1995/1018, annex, 1995. 11. 24.
211) Security Council Resolution 1050, 1996. 3. 8.

부터 후투족이 대량학살을 계획하고 있다는 명백한 경고가 있었다.212) 이
보고서에 따르면 1994년 4월 중순 미국을 비롯한 서방국들은 투치족을 말
살하려는 후투족의 계획을 인지하고 있었다. 비록 UNAMIR가 유혈참극을
중단하지 못하였다는 광범위한 비난의 대상이 되고 있으나, 대부분의 책임
은 이런 비극의 조짐을 조기에 인지하고도 아무런 조치를 취하지 않은 미
국, 프랑스 및 영국 등 선진국에 책임이 있다.213)

　유엔은 1994년 1월 익명의 정보원으로부터 급진적 후투족들이 1993년 10
월 소말리아에서의 매복사태로부터 서방국가들이 사상자 발생을 견디지 못
한다는 것을 알고 UNAMIR 소속 벨기에군을 살해하여 벨기에 군대 전체를
축출하려는 계획을 세우고 있다는 것을 인지하였다.214) 이러한 계획이 실제
로 이행되었고, 후투족의 예상대로 벨기에는 UNAMIR에서 군대를 철수시
켰다. 이러한 사태는 애초부터 유엔이 벨기에군을 UNAMIR에 포함시킨 처
사가 적절한 것이었는지에 대한 의문을 제기하는데, 그 이유는 벨기에는 오
랫동안의 식민통치로 인하여 르완다에서 혐오의 대상이 되어왔기 때문이
다.215)

　1993년 10월 모가디슈에서의 매복으로 곤욕을 치른 클린턴 행정부는
UNAMIR 병력을 1백 명으로 대폭 줄이고 "Chapter VII" 미션에 대한 지원
을 철회하였다. 이런 뼈아픈 경험으로 인하여 미국은 UNAMIR의 위임명령
(mandate) 및 규모의 확대를 지속적으로 방해하였다.216) 르완다 사태가 건잡

212) Organization of African Unity, Report of the International Panel of Eminent
　　Personalities to Investigate the 1994 Genocide in Rwanda and Surrounding Events
　　(June 2000), 9~12장(이하 OAU 르완다 보고서); Report of the Independent Inquiry
　　into the Actions of the United Nations during the 1994 Genocide in Rwanda,
　　December 15, 1999(이하 유엔 르완다 보고서), pp.22~31.
213) Fleitz, Peacekeeping Fiascoes of the 1990s, p. 152.
214) 유엔 르완다 보고서, p. 6.
215) 유엔 르완다 보고서, p. 24.

을 수 없이 악화되자 UNAMIR 규모 확대에 마지못해 동의하였지만, 미국
정부는 이 미션에 대한 병력전개를 지연시키는 데 영향력을 발휘하였으나,
1994년 7월 중순 정작 부대가 배치되었을 때는 이미 대량학살이 종료된 후
였다.217)

이처럼 소말리아와 보스니아에 이어 르완다에서도 실패로 끝남에 따라
유엔 PKO는 명예와 신뢰에 심대한 타격을 입었다. 요약하면, 유엔은 소말
리아에서 지나치게 공격적(aggressive)이고, 보스니아에서는 지나치게 소극적
(passive)이었던 반면, 르완다에서는 지나치게 무관심(insensitive)하게 행동하는
과오를 범하였다.218)

XVI. 시에라리온 : UNOMOG, UNAMSIL

1482년 포르투갈 및 유럽 상인들이 시에라리온에 최초로 상륙하여 노예
상아 등을 수출한 이래, 1700년대에는 쌀농사 기술이 뛰어난 흑인들을 시에
라리온에서 미국 남부 사우스캐롤라이나, 조지아주 등의 농장으로 송출하는
노예무역이 번창하였다. 1787년 영국인들의 노예무역 반대 캠페인에 힘입어,
4백여 명의 해방노예들이 프리타운(Freetown)을 건설하였다. 1792년 프리타
운은 서아프리카에서 처음으로 영국의 식민지가 되었으며, 1896년에는 영국
의 보호령으로 선포되었다. 1951년부터 탈식민(decolonization)을 위한 제도적
준비가 시작되어, 1953년 시에라리온 태생 마가이(Sir Milton Margai)가 최초

---

216) Fleitz, *Peacekeeping Fiascoes of the 1990s*, p. 155.
217) OAU 르완다 보고서; "Albright: U.S. Not to Blame in Rwanda," *Newsday*, July 10,
2000, p. A15.
218) Lie, F. T., "The History of United Nations Peacekeeping Operations - Following
the Cold War: 1988 to 1997" (New York: UNITAR POCI, 1998), p. 121.

의 수상(Chief Minister)으로 임명되었으며, 시에라리온은 1960년 영국정부와
의 협상을 거쳐 1961년 정식으로 독립국가임을 선포하고 내각제를 채택하
였다. 1964년 마가이의 사망 후 그의 이복동생(Albert Margai)이 수상직을 계
승하였다.

1967년 박빙의 선거 결과 전인민회의(All Peoples Congress : APC)가 의회
의 과반수를 차지하자, 당시 영국의 총독은 APC 대표이자 프리타운 시장인
스티븐스(Siaka Stevens)를 새로운 수상에 임명하였다. 몇 시간도 지나지 않아
시에라리온 군대 사령관인 란사나(David Lansana) 준장은 마가이와 스티븐슨
을 가택연금시켰다. 얼마 후 다른 무리의 장교들이 쿠데타를 일으켰으나, 이
들은 또 다른 쿠데타로 제거되었다. 1968년 천신만고 끝에 수상직에 복귀한
스티븐스는 10년 후 헌법개정을 통해서 APC를 제외한 모든 정당을 해산시
켰다. 1985년, 스티븐스의 지명으로 단독 입후보한 모모(Joseph Saidu Momoh)
준장이 일당제 선거를 통해 대통령에 당선 되었다. 1991년 모모는 헌법을
개정하여 다당제를 다시 도입하였으나, APC 정권은 권력남용으로 악명을
떨쳤다. 1991년 초, 병장출신의 산코(Foday Sankoh)가 이끄는 혁명전선(Revo-
lutionary United Front : RUF)이 결성되어 라이베리아 국경 일대에서 반정부
무력투쟁을 개시함으로써, 시에라리온 내전이 시작되었다.[219] 11년 에 걸친
내전으로, 총 4백만 명의 인구 가운데 20만 명이 사망하고 50만의 난민과
50~70만 명의 국내 실향민이 발생했다.[220]

시에라리온 내전은 지역적 성격을 가지고 있었다. 당시 라이베리아의 지도
자 테일러(Charles Taylor)는 RUF의 시에라리온 공격을 지원하였다. 리비아와

219) Richards, Paul, *Fighting for the Rain Forest: War, Youth and Resources in Sierra Leone* (Oxford: James Currey for the International Africa Institute, 1996).
220) United Nations, Office for the Coordination of Humanitarian Affairs, "Humanitarian Briefing Pack: Sierra Leone," May 2002; UNAMSIL, Human Rights Section, "Overview of the Human Rights Situation in Sierra Leone," May 2002.

브루키나 파소(Brukina Paso) 등도 RUF 편이었다. 내전의 외중에 있던 테일러는 자국에 배치된 ECOMOG(ECOWAS Ceasefire Monitoring Group, ECOWAS= Economic Community of West African States)의 주의를 분산시키기 위해 시에라리온에 또 다른 전선을 형성하는 것이 목적이었다. ECOMOG은 라이베리아에서의 작전을 위한 기지로서 시에라리온 내 룽기(Lungi) 공항을 사용하고 있었다. 따라서 테일러가 RUF을 도와준 것은 시에라리온의 ECOMOG 지원에 대한 보복이었던 셈이다.221)

몇 달간 계속된 전투에서 RUF는 코노(Kono) 일대 다이아몬드 광산을 장악하는 데 성공했다. 1992년 4월 민정이양과 내전종식을 공약으로 내건 스트라서(Valentine Strasser) 소령의 주동으로 군부 쿠데타가 발생하여 모모는 기니(Guinea)로 망명하고, 국가임시통치회의(National Provisional Ruling Council : NPRC)가 수립되었다. 그러나 NPRC도 RUF의 반란을 진압하는 데는 모모정권보다 나은 것이 없었다. RUF의 공세가 격화되어 1995년에는 반군세력이 국토의 대부분을 장악하고 프리타운까지 압박하였다. 사태를 호전시키기 위해 NPRC는 'Executive Outcomes'라는 사설 용병기업에서 수백 명의 용병들을 고용했다.222) 이들은 수개월 만에 RUF를 시에라리온 국경일대로 밀어붙였다.

1961년 1월 15일 스트라서 소령이 무혈혁명에 의해 축출되고 비오(Maada Bio) 준장이 정권을 장악했다. 군부 내 일각에서 민정이양에 반대함에도 불구하고, 비오 준장은 국민들의 요구와 국제사회의 압력에 따라 대통령 및 의회선거를 통해 민간 정부에 정권을 이양키로 합의하였다.223) 1996년 4월

---

221) Richards, *Fighting for the Rain Forest*, p. 4.
222) 이들은 유엔군을 파견할 경우 소요되는 경비의 4%만으로 임무를 수행하였다. 보다 상세한 사항은 다음을 참고할 것. www.ibga.co.kr/news/news_contents.php?no=966
223) 이 선거는 1986년 국회의원 선거이후 처음으로 실시된 민주주의적 선거였다.

에 실시된 선거에서 20년 이상 유엔 외교관으로 활동하였던 카바(Tejan Kabbah)가 대통령에 당선되었다.224) 카바정권과 RUF는 코트 디브와르의 아비장(Abijan)에서 회동, 1996년 11월 30일 평화협정(일명 '아비장 협정')에 합의하였다. '도덕적 보증인(moral guarantor)'을 자임한 코트 디브와르, 아프리카 단결기구(Organization of African Unity), 유엔 등이 함께 아비장 협정에 서명했다.225)

평화협정이 체결된 지 얼마 되지 않아, 카바 대통령은 1997년 5월 코로마 (Jone Paul Koroma) 소령이 이끄는 군사혁명위원회(Armed Forces Revolutionary Council : AFRC)에 의해 14개월 만에 실각하였다. 그러나 1998년 3월 혁명위원회는 나이지리아가 주도하는 ECOMOG에 의해 해산되고 쿠데타로 실각하였던 카바가 다시 대통령직에 복귀하였다. 유엔 안보리는 ECOWAS의 조치를 전폭적으로 지지하는 한편,226) 평화과정의 촉진을 위해 UNOMSIL (UN Observer Mission in Sierra Leone)을 창설하고, 70명의 군 옵서버로 하여금

---

224) 선거결과 1996년 3월, 6년 임기의 카바정권이 등장하였으나, 이 무렵 훈련상태와 장비가 열악하고 밀린 봉급과 진급문제 등으로 불만이 팽배해 있는 데다, 제대로 먹지도 못하고 있던 시에라리온 정부군(Republic of Sierra Leone Military Forces : RSLMF)은 군기나 사기라고는 찾아 볼 수 없는 오합지졸에 불과하였다. 사정이 이러하다 보니, '낮에는 군인, 밤에는 반군(soldiers by day, rebels by night)'을 지칭하는 'sobel'이라 불리던 이들은 민간인들을 대상으로 한 약탈이나 테러행위 등을 서슴지 않고 저질렀다. NPRC뿐 아니라 카바 정권도 이처럼 무기력한 시에라리온 정부군으로는 RUF을 막을 방법이 없었기 때문에 'Executive Outcome' 같은 용병회사에 의존하지 않을 수 없었던 것이다. 용병회사와 관련 내용은 다음을 참고할 것. Shearer, David, *Private Armies and Military Intervention*, Adelphi Monograph Series 316 (London: International Institute for Strategic Studies, 1998).

225) '아비장 평화협정(1996. 11. 30)'의 원문은 다음을 참조. www.sierra-leone.org/abidjan-accord.html. 협정의 골자는 ① 공식적인 내전 종식, ② 합의사항 이행을 위한 시에라리온 정부와 RUF 간 공동위원회 설립, ③ 무장 및 동원해제, ④ RUF의 정당화 (政黨化) 추진, ⑤ 'Executive Office' 등 외국군 철수 등이었다. 이 협정에서는 ECOWAS나 유엔의 역할을 명시하지 않았다.

226) S/RES/1132. 1997. 10. 8. 이 결의안은 군사혁명위원회의 즉각 해산, 이들에 대한 석유 및 무기수출 금지 등을 명시하였다.

치안상태 및 무장·동원해제 감시, 국제 인권법 존중 감독 등의 제한적 임무
를 부여하였다.[227] 1999년 1월 RUF는 지도자인 산코가 반역죄로 프리타운
에 수감되어 있는 상태에서 정권전복을 위한 총공세를 벌였으나 ECOMOG
에 의해 격퇴되었다.

국제사회의 도움을 받아[228] 카바 대통령과 RUF 지도자 산코는 1999년 7
월 7일 로메협정(Lomé Peace Agreement)에 조인하였다. 이 협정으로 산코는
감옥에서 석방된 것은 물론이고 부통령과 '전략물자관리, 국가재건 및 개발
위원회(CMRRD)' 총재에 임명되고, RUF 출신자들에 대한 대사면 조치를 단
행했다.[229] 아울러 로메협정은 ECOMOG과 UNOMSIL에 새로운 위임명령
을 부여할 것을 요청했다. 유엔, 나이지리아, OAU 간 협상결과, 주로 나이
지리아 군대로 구성된 1만 2천 명 규모의 ECOMOG을 시에라리온에 수개
월 더 주둔시키고, UNAMSIL 병력을 6천 명으로 늘리되 그 중 3천 명은
ECOWAS군에서 전환(re-hatting)시키기로 하였다. UNAMSIL 임무는 유엔
헌장 7장에 따라 무력을 사용하여 UNAMSIL 요원들의 안전 및 자유를 확
보하고, 신변의 위협을 받는 민간인을 보호하는 것이었다.[230]

그러나 1999년 12월, 나이지리아의 오바산조(Olusegun Obasanjo) 대통령은

---

227) S/RES/1181. 1998.7.13. 이에 앞서 안보리는 10명의 군 연락장교단의 파견을 결의
하였다. 상세한 사항은 다음을 참조할 것. S/RES/1162, 1998. 4. 17.
228) 평화협상이 시작될 수 있었던 것은 유엔, ECOWAS, 클린턴 대통령 특사인 제시
잭슨(Jesse Jackson) 목사 등의 적극적인 중재노력 덕분이었다. 보다 상세한 사항은
다음을 참조할 것. Lizza, Ryan, "Where Angels Fear to Tread: Sierra Leone, The
Last Clinton Betrayal," *The New Republic Online*, 2000. 7. 13.
229) 로메협정은 RUF와 산코에게 엄청난 특권을 부여해 주었다. 특히 로메협정에서 창
설된 CMRRD(Commission for the Management of Strategic Resources, National Recon-
struction and Development)에는 시에라리온의 금, 다이아몬드 등 국가안보에 중요한
전략적 자산에 관한 광범위한 권한이 부여되었다. 로메협정 전문은 다음을 참조.
http://www.sierra-leone.org/lomeaccord.html
230) S/RES/1270, 1999. 10. 22.

선거공약을 지키기 위해 시에라리온 주둔 ECOMOG에서 자국 군대를 전원 철수시키기로 결정하였다. 나이지리아 파견부대 1만 명이 빠져나가고 나면 6천 명의 평화유지군으로는 임무수행이 불가능하다고 판단한 유엔은 병력 증가를 위한 논의를 시작하였다. 2000년 4월 ECOMOG이 철수하고, 5월 나이지리아 군대마저 철수하자 UNAMSIL은 심각한 위기에 직면하였다. 나이지리아군의 철수로 발생한 힘의 공백을 노린 RUF가 5백 명의 평화유지 군을 인질로 잡고 무기와 탄약을 탈취하는 사건이 벌어졌다.231)

   인질사태가 벌어지기 전까지 시에라리온에 배치된 UNAMSIL 소속 부대 들은 실제 전투상황에 개입될 것으로는 미처 예상하지 못하고 있었다. 이 사건의 최대 피해자인 잠비아 군대가 대표적인 예이다. 시에라리온에 막 배 치되어 현지 사정에 어두운 잠비아군은 UNAMSIL 군사령관으로부터 마네 키(Maneki, 수도인 프리타운에서 내륙으로 약 150킬로미터 지점)에서 RUF의 공격 을 받고 있던 케냐군을 지원하라는 명령을 받았다. 군사령관은 인도군에게 다른 도로를 이용하여 마네키로 출동하도록 지시했다. 잠비아군은 지도도 없이 매복에 취약한 호송대형(convoy formation)을 취한 상태에서 도로로 이 동하였다. 도착지에 거의 다다를 무렵, 도로검문소를 운용하던 RUF 반군들 이 잠비아군 지휘관에게 차량에서 하차하여 현지 RUF 지도자를 만날 것을 요구했다. 지휘관이 아직 돌아오지 않은 상태에서, 반군들은 자신들과 협상 하자는 명목으로 부지휘관도 하차시켜 데려갔다. 이제 5마일에 이르는 장갑 차, 트럭 및 각종 차량의 종대(column)는 지휘관과 부지휘관이 없는 상태로 방치되었다. 이때 갑자기 주위 숲 속에서 매복하고 있던 RUF 반도들이 튀 어나와 잠비아군을 무장해제시키고 인질로 끌고 갔다.

   유엔이 인질석방을 위해 동분서주하는 동안, 2000년 5월 7일 영국은 전

---

231) 이 사건에 대한 상세한 사항은 다음의 사무총장 보고서 내용을 참조할 것. S/ 2000/455, 2000. 5. 19. 5백 명의 인질들은 2000년 5월 30일 전원 석방되었다.

내전의 죄없는 희생자들(UNAMSIL의 사례)

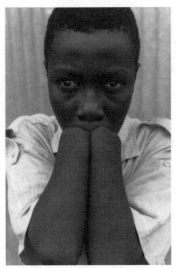

내전의 가장 큰 피해자들은 죄없는 주민들이다. 그 중에서 가장 취약한 계층이 부녀자와 미성년자들이다. 국제적인 난민 기구인 'Refugees International'이란 NGO 가 발간한 보고서 "*Report on the United Nations Mission in Sierra Leone*"(2002. 10)는 10년 이상 지속된 내전으로 인해 국내 실향민 신세로 전락한 어느 부녀자와 강요에 의해 어쩔 수 없이 병정 노릇을 해야 했던 13세 소년과 18세 소녀의 비참한 경험을 여과없이 들려주고 있다.

"눈에 보이는 것은 몽땅 약탈한 다음, 군인(RUF 소속으로 추정, 필자 주)들은 그

반군에 의해 두 손이 잘린 소년

여자의 딸과 동생을 마을 한 운데로 끌고 갔어요. '너희들은 군사정권을 원하지 않았단 말이지. 그래서 카바(Kabbah)를 대통령에 뽑은 거야. 이제 대통령에게 가서 도와달라고 하시지.' 군인들은 그 애 엄마가 볼 수 있도록 머리채를 움켜쥔 채 손을 잘라 내면서 이렇게 말하더군요. '네 딸부터 시작해서 나중에 네게 우리가 어떻게 할 것인지를 보여주마.' 그 애는 기절하고 말았어요. 그리고는 군인들이 엄마를 붙잡더니 그 여자의 손도 잘라 버렸어요. 그런 다음 그녀의 동생도 붙들어서, 이번에는 양손을 다 잘라버렸어요."(1998년 6월, 어느 난민여성과의 인터뷰 내용)

1998년 10살 난 어느 소년이 RUF에 납치되었다. 군인들이 AK-47 소총을 주었지만, 너무 무거워서 들 수가 없었다. 그래서 군인들은 소년에게 권총을 들려 예닐곱살 난 아이들도 포함되어 있는 소년단(Small Boys Unit)에 집어넣었다. 소년은 전투를 거부했지만, 복종한다고 할 때까지 두들겨 맞았다. 군인들은 그 아이에게 강제로 마약을 먹이고 흰색 가루를 들이마시게 했다. 2000년, 소년은 기니에 있는 가족들과 상봉했지만, 정신적 충격을 이기지 못하고 난폭한 행동을

보였다.(2001년 7월, 13세 전직 소년병사의 이야기)

18세의 어느 소녀는 RUF와 대항해서 싸우던 AFRC에 납치되어 2년간 포로가 되었다. 납치한 군인들은 도망치면 발각되어 반도들에게 죽임을 당하도록 소녀의 몸에 "AFRC"란 낙인을 깊이 새겼다. 소녀는 이렇게 말했다. "AFRC에 잡혀 있는 동안 그들은 나를 전투원으로 만들었어요. 나는 그들과 함께 권총을 들고 싸웠어요. 난 아무도 안 죽였지만, 낫으로 사람을 다치게 했어요." 납치로 인한 정신적 충격, 강요에 의한 전투, 전쟁으로 인한 가족들의 죽음 등에 더하여, 그 아이는 AFRC에 억류되어 있던 2년간 거의 매일 성폭행을 당했다.(2000년 7월, 18세 전직 소녀병사의 이야기)

자료 : www.refugeesinternational.org/files/reports/RIUNAMSIL.pdf

격적으로 자국 군대의 시에라리온 파병을 일방적으로 결정, 9백 명의 해병대, 공수부대 및 특공부대원을 프리타운에 배치하였다.[232] 이들의 목적은 영국인의 철수를 위한 공항 확보, 인질구출, 시에라리온 군대에 훈련제공 등이었다. 영국군의 개입에도 불구하고 정세불안이 지속되는 가운데 2000년 5월, RUF가 프리타운 소재 산코의 숙소 앞에서 RUF 반대데모를 벌이던 20명의 주민들을 사살하는 사건이 벌어져, 산코와 RUF 소속 각료들이 체포되고 공식 직책을 박탈당했다. RUF가 기니 영토 내 시에라리온 주민들의 난민촌을 습격하자 기니군대도 이에 대한 보복으로 시에라리온을 공격하여 RUF에 많은 타격을 입혔다. 11월 10일 유엔과 UNAMSIL은 라이베리아 대통령인 테일러의 중재에 힘입어 유엔군 인질의 석방 및 RUF와 정전협정

---

232) UK Ministry of Defense, *Ministry of Defence Performance Report 2000/2001*, November 2001, p. 12. 보다 상세한 사항은 다음을 참조할 것. www.mod.uk/linked_files/dpr2001_report.pdf. 영국은 무력시위를 겸한 입체작전을 실시하기 위해 항공모함, 프리깃함, 상륙정, 병참선 등 전함 5척, 헬기 등을 동원하였으며, 2000년 6월까지 최대 5천5백 명의 병력을 파견했다.

합의를 이끌어냈다.233) 유엔 안보리는 UNAMSIL의 병력을 1만 1천1백 명, 1만 3천5백 명, 1만 7천5백 명으로 증가시키는 일련의 결의안을 채택함으로써 시에라리온의 정세가 크게 호전되는 데 기여하였다.234) UNAMSIL의 주도로 2001년 5월부터 이듬해 1월까지 RUF에 대한 DDR이 본격적으로 실시되었다. 2002년 6월, 내전종식의 가능성을 감지한 카바대통령은 유엔 사무총장 앞으로 서한을 발송, 전쟁범죄를 재판할 '특별법원(Special Court)'의 설립을 요청하였다.

UNAMSIL은 UNPROFOR, UNOSOM과 함께 가장 대표적인 다차원적 평화유지활동의 실패사례로 널리 알려져 있다. 그 중에서 적어도 2001년까지의 UNAMSIL은 소위 2세대 PKO 미션이 겪었던 온갖 시행착오들을 망라하고 있는 백화점과 같은 역할을 하고 있다.

첫째, UNAMSIL은 시에라리온 평화과정에 있어 ECOMOG의 역할에 과도하게 의존함으로써 창설 직후부터 심각한 문제에 봉착하였다. 유엔은 UNAMSIL의 임무를 ECOWAS의 활동을 보완하는 보조적 역할(subsidiary role)에 국한시켰기 때문에,235) 1999년 12월 가나, 기니, 나이지리아 등이 ECOMOG에서 군대를 철수시키자 아무 준비도 되어 있지 않은 상태에서 시에라리온의 평화과정 진척에 필요한 안전을 제공해야 하는 상황이 벌어졌다. 오바산조 나이지리아 대통령은 선거유세, 로메회담, OAU 정상회담, 사무총장 앞 서한(1999년 8월) 등 여러 차례에 걸쳐 시에라리온과 ECOMOG에서 자국군을 철수시킬 것이라는 의사를 명시적으로 밝혔음에도 불구하고, 유엔 사무국은 이 같은 사태는 전혀 예상하지 못하고 적절한 사전 대비책도

---

233) 정전협정 내용은 다음을 참조할 것. www.sierra-leone.org/ceasefire1100.html. 일명 '아비장 협정'으로 널리 알려져 있음
234) S/RES/1289, 2000. 2. 7; S/RES/1299, 2000. 5. 19; S/RES/1346, 2001. 3. 30.
235) 안보리 결의안 1270(1999. 10. 22)은 시에라리온에서 안전을 제공해야 할 1차적 책임을 ECOMOG에게 부여하였다.

수립하지 못하는 과오를 범하였다.

둘째, ECOMOG은 회원국들 간 이해관계의 상충으로 인하여 단합된 모습을 보이지 못하였다. ECOWAS에 의해 창설되었음에도 불구하고 ECOMOG은 회원국들의 전폭적 지지를 받지 못했다. 예를 들면, 라이베리아 대통령으로 당선된 테일러(Charles Taylor)는 자국의 수도인 몬로비아를 시에라리온에서 활동하기 위한 ECOMOG의 기지로 사용토록 해 달라는 요청을 거부하였다.[236] 또한 라이베리아와 브루키나 파소(Burkina Faso)가 은밀히 시에라리온의 분쟁 당사자인 RUF를 지원하고 있어 이를 둘러싸고 ECOWAS 내부의 갈등과 논란이 끊이지 않았다.[237] 더욱이 코트 디브와르와 나이지리아 간의 해묵은 경쟁의식(rivalry)도 ECOWAS의 단합을 저해하였다.[238] 이러한 분열상은 부대운용 방식에 그대로 반영되어, 군사령관이 지시나 명령을 하달하면 각국의 파견부대 지휘관들이 일일이 자국 정부에 보고한 후 수용여부를 결정하는 것이 다반사가 되어 지휘통제 체계가 극도로 문란해졌다.

셋째, 2000년 5월 영국군의 전격적이고 일방적인 군사개입은 미묘한 파장을 불러 일으켰다. 표면적인 이유는 영국인 철수를 위한 공항의 안전확보였지만,[239] 1998년 군사 쿠데타 직후부터 정세평가를 위한 프리타운 방문, 시

---

236) ECOWAS, "Third Report on the ECOWAS Committee of Five on Sierra Leone to the UN," 1998.

237) 예를 들면 테일러 대통령이 이끄는 라이베리아의 국민애국전선(National Patriotic Front)은 시에라리온 반군 지도자 산코의 편에 서서 1991년부터 시작된 내전을 적극 지원했다. 관련 내용은 다음을 참조. www.refugeesinternational.org/files/reports/RIUNAMSIL.pdf, p. 9.

238) 전통적으로 서아프리카의 대국으로서 'Big Brother'임을 자처하고 있는 나이지리아는 자국의 경제발전에 긴요하다고 판단하고 있는 지역안정에 적극적이지만, 영어를 사용하는 나이지리아와 역내 대표적 불어권 국가인 코트 디브와르와는 항상 미묘한 긴장관계를 유지하고 있으며, 이러한 관계는 흔히 'Anglophone - Francophone Rivalry'로 표현된다. Boulden, Jane, *Dealing with Conflict in Africa: The UN and Regional Organizations* (New York: Palgrave Macmillan, 2003), p. 118.

239) 영국의 전격적인 군사개입의 실제 동기는 세계 최대의 다이아몬드 유통회사인 영

에라리온 군대(Republic of Sierra Leone Armed Forces : RSLAF) 훈련 등을 통해
현지사정에 정통한 영국군 지휘관 리처드(David Richards) 준장의 활약에 힘입
어, 영국군대는 5백 명의 평화유지군이 인질로 잡히는 등 지리멸렬한 모습을
보이고 있던 UNAMSIL을 '소생'시키는 데 성공하였다.240) 그럼에도 불구하
고, UNAMSIL 병력공여국들은 무기, 훈련 및 장비 면에서 NATO 기준에
맞춰 최강의 전투력을 보유하고 있는 영국이 정작 UNAMSIL에 병력을 파
견하지 않은 데 대해 불만을 숨기지 않았다.

넷째, UNAMSIL은 교전규칙의 해석을 둘러 싼 혼란으로 인하여 치명적
타격을 입었다. 유엔 안보리와 사무국은 위임명령(mandate)을 이행하기 위한
교전규칙을 통해 평화회담의 합의사항을 위반하는 자에 대해 무력을 사용할
권한을 부여하였다.241) 이 같은 위임명령은 RUF가 과거 이미 수차례에 걸
쳐 휴전협정이나 합의사항을 위반한 전례를 반영한 것이었다. 그럼에도 불
구하고, 병력공여국들은 교전규칙을 상이하게 해석하여 자국의 파견부대가
전투에 개입될 것으로 예상하지 못했다242). 심지어 2000년 5월 인질사태가
발생했을 때, 케냐 군대를 구출하라는 임무를 부여받은 잠비아군도 '전투보
다는 협상이 우선'이라는 고정관념에 사로잡혀, 수백 명의 자국군들이 지켜
보는 앞에서 지휘부가 RUF에 유괴당하는 어처구니없는 상황을 자초하였다.
더구나 UNAMSIL 병력공여국들은 안보리 상임이사국들이 군대를 파견하지

국 국적 드비어스(De Beers) 사의 시에라리온에 대한 엄청난 이해관계가 작용하였
을 것이라는 것이 정설이다.

240) Prins, Gywn, *The Heart of War: On Power, Conflict and Obligation in the Twenty-First
Century* (London: Routledge, 2002), pp. 198-210.

241) 안보리 결의안 1289(2000. 2. 7)은 유엔 헌장 7장에 따라 위임명령의 이행에 필요한
조치를 강구할 수 있는 권한을 명시적으로 부여하였다.

242) 예를 들어, 어느 UNAMSIL 고위인사에 의하면 "당시 UNAMSIL 예하 장병들은
자신들이 '평화유지'를 위해 온 것이지 '전투'를 하러 온 것이 아니라는 고정관념에
사로잡혔다. 심지어 RUF에 속한 소년 병사들이 총을 내놓으라고 하면 그대로 할
정도였다."

않으면서 강력한(robust) 교전규칙을 하달하여 자국군의 파견부대를 위험에 빠지도록 한 처사에 대해 '인종차별적 평화유지(peacekeeping apartheid)'라고 표현하며 강력히 반발하였다.243)

다섯째, 병력공여국들의 열악한 장비도 UNAMSIL의 어려움을 가중시켰다. UNAMSIL은 유엔이 평화유지활동 역사상 처음으로 '포괄임대(wet-lease)' 방식을 적용한 미션이다. 포괄임대란 유엔과 병력공여국 간 체결된 양해각서를 통해서 경비보전(reimbursement)을 받는 대신에, 병력공여국이 소요되는 모든 편제장비 및 물자를 휴대하고 정비에 대한 모든 책임을 지는 방식을 말한다. 대부분의 장비 명세(specifications)는 대개 NATO군을 기준으로 설정되어 있다. UNAMSIL에서 처음 시도된 포괄임대 방식은 장비상태가 형편없는 ECOMOG을 UNAMSIL 창설 초기에 유엔군으로 '전환(re-hatting)'시키면서부터 완전히 실패하였다. 2000년 5월 마네키에서 인질로 잡힌 케냐군과 잠비아군은 UNAMSIL에서 그나마 형편이 나은 부대였으나, 장비와 무기를 RUF에게 몽땅 약탈당하고, 재보급도 지지부진하게 이루어져 부여된 임무를 제대로 수행할 수 없는 것은 불문가지였다.

여섯째, 인도주의적 구호활동의 정치화(politicization)로 인한 문제점이 지적되어야 한다. UNOMSIL은 창설 당시부터 인도주의 구호기관들과 관계가 원만하지 못했다. UNOMSIL은 인도주의 기관들이 기득권 보호에 집착하여 현지정세에 관한 핵심적인 정보를 공유하지 않는 것으로 의심했다. 시에라리온 정세가 악화되자 UNOMSIL은 정치적 목적에서 인도주의 기관들이 실상을 과소평가한다고 비난했다. 그 결과 시에라리온에서 평화유지군과 인도주의 구호기관들 간의 관계는 최악의 수준을 기록했다.244) 한편, 1996년 아

---

243) Darhendorf, Nicola, *A Review of Peace Operations: A Case of Change* (London: King's College, 2003), p. 77.
244) Darhendorf, *A Review of Peace Operations*, p. 80.

비장 협정이 체결된 직후부터, 인도주의 기관들은 UNDP 대표(Elizabeth Lwanga)와 카바 대통령(전직 UNDP 직원 출신) 간의 유착관계에 대해 공개적인 우려를 표명했다. 1997년 5월 군사혁명 직후 영국은 혁명정부에 정통성을 부여하는 것으로 오해될 가능성이 있다는 이유로 인도주의 활동을 축소시켰다.245) 이러한 현상들은 내전으로 인해 병들고 굶주린 주민들을 위해 불편부당한 입장에서 활동해야 할 인도주의 구호기관들이 정치적 목적에 이용되는 폐해를 단적으로 보여주는 것이다.

일곱째, 설상가상으로 UNAMSIL은 SRSG 아데니지(Oluyemi Adeniji, 나이지리아), 군사령관 제틀리(Vijay Kumar Jetley, 인도) 소장, 부사령관 가바 (Mohamed Garba, 나이지리아) 준장 등 지도부 인사들 간 갈등과 알력으로 거의 파단지경에 이르렀다. 제틀리 소장은 군사령관 재직 시 자신의 체험담과 소감을 일기형식의 보고서로 작성했는데, 이것이 외부로 유출되어 엄청난 파장을 일으켰다.246) 이 보고서에서 나이지리아 출신의 SRSG와 부사령관은 군사령관의 임무 수행을 교묘히 방해하면서 개인적 이득을 위해 RUF와의 결탁도 서슴지 않는 파렴치한 인물들로 묘사되어 있다. 진위 여부를 떠나 이 보고서는 당사자들의 반론과 재반론을 불러일으켰으며, 이러한 고위층의 이전투구식 난맥상은 UNAMSIL의 활동을 마비시키는 데 크게 기여하였다.

끝으로, UNAMSIL의 사례는 휴전협정이나 평화조약과 같은 합의사항을 반복해서 위반하며 마지막까지 전의를 불태우는 반군들과 평화정착을 이루는 것이 얼마나 어려운 것인지를 잘 보여주고 있다. 2000년 5월 4만 5천 명

---

245) *Ibid*, pp. 81-82.
246) 그의 보고서는 www.sierra-leone.org/jetley0500.html에서 검색 가능. 이 보고서는 제틀리 소장의 SRSG와 부사령관에 대한 불신감을 차치하고라도, 통신수단, 연료, 식량, 급수, 숙영시설 등에 대한 문제점들이 매우 객관적으로 기술하고 있다.

체포되어 끌려가는 산코(2000)

을 거느리고 있던 반군(RUF) 지도자 산코가 자택에서 도망친 후 발견된 서류더미에서 로메에서 체결한 평화협정 문건이 발견되었다. 이 문서는 산코의 귀중품 목록에 속하지 않았던 것이 분명하다. 산코로 하여금 정부각료가 되게 해 주고, 그와 반군들에게 전쟁범죄에 대한 면제권을 부여한 로메협정은 휴지조각에 불과했던 것이다. 그럼에도 불구하고 유엔과 국제사회는 산코와 RUF가 자발적으로 무장을 해제하고 평화과정에 협력할 것으로 믿었다. 아프리카와 개도국으로 구성된 평화유지군들은 교전규칙도 숙지하지 못하고, 상호 교신능력도 제대로 갖추지 못한 상태에서 RUF에 기습을 당하여 인질로 잡히는 오합지졸에 불과했다. 산코는 1991~2001년까지 정부군과의 무장투쟁에서 무차별 테러를 자행하여, 20만 명 이상의 양민학살과 관련된 17건의 혐의로 시에라리온 유엔 특별전범재판소에 기소(2003년 3월)된 상태에서, 뇌일혈로 쓰러지는 등 반신불수의 폐인으로 휠체어에 의지한 채 제대로 답변도 하지 못하다가, 2003년 7월 29일 프리타운의 병원에서 사망했다. 그 후 시에라리온 정세가 눈에 띄게 호전된 것은 그의 죽음과 무관하지 않을 것이다.

제 6 장

다차원적 유엔 평화유지활동

I. 서론

1. 평화유지활동의 필요성

두 차례의 세계대전을 겪은 직후인 1945년 10월 24일 설립된 유엔의 목적은 헌장에 명시된 바와 같이 "후세를 전쟁의 참화(scourge)"로부터 구하는 것이다. 창설 이후부터 유엔은 분쟁의 전쟁으로의 비화 방지, 적대적 당사자들로 하여금 군사력 대신 협상 테이블을 활용하도록 유도, 분쟁 발발 시 평화회복 지원 등의 임무를 수행하고 있다. 과거 수십 년간 유엔은 평화유지활동 미션의 배치를 통해 무수한 분쟁을 통제(contain)하거나 종결시키는 데 기여하였다.

2. 평화유지활동의 진보

유엔 PKO는 모든 평화유지요원들의 불편부당한(impartial) 활동을 통해 적대적인 분쟁 당사자들의 긴장을 완화하고 정치적 협상의 가능성을 마련 할 수 있을 것이라는 대원칙에 기초하고 있다. PKO는 적대행위의 종식과 항구적 평화 간의 간극(gap)을 연결시키는 교량 역할을 수행한다. 그러나 이는 오로지 분쟁 당사자들이 목표 달성에 필요한 정치적 의지를 가지고 있을 경우에만 가능한 것이다. 최초 PKO는 국가들 간의 분쟁에 대처하기 위한 수단으로 발전되어 왔으나, 갈수록 정치적 목표가 상이하고 지휘계통이 불분명한 다수의 무장집단이 특징을 이루는 국내적(intra-State) 갈등이나 내전 상황에 더 많이 사용되고 있다.

특히 1980년대 후반 이래 이러한 현실을 반영하여 유엔 PKO 미션의 구조도 변화하고 있다. 아직도 많은 수의 PKO 미션이 "전통적" 모델에 입각하여 대부분 "블루 헬멧(blue helmets)"으로 상징되는 군인으로 구성되어 있고, 정전 감시나 완충지대 순찰과 같은 임무를 수행하고 있다. 그러나 최근의 복합적인(complex) PKO 미션은 주로 다차원적인 것으로서, 군은 물론이고 민간경찰, 정무, 민사, 법치, 인권, 인도주의 지원, 재건, 공보 등 다양한 구성요소들로 이루어져 있다.

부여받은 위임명령에 따라 다차원적 PKO는 대략 다음과 같은 임무를 수행한다.

- 포괄적(comprehensive)인 평화협정 이행 지원
- 정치적 협상과 분쟁의 평화적 해결을 위한 휴전 또는 적대행위 중단 감시
- 정상적인 시민생활(civilian life)로의 복귀를 장려하기 위한 안전한 환경 제공
- 갈등의 재발 또는 국경을 넘어 확산되지 않도록 방지
- 민주주의적 원칙, 선정(good governance), 경제개발 등을 통해 안정적 정부로 이행되는 과도기 동안 국가 또는 영토를 지도
- 과도기 동안 영토의 행정을 담당함으로써 정상적인 정부 기능을 대행

군이 대부분의 PKO에서 핵심적 역할을 담당하지만, 민간요원들이 갈수록 더 많은 책임을 수행하고 있다.

- 다양한 정치 및 민간사회 분야의 행위자(actors)들 간의 연락업무를 통해 과거의 적대세력들이 복잡한 평화협정을 이행할 수 있도록 지원
- 인도주의적 구호활동 지원
- 전직 전투원(former combatants)들의 무기회수, 동원해제 및 재통합(disarmament, demobilization and reintegration : DDR) 지원
- 선거 감독 및 수행
- 사법개혁 및 민간경찰 훈련 지원을 포함하여 법치(rule of law) 강화
- 인권존중 장려 및 인권위반 행위 조사
- 분쟁 이후(post-conflict) 단계의 회복 및 재활 지원
- 독립을 지향하는 영토에 대한 과도행정부 구성

분쟁지역에는 유엔 PKO만 활동하는 것이 아니다. 유엔 난민고등판무관실(UNHCR), 세계식량계획(WFP), 유엔 아동기금(UNICEF), 인도주의조정관실(OCHA), 유엔 개발기금(UNDP), 유엔 인권고등판무관실(OHCHR) 등 유엔 산하기관의 현지 직원들이 PKF 등과 밀접한 관계를 유지하며 활동하고 있다. 추가적으로 평화유지군들은 분쟁 희생자들에게 인도주의적 구호를 제공하는 비정부기관이나 여타 기구를 지원해 달라는 요청을 받을 수 있다. 대다수의 평화유지활동 미션에서 SRSG는 본연의 책임 외에도 미션 지역에서 활동하는 유엔 기금 및 프로그램의 전반적 조정 역할을 수행한다.

3. 평화유지국의 역할

1992년 유엔 사무국 예하의 별도 조직으로 창설된 평화유지국(DPKO)은 모든 평화유지활동의 기획, 관리, 배치, 지원과 사무총장을 대리하여 평화유지활동 미션에 시행지침(executive direction)을 제공한다. 또한 UNAMA와 같이 대부분 민간인으로 구성된 평화 및 안전활동을 지원하는 유사한 기능을 수행한다. 평화유지국은 분쟁 예방, 평화조성 및 평화구축을 관장하는 유엔 제도의 핵심기관인 정무국(Department of Political Affairs : DPA)과 매우 긴밀하게 협조한다.

4. 평화유지활동 창설

평화유지활동은 유엔 헌장에 따라 "국제 평화와 안전에 대한 1차적 책임"을 지는 안보리에 의해 창설된다. 각각의 사례에서 신규미션은 특정 상황의 요구를 충족시킬 수 있도록 설계되고 구성요소를 편성해야 한다. 유엔은 자체 군대와 민간경찰을 보유하지 못하고 있으므로, 미션의 위임명령이 요구하는 바에 따라 회원국들로부터 군대와 민간경찰을 공여 받고 국제 및 국가 공무원을 모집한다.

평화유지활동의 창설이 반드시 순차적으로 이루어지는 것은 아니나, 대략 다음과 같은 요소들로 이루어진다.

① 협의 및 평화협정(Consultations/peace agreements) : 특정 분쟁이 발발하거나 악화될 경우, 또는 분쟁 당사자들이 협상에 의한 해결책 강구를 위해 합의에 도달할 경우, 유엔 주둔의 필요성과 그 형태에 관하여, 회원국, 사무국, 분쟁 당사자, 지역 내 관련국들, 그리고 병력, 경찰 및 기타 자원을 공여할 국가들

간 협의가 이루어진다. 특히 분쟁 당사자들이 유엔의 개입에 동의하는 것이 매우 중요하다. 때때로 하나 또는 그 이상의 분쟁 당사자들은 평화협정 조인의 전제조건으로서 합의사항 이행이나 합의사항의 준수여부 감독을 위한 유엔의 역할을 요구한다. 그러한 경우 평화 협정은 종종 장차 이루어 질 유엔 활동의 윤곽을 규정하며, 유엔은 협상단계에서 안보리가 위임명령을 승인할 경우에 대비하여 능력, 전문성, 과거 경험 등에 근거하여 유엔이 수행할 수 있는 종류의 위임명령에 대해 귀중한 조언을 제공한다. 따라서 유엔이 구상하는 방책(course of action)을 지원할 준비가 되어 있는지 여부를 확인하고, 이러한 활동에 요구되는 자원을 제공하기 위해 안보리와 회원국들 간 초기부터 긴밀한 협의가 진행되어야 한다.

② 기술 평가단(Technical assessment mission) : 치안상황이 허용하는 즉시 관련 유엔부서, 기금, 프로그램으로 구성된 기술 평가단은 평화유지활동 미션 창설이 예정된 국가나 지역을 방문하여 전반적 안전, 정치, 인도주의, 인권 및 군사상황과 유엔활동에 미치는 함의를 평가한다.

③ 사무총장 보고서 : 사무총장은 기술평가단의 보고내용 및 건의를 참고하여, 규모와 자원을 포함한 평화유지활동 미션의 설치와 관련된 방안(options)을 안보리에 건의한다.

④ 안보리 결의안 : 안보리는 평화유지활동의 배치를 승인하고, 그 규모와 위임명령을 결정하는 결의안을 통과시킨다. 이러한 결정은 안보리 이사국 15개국 가운데 상임이사국 5개국(미국, 영국, 불란서, 중국, 러시아)을 포함한 최소 9개국의 찬성을 필요로 한다. 미션에 필요한 예산과 자원은 총회의 승인사항이다.

⑤ 평화유지활동 미션 책임자 임명 : 사무총장은 유엔에서 주선(good offices) 경험이 검증된 고위급 인사를 미션 책임자로 임명한다.

⑥ 계획수립 : 상기 과정이 진행되는 동안 SRSG와 DPKO의 주도 하에 평화유지활동 창설에 필요한 정치, 군사, 운용 및 지원(군수 및 행정)에 관한 계획수립이 진행된다. 대개 계획수립 단계에는 모든 관련 유엔 부서, 기금 및 프로그램이 참여하는 유엔본부 차원의 실무단(working group) 또는 IMTF(Integrated Mission Task Force) 신설이 포함된다.

⑦ 병력 및 기타 자산 공여 : 유엔은 회원국들에게 병력 및 민간경찰과 필요시 물자, 장비, 수송수단 및 군수지원을 공여해 줄 것을 요청한다.

⑧ 배치 : 평화유지활동 미션의 배치는 현지의 치안상황과 정치적 여건을 고려하여 가급적 신속하게 진행된다. 때때로 선발대가 미션 사령부를 창설한 다음 위임명령에 규정된 바에 따라 모든 구성요소가 점진적으로 현지에 도착한다.

⑨ 사무총장 보고 : 사무총장은 평화유지활동 미션의 활동사항과 관련하여 주기적으로 안보리에 보고한다.

⑩ 안보리 검토 : 안보리는 미션이 종료 또는 폐쇄될 때까지 필요시 위임명령을 연장 또는 수정한다.

5. 평화유지활동 미션 배치

오늘날까지 대부분 군인들로 구성된 수십만 명의 인원이 56개의 평화유지활동 미션에서 활동하였다. 평화유지활동에 참여하는 군인과 민간경찰은 각 회원국들에 소속되어 있으면서 유엔의 작전통제(operational control)를 받으며, 오로지 해당 미션의 국제적 성격(international character)에 부합되도록 행동해야 한다. 이들은 자국의 군복을 착용하지만 블루 베레(blue berets)나 블루 헬멧(blue helmets)과 유엔 표식을 착용한다.

평화유지활동 미션에 참여하는 민간직원(civilian staff)들은 유엔 자원봉사단(United Nations Volunteers)을 포함하여 유엔조직에서 차출된 인원, 회원국들로부터 임차한(loaned) 인원 또는 국제적으로 또는 현지에서 특정직위에 모집한 인원들로 구성된다.

특수 전문직에 종사하는 국제 민간요원(international civilian personnel)은 위임명령 이행의 성공에 필수불가결한 요소이다. 동시에 유엔은 현지 능력(local capacities) 개발에 높은 우선순위를 부여한다. UNAMA 창설 시 고안된 용어인 "개입 최소화(light footprint)"는 유엔활동이 현지의 여건과 필요에 적합한 활동에 국한되고, 해당 국가가 가급적 조기에 유엔의 활동을 인수할 수 있도록 현지의 능력배양을 위한 노력을 통해 국제직원(international staff)이 최소화되어야 함을 의미한다.

미션 배치에 필요한 선행시간(lead time)은 특정 미션에 병력을 공여하려는 회원국들의 의지와 예산 및 기타 자원의 적시적 가용성(timely availability) 등 여러 가지 요인에 의해 좌우된다. 예를 들면 1973년 UNEF-II는 24시간 이내에 중동지역에 배치되었다. 그러나 매우 복잡한 위임명령을 부여받았거나 군수지원이 곤란한 미션의 경우, 또는 평화유지군이 심각한 안전상의 위험에 처한 경우에는 필요한 구성요소들을 조직하고 배치하는 데 수 주가 소요될 수 있다. DPKO는 다음과 같은 다양한 수단을 통해 신속배치 능력을 제고시키고 있다.

- 회원국들과 협조 하에 유엔 상비체제(United Nations Stand-by Arrangements System : UNSAS) 정착
- 이탈리아 브린디시(Brindisi) 소재 유엔 군수기지 내 전략비축물자(strategic deployment stocks : SDS) 유지
- 사전 훈련을 이수하고 신속하게 미션창설 초기에 파견될 수 있는 민간요원에 대한 신속배치 명부(a rapid-deployment roaster) 유지
- 평화유지활동 미션의 창설 승인 이전에 필요한 예산을 집행할 수 있는 사무총장의 권한 활용 등

6. 평화유지활동 예산 조달

모든 회원국들은 유엔 평화유지활동에 소요되는 비용을 분담한다. 총회는 이 비용을 평화유지활동에 적용되는 특별 평가기준(a special scale of assessments)에 기초하여 회원국들에게 분담시킨다. 이 기준은 회원국들의 상대적인 경제적 부를 고려하여 설정되지만, 5대 상임이사국들은 국제평화와 안전유지에 대한 특별한 책임으로 인하여 보다 많은 금액을 부담해야 한다. 과거 10년간 평화유지활동 예산은 1994/1995년도의 최대 30억 달러부터 1998/1999년도의 10억 달러에 이르기까지 다양한 편차를 보이고 있다.

사무총장의 요청에 따라 회원국들은 평화유지활동 미션에 병력, 군 옵서버, 민간경찰, 장비, 보급품 및 여타 지원을 제공한다. 이러한 필수요소들을 제공하는 회원국들은 사전에 합의된 비율에 따라 미션예산에서 경비보전을 받는다. 평화유지활동에 인원을 공여하는 것은 의무사항이 아니므로 병력공

여국(troop-contributing country : TCC)은 미션으로부터 인원을 철수시킬 수 있는 권리를 갖는다. 대부분의 국가들은 경비보전을 받지 않고 자발적으로 수송수단, 보급품, 인원 및 예산 등 자산을 추가적으로 제공한다.

7. 브라히미 보고서(The Brahimi Report)

2000년 8월 사무총장은 외부에 위탁하여 유엔 평화유지활동의 효과 증대에 관한 보고서를 발간하였다. 이 보고서(일명 '브라히미 보고서')는 전직 알제리 외무장관인 브라히미(Lakhdar Brahimi)가 의장으로 활동한 위원회가 작성하였다.

브라히미 보고서는 사무총장, 안보리, 총회 및 회원국들을 대상으로 한 57개 조항의 건의를 담고 있다. 이 보고서는 전략적, 정치적 및 기본적 운용 문제들에 대한 관심에 초점을 맞추었다. 대부분의 평화유지활동 개혁은 이 보고서 발간 이후에 진행된 대화의 결과로 이루어졌으며, 건의사항의 지속적인 이행은 DPKO와 유엔 사무국의 우선적 관심사로 남아 있다.

브라히미 보고서의 주요 건의사항을 요약하면 다음과 같다.

● 국제사회는 분쟁의 성격을 고려해 볼 때 평화유지활동이 적절한 대안이라는 점을 보장해야 함
● 지켜야 할 평화(a peace to keep)가 존재해야 하며, 분쟁 당사자들은 전투를 중단하고 정치적 및 기타 비폭력적 수단으로 목표달성을 추구해야 함
● 핵심적 분쟁 당사자들은 유엔의 개입과, 분쟁해결을 위해 자신들을 지원하는 유엔의 역할에 동의해야 함
● 평화유지활동은 분쟁해결을 위한 포괄적인 전략(comprehensive strategy)의 일부여야 함. 포괄적 전략에는 유엔, 회원국, 기타 국제기구 등이 참여하는 정

코피 아난 사무총장과 함께 서 있는 브라
히미 유엔 사무총장 특사(2004)

치, 경제, 개발, 제도구축, 인도주의, 인권 등의 제반요소가 포함되어야 함

● 포괄적 전략은 분쟁의 원인 해결을 통한 이득이 인접국들의 문제로 인하
여 손상되지 않도록 보장하는 지역적 차원(regional dimension)을 반드시 고
려해야 함

● 안보리, 특히 5대 상임이사국들은 평화유지활동의 목표에 동의하고 명확한
위임명령을 제공해야 함

● 안보리는 위임명령이 달성가능토록(achievable) 해야 함. 여기에는 위임명령
이행을 위한 적절한 규모의 병력 파견과 회원국들에 의한 잘 훈련 및 장
비된 부대의 제공이 포함됨

● 때때로 위임명령 이행과 관련된 평화유지활동 미션의 신뢰성과 능력은 초
기에 결정되므로, 인원과 물자의 신속배치가 필수적임

● 회원국들은 전쟁으로부터 회복하는 국가들의 제반 상황이 안정될 수 있도
록 충분히 장기간 동안 평화유지 및 평화구축 노력을 제공할 준비가 되어
있어야 함. 특히 오랜 세월에 걸쳐 분쟁과 고통을 경험한 국가나 사회에서
평화는 단기간에 이루어지지 않음

● 유엔 본부와 현지 미션을 막론하고 모든 계층의 유엔 직원들은 전문성, 능
력 및 정직(integrity)을 바탕으로 임무를 완수해야 함. 그러므로 미션의 지
도부로부터 말단 실무자에 이르기까지 가장 자질이 우수한 인원을 선발하

는 데 각별한 관심을 경주할 것

8. 요약

1948년 최초의 유엔 평화유지활동 미션이 창설된 이후 50년 이상이 지난 오늘날 평화유지활동의 규모와 범위는 획기적으로 확대되었다. 유엔은 분쟁 해결이 임박한 지역에 독특한 기술과 자원을 제공하여 전쟁으로 인한 주민들의 고통을 경감시키고 분쟁 이후의 사회재건을 지원한다. 그러나 다차원적 평화유지활동 미션은 자의적으로 시행될 수 없으며, "획일적(one-size-fits-all)" 모델이 존재하지도 않는다. 평화유지활동이 성공하려면 명확한 위임명령과 적절한 자원을 보유해야 하며, 해당 국가의 정치적, 지역적 및 여타의 현실에 부합되어야 한다. 가장 중요한 것은 평화유지활동 미션이 지역 주민들의 기대와 여망에 부응해야 한다는 점이다. 이러한 전제조건이 충족된 이후라야 다차원적 평화유지활동은 58년 전 세계평화의 염원을 안고 출범한 유엔의 노력에 진정으로 유용한 도구가 될 수 있을 것이다.

II. 사무총장 특별대표(SRSG)

1. 개요

유엔 안보리 결의 하에 평화유지활동에 부여되는 위임명령(mandate)은 미션 구성요소의 책임한계를 규정하는 출발점이다. 평화유지활동에 대한 지휘권은 안보리 승인에 따라 사무총장이 행사하며, 사무총장은 임무 수행을 위한 모든 권한을 평화유지활동 담당 사무차장에게 위임한다. 또한 사무총장

은 안보리의 승인을 받아 평화유지활동 미션의 최고 책임자인 특별대표
(Special Representative of the Secretary-General)를 임명한다. SRSG는 모든 활동
사항에 대해 평화유지활동 담당 사무차장을 경유하여 사무총장에게 보고한
다. SRSG는 미션의 위임명령 이행과 가용한 정치적, 제도적, 재정적 자산을
사용하여 목표달성을 위한 전략개발에 책임을 진다.

2. 유엔본부와의 관계

SRSG와 유엔본부와의 관계는 평화유지활동 미션의 성패를 좌우하는 관
건이다. SRSG가 현지 미션에서 필요한 영향력을 행사하기 위해서는 사무총
장을 포함하여 사무국내 최고 정책결정자에 연결되는 명확한 보고라인을 확
보해야 한다. 회원국들과 분쟁당사자들은 SRSG의 개인적 권위와 유엔본부
대한 영향력을 예의 주시할 것이며, 유엔본부와의 원활한 관계는 SRSG의
신뢰도와 미션 성공의 가능성을 높여 줄 것이다. SRSG는 주요 문제에 대한
의사결정 또는 시행에 앞서 이를 유엔본부에 통보해 주어야 한다. SRSG는
사안에 따라 사무총장에게 직접 보고할 수도 있으나, 주로 DPKO를 상대로
활동하는 것이 보통이다.

유엔본부는 현지 미션에 대부분의 책임을 위임하지만 감독 및 지침하달
기능은 유보한다. 이러한 지침은 신임 SRSG가 현지에 도착하는 즉시 하달
되는 '표준지시(Standard Directives)'라는 내부문서에 명시된다. SRSG는 사건
이 벌어지고 있는 현장의 최일선에 위치하고 있으므로, 그의 자율성(auton-
omy)과 신속한 의사결정 능력이 가장 중요한 요인이다. SRSG는 위임명령
범위 내에서 유엔본부와 긴밀히 협조해야 하며, 중요한 정책 또는 법률적
사안에 대해서는 유엔본부의 최종결정을 따라야 한다.

3. 여타 기관들과의 관계

평화유지군만으로는 항구적 평화를 정착시킬 수 없다. 위임명령은 분쟁의 원인을 해결하기 위한 책임소재를 명시하지만, 평화유지활동 미션은 위임명령을 이행하는 모든 수단을 통제하지 못한다. 위임명령의 이행에 관련된 여타 기관들에는 병력공여국, 기타 회원국, 유엔 기관 및 기금, 기부단체(donors), 지역기구 군대 및 경찰, 지역기구, 세계은행, 정부 간 조직, NGO, 국제 언론기관 등이 포함된다.

평화유지활동은 위임명령의 범위 내에서 정당한 이해관계를 가지고 있는 여러 행위자들에 의한 합작사업(joint venture)이다. 따라서 활동이 효과를 거두려면 여러 행위자들이 통합된 단일체(integrated unit)로 행동해야 한다. 복합적 평화유지활동 미션의 경우에는 유엔 기관, 기금 및 프로그램, 지역기구 등이 미션의 조직으로 통합될 수도 있다. 이런 경우 인력과 예산을 독자적으로 운용하지만 미션 산하에서 활동하기 때문에 이들 간에 조정(coordination)의 필요성이 발생한다. 일부 기관은 특정한 이익과 상이한 전략목표를 추구할 수도 있다. 그러므로 SRSG는 우선순위 식별, 모든 기관들과의 협조체제 구축, 상이한 이해관계와 목표의 중재(mediating)를 통해서 상충되는 관점을 조화시켜야 한다.

4. SRSG의 책임

가. 평화과정의 촉진자(facilitator)

위임명령은 안보리 상임이사국들 사이의 장기간에 걸친 복잡한 협상의 결과를 반영한다. 분쟁의 해결이 불확실한 상황에서 국제사회의 컨센서스 형성에 필요한 위임명령이 타협을 거치는 동안 모호한 형태로 나타날 수 있다. 그 결과 안보리가 위임명령의 시행에 관해 상세한 지침을 제공하지 않는 경우가 종종 발생한다. SRSG는 유엔본부와 협의 하에 현지의 실정에 맞게 위임 명령을 해석 및 적용하는데 기여하며, 정치전략(political strategy) 및 위임명령의 실천계획을 수립한다.

평화과정에서 SRSG의 주요 대화상대(interlocutor)는 주둔국(host) 정부, 지방 행정기관, 정부군, 비정규군, 지역 군사단체, 반정부 단체 등이다. 적절하다고 판단할 경우 SRSG는 당사자들 또는 유엔과 기타 행위자들 간에 발생하는 문제의 해결에 주도적 역할을 수행한다. SRSG는 위임명령의 범위 내에서 융통성을 발휘하며, 모든 상대자들에게 불편부당성과 공정성을 유지해야 한다. 동시에 SRSG는 이러한 민감한 관계의 균형을 이룸과 동시에 필요한 경우에는 단호한 태도를 취해야 한다. SRSG는 중립적 위치에서 국민적 화해를 증진하고 당사자들 간 신뢰구축 수단을 제안하는 데 있어 가장 적합한 인물이다.

나. 유엔 대표(Head of UN presence)

SRSG는 사무총장을 대리하는 최고위 유엔 직원으로서 미션에서 활동하는 유엔 기관에 리더십을 제공하고 정치적 해결책을 수립할 수 있는 권한을 가지고 있다. 때때로 평화유지활동 미션이 창설되기 몇 년 전부터 별도의 프로그램, 예산, 조직 및 인력을 보유하고 있는 인도주의 및 개발기관들이 현장에서 활동해 왔다는 점을 이해하는 것이 중요하다. SRSG는 유엔 기관들에 대한 리더십을 발휘함에 있어 반드시 그들 각자의 위임명령과 행정적 및 운용적 요구(requirements)를 고려해야 한다. 유엔본부는 SRSG와 유엔 산하단체 대표들 간의 관계를 촉진시키는 데 중요한 역할을 담당한다. 유엔의 최우선 과제는 분쟁재발의 방지이다. 따라서 SRSG는 모든 조직과 기관들의 활동이 상호보완적 효과를 거두도록 통합된 접근법(integrated approach)을 추구하도록 보장해야 한다.

다. 미션 대표(Head of Mission)

SRSG는 미션 대표로서 요원들의 신변안전, 징계, 사기, 효과적 자산관리 등을 포함하여 미션의 모든 활동 및 그 결과에 책임을 진다. SRSG는 각 구성 요소에 지침과 지시를 하달하여 이들의 활동이 통합된 방식으로 이뤄지도록 확인한다. SRSG에게 보고하는 미션 고위급 인사들은 미션 규모와 위임 명령에 따라 부(副)SRSG(Deputy SRSG), 각 구성요소(군, 민간경찰, 정무, 인권, 민사, 공보, 지뢰제거, 행정, 안전, 사법, 입법지원, 선거지원, 경제사회 개발 등)의 책임자 및 보좌관들이다. 참모장과 대부분의 경우 입법 보좌관을 포함한 특별보좌관들로 구성된 SRSG실은 SRSG의 일상업무를 지원한다. 다차원적 평화유지활동 미션에서 SRSG가 직면하는 최대의 과제는 이들 간의 팀워크와 노력의 통합을 유지하도록 하는 것이다. SRSG는 가능한 한 명령계통의 최말단까지 책임과 권한을 위임토록 노력해야 한다. 특히 SRSG, 군사령관, 민간경찰 총수(commissioner) 간의 책임과 의무를 분담하는 것은 미션의 성공에 결정적인 요인이다.

라. 임시 또는 과도 행정관(Interim or transitional administrator)

캄보디아, 크로아티아, 코소보, 동티모르 등 일부 예외적인 경우에 있어, 유엔은 임시 또는 과도행정에 관한 위임명령에 따라 영토 또는 국가에서 입법, 사법 및 행정권을 행사한다. SRSG는 임시행정부 대표로서 정부기능을 직접 대행하고 지역주민과 사무총장에게 책임을 진다. SRSG는 위임명령의 신속한 실행을 바라는 국제사회의 기대와 지역주민들을 동참시켜야 할 필요성 간에 적절한 균형을 유지해야 한다. 분쟁 이후(post-conflicts) 법치의 공백 상태에서 SRSG는 법률고문의 보좌를 받아 법과 규제 시스템(framework)을 재건하는 임무를 수행한다. 예외적인 경우 SRSG는 행정명령 및 포고령 (executive orders and decrees)에 관한 권한을 행사하여 국제 재판관과 검사들의 배치 등을 포함한 법치회복 조치를 취한다. 궁극적으로 과도행정부의 성패는 유엔이 얼마나 효과적으로 지방 행정부(local authorities)에 권한을 위임하는지 여부에 달려 있다. SRSG는 지속가능한(sustainable) 정치, 행정 및 사법제도의 창설 및 지방 선거의 조직 등을 통해서 이러한 과도기를 촉진한다.

III. 정무활동(Political Affairs)

1. 개요

정무활동은 대부분 UNIFIL과 같은 군사적 성격의 위임명령을 부여받은 전통적 평화유지활동에서 미션대표에게 내부적으로 정치적 조언을 제공해야 할 필요성에서 비롯되었다. 정무활동은 정치 보좌관(political adviser)의 소관 이다. 그러나 정치적 위임명령을 수행하는 대부분의 미션에서 정무부서는 상당히 규모가 큰 민간 구성요소(component)이다. 어떤 미션에는 소수인원이 SRSG실 또는 미션대표실에 소속되어 있지만, UNAVEM이나 MONUC 같 은 대규모 미션에서는 30명 이상의 인원이 활동하고 있다.

2. 기능

가. 협상과 연락(Negotiation and liaison)
정무부서는 정보수집, 분쟁해결, 사건조사 등을 통해 분쟁 당사자들과 관 계를 유지하는 가장 중요한 접촉창구이다. 평화조약이 체결되지 않은 상태에서 미션이 창설되었거나 부속 합의나 의정서의 중재가 필요한 경우에는 협상과정에서 SRSG를 보좌하는 중요한 부가적 임무를 수행해야 한다. 대부분의 합의는 이해관계가 상충되는 당사자들 간의 난해한 타협의 산물로서, 서명자들이 합의내용을 상이하게 해석할 경우에는 문제가 한층 복잡해진다. 이런 경우 SRSG와 정무부서는 모든 분쟁 당사자들에게 지속적으로 합의사항 준수의 필요성을 환기시켜야 한다. 정부부서는 분쟁 당사자들뿐 아니라 유엔 기관, 외교관, 국제 및 지역기구, 민간사회 지도자 등 다양한 행위주체들과도 긴밀한 관계를 유지해야 한다.

나. 감독과 보고(Monitoring and reporting)

위임명령의 이행 및 분쟁 당사자 간 협조상태에 관한 정확한 분석을 위해 정무담당관은 미션지역의 전반적 상황에 대해 포괄적인 지식을 갖추고 있어야 한다. 이들은 정치뿐 아니라 안전, 인도주의 및 경제분야에서의 진전사항을 지속적으로 검토 및 평가한다. 정무부서는 감독책임을 분담하여, 담당관(political officers)들에게 인도주의 활동이나 현지사정에 대한 특정 분야를 전담하도록 임무를 부여할 수도 있다. 아울러 정무담당관들은 병력공여국들을 포함한 회원국, 총회, 안보리의 심의(deliberations) 및 결정사항에 관해 유엔본부에서 이루어지는 최신현황을 숙지하고 있어야 한다.

이들이 작성하는 보고서는 다음 네 가지 종류로 분류된다. ① 일일, 주간 및 월간 상황보고서(situation reports) : DPKO에 정기적으로 제출하는 공식 보고서로서, 정전협정 위반, 선거결과 등 위임명령 이행과 관련된 최신현황을 요약한 것이다. ② 중요 통신문(substantive communications) : 통상 암호전문 형식으로 작성되며, 상황보고보다는 훨씬 상세하게 미션지역에서 벌어지는 단일의 핵심적 사안이나 진전사항에 초점을 맞추는 보고서이다. ③ 브리핑 자료 : 사무총장이 정기보고서를 제출하는 중간 시기에, 특히 위기사태

발생 시 진전사항이나 특정 사건에 대해 안보리 및 병력공여국 회의에 제출
한다. ④ 안보리 제출용 사무총장 보고서 초안 : 이는 사실에 기초한 현지
상황의 진전에 관한 연대기(chronological narratives) 형식으로 작성되며, 대부
분의 평화유지활동 미션은 현지 사정의 긴박도에 따라 매월 또는 반기 1회
안보리에 제출한다. 제출된 초안의 수령은 해당 미션과 협의 하에 DPKO의
정무부(Office of Operations)가 담당한다.

다. 미션에서의 조정업무(Coordination in the mission)

정무부서는 미션 내에서 중요한 조정역할을 수행한다. 정무담당관은 보고
책임의 하나로서 여타 유엔 기관뿐 아니라 모든 미션 구성요소들이 유엔본
부에 제출하는 보고서에 포함될 내용을 조정한다. 또한 정무부서는 모든 활
동이 내포하는 정치적 함의에 관해 미션의 여타 구성요소에 지침과 조언을
제공하는 중요한 과제를 수행한다. 이는 계획된 군사활동 또는 인권활동의
가시적 결과로부터 행정지원과 같은 일상적인 주제에 이르기까지 전 영역을
포괄하는 데, 그 이유는 물품구매(procurement) 결정과 같은 행정지원 사항일
지라도 정치적 함의를 가질 수 있기 때문이다.

라. 정치적 분석 및 정책기획(Political analysis and policy planning)

정무부서는 현지의 특정 여건 하에서 다차원적 평화유지활동의 위임명령
이 어떻게 성취될 수 있는지를 평가하는 데 주도적 역할을 수행한다. 이를
위해서는 합의사항의 준수를 장려함에 있어 국제사회가 사용할 수 있는 긍
정적 및 부정적 반대급부(incentives and disincentives)와 분쟁 당사자들의 협조
수준을 포함한 모든 요인들에 대한 분석이 필요하다. 이러한 과제의 중요한
요소는 분쟁 당사자, 영향력 있는 연장자, 종교 지도자, 시민사회 단체, 외부
행위자(external players) 등 평화과정(peace process)에 포함되는 중요한 정치적

주체들을 식별하는 것이다.

3. 미션 내에서의 동반자관계(Partnerships within the Mission)

정무활동이 효과를 거두기 위해서는 평화과정에 관련되는 광범위한 이해당사자들(stakeholders)과 역동적인 동반자 관계를 유지해야 한다. 동반자 관계는 정보공유, 전문지식, 경험 및 가용자원 등의 형태로 상호 이득을 제공하며, 미션에 직접 및 간접적으로 관련된 행위자들이 목표와 과제를 명확하게 이해하고, 그렇게 함으로써 미션의 성공확률을 제고시키도록 보장하는 바람직한 방법이다. 예를 들면, 때때로 현장에서 활동하는 군 옵서버, 민간경찰, 민사 및 인권담당 요원들은 다가오는 위기사태에 대한 조기경보를 제공해 준다.

4. 외부 동반자 관계(External Partnerships)

개발 및 인도주의 목표와 정치 및 안보적 관심사 사이에 여러 가지 면에서 상관관계가 있음을 고려해 볼 때, 평화유지활동과 유엔의 전문기구, 기금 및 프로그램의 국가 대표(country representatives) 간에는 특별한 관계가 존재한다. UNMIK(UN Interim Administration Mission in Kosovo)에서 UNHCR이 4대 주요부서의 하나로 편성되어 있듯이, 어떤 경우 유엔 기관은 평화유지활동 미션의 구성요소(component)를 형성한다. 미션의 공식 조직에 편성되어 있지 않더라도, 해당 기관의 요원들이 미션의 고위급 회의나 합동 활동본부(joint operations centers)의 활동에 참여할 수 있도록 제도화되어 있다.

IV. 민사활동(Civil Affairs)

1. 개요

민사부서의 역할은 민주적 통치(governance)와 경제개발을 지원하는 정치, 입법, 경제 및 사회적 기반시설(infrastructures)의 재건을 통한 지방 민간 행정부 및 지역사회의 평화정착 노력에 관여하고 이를 돕는 것이다. 1990년대를 통하여 더욱 복잡해진 위임명령은 미션 조직의 전문화를 요구하였다. 예컨대 UNTAES의 민사부서는 사실상 모든 재통합(reintegration) 및 재건을 담당했다. 1990년대 말부터 UNMIK나 UNTAET의 경우 유엔은 모든 행정단위에서 한층 전문화된 정부기능을 수행했다. 이런 경우 민사부서는 지방 행정부에 권한을 위양하는 한편 모든 민간인들의 생활을 직접 관장하는 민간행정부(civil administration)의 기능을 대행하였다.

2. 위상(Profile)

민사, 민간행정 또는 여타의 다차원적 위임명령을 막론하고 다양한 특정화된 전문성이 요구되기 때문에 민사 담당자들은 정치학, 법학, 국제관계학, 경영학, 경제학, 공학, 교육학, 보건학, 재정학 등 꽹범위한 전문지식의 배경을 갖추고 있다. 민사 담당자들은 전문적 조언을 제공하는 것 외에도, 독립적 연구분석 수행, 전략적 이슈와 기회 및 위험의 식별, 건전한 판단력 발휘, 협상, 운용계획 개발, 건전한 동반자 관계 형성 및 유지, 다문화적(multi-cultural) 및 다인종적(multi-ethnic) 환경에서 효과적인 의사소통 및 활동 등을 수행한다.

UNAMSIL의 '주택위원회(Housing Committee)'

시에라리온에서 UNAMSIL 민사담당관들은 10년간의 내전이 끝난 후 화해와 재건 사업을 추진하기 위해 전국 12개 지역에 배치되었다. 이들이 사용한 창의적 방법 가운데 하나는 반군들이 차지하고 있던 주택에 원래 소유자가 돌아옴으로써 발생하는 긴장상황에

전쟁으로 파괴된 시에라리온의 건물

대처하는 것이었다.

어떤 경우, 그 지역에 근거지를 마련하여 장기간 살고 있던 반군들은 이들이 저지른 잔혹행위에 대한 주민들의 혐오감으로 인해 달리 돌아갈 곳도 없었다. 한편, 주택의 원래 소유주는 오랫동안의 난민 또는 국내 실향민 신세로 심신이 극도로 지친 상태에서 자신이 살던 곳으로 돌아가기 위해 필사적이었다.

이 문제는 해결이 난감한 딜레마였다. 전직(former) 반군들을 살던 곳에서 강제로 방출시킬 경우 유혈사태가 벌어질 우려가 있었지만, 그렇다고 해서 분쟁의 희생자인 원 소유주의 고통을 외면할 수도 없는 일이었다. 이런 상황에서 UNAMSIL 민사담당관들은 전직 반군, 주택 소유자, 지역사회 및 주택위원회 사이에서 끈질긴 중재노력을 경주하여, 때때로 기대 이상의 성공적 타협을 이끌어 냈다. 어떤 경우에는 반군들이 주택을 양도하였고, 또 어떤 경우에는 일정액의 임대료를 지불하는 방식에 합의하였다. 민사 담당관들은 협상을 통해 수개월 이내에 이 같은 주택문제의 대부분을 성공적으로 해결하였다.

3. 임무

민사부서가 담당하는 임무는 연락, "주선(Good Offices)" 제공, 보고 등 세 가지로 나누어 볼 수 있다.

첫째, 민사 담당관은 지방 행정부와 지역사회를 포함한 민간인들과의 관계에서 중요한 역할을 수행한다. 전통적 PKO 미션에서 민사담당관은 유엔 군 참모들과 함께 처음부터 미션지역에 배치된다. 이들은 일단 정전협정이나 분쟁 해결책에 합의된 후 각 파벌들 간의 접촉을 촉진한다. 초기의 중요한 과제는 분쟁 당사자 간 의사소통을 확립하고 직접(face-to-face) 대화를 시작하는 것이다. 민사 담당관들은 현지의 권력구조와 실력자들의 성격 등에 관한 중요한 정보를 제공하여 당사자들의 이해관계, 이들 사이의 상호관계 및 협상 입지(negotiating positions) 등에 관한 이해를 돕는다.

둘째, 민사 담당관은 현지 행위자들(local actors)이 분쟁 이후의 단계에 대해 생각하도록 장려하는 데 중요한 역할을 수행한다. 대화창구의 개설은 민사 담당관들이 당사자들로 하여금 화해와 재건의 실질적 목표와 일정표(timelines)에 초점을 맞추도록 해 준다. 민사 담당관들은 지역 행정기관과의 긴밀한 관계에 기초하여 미션의 목표를 실질적 수단으로 전환하고(translate) 위임명령의 이행에 있어 지역 행정기관들이 수행해야 할 역할에 관해 조언을 제공한다.

셋째, 정확하고 적시적인 보고와 분석은 평화유지활동 미션이 양질의 평가, 계획 및 정책건의를 개발하는 데 필수적이다. 대부분의 분쟁상황에서 PKO 미션은 비교적 객관적이고 투명한 정보를 제공하는 데 핵심적 역할을 한다. 현지 미션에서의 민사담당 부서는 SRSG를 거쳐 사무총장과 안보리에 이르는 정보 및 분석 계통(chain)의 중요한 부분을 형성한다. 미션 내 다른 부서와 마찬가지로, 민사부서는 DPKO에 제출하는 정기보고에 포함되도록 일일 및 주간단위로 관련 사항을 보고한다.

V. 공보활동(Public Information)

1. PKO 미션에서 공보의 역할

모든 유엔 PKO에서 현지 및 국제 언론매체와의 원만한 관계를 포함한 효과적인 의사소통 전략은 필수불가결한 요소이다. PKO는 처음에는 전세계의 지지를 받을지 모르나, 이러한 지지는 얼마 지나지 않아 곧 무관심이나 심지어 반대(opposition)로 바뀔 수 있다. 공보 프로그램은 평화과정의 진전과 장애물에 대한 최신현황을 제공하고 미션 활동에 대한 지지기반을 구축함으로써, PKO 미션의 위임명령을 지역주민, 현지 및 국제 언론매체, 기부단체, 회원국, 유엔 산하 각종 기관, 기금, NGO 등에게 설명해 주는 데 핵심적 역할을 수행한다. 뉴스와 정보의 신뢰성 있는 원천을 제공하는 공보 전략은 무책임하고 적대적인 통제된 언론매체의 부정적 영향을 상쇄시켜 줄 뿐 아니라, 미션 요원들의 신변안전 제고에도 기여한다.

2. 공보와 언론(Media)

PKO 미션의 공보환경은 매우 부정적이다. 분쟁이나 분쟁 이후 환경에서 정확하고 신뢰도가 높은 정보는 매우 희귀하고, 일반 대중들은 공식적 정보를 선전의 도구로 간주하며, 독자적이고 초당파적(non-partisan) 언론의 전통은 부재하거나 일천하다. 언론인들은 보도기사에 편향적 시각을 갖고 있거나, 자체 검열(self-censorship)을 거치도록 강요받을 수도 있다.

역시는 분쟁 당사자에 의한 반(反)정보(misinformation)와 언론 조작(media manipulation)이 얼마나 엄청난 해악을 끼치는지를 반복해서 보여주고 있다. 예를 들면 1994년 'Radio Mille Collines'라는 악명 높은 라디오 방송국은 80

만 명의 사망자와 아프리카 인접지역(Great Lakes region)으로 분쟁이 확산되는 결과를 초래한 르완다 대학살(genocide)을 선동, 지시 및 주도하는 데 결정적 역할을 담당했다. 1990년대 초 유고 사태 시에도 라디오 등 언론매체들은 마을, 도시 및 심지어 지역 전체에서의 인종청소에 앞장섰다.

이러한 '증오언론(hate media)'에 대한 최선의 대응책(antidote)은 독립적 언론의 번창이다. 비록 영향력 있고 독립적인 현지 언론매체의 발전이 유엔 PKO의 1차적 책임은 아니지만, 이는 미션 공보부서의 지원을 받을 만한 가치가 있다. 지속가능한 독립적 언론기관의 발전을 지원하는 한 가지 방법은 유엔의 후원으로 라디오 방송국을 설립, 객관성과 정확성의 기준을 설정 및 시행하는 한편, 현지 언론인, 제작자, 기술자, 통역관 등을 고용하여 현지의 보도능력을 배양하는 것이다. 또 다른 방법은 기부단체, NGO, 및 유엔 산하 기타 기관이 독립적 현지 언론기관의 정확하고 신뢰성 있는 보도 능력을 제고시키도록 기부금, 훈련 및 기타 지원의 제공을 요청하는 것이다.

3. 공보 우선순위와 목표

공보는 PKO 활동의 초기단계에 다른 요원들과 함께 배치되어 핵심적 역할을 수행한다. 일단 현지에 도착하면 공보부서는 미션의 목표에 입각한 일관성 있는 공보목표를 설정하고 활동을 위한 행정적 지원과 필요한 자원을 확보한다. 공보부서는 즉시 지역주민, 분쟁 당사자, 현지에서 활동하고 있는 여타 국제기구 및 기관들에게 PKO 미션의 주둔과 위임명령에 대해 설명해 주어야 한다. 아울러 평화과정에 대한 공정하고 정확한 정보를 제공하여 유엔이 특정 세력의 지원에 개입할지도 모른다고 생각하는 분쟁 당사자들의 우려를 불식시켜야 한다.

공보부서의 그 다음 우선순위(priority)는 평화과정과 유엔의 역할에 대한

콩고(MONUC) 'Radio Okapi'의 활약

Radio Okapi의 중계탑

광활한 지역에 라디오를 활용한 공보 전략을 구사한 가장 대표적인 성공사례는 콩고(MONUC)의 'Radio Okapi(RO)'이다. RO는 분쟁이후 환경에서의 방송 경험을 바탕으로 'Foundation Hirondelle'이라는 스위스 NGO과 MONUC이 공동으로 설립한 방송국이다. 10여 년 만에 콩고에 등장한 전국적 규모의 라디오 방송국인 RO의 덕분에, 분쟁으로 사실상 양분되어 있던 청취자들은 다른 지역의 소식들도 들을 수 있게 되었다.

2002년 중반 RO는 8개 도시의 지국에서 5개 언어로 전국에 방송하고 있으며, 앞으로 두 개의 지국과 두 개의 중계소를 신설할 예정이다. 각 지국은 현지 뉴스를 제작 및 방송하며, 이들이 중앙 네트워크에 제공하는 소식들은 인공위성에 연결되어 FM 송출기를 통해 단파로 전국에 방송되었다. RO는 유엔의 후원으로 설립된 방송국이지만 평화유지활동을 다른 뉴스와 같은 비중으로 다루었으며, 평화과정을 특히 상세하게 보도했다.

콩고 전역의 청취자들은 신뢰성 있는 RO의 방송에 크게 만족해했고, 얼마 지나지 않아 여타 콩고 언론매체에서 신뢰도가 높은 뉴스 원천으로 인용되었다. RO의 성공은 현지 언론의 정확성과 독자성의 기준을 제시하였으며, 양질의 라디오 방송을 제작할 수 있는 현지인들의 능력을 향상시키는 데 기여했다. RO는 MOMUC이 임무를 종료하고 철수한 후에도 콩고인들이 자력으로 유지할 수 있도록 장기적 목표 하에 운영되고 있다.

신뢰성 있고 초당파적 정보의 원천으로서의 위상을 확립하는 동시에, 평화과정에 개입하거나 평화과정의 영향을 받는 모든 사람들에게 해당 정보를 널리 전파하는 것이다. 유엔 공보부서는 최상의 직업윤리를 실천하고 인권 존중, 포용 및 화해를 진작시켜야 한다. 공보 담당관들은 PKO 미션에 대한 현지인들의 부정적 인식과 태도에 적극 대처하고, 이를 위해 정확하고 적시적인 공보 프로그램과 활동에 착수해야 한다.

4. 공보부서의 구성과 임무

먼저 수석공보관(Chief of information)은 미션대표 및 여타 구성요소 대표들과 긴밀히 협의하여 공보전략을 수립한다. 여기에는 모든 공보자료와 웹사이트의 개발, 제작 및 전파가 포함된다. 대변인(Mission spokesperson)은 언론기관들의 중심점(focal point)으로서 언론 브리핑, 인터뷰, 이슈별 언론 보도자료 배포, 유엔관련 정보 제공 등의 역할을 수행한다. 라디오 및 TV반은 뉴스, 주제별 프로그램, 교육 및 문화행사, 드라마, 가요 및 댄스, 연재물 등을 현지 언어로 생방송 또는 녹화방송의 형태로 보도한다. 출판, 사진 및 그래픽 디자인을 담당하는 인쇄반은 잡지, 신문, 전단(leaflets), 소책자, 포스터, 기타 인쇄물들을 제작 및 배포한다. 문맹률이 높은 국가에서는 만화, 달력 및 화보 등을 포함시킨다.

VI. 민간경찰, 사법 및 교정 활동

1. 개요

법치(rule of law) 유지를 위한 효과적인 민간경찰, 사법 및 교정(矯正)조직의 설립은 지속가능한 평화구축에 필수적이다. 과거 10여 년간 내전 상황에서의 유엔 평화유지활동은 해당 국가의 치안 및 형행(criminal justice) 제도 강화에 중요한 역할을 해야 한다는 인식이 국제사회에 확산되면서, 법치 회복에 대한 유엔의 지원 필요성이 급격히 증대되었다. 법치를 위한 환경조성을 위한 유엔의 노력은 여러 가지가 있으나, 여기서는 민간경찰(civilian police), 사법(judiciary) 및 교정(corrections) 등 세 가지 활동에 국한시키기로 한다. 유엔 안보리는 PKO 미션에 해당국가의 법집행(law enforcement) 기관 감독, 치안조직(특히 지방경찰) 개혁 및 재편, 실질적 법집행 권한 행사 등에 관한 위임명령을 부여할 수 있다.

2. 민간경찰

민간경찰은 과거 40년 이상 평화유지활동 미션에서 활동하고 있으며, 이들의 임무와 역할은 필요(needs)의 변화에 부응하여 지속적으로 변화와 발전을 겪고 있다. 민간경찰의 역할은 감독 및 조언기능으로부터 현지 경찰조직의 개혁 및 개편, 법집행 기능 행사 등으로 확대되었다. 최근 PKO 미션에 배치된 사법 및 교정담당 간부(officers)들은 법절차 준수에 있어 과도 행정부의 역할을 보완하고 중요한 제도를 재건 및 지원하는 데 필요한 전문지식을 제공한다. 민간경찰은 군 옵서버와 기타 유엔 요원들을 지원하기 위해 콩고(ONUC, 1960~64)와 사이프러스(UNFICYP, 1964)에 최초로 배치된 이래, 오늘날까지 PKO 미션에서 현지 경찰활동을 감독하고 있다.

민간경찰은 대개 자국에서 현역 경찰관으로 근무하던 중에 DPKO의 민간경찰부에 선발(seconded)된 사람들이다. DPKO 민간경찰부는 유엔 민간경찰의 선발과 배치 업무를 조정하며, 지원자들이 회원국들과의 협의를 거쳐 평가 및 선발과정을 통해 결정된 최소한의 기준에 부합되도록 보장해야 할 책임이 있다. 유엔 PKO 미션에서 민간경찰은 별도 부서(components)로 편성되며, 대개 SRSG나 미션대표(Head of Mission)에게 보고하는 민간경찰 총수(police commissioner)의 통제를 받는다.

평화유지군과 함께 활동 중인 민
간 경찰(오른쪽 세 명)

3. 민간경찰의 책임과 임무

가. 조언 및 보고

1990년대 초 주로 민간경찰의 임무는 주로 민주적 방식에 의한 경찰활동
의 원칙을 제대로 준수하는지 여부를 감독하는 것이었다. 이에 따라 민간경
찰은 현지 경찰의 임무수행 태도 및 성과에 관한 관찰결과, 현지 경찰에 대
한 민원(public complaints) 조사 및 인권위반 사례 등을 미션대표에게 보고하
였다. 이러한 감시 및 감독활동은 점차 현지 경찰과의 협조 및 이들에 대한
조언으로 변화되었다. 현지 경찰 및 지역사회와 상시 협조관계를 구축하는
것은 신뢰와 상호 의사소통 활성화에 기여한다. 종래의 수동적인 감시 및
감독보다는 현지경찰의 문제점과 약점을 파악하고 이를 해결하기 위한 적극
적인 개입이 점차 강조되고 있다. 따라서 PKO 미션 창설 초기부터 현지경
찰에 대한 조언 및 보고에 관한 적절한 기준과 지침을 설정하는 것이 매우
중요하다.

나. 개혁, 개편, 훈련 및 제도 강화

또 다른 민간경찰의 과제는 현지경찰을 개혁, 개편 및 훈련시켜, 이들이

존경받고 지속가능한 경찰조직으로 거듭 나도록 돕는 것이다. 이러한 활동은 해당국의 문화, 정치, 경제 및 사회적 현실을 고려해야 하며, 수입된 모델(imported model)은 역효과를 초래할 수 있으므로, 현지 실정에 적합하도록 변형시켜야 한다. 유엔 민간경찰이 개발한 훈련과정은 민주적 경찰활동 기준, 인권, 위기관리, 경찰과 사법당국의 관계, 재정, 군수, 획득, 시설 및 장비유지, 자산관리 등의 과목을 포괄한다. 또한 민간경찰은 현지 경찰 지망생들의 선발 및 훈련, 현장 지도(on-the-job monitoring), 감독 및 업적 평가에도 관여한다. 현지경찰의 개혁 및 개편의 위임명령을 부여받은 경우에는 보다 전문적(professional), 민주적 및 지역사회 지향적 활동의 원칙을 진작시키는 외에 해당국가 경찰이 보다 적합한 행정 및 운영조직을 설계 및 정착시키는 방법에 관해 조언을 제공한다.

다. 대중 교육(Educating the Public)

중요하면서도 때때로 간과되고 있는 경찰개혁의 측면은 일반 대중이 자신들의 권리를 인식하고 현지 법집행 조직에 대해 적합한 기대치를 갖도록 하는 것이다. 과거 경험에 의하면, 공보전략, 지역사회 경찰활동(community policing) 및 개혁된 경찰(reformed police)에 대한 존경심을 유발하기 위한 시민단체 활용 등이 매우 중요하다. 경찰개혁에 대한 대중의 이해나 지지가 없을 경우, 일반 국민들은 이 과정을 자신들의 실생활과 별반 관계가 없는 것으로 간주할 것이다. 공공 포럼, 원탁회의, 세미나, 라디오 방송 등 일반 국민들을 대상으로 한 적극적인 활동은 지역사회에서 활동하는 경찰에 대한 이해와 지지를 제고시키는데 기여할 것이다. 예를 들면, 아이티와 르완다의 경우, 인권관련 비정부단체(NGO)들이 기초훈련을 받는 경찰후보생들에게 연설하도록 초대되었다.

라. 지역사회 경찰활동(Community Policing)

지역사회의 경찰은 분쟁 이후 환경에서 중요한 경찰활동(policing)의 요소이며 대중교육과 밀접하게 관련되어 있다. 지역사회에서의 경찰활동은 경찰에 대한 현지 주민들의 신뢰를 높이고 협조적 관계를 조성하는 데 기여하며, 현지 주민들 속에서 활동하는 경찰관들의 눈에 띄는(visible) 존재로 인하여 귀환하는 난민 및 국내 실향민들에게 안도감을 부여한다. 경찰활동의 관심사(policing concerns)들을 현지 주민들과 함께 논의하는 것은 법과 질서를 일반 대중들이 보다 잘 이해하고 수용토록 해 줄 것이다. 따라서 지역사회 경찰활동은 유엔 평화유지활동 미션에서 민간경찰이 수행하는 핵심적 요소이다. 대다수의 평화유지활동 주둔국(host countries)들의 경찰은 오랜 세월에 걸쳐 관행으로 굳어진 습성화된 활동패턴을 가지고 있다. 이러한 과거의 습성들은 현대적 경찰활동의 관행에 부합되도록 수정되어야 한다. 민간경찰들은 현지 주민들이 자신들의 안전과 정의(justice)의 문제들에 대한 해답을 모색하는 데 있어 촉매(catalyst) 역할을 수행한다.

마. 선거 지원

경찰은 ① 안전한 투표소 선정, 선거인 등록 및 유세를 위한 안전 제공 등을 포함한 선거 전(pre-election) 단계, ② 후보 납치, 유권자 협박, 투표소 사보타지와 같은 위협이 가해질 수 있는 선거 당일, ③ 투표용지 보관 및 선거 후 치안 등 선거 후(post-election) 단계 등 선거과정의 전 단계에서 중요한 역할을 수행한다. 각 단계에서 경찰은 치안을 제공하고, 표현의 자유, 결사의 자유, 평화적 시위의 권리 등 기본적 인권이 보호될 수 있도록 보장하는 데 기여한다. 모든 단계에서 협박, 신변위협, 납치, 보복 등으로부터 유권자와 후보자를 보호하는 것은 경찰의 책임 가운데 핵심적 요소이다.

바. 새로운 경찰제도 정착

코소보, 동티모르 등 과도행정부(transitional administration) 기능을 수행하는 평화유지활동 미션에서 새로운 법집행(law enforcement) 기관의 설립은 경찰활동의 장기목표이다. 코소보(UNMIK)의 경우 2003년까지 5천 명 이상의 코소보 경찰이 졸업하여 UNMIK 소속 민간경찰과 함께 임무를 수행하고 있다. 동티모르에서는 민간경찰이 법과 질서 유지뿐 아니라 신뢰성 있고 전문적인(professional) 국가경찰의 훈련 및 설립에 대한 위임명령을 부여받았다. 최초 2년 만에 2천 명 이상의 현지 경찰이 경찰학교를 졸업하여 유엔 민간경찰과 함께 전국에서 활동하고 있다. 잘 훈련된 전문적 경찰관의 양성은 제도구축(institution building)의 위임명령을 부여받은 미션에서 민간경찰의 최우선적 과제이며, 가장 중요하고 눈에 두드러진(visible) 신뢰구축 활동이다.

4. 사법(Judiciary)과 유엔 평화유지활동

최근까지 평화유지활동 미션에서의 법치 노력(rule of law efforts)은 거의 대부분 현지경찰과의 활동으로 이루어진 반면, 사법활동에 대한 지원은 대개 인권단체, 개발기관 등에 맡겨졌다. 그러나 효과적 사법행정이 부재한 상태에서 경찰개혁이 지속될 수 없다는 인식이 확산됨에 따라, 1999년 이후 창설된 코소보와 동티모르 미션에서는 사법부에 대한 지원이 위임명령에 명시되어 있다. 코소보의 경우 법무부(Department of Justice)는 UNMIK을 통한 국제사회의 통제를 받고 있다. 동티모르의 UNTAET에서는 전국적 규모의 사법조직 구축을 지원하기 위한 사법 담당실(office of judicial affairs)이 설치되었다. 2002년 5월 동티모르 독립 후에도 국제 자문관들이 사법부문에 대한 지원을 계속하고 있다. 아프가니스탄의 경우 UNAMA의 위임명령은 법치 및 사법행정을 포함한 신뢰성 있는 국가통치(governance)의 정착을 위한 아프가니스탄 신정부를 지원하는 조언적 성격(advisory nature)을 띠고 있다.

국가의 사법부를 지원하는 것은 매우 복잡하고 민감한 사안이며, 개입정도는 위임명령, 해당 국가 및 필요성 등에 따라 크게 달라진다. 평화유지활동 미션의 개입방식은 기술적 조언 제공, 제도개편, 법률초안 작성 및 개정 등으로부터, 기반기설(infrastructure) 재건, 훈련, 법의 심판에 대한 일반대중의 접근 개선 등에 이르기까지 다양하다. 사법개혁은 판사 및 검사 사무실, 재판행정 및 등기소(registration offices), 로스쿨(law schools), 사법연수원, 변호사 협회 등 일련의 제도에 초점을 맞춘다.

사법개혁 활동은 세 가지 차원에서 진행된다. 첫째, 제도적 차원은 기반시설 재건, 물자 및 행정지원, 재판부 조직 및 운영 등에 대한 것이다. 둘째, 기술적 법적 차원은 적용 가능한 법률 및 관련 규정에 초점을 맞춘다. 셋째, 정치적 차원은 판사와 검사의 임명과 처벌(disciplining)을 포함한 사법부의 독립을 보장하는 데 중점을 부여한다.

5. 교정 제도

전반적인 법치전략(rule of law strategy)의 필수 불가결한 요소인 교정부문은 자유와 개인의 권리에 엄청난 영향을 미친다. 수감자들에게 인간적 대우를 제공할 능력이 없는 상태에서 경찰과 사법부에 대한 투자는 제한적 효과만을 가져올 것이다. 사법부 지원과 마찬가지로 교정제도에 대한 지원은 최근까지 평화유지활동의 위임명령에 포함되지 않았다. 그러나 과거 평화유지활동 미션은 때때로 당면한 인도주의적 또는 인권적 이유로 교정분야에 '임시로(ad hoc basis)' 개입하도록 요청되었다. 예컨대, 르완다에서의 대량학살 사태 이후, 수만 명의 죄수들이 학살에 관련된 혐의로 열악한 조건의 과밀한(overcrowded) 감옥에 구금되었다. 평화유지활동 미션과 유엔 기구는 수감자들의 환경개선을 위해 르완다 정부에 대한 지원을 제공하였다.

어떤 경우 평화유지활동 미션은 캄보디아, 아이티, 보스니아·헤르체고비나, 르완다 등에서와 같이 죄수에 대한 처우를 포함한 교정분야 이슈(corrections issues)에서 현지 당국을 훈련시키도록 위임명령을 부여받았다. 최근 들어 평화유지활동 미션은 특히 유엔 민간경찰이 체포 또는 구금 권한을 보유하고 있을 경우, 교정제도에 직접적 지원을 제공하도록 위임명령을 부여받는다. 코소보와 동티모르 미션의 임무 가운데 하나는 교정시설의 관리 및 행정뿐 아니라 인간적, 제도적, 및 법적 능력의 개발을 포함한 완벽한 교정제도의 설립 및 운용이었다.

가. 기본 원칙

'죄수처우에 대한 유엔의 최소기준(UN Standard Minimum Rules for the Treatment of Prisoners),' '비(非)구금 수단에 대한 유엔의 최소기준(UN Standard Minimum Rules for Non-Custodial Measures),' '자유를 박탈당한 청소년 보호를 위한 유엔규정(UN Rules for the Protection of Juveniles Deprived of their Liberty),' '시민 및 정치적 권리에 대한 국제협약(International Covenant on Civil and Political Rights),' '강제노동에 대한 국제노동기구 협약(International Labour Organization conventions on forces labour),' '영사관계에 대한 비엔나 협약(Vienna Convention on Consular Relations),' '유기수 인도에 대한 유럽위원회 협약(Council of Europe Convention on the Transfer of Sentenced Persons)' 등을 포함하여 국제적 규범과 기준은 교정관리를 규제하는 기본적 기준과 원칙이다.

나. 교정 기능

교정 서비스의 행정이 인권보호와 국가안전에 중요한 함의(implications)를 가지고 있으므로, 법치활동에 관여하는 유엔 평화유지활동 미션은 교도소

행정의 단기적 관리와 운용실태 개선으로부터 교정 서비스 훈련 및 전문적 조언 제공에 이르기까지 다양한 지원을 제공한다. 교정분야에 대한 지원은 다음 사항이 포함된다.

- 교도소 기반시설과 교정활동 능력 개선
- 교도소, 교도 방침 및 규정의 준비 지원
- 교도관(prison officials)들을 위한 인권 방침 및 지침의 준비와 채택, 적절한 인권보호 수단의 이행 지원
- 현지 교정 인력(corrections personnel)의 선발, 배치 및 훈련
- 뇌물, 부정(corruptions), 조작(manipulations) 및 권력남용 등 감시
- 유린사건에 대한 보고절차 개발
- 모든 제도구축(institution building) 요소들을 포함, 교정제도 운용의 절차 및 지침 개발
- 교정제도에 대한 객관적이고 독립적 검열방법 개발
- 수감 노동자 훈련 및 재통합 프로그램 개발 등

코소보나 동티모르의 경우와 같이 구금자 및 죄수의 관리가 유엔 평화유지활동 미션의 임무에 포함될 경우, 이 미션은 반드시 국제적 기준과 원칙을 준수해야 한다. 여기에는 다음 사항들이 포함된다.

- 죄수는 처벌을 받기 위해 수감된 것이 아니라, 수감 자체가 처벌임을 인식하여 죄수를 인격적으로 대우
- 기본적 권리 존중
- 처벌 과정의 정당성
- 불만처리 제도(grievance system)에 접근 허용

● 교정제도의 검사(inspections) 또는 감독 등

VII. 인권 활동

1. 평화유지활동에서 인권의 역할

대규모 인권유린은 대부분의 분쟁의 근본원인이자 결과이므로, 인권문제를 올바로 해결하는 것은 유엔 평화유지활동의 필수불가결한(integral) 부분이 되었다. 평화유지활동의 위임명령에 따라 인권활동에는 다음 사항들을 포함된다.

● 인권위반 사례 보고 및 예방활동
● 과거 인권위반 사례 조사 및 확인(verifying)
● 시민(civil), 문화, 경제, 정치 및 사회적 권리 보호 및 증진
● 국가 및 지역 인권기관을 포함, 현지 정부기관 및 NGO들과 함께 역량 구축(capacity-building) 계획 시행
● 유관 사법, 진상규명 및 화해(truth and reconciliation) 과정을 지원하여 '책임지는 문화(culture of accountability)' 장려
● 군인 및 경찰 등 유엔 평화유지활동 요원들과 지역 및 국가기관의 인권 훈련 프로그램 설계 및 시행
● 모든 평화유지활동 구성요소들(components)에게 인권에 관한 조언 및 지침 제시
● 대규모 난민 및 국내실향민 이동, 점증하는 아동병사(child soldiers) 징병, 성적 학대, 부녀자 밀매(trafficking) 등 대부분의 현대 분쟁과 관련된 인권문제

해결을 위해 협력

● 전투원(combatants)들의 DDR 과정에 인권관련 사항을 식별 및 통합

대부분의 평화유지활동 미션에는 인권담당 부서가 편성되어 있으며, 이들은 SRSG의 직접 통제를 받거나 SRSG실(SRSG's Office)에 포함된다. SRSG는 다른 모든 부서와 마찬가지로 인권부서에 미션의 특정한 상황에서 발생하는 인권문제를 효과적으로 다루기 위한 지침을 하달한다.

2002년 11월 DPKO와 OHCHR 간 평화유지활동 미션에서 인권부서의 기능을 통제하는 방법에 관한 양해각서(Memorandum of Understanding : MOU)가 체결되었다. MOU는 인권담당관의 SRSG와 OHCHR에 대한 이중 보고 체계를 명문화하고 인권담당관의 선발에 관한 책임한계를 명시하였다. 모든 평화유지요원들은 인권의 중요성을 명심하고, 언행을 통해서 동료 및 현지 상대자들(counterparts)과 인권 증진을 위해 노력해야 한다.

2. 인권담당 요원과 훈련

가장 흔한 오해(misunderstanding) 가운데 하나는 인권담당관은 변호사(lawyer)여야 한다는 것이다. 대다수의 변호사, 판사 및 검사가 인권부서에서 활동하는 것이 사실이지만, 다른 여타 분야의 전문가들도 동참하고 있다. 적절한 훈련을 받고 경험을 쌓을 경우, 정치학자, 의사, 간호사, 언론인, 인류학자, 교수, 경제학자, 엔지니어, 교사, 지리학자, 퇴역 군인 및 경찰 등도 전형적 인권부서의 다양한 활동에 기여할 수 있다.

출신배경이나 경험과 무관하게 모든 인권담당관들은 배치 전(pre-deployment) 훈련을 받아야 한다. 어떤 평화유지활동 미션의 인권부서는 미션 지역의 정치, 역사, 문화 및 언어뿐 아니라 미션의 위임명령까지를 포괄하는

광범위한 배치 전 훈련을 제공한다. 일부 훈련코스는 인터뷰, 보고서 작성, 시위 관찰(observing demonstrations), 군, 정부 및 교정관리(prison officials) 면담 등에 관한 요령을 포함한다. 인권부서의 직책들이 여성(gender), 아동권리, 법치, 국가제도 등의 전문가들에 돌아가는 경향이 갈수록 늘고 있다.

3. 법적 골격(Legal Framework)

인권부서의 활동은 구체적인 위임명령과 법적 골격에 의해 지침을 제공받는다. 무력분쟁, 평화조성, 평화유지 및 평화건설 등에 적용되는 국제법 골격의 포괄적 성격은 국제 인권법, 난민법 및 국제 형사법 등을 포함한다.
세계인권선언(Universal Declaration of Human Rights) 외에 일곱 가지 주요 인권 관련 법조문들은 아래와 같다.

- 국제 시민 및 정치권리 협약(International Covenant on Civil and Political Rights : ICCPR)
- 국제 경제, 사회 및 문화권리 협약(International Covenant on Economic, Social and Cultural Rights : ICESCR)
- 국제 인종차별 철폐 의정서(International Convention on the Elimination of All Forms of Racial Discrimination : CERD)
- 고문 및 여타 잔혹, 비인간적 또는 굴욕적 대우 또는 처벌반대 의정서 (Convention against Torture and Other Cruel, Inhuman or Degrading Treatment or Punishment : CAT)
- 여성차별 철폐 의정서(Convention on the Elimination of Discrimination against Women : CEDAW)
- 아동권리 협약(Convention on the Rights of the Child)

- 국제 이주노동자 및 동반가족의 권리보호 협약(International Convention on the Protection of the Rights of All Migrant Workers and Members of Their Families)

4. 인권부서의 역할

가. 감시 및 조사(Monitoring and Investigation)

인권부서의 1차적 과제는 다양한 원천으로부터 정보를 수집함으로써 인권상황을 감독하는 것이다. 인권담당관은 증인, 희생자, 정부 공무원 및 여타 특정한 사건을 알고 있는 사람들을 인터뷰할 수 있는 탁월한 기술을 갖추고 있어야 한다. 더욱이 인권담당관은 모든 가용한 간행물을 읽고 라디오 및 텔레비전 청취 등을 통해 모든 현지 미디어를 감독해야 한다. 따라서 언어능력은 중요한 도구이며, 현지 언어를 구사할 줄 아는 사람은 정보수집 면에서 엄청난 이점을 갖게 된다.

치안 상황이 허락하는 한 인권감독관의 조기 파견은 정보에 대한 체계적 접근을 촉진시키고 현지 주민들과의 신뢰구축에 도움을 준다. 때때로 인권감독관의 상주(permanent presence)는 폭력사태와 인권유린의 방지하는 역할을 한다. 인권담당관과 다른 평화유지 요원들은 서로 협력하여 지역 주민이나 자신들을 위태롭게 하지 않으면서 정보를 수집하는 전략을 구상해야 한다. 인권담당관은 피해자(victims)나 증인이 제공하는 정보로 인하여 겪게 될 잠재적 위험을 항상 명심하여, 이들을 보호하기 위한 가능한 모든 조치를 사전에 강구해야 한다.

나. 평가, 분석 및 조언(Assessment, Analysis and Advice)

일단 정보를 수집한 다음 인권담당관은 이를 평가, 분석 후 행동에 착수해야 한다. 그러나 이에 앞서 확보한 정보의 정확성을 반복적으로 확인하는 것이 무엇보다 중요하다. 인권유린에 대한 부정확한 정보의 전파는 평화유지활동 자체나 인권부서의 신뢰성에 치명적인 손상을 입힌다. 때때로 정치적 이득을 노리고 부정확한 역정보를 흘리는 경우도 있으므로 인권담당관은 모든 정보를 철저하게 점검해야 한다. 인권담당관은 정보의 신뢰성을 검증한 후에는 특정 사례를 분석하고, 과연 이것이 식별된 추세(identified trends)에 부합되는 것인지 여부를 판단해야 한다. 대규모 미션의 경우에는 연구분석팀(analysis and research team)이 모든 미션지역으로부터의 보고서를 검토하여 인권위반의 형태나 추세를 파악하고 있다.

SRSG나 인권담당관은 인권 및 인권법에 대해 조언을 필요로 할 수 있다. 특히 협상이나 합의를 위한 접촉기간 동안 SRSG나 정무부서는 정치적 합의의 인권적 측면에 관한 지침을 요구할 수도 있다. 예컨대, 시에라리온 분쟁 당시 1999년 로메협정(Lomé Agreement)과 같이, 분쟁 중에 저지른 범죄에 대한 사면(amnesty)조항이 평화협정에 포함될 경우도 있다. 그러나 유엔은 인류(humanity)에 대해 저지른 범죄 또는 전쟁범죄에 대한 사면을 보장할 수 있는 권한이 없다. 그러므로 유엔이 평화협정의 보증인(guarantor)이 되려면 이러한 예외조항(disclaimer)이 삽입되어야 한다.

다. 보고(Reporting)

보고는 중요하면서도 때때로 논란의 여지가 많은 인권활동이다. 대부분의 경우 인권부서의 임무에 인권상황에 대한 보고가 포함되어 있으므로, 일일, 주간, 월간 및 기타 주기적으로 SRSG에 보고서를 제출해야 한다. 이는 내부 보고서이며, 일반적으로 피해자, 목격자 또는 의심받는 가해자의 성명을 명기해서는 안 되지만, 전반적인 인권상황과 최근 사태나 심각한 사건에 대해서는 상세하게 묘사해야 한다. 인권부서는 뉴욕의 유엔본부에 제출하는 주간 및 월간보고서의 인권상황 부분에 관련 내용을 요약하여 포함시킨다.

라. 현지능력 강화(Strengthening Local Capacity)

분쟁이 해결되고 평화가 회복되면 인권활동의 초점을 현지 인권관련 요원과 기관의 능력제고에 옮겨야 한다. 현지에 인권활동을 인계하는 과정은 평화 유지활동의 축소를 촉진시킨다. 미션의 위임명령에 따라 인권부서의 목표 중 하나는 인권을 보호하고 가해자의 처벌을 포함하여 인권유린 사건을 효과적으로 해결할 수 있는 지속가능한 현지 제도(institution)의 구축을 지원하는 것이다. 인권감독의 궁극적 목표는 문제점을 식별하고, 현지 상대자(counterparts)와의 긴밀한 협의를 거쳐 해결책을 강구하는 것이다. 감독과 보고는 그 자체가 목적이 아니라, 현지 능력을 제고시키고 인권을 증진시키기 위한 수단에 불과하다. 따라서 인권부서의 활동은 그 활동의 수혜자(beneficiaries)인 현지주민들에 미치는 영향을 최우선적으로 고려해야 한다.

마. 교육 및 훈련(Training and Education)

인권부서는 교육훈련 활동에 시간과 정력과 자원을 투자해야 하며 이 분야의 전문가를 보유해야 한다. 인권부서는 종종 현지 군, 경찰, 사법 공무원 및 간수(prison guards)들을 상대로 한 인권훈련 프로그램을 설계 및 시행한다. 또한 인권담당관은 현지 NGO와 시민단체(civil society groups)를 훈련시키고, 현지 언론인, 의회의원, 의료전문가, 지역사회 지도자 등을 위한 특별코스를 개설할 경우도 있다. 중재 및 분쟁해결 과정(courses)에 지역사회 집단과 경찰이 동참하여, 상호 불신을 해소시키고 화해를 촉진하는 데 기여한다.

인권담당관은 현지 상대자들과 협의해서 가급적 조기에 훈련 우선순위, 적절한 교과과정 및 현지 대상자들을 식별해야 한다. 전체 군인이나 경찰을 훈련시키는 것 보다는 사회 각 부문의 현지 교관(local trainers) 대상자를 물색하여 이들을 훈련시키는 것이 제한된 자원을 보다 효율적으로 활용하고, 평화유지활동이 종료된 후에도 인권교육이 지속될 수 있도록 하는 데 기여할 것이다.

VIII. 성 주류화(Gender Mainstreaming)

1. 성 주류화(性 主流化)

성(gender)이란 생물학적이 아닌 사회적으로 남녀에 부여된 육체적 구조화된 역할을 말한다. 성의 역할은 사회경제적, 정치적 및 문화적 맥락에 따라 변화하며 연령, 인종 및 계급(class)과 같은 여타 요인들의 영향을 받는다. 예컨대, 대부분의 사회는 여성에게 가사와 육아의 역할을 부여하는 반면, 남성에게서 부양과 보호를 기대한다. 일부 사회에서 이러한 현상은 과거 1세기 동안 변화를 겪어, 갈수록 많은 모든 사회계층의 여성들이 중요한 경제적 역할을 담당하고 있다.

대부분의 사회에서 남녀에 부여된 역할은 구조적 불평등을 고착시키고 있다. 예컨대 여성은 남성보다 더 적은 경제 및 교육의 기회를 부여받으며, 때로는 같은 일에 남성보다 적은 보수를 받고 있다. 남자가 육아나 가사를 돌볼 경우에는 하찮은 존재로 취급받거나 조롱을 당할 수 있으며, 여성은 건설, 탄광, 경찰, 교정직(correctional services) 등 '남성적(masculine)' 직종에 종사하기 힘들거나 법적으로 취업이 금지될 수도 있다. 이런 면에서 남녀가 '사실상(de facto)'의 차별을 받고 있다고 해도 과언이 아니다. 국제사회는 이러한 불평등을 극복하고 궁극적인 남녀 평등의 실현을 위해 노력하고 있다. 성 주류화는 남성과 여성, 소년과 소녀가 동일한 권리, 책임 및 기회를 향유토록 하는 목표를 달성하기 위한 전략적 도구이다.

2. 성 주류화와 평화유지활동

오늘날의 분쟁에서 민간인은 갈수록 폭력의 1차적 표적이 대상이 되지만, 분쟁에 대한 남녀의 경험에는 차이가 있다. 무력분쟁에서 부녀자의 경험은 사회와 문화에서 남녀관계 및 여성의 지위를 반영하며, 때때로 여성은 불균형적으로(disproportionately) 피해를 입는다. 분쟁 상황에서 부녀자들은 모든 종류의 신체적, 정서적 및 성적 폭력에 특히 취약하다. 여성들을 대상으로 고문, 강간, 성노예, 매춘 강제, 강요에 의한 낙태 등이 저질러진다. 성폭력은 표적 집단(targeted groups)의 사기저하와 굴욕을 초래하려는 전쟁무기로 사용되며, 군 또는 정치 지도자들이 의도적으로 이러한 만행을 승인하는 것은 이 같은 범죄가 무작위로(randomly) 발생하는 것이 아님을 보여준다.

유엔 평화유지활동은 분쟁의 이 같은 차별적(differentiated) 효과를 이해하고, 여성의 권리를 보호하며, 평화 증진, 평화조약 이행, 분쟁 해결 및 전쟁으로 파괴된 사회의 복구 등의 모든 활동에 여성문제를 고려해야 한다. 평화유지활동이 민주주의 원칙과 국제적으로 인정된 인권에 기초한 장기적인 화해와 지속가능한 평화를 정착시키기 위해서는 그 활동과 정책이 성 평등과 비차별(non-discrimination)의 원칙을 준수하는 것이 무엇보다 중요하다.

3. 평화유지활동에서의 성 주류화

유엔 평화유지활동 미션의 주둔은 사회 내 성의 관계(gender relations)와 불평등에 긍정적 영향을 미칠 수 있는 잠재력을 가지고 있다. 예를 들면 선거지원 활동은 여성의 투표 참여 및 정치적 대표성을 촉진시킬 수 있다. 평

용어의 정의

- 성 분석(gender analysis) : 주어진 맥락에서 남녀의 역할과 계획된 개입의 잠재적 영향을 식별 및 기록하기 위한 체계적 노력을 말한다.
- 성 균형(gender balance) : 모든 분야에서 남녀의 균형적 대표(equitable representation)를 의미한다. 성 균형의 증진은 여성의 참여, 특히 의사결정 과정 참여에 대한 명시적 지지를 필요로 한다.
- 성 평등(gender equality) : 여성과 남성, 소년과 소녀의 평등한 권리, 책임 및 기회를 말한다. 평등은 남녀가 동일해야 한다는 것이 아니라, 남녀의 권리, 책임 및 기회가 여성 아니면 남성으로 태어났는지 여부에 의해 좌우되어서는 안 된다는 의미이다. 성 평등이란 남녀의 이해관계, 필요 및 우선 순위가 평등하게 고려되어야 한다는 점을 함축한다.
- 성 전담관(gender focal points) : 해당 부서 및 사무실의 실무(substantive work)에 성 문제를 통합시키는 업무를 부여받은 모든 요원들을 지칭한다.
- 성 주류화(gender mainstreaming) : 성 문제를 업무영역에 포함시키고 입법, 정책 및 계획 등을 포함한 모든 계획된 활동이 남녀에 미치는 함의(implications)를 평가하는 체계적 과정을 뜻한다. 이는 남녀가 공평하게 혜택을 받고 불공평 구조가 고착되지 않도록, 남녀의 관심사(concerns)와 경험을 모든 정치, 경제 및 사회적 측면에서의 정책 및 프로그램을 설계, 시행, 감독 및 평가하는 데 있어 필수적인 차원으로 만드는 전략을 말한다.

화유지활동에서 민간경찰은 법집행(enforcement) 기관의 훈련, 감독 또는 재건을 지원하고 강간, 성폭력, 가정폭력(domestic violence), 기타 부녀자 밀매와 같은 성범죄의 해결에 역점을 두고 활동한다.

성 평등(gender equality)의 원칙은 유엔 활동과 정책의 근본적 전제이다. 평화유지활동이 성적 차별을 영속화(perpetuate)시키지 않고 지속가능한 평화를 보장하는 이러한 원칙을 반영하고 시행하는 것이 무엇보다 중요하다. 성

평등은 인권에 중요한 요인이며, 성 평등을 위한 조치들은 여타의 사회, 경제 및 정치적 목표에 기여한다. 예를 들면, 남녀에 동일한 교육기회를 부여하는 것은 여성과 그 가족의 자립능력을 제고시킴과 동시에 가족의 건강(family health)에 긍정적이고 직접적인 영향을 미친다.

4. 평화유지활동에서의 성 주류화 장려

DPKO는 모든 평화유지활동의 최초 기획단계에 성 관점(gender perspective)이 통합되도록 보장할 책임이 있다. 이는 미션의 조직, 자원 및 예산에 성에 대한 고려(gender considerations)가 포함되는 데 기여한다. 일단 평화유지요원들이 미션에 배치되면 성 관점을 업무에 포함시켜야 하지만, 이렇게 되도록 보장해야 할 책임을 지는 사람은 미션대표(Head of Mission)이다. 과거 경험을 비추어 볼 때, 성 평등과 여성의 권리를 장려하는 평화유지활동 미션이 최상의 권위를 확립하였다. 미션 위임명령의 이행계획 개발단계에서 성 주류화의 목표와 그 달성의 요구가 처음부터 명확하게 정의되어야 한다.

IX. 신변안전(Security and Safety of Personnel)

1. 서론

평화유지요원은 활동현장에서 여러 가지 유형의 위험에 노출되어 있다. 1990년대만 하더라도 거의 9백 명의 평화유지 요원들이 임무수행 중에 목숨을 잃고 훨씬 많은 수가 부상을 당하거나 질병에 걸렸다. DPKO 담당 사무차장은 현장에 배치된 모든 평화유지 요원들의 신변안전에 책임을 진다. 그를 대신하여 DPKO는 UNSECOORD(유엔 안전조정관, UN Security Coordinator)과 긴밀히 협의하여 안전관리(security management) 절차를 통해 미션지역에서 직면하는 위험을 최소화시키기 위해 노력한다.

유엔 용어로 'safety'와 'security'는 때때로 동일한 의미로 사용된다.[1] 그러나 DPKO는 두개의 용어를 분명하게 구분하고 있다. 먼저 'security' 문제는 군사적 공격으로부터 사소한 범죄에 이르는 외부의 위협에 관련된 것인 반면, 'safety'에 대한 우려는 모든 현장배치에 따른 직업적 위험(occupational hazards)으로서, 익숙하지 않은 장비 또는 열대병(tropical diseases)에 노출 등을 포함한다.

2. Security 관리

가. 법적 근거

유엔 직원, 배우자, 부양가족 및 재산과 유엔 재산의 안전과 보호에 대한 1차적 책임은 주둔국(host country) 정부에게 있다. 모든 정부는 관할권(jurisdiction) 내 질서유지와 재산 및 개인의 보호를 책임진다. 평화유지활동을 포함해서 유엔 기관을 유치한(hosting) 정부는 유엔 요원과 재산보호를 책임지며, 유엔과 주둔국 정부는 이러한 책임을 상술한 협정의 당사자이다. 평화유지활동의 경우 이러한 규정은 주둔군 지위협정(Status of Forces Agreement : SOFA)이나 미션지위협정(Status of Mission Agreement : SOMA)에 명시된다.

여러 가지 이유로 주둔국 정부가 유엔 인원과 재산의 보호책임을 이행하

---

1) 국어로는 security와 safety를 구분하여 번역하기 불가능하다. 이런 이유로 인해 본 저서에서는 '신변 안전'으로 통칭하여 표현하고 있다. 두 용어의 명확한 구분이 필요할 경우에는 영문을 포함시켜 혼란을 방지토록 하였다.

지 않는 경우가 있다. 1990년대 초 유엔 요원들의 인명손실이 급증하자 회원국들은 보호대책 미비에 대한 법적 대응방안을 논의하기 시작하였다. 이에 따라 유엔 총회는 1994년 12월 9일 '유엔 및 관련요원의 안전 협약(Convention on the Safety of United Nations and Associated Personnel)'을 채택했다. 이 협약은 다음 두 가지 측면을 포괄하고 있다.

- 주둔국과 유엔 및 관련요원의 기본적 책무(obligations)
- 유엔요원을 공격한 자를 기소 또는 범죄인 인도(extradition)를 통해 사법처리토록 보장하는 메커니즘

이 협약은 "유엔이나 사무총장에 의해 유엔 평화유지활동에 군, 경찰 또는 민간인으로 파견된 인원 ; 유엔 활동이 시행되고 있는 지역에서 공식직함(official capacity)을 가지고 있는 유엔 미션 또는 전문기구(specialized agencies)의 기타 요원들"에게 적용된다.

회원국들의 소극적 태도로 인해 1994년 채택된 이 협약은 1995년 1월 15일부터 시행되기 시작하여, 2001년 말 현재 회원국들의 3분의 1만이 서명하였다. 또한 유엔요원들을 공격 또는 살해한 자들에 대한 추적기록(track record)도 매우 실망스럽다. 1992년부터 2001년까지 단지 세 명의 범인들만이 유엔요원 살해혐의로 법의 심판을 받았을 뿐이다.

나. 평화유지 안전관리(Peacekeeping Security Management)

1980년 유엔은 '유엔 현장안전 핸드북(United Nations Field Security Handbook)'이라는 안전관리 절차 및 지침에 관한 책자를 발간했다. 1988년 유엔 전문기관, 기금, 프로그램 및 현장 사무실 등 현지요원들의 안전을 지원하기 위해 UNSECOORD가 신설되었다. 그러나 평화유지활동에 관한 한, 평화유지

요원들이 대부분 군인이므로 스스로를 방어할 수 있는 수단을 갖추고 있는 것으로 생각하는 것이 일반적 인식이다. 이러한 인식은 1990년대 들어 많은 수의 민간인 및 비무장 민간경찰 요원들이 평화유지군들과 같이 배치되는 다차원적 평화유지활동 미션이 증가하면서 변화되었다.

모든 평화유지 요원들에 대한 적절한 보호를 제공하려는 노력이 시작된 것은 평화유지 미션을 유엔의 안전관리 시스템에 통합시키는 것이 용이하지 않기 때문이다. 1993년 유엔의 법률자문(Legal Counsel)은 "'현장안전 핸드북'에 명시된 약정(arrangements)은 평시의 정상적 활동에 종사하는 민간요원들을 대상으로 한 것으로, 때때로 여타 활동들이 중단되어야 하는 상황에 배치되어야 하며 특정한 위임명령을 부여받은 평화유지활동에는 적합하지 않다"고 언급하였다.

유엔 안보리가 어떤 분쟁에 평화유지군이 필요한지를 결정하고, 상황에 적합하게 평화유지활동에 대한 위임명령을 작성하므로, 이들의 배치 근거는 여타 유엔 기관의 경우와 전혀 상이하다. 이 같은 특수한 사정을 반영하여 현장안전 핸드북 13절은 "유엔 평화유지활동과 관련하여 군 및 민간인은 SRSG나 군사령관 또는 참모장(Chief of Staff)의 배타적 관할권(exclusive jurisdiction) 하에 둔다"고 명시하고 있다.

다. 평화유지활동과 유엔 안전관리 시스템

평화유지활동과 유엔 안전관리 시스템의 완전한 통합은 어렵지만, DPKO와 UNSECOORD는 유엔본부와 현장에서 매우 긴밀하게 협조하고 있다. 이러한 협조는 인원의 안전과 기술적 및 정치적 이유로 매우 중요하다. 즉 유엔은 안전문제, 특히 인원이나 재산에 대한 위협의 평가 및 관리에 있어 한 목소리(one voice)를 내야 하는 것이다.

1994년 유엔 총회는 평화유지활동을 지원하기 위해 UNSECOORD 직위 신설을 승인했다. 2001년과 2002년에는 UNSECOORD에 세 개의 직위가 추가되었고, 몇 년 동안 미션요원들의 안전 증진에 많은 개선이 이루어졌다. 특히 UNSECOORD는 기술적 전문지식과 다음 분야에서의 지원을 제공했다.

- 모든 근무지(duty station)에서 유엔 요원의 안전 및 보호에 대한 조언과 지침 제공
- 유엔 본부와 현지 미션에 안전관련 조언 제공
- 안전평가 임무 수행
- 미션 창설(start-up) 지원
- 인질사태 관리
- 지정된 요원, 안전관리팀(security management team : SMT), 지역안전 조정관(area security coordinators) 및 간수(wardens) 등을 훈련
- 평화유지요원들의 안전의식(security awareness) 교육
- 미션의 안전계획 검토
- 적대적 행위에 대한 보험 가입
- 스트레스 관리 지원 등

유엔 평화유지활동 현장에서 안전시스템(security system)은 '현장안전 핸드북'의 규정에 따라 UNSECOORD가 설정한 메커니즘과 긴밀하게 연관되어 있다. 이 시스템은 유엔 사무총장이 모든 근무지에서 유엔 요원의 안전과 보호를 책임지도록 임명한 요원이 관장한다. 임명된 요원(designated official)은 모든 유엔 기관 책임자, 현장 안전담당관(field security officer), 의무요원, 집단적 안전평가를 시행 및 우발계획 개발을 담당하는 여타 직원으로 구성된 안전관리팀(SMT)을 설치 및 주관한다. SMT는 민간요원과 그 부양가족(군 및 민간경찰은 여기 포함되지 않음)에게 적용되는 안전단계(security phases)를

건의한다.

라. 기존 안전약정(Current Security Arrangements)

평화유지활동 계획 초기단계에서 UNSECOORD는 DPKO에 민간요원에게 필요한 안전약정, 특히 안전전담 부서의 창설에 관해 조언한다. 모든 다차원적 미션에는 미션 요원의 안전에 영향을 주는 문제에 관하여 미션대표를 보좌하는 선임안전관(chief security officer)이 임명되어 있다. 선임안전관은 다음과 같은 임무를 수행한다.

- 현지 당국(local authorities)과 모든 유엔 및 외부 상대자(external partners) 간의 안전약정 조정
- 전반적 안전상황, 사무실 및 주거안전과 조사의 평가
- 비상연락망 설치 확인
- 파견부대(contingent)가 배치되어 있지 않을 경우, 미션 외곽지역 보호를 위한 경비대(guard force) 관리

안전계획이란 모든 근무지의 안전태세 확립을 위한 1차적 관리도구이다. 이는 개인의 책임뿐 아니라 군사적 대결, 내부 혼란, 자연재해와 같은 위기사태에 대비한 안전대책을 포괄한다. 또한 이는 비상시 연락, 물자공급, 협조 및 집결지, 안전지대(safe havens) 도착방법 등에 관한 지침을 제공한다. 모든 미션 요원들은 선임안전관의 지시에 따라 안전대책에서 맡아야 할 역할을 숙지해야 한다.

안전약정의 조정을 촉진시키기 위해 미션대표를 대신하여 선임안전관은 여러 명의 경비원(wardens)을 임명하며, 각각의 경비원들은 특정 지역 내에서 안전계획의 시행을 담당한다. 경비원은 선임안전관과 미션 직원들 간 의

사소통 채널로서의 기능을 수행하며, 예방조치(precautionary measures)의 준수 여부 감독, 철수(evacuation)가 필요할 경우 해당 지역 내 직원의 거주지역에 관한 최신현황 파악 등을 책임진다. 때때로 대규모 미션은 지역안전조정관 (area security coordinators)을 임명하여 특정 지역의 안전약정을 조정 및 감독하고 해당 지역에 부합되는 안전계획의 준비를 담당토록 한다.

마. 규율(Discipline)

모든 요원들이 선임안전관의 지시에 철저히 따르는 것이 매우 중요하다. 특히 심야까지 근무해야 하는 일부 직원들에게는 통행금지(curfew)나 여타 안전조치를 준수하는 것이 귀찮을 수 있으나, 이를 의무적으로 지켜야 한다. 미션 대표는 모든 요원들이 필요한 조치를 엄격히 준수하도록 리더십을 발휘해야 한다.

모든 계층의 선임자들(supervisors)은 자신의 부하들이 안전조치를 준수하여 위험에 빠지는 일이 없도록 보장해야 할 책임이 있다. 미션 대표는 행동으로 솔선수범하여 모범을 보여야 한다. 선임자, 심지어 미션 대표조차 부하 직원들에게 밤늦게까지 사무실에서 야근하도록 요구하여, 심야에 퇴근 하도록 함으로써 통행금지를 위반하고 안전을 위태롭게 만드는 경우가 있다.

바. 군과 민간경찰의 역할

때때로 파견부대는 평화유지활동에서 직면하는 상이한 도전에 대처하기 위해 군사교리와 훈련을 수정(adjust)해야 할 필요가 있다. 마찬가지로 이는 안전관리에도 적용되는데, 그 이유는 평화유지군의 방어적 태도(defensive posture)로 인하여 위협에 대처하기 위한 제반 군사적 대안이 제한을 받기 때문이다. 평화유지군에 의한 모든 종류의 군사력 사용은 교전규칙(Rules of Engagement : ROE)에 명시되어 있다. ROE는 미션의 위임명령과 현지 상황

에 부합되도록 구체적으로 작성된다. 파견부대 지휘관은 모든 부대가 ROE
를 준수토록 확인할 책임이 있다.

휴전감시 및 전투원들 간 연락을 담당하는 비무장 군 옵서버들도 평화유
지활동에 필요한 특별한 안전요구(security requirements)를 숙지해야 한다. 군
사령관과 군 옵서버 단장은 때때로 미션의 안전관리 분야에서 상당한 전문
지식을 구비하고 UNSECOORD 훈련을 거친 선임안전관과 긴밀히 협력해
야 한다.

대부분의 경우 안보리는 결의안을 통해 평화유지군에게 유엔 및 관련 요
원들의 보호에 관한 책임을 부여한다. 군사령관은 이러한 책임을 현장에서
의 작전명령으로 전환(translating)하는 데 결정적 역할을 한다. DPKO가 배
치전 훈련에서 안전관리 문제를 제기하지만, 파견부대 지휘관들은 현장에
도착하는 즉시 군사령관의 브리핑을 받아야 한다.

유엔 경찰이 UNMIK의 경우처럼 과도기 또는 전환기 행정에 관항 위임
명령을 부여받을 경우, 민간경찰은 미션지역의 직원안전을 위한 특수한 임
무를 수행한다. 유엔 경찰이 법집행(law enforcement)을 담당할 경우, 미션 요
원들은 민주주의 경찰이 시민들에게 통상적으로 제공하는 종류의 보호를 기
대할 수 있다. 파견부대와 마찬가지로 민간경찰 총수(commissioner)는 선임
안전관과 긴밀히 협조하여 미션 요원들을 위한 최상의 안전약정이 정착되도
록 보장해야 한다.

3. Safety 관리

가. 사고예방 및 안전 제고(Preventing Accidents and Enhancing Safety)
도로 안전(Road Safety) : DPKO 수송부(motor transport section)는 전세계 평
화유지활동 미션에서 운용하는 차량들을 관리한다. 이 부서는 미션에서의

사용을 위해 구입되는 차량들이 국제안전기준을 준수하고, 유엔 및 파견부대 보유장비가 안전하게 유지 및 운용하는 절차가 정착되도록 보장할 책임이 있다. 미션에서 안전절차의 준수 및 시행은 유엔 안전관, 민간경찰 및 군부대 간 협조를 필요로 한다. 이는 부분적으로 미션의 도로안전위원회(road safety committee)에 의해 이루어진다.

항공 안전(Aviation Safety) : 항공안전과(aviation safety unit)는 평화유지 미션의 항공운행이 유엔 규정, 안전 및 효율성을 준수하는지 여부를 확인한다. 이 부서는 항공안전 교범(Aviation Safety Manual)에 명시되어 있는 포괄적인 안전절차 및 방침을 개발한다.

지뢰/불발탄(Landmines/Unexploded Ordinance) : DPKO의 유엔 지뢰과(United Nations Mine Action Service)는 지뢰활동 관련 정책과 국제 지뢰활동 기준(안전 포함)을 개발하고, 지뢰 및 불발탄 문제가 상존하는 국가들에 지뢰활동 조정센터(coordination centers)의 운영을 감독한다.

근무지 안전(Workplace Safety) : 미션지역에서의 사무실을 포함한 기본적 기반시설(infrastructures)을 제공하는 기능의 일부로서 공병부(Engineering Section)는 중장비 및 여타 장비들의 안전기준을 제공한다. 현지 미션의 공병부는 이러한 장비와 화재안전에 대한 안전을 책임진다.

환경 안전(Environmental Safety) : 의무지원과(Medical Support Unit)는 현지 미션에서의 건강 및 의무관련 이슈에 대한 정책을 수립하고 조언을 제공한다.

나. DPKO 안전위원회(Safety Council)

DPKO 안전위원회는 현지에서의 안전개선에 어떠한 절차상의 수정 및 구체적 행동이 필요한지를 파악한다. 미션지원실(Office of Mission Support : OMS) 담당 사무차장보가 주관하는 이 위원회는 DPKO 담당 사무차장을 위한 자문기관으로서, DPKO 산하 모든 부서의 대표자들로 구성된다. 사무국 예하의 여타 부서도 참여하도록 요청받을 수 있다.

이 위원회는 다음과 같은 임무를 수행한다.

- 사고위험 및 이에 수반되는 인적, 물적, 재정적 손실 평가를 위한 현지에서의 안전의식 수준 파악
- 평화유지활동 미션으로 하여금 사고위험과 인적, 물적, 재정적 손실을 최소화하기 위한 방침 및 절차를 포함한 위험관리전략 수립
- 안전의식 제고를 위한 계획 수립
- 예방조치 개선 및 교훈(lessons learned) 도출을 위한 사고원인에 대한 양질의 정보제공 방법 결정

다. 항공 안전위원회(Aviation Safety Council)

DPKO는 유엔 본부와 각 평화유지활동 미션에 항공안전 계획의 시행을 보장하기 위한 항공 안전위원회를 설치할 예정이다. 이 위원회는 DPKO의 고위직 관리와 사무차장, UNSECOORD, 사무총장 대변인, 법률실(Office of Legal Affairs), 중앙지원실(Office of Central Support Services), 인력관리실(Office of Human Resources Management) 및 정무국(Department of Political Affairs) 등 사무국의 여타 부서 대표자들로 구성될 것이다.

라. 도로 안전위원회(Road Safety Committee)

평화유지활동 미션은 미션 내 각 부서의 대표들로 구성된 도로 안전위원회를 설치할 책임이 있다. 이 위원회는 OMS 담당 사무차장보를 경유, DPKO 담당 사무차장에게 반기 단위로 보고해야 한다. 도로 안전위원회의 임무는 다음과 같다.

- 미션에서의 도로안전 예규 발간
- 교통사고 원인 및 빈도에 대한 상세한 분석 및 예방조치를 위한 건의
- 경찰 순찰, 유엔 시설 출입구에서 안전요원들에 대한 음주측정(sobriety checks) 등을 포함, 교통위반을 적발 및 예방하기 위한 조치 시행
- 모든 요원들에 대한 실질적 사고방지 조치에 초점을 맞추고, 사고결과 및 추세분석(trend analyses)을 상세하게 기록한 도로안전 회보 발간
- 안전의식 강조기간 설정 및 안전의식 제고를 위한 브리핑 실시

X. 선거 지원(Electoral Assistance)

1. 서론

1945년 창설 이래 유엔은 선거지원에 관계하고 있다. 유엔 헌장은 자결권의 원칙과 핵심적 목표 가운데 하나로서 인권의 증진 및 보호를 명시하고 있다. 유엔의 선거업무는 캄보디아, 엘살바도르, 모잠비크 등 최근의 복합적 평화유지활동 미션과 밀접한 관계가 있으며, 이 같은 노력은 국제적 기준 개발과 자결권 획득을 위한 신탁통치지역 및 비자립 영토(non-self-governing territories : NSGTs)를 지원하기 위한 과거 수십 년간에 걸친 활동을 대변한다.2)

---

2) 유엔이 창설되었을 당시에는 11개의 신탁통치지역과 72개의 비자립 영토(NSGTs)가 존재하고 있었다. 신탁통치지역은 주로 제1차 및 제2차 세계대전 패전국들의 식민지였으며, 유엔 국제 신탁통치 체제의 관할 하에서 자결권을 행사하였다. 모든 여타 식민지들은 유엔 헌장 11장에 따라 NSGT로 간주되고 있었다. 1946년 이래 대다수 NSGT는 ① 독립국들과의 자유연대(Free Association), ② 독립국과 통합, ③ 독립 중 1

역사적으로 볼 때 유엔의 선거지원은 자치 및 탈식민을 통한 자결원칙의 증진을 포함한다. 보다 최근 들어 선거지원은 민주적 원칙과 정치적 권리 증진 및 확립으로 나타나고 있다. 오늘날 유엔제도는 민주적 선거과정 장려를 위한 전세계적 노력을 뒷받침하는 광범위한 개발지원 활동에 개입하고 있다. 유엔은 선거 계획 및 활동의 이행에 있어 가장 신뢰성 있고 경험이 풍부한 국제기구로서, 감당할 수 있는 것보다 더 많은 선거지원 요청을 받고 있다. 1989년 이래 유엔은 회원국들로부터 290건의 요청을 받아 200건 이상을 수용하였다.

2. 평화유지활동에서의 선거지원

냉전 이후 상황에서 선거의 역할은 정치권력을 쟁취하기 위한 폭력적 경쟁(violent contest)을 비폭력적 방법으로 대체시키는 것이다. 그러나 선거는 그 과정이 참여하는 주민들에게 적법하고 의무적(binding)인 것으로 널리 수용될 때에만 효과를 발휘할 수 있다. 본질적으로 선거과정은 주권적이고 정치적 자립을 가장 잘 표현하는 과정으로서 국제적으로 공인된 관행의 기준과 원칙에 따라 그 효과가 판단된다. 비록 선거는 궁극적으로 해당 국가의 국민들이 판단할 사안이지만, 때때로 이들 국가들은 국제적으로 인정받는데 기여하거나 과정에 대한 유권자들의 불신을 극복할 목적으로 외부 행위자들의 존재를 요청하기도 한다. 이러한 경우 유엔은 자유 공명선거를 보장하는 불편부당한(impartial) 행위자로 인식되고 있다.

유엔의 선거개입은 유엔총회 결의안으로 규제되고 있다. 1991년 총회 결

가지를 택함으로써 자결권을 행사하였다. 자결권을 행사한 마지막 NSGT는 동티모르로서, 2002년 독립을 선포하였다. 2003년 현재 16개의 NSGT가 남아 있다. 보다 상세한 사항은 다음을 참조할 것. *United Nations and Decolonization*, Department of Public Information (DPI) publication DPI/2237, December 2001.

동티모르에서의 선거지원

2000년 7월, 동티모르 헌법제정 및 선거 준비의 일환으로 유엔은 기술적 요구 평가, 현지 및 지역행위자의 능력 판단, 동티모르 선거능력의 개발을 위한 기획문서 준비 등을 위한 답사단을 파견했다. 아울러 답사단은 자신들의 건의가 현지 주민들의 기대와 희망을 반영하도록 보장하기 위해 동티모르 지도자 및 시민 사회(civil society)와의 심층 논의를 거쳤다. 헌법제정을 위한 선거과정의 신뢰성을 저해하지 않으면서 독립으로의 전환기에 제기될 수 있는 현실적 기대를 비교적 단기간에 파악하는 것이 매우 중요한 일이었다.

2002년 10월 유엔은 선거제도 교육팀과 기획 및 설계팀 등, UNTAET의 선거부서를 설치하기 위해 선거전문가로 구성된 두 개의 팀을 파견했다. 주요 과제는 선거준비 및 시행을 담당할 선거관리단(electoral management body : EMB) 조직의 구상, 2002년 선거 시행을 위한 포괄적 활동계획 개발, 능력구축(capacity-building) 프로그램 설계 및 유권자 교육과 정보 프로그램의 정착 등이었다.

UNTAET의 선거부서는 2001년 편성이 완료되어, 그해 5월 사무총장은 동티모르 독립선거위원회(Independent Electoral Commission)를 담당할 5명의 위원들을 임명했다. 동티모르는 2002년 5월 20일 독립국이 되었으며, 2002년 9월 27일 유엔 회원국이 되었다.

의안 46/137에 따라 사무총장은 정무국(Department of Political Affairs : DPA) 담당 사무차장(Under-Secretary-General)을 선거지원 활동의 중심점(focal point : FP)으로 지정하였다. DPA의 선거지원부(Electoral Assistance Division : EAD)의 직접적인 지원을 받는 이 직책은 선거기준 결정, 선거활동의 필요와 범위평가, 미션 구성 및 충원, 유엔 선거활동의 이행 등을 관장한다.

3. 유엔의 선거 기획

평화유지활동 미션지역에서의 선거활동이 몇 개의 상호 관련된 단계로 구분되지만, 초기부터 완전한 선거계획이 수립되는 경우는 매우 드물다. 일반적으로 정치, 군사 및 경제적 요인들은 여타 조건들(예컨대 DDR)이 충족될 경우 선거계획이 단계적으로 발전될 수 있을지 여부를 좌우한다. 선거활동의 계획 및 시행을 위해 유엔의 개입에 대한 문서요청이 접수되는 대로 가급적 조기에 요구평가단(Needs Assessment Mission : NAM)을 파견해야 한다. EAD는 유엔의 접촉창구(FP)를 대리하여 모든 선거관련 NAM을 실천한다. 선거기획은 대개 다음과 같은 단계로 구성된다.

가. 합의 전 미션기획(Pre-agreement mission planning)

평화유지활동 미션의 준비를 위해 유엔본부 내에 다차원적 TF(Task Force)가 편성된다. EAD는 접촉창구를 대리하여 TF 내에서 대부분의 선거관련 쟁점사안들에 관해 초기에 합의될 수 있도록 노력한다. 선거의 관점에서 볼 때, 선거제도 채택 및 투표자격 기준 등 두 개의 요인들이 논의의 초점이 될 것이다. 이 단계에서 활동계획은 부여된 시간범위 내에서 이루어질 수 있는 적절한 유엔의 개입수준의 파악에 집중된다.

나. 합의 기획(Agreement planning)

대개 사무총장 특사나 특별대표는 합의문에 유엔의 개입을 명시하도록 교섭하거나 사무총장에게 안보리에 보고할 행동방책(a course of action)을 건의한다. 제안된 합의나 위임명령이 선거문제에 관련될 경우에는 EAD가 반드시 포함되어야 한다. 유엔의 접촉창구(FP)를 결정할 경우, EAD는 이 과정을 지원하거나 적절한 브리핑 자료의 준비를 위해 1명 또는 그 이상의 선거전문가를 파견할 수도 있다.

다. 합의 후 기획(Post-agreement planning)

EAD는 선거상황의 포괄적인 분석을 위해 EAD를 배치한다. 이러한 초기 조사(initial survey)는 해당 국가의 여건과 선거전망 평가를 위해 현지, 국제 및 여타 유엔 행위자들로부터의 입력(input)을 포함한다. 그런 다음에 광범위한 활동계획을 수립한다. 가능하다면 비용평가(cost estimates)와 함께 선거부서 구성을 위한 기본 편성표(a basic staffing)를 작성한다. 만일 복합적인 다차원적 미션이나 광범위한 선거관련 위임명령이 부여될 경우, NAM은 선거활동의 상세한 구상을 위한 기획단을 미리 파견하도록 건의할 수도 있다. 또한 NAM은 선거과정의 중요한 국면에서 후속 EAD 미션의 활동계획에 대한 윤곽을 제시할 수도 있다.

라. 미션 기획(Mission planning)

결과 지향적(outcome-driven) 성격의 선거활동은 엄격한 시간범위(time-frames) 내에 적시의 자원할당(인원, 예산 및 물자)과 다차원적 투입(input)을 통해 핵심사항을 달성하는 프로젝트 관리기법을 채택하게 된다. 상이한 단계에서 다양한 기술이 요구되고 선거과정이 진행됨에 따라 선거요원들의 교대가 필요하게 될 것이다. 선거요원의 행태는 현지에서 고용된 직원, 유엔자원봉사단(UNV), 국제기구 요원, 자문관(consultants), 여타 부문으로부터 차출된(seconded) 요원 등 다섯 가지이다.

복합적 평화유지활동 미션의 특징은 선거행정의 지속가능한 발전을 위한 현지능력을 계발하는 것이다. 이러한 능력 계발은 현지직원 채용이나 집중 프로그램에 의해 이루어진다. 선거활동이 밀접한 업무협조를 필요로 하므로 군, 민간경찰, 홍보요원 등 다양한 부문의 직원들이 상호 협조관계 조성을 위해 동일한 사무실이나 건물을 공유할 수도 있다.

마. 선거 후 기획(Post-election planning)

선거 후 기간은 회원국들이 신뢰성 있는 선거의 소득(gains)을 공고히 하는 데 매우 중요하다. 평화협정은 행정부(예 : 대통령)와 입법부(예 : 의회) 선거, 그리고 통상 1~2년 후에 실시되는 지방 또는 광역단체 선거에 초점을 맞춘다. 평화유지활동 미션의 선거부서는 포괄적인 최종 활동보고서와 후속조치에 대한 건의를 제출하라는 요청을 받게 될 것이다. 필요시 EAD는 선거결과 평가와 선거과정에 유엔의 지속적 개입이 필요한지 여부에 대한 건의를 위해 선거 후 평가팀을 파견할 수도 있다.

4. 선거 단계

가. 법적 틀(legal framework) 확대

선거 시행을 위한 구속력 있는 법적 틀의 확립이 중요하다는 사실은 아무리 강조해도 지나침이 없다. 법적 틀이란 모든 행위자들(actors)이 정당하고 공평하다고 받아들이는 규칙(rules)을 규정하며, 유엔이 선거과정에 개입할 수 있는지와 그렇게 할 것인지 여부를 결정한다. 유엔은 일반 대중의 지지를 받지 못하는 선거를 승인하거나 시민적·정치적 권리를 침해할 수 없다. 따라서 법적 틀은 유엔 개입의 범위와 조건, 그리고 유엔의 책무를 감당하는 데 필요한 자원(resources)에 엄청난 영향을 미친다.

선거를 위한 법적 틀은 헌법, 주둔국(host country)의 선거법, 또는 분쟁의 종식이나 해결을 위한 당사자들 간의 합의에 명시된다. 이러한 결정이 매우 중요하고 고위수준에서 이에 대한 협상이 이루어지므로, 대개 SRSG가 유엔을 대리하여 주요 중재자로 나선다. 전략적 협상과 마찬가지로 정치, 시민, 군, 경찰, 공보, 군수 등 다방면에서의 입력(inputs)이 필요하다. 이처럼 다양한 고려사항들을 조율하여 실천 및 수용 가능한 선거관련 규정을 만들기 위해, 이 단계에서 SRSG실에 한 명 또는 그 이상의 선거전문가가 배속될 수도 있다.

나. 선거행정 확립(Establishing the electoral administration)

선거절차는 원칙을 상세한 실무(practices)로 전환해 준다. 특정 선거에서 EMB는 오로지 선거의 조직과 시행만을 위해 설치된 제도(institution)이다. EMB는 선거과정이 진행됨에 따라 제반 규칙을 제정한다. 여기에는 입후보자 또는/및 정당의 공식 승인 및 지명을 위한 일련의 기준, 선거자금 관련 규정, 정당과 치안군(security forces)에 대한 행동강령(code of conduct), 선거위반의 정의, 유권자 등록에 대한 지침, 투표 및 개표절차 등이 포함된다.

유엔 평화유지활동 미션이 분쟁 후 상황에 배치될 경우, 해당 국가의 제도는 설령 존재하더라도 상대적으로 취약한 상태에 머물러 있을 것이다. 유엔이 선거 자체를 조직 및 시행하도록 요청받지 않는 한, EMB는 분쟁으로 인해 심각한 타격을 입었을지라도 선거과정에서 핵심적 역할을 수행한다. EMB는 선거과정 관리에 추가하여 공정하고 불편부당한 방식으로 업무를 수행한다는 인식을 주어야 한다. 분쟁 당사자들의 참여에 핵심적 요인인 제도의 신뢰성은 능력이나 경험부족으로 인한 기술적 과오(blunders) 또는 의도적 행동에 의해 손상될 수 있다. 유엔의 주선 하에 분쟁 당사자와 EMB 간 폭넓은 대화와 협상은 운용상의 난제가 정치적 편견의 의심으로 비화되는 상황을 예방해 준다.

다. 유권자 등록(Registering voters)

유권자 등록은 시민 및 정치적 권리의 실현과 유권자의 참정권(enfranchisement)을 다루기 때문에 모든 선거에서 가장 중요한 단계이다. 유권자 등록이 어떻게 진행되는지는 선거과정의 신뢰성을 높이기도 하고 이를 저하시키기도 한다. 유엔이 등록업무를 시행할 경우 EAD는 이 단계의 계획과 이행을 면밀하게 감독해야 한다. 그러나 분쟁 후 상황에서 유권자 등록이 항상 가능한(feasible) 것은 아니다. 대안으로서 예컨대 유권자들의 신분과 자격 여부(eligibility)를 확인하기 위해 투표장에서 기존 서류를 대조하는 방법을 채택할 수도 있다.

난민, 국내실향민(internally displaced persons), 망명자 및 유민(migratory populations)들의 등록과 참여는 법적 틀 하에서 협상의 대상이 될 수 있는데, 그 이유는 이러한 고려사항들이 참정권의 범위와 직결되기 때문이다. 세계인권선언(Universal Declaration of Human Rights)과 여타 국제 인권법에 따라 유엔은 인종, 피부색, 성별, 언어, 종교, 정치적 및 여타 견해, 국가적 또는 사회적 출신, 재산의 소유권 등에 바탕을 둔 기준을 승인하지 않는다. 동시에 투표권이 시민권(citizenship), 주거지 및 연령에 따라 결정되어야 한다는 데 일반적인 합의가 이루어져 있다.

유권자 등록에는 여러 가지 방법이 있지만, 그 과정은 대략 다음과 같다.

- 투표자격의 기준 결정
- 선거관련 홍보 캠페인 개시
- 고정 또는 이동식 등록소(registration locations)에서 등록하기를 원하는 사람들의 투표자격에 대한 자료 수집
- 유권자 예비명부(preliminary list) 준비
- 예비명부를 일반 대중에게 공개, 이의신청 기간을 설정하고, 이의신청에 대해서는 사법 또는 준사법(quasi-judicial) 기관, 적절한 법 개정 등을 통해 해결하고, 그 결과에 따라 명부에 삭제 또는 추가여부 결정

XI. 난민 및 국내실향민

1. 실향(Population Displacement)과 유엔 평화유지활동

전세계적 난민위기(refugee crisis)는 오늘날 지구상의 모든 대륙과 모든 국가들에게 영향을 미친다. 2002년 현재 1천6백만 명이 난민으로 분류되었으며, 무국적자(stateless)나 망명 요청자(asylum seekers)는 2천5백만 명, 그리고 전세계적으로 폭력사태나 박해로 인한 국내실향민(internally displaced persons : IDPs)은 4천1백만 명에 달한다.[3] 이러한 통계수치는 전투원들의 공격대상이 되고 인간방패로 이용됨으로써 민간인들에 대한 심각한 인권유린이 빚어지고 있는, 탈냉전시대에 들어 점증하는 내전의 추세에 대한 경각심을 불러일으키고 있다.

2. 난민과 망명 요청자들의 권리

망명지와 강제송환 금지(non-refoulement)는 국제 난민보호의 양대 기둥이다. '강제송환 금지' 원칙은 각국이 어떤 방식으로든 난민들의 생명이나 자유를 위협하는 국가나 영토로 이들을 돌려보내지 못하도록 금지하고 있다. 마찬가지로, 망명 요청자들도 이들의 주장이 공정한 절차에 따라 검토되기 이전에 강제로 귀환시켜서는 안 된다. '강제송환 금지'는 국제 관습법의 일부로서, 비록 1951년의 난민협약(Refugee Convention)의 당사자가 아니더라도

---

3) 통계수치는 UNHCR과 OCHA의 발표에 근거한 것임. 2002년 현재, UNHCR은 1천4만 명의 난민, 1백만 명의 망명자, 2천4백만 명의 귀향민(returnees), 5천8백만 명의 국내실향민, 95만 1천 명의 무국적자에 대한 보호 및 지원을 제공하고 있다. 추가로 4백만 명의 팔레스타인 난민들이 UNWAR(UN Relief and Works Agency for Palestine Refugees in the Near East)의 보호를 받고 있다.

용어의 정의

- **난민(Refugee)** : 난민이란 자신의 출생국(country of origin) 밖에서 살고 있고, 다음과 같은 이유로 귀환이 불가능하거나 귀환을 꺼리는 사람들을 말한다.
  - 인종, 종교, 국적, 특정 사회집단의 구성원 또는 정치적 견해로 인하여 박해를 받을 우려
  - 무력분쟁 또는 사회적 질서를 심각하게 저해하는 광범위한 폭력의 결과로 인한 생명 또는 안전의 위협
- **난민지위에 대한 집단적 결정(Group determination)** : 대량 유입(influx)의 일부를 구성하는 모든 사람들에게 임시로 난민으로 인정하는 조치를 말한다. 단기간에 대규모의 망명자들이 닥치는 긴급상황에서 때때로 개개인에 대해 난민지위를 결정하는 것은 불가능하다. 집단적 결정은 개별적 지위결정 이전에 보호 및 지원의 욕구가 충족될 수 있도록 보장하는 수단이다.
- **망명 요청자(Asylum-seeker)** : 망명 희망자란 망명지의 요구 또는 신청이 망명을 희망하는 대상국(prospective country of asylum)에 의해 아직 결정되지 않은 사람을 말한다.
- **국내 실향민(Internally displaced person : IDP)** : IDP란 난민들과 대부분 유사한 이유로 도망을 쳤으나 자국의 국경 내에 머물고 있는 사람들을 말한다. 대개 IDP는 무력분쟁 및 다른 형태의 폭력, 인권유린, 자연 또는 인공재해로 인하여 거처를 상실한 사람들이다.
- **귀향민(Returnee)** : 귀향민이란 자신의 출생지로 돌아가기로 자발적으로 결정한 난민 또는 IDP를 말한다.

모든 국가들이 이 원칙을 존중해야 함을 의미한다.

'강제송환 금지'의 원칙에 대한 위반은 다음과 같은 경우에 발생한다.

- 망명 요청자들을 국경에서 거절
- 난민들을 망명지로부터 이들의 생명, 자유 또는 신체적 안전이 위험에 처

할 수 있는 영토로 추방
- 난민들을 박해받을 우려가 있는 출신국으로 강제 귀국시키거나, 출신국으로 추방할 수 있는 국가로 보내는 행위

일반적으로 난민, 국내실향민 및 귀향민 보호에 결정적으로 중요한 것으로 간주되는 대부분의 권리는 기본적 인권이기도 하다.

- 생명, 자유 및 안전의 권리
- 망명지를 요청 및 향유할 권리
- 잔인하거나, 비인간적이거나 굴욕적 대우, 고문 또는 처벌로부터의 자유
- 노예 또는 노예상태(servitude)로부터의 자유
- 법 앞에서 인간으로 인정(recognition)
- 사상(thought), 양심 및 종교의 자유
- 자의적(arbitrary) 체포 및 구금으로부터의 자유
- 사생활, 가정 또는 가족에 대한 자의적 간섭으로부터의 자유
- 견해 및 표현의 자유
- 교육받을 권리
- 지역사회의 문화적 생활에 참여할 권리 등

3. 지원의 제공

난민을 위해 활동하는 인도주의 조직은 주민들의 급격한 대량이동 직후 또는 그 기간 동안 긴급배치(emergency deployment)를 개시한다. 일단 긴급사태가 안정되면, 보다 포괄적인 프로그램을 개발 및 시행하는 단계로 진입한다. 마지막으로, 특히 귀향이 가능할 경우, 국제적 지원은 안전한 귀향, 재통

난민보호의 법적 근거

- 인권법(Human Rights law) : 기본적 인권과 자유는 난민, IDP, 귀향민 등에 적용하는 수많은 국제, 지역 및 국가의 문서 및 법률에 상세하게 명시되어 있다. 국제적 차원에서, 1948년의 세계인권선언(Universal Declaration of Human Rights)은 법적 구조의 초석에 해당된다. 이는 1989년의 아동권리협약(Convention on the Rights of the Child : CRC)과 1979년의 여성에 대한 모든 형태의 차별철폐 협약(Convention on the Elimination of All Forms of Discrimination against Women : CEDAW) 및 1999년의 선택의정서에 의해 보완되었다.

- 인도주의법(Humanitarian law) : 국제 인도주의법은 국제전 또는 내전을 불문하고 무력분쟁에서 직접 야기되는 인도주의적 문제에 대한 것이다. 이 법은 분쟁으로 인한 민간인 희생자와 분쟁에 더 이상 참여하지 않는 전투원들을 보호하는 데 목적이 있다. 인도주의법은 정부와 군대뿐 아니라 무장단체 및 모든 분쟁 당사자들에 의해 준수되어야 한다. 1949년 제네바 의정서(Geneva Convention)와 1977년의 추가 의정서는 인권법의 핵심적 근거문서 이다.

- 난민법(Refugee law) : 1951년 난민지위에 대한 협약과 1967년 의정서는 국제 난민법의 기초이다. 이들 문서는 난민이라는 용어를 정의하고, 유자격자들의 대우에 관한 최소한의 기준을 설정하고 있다. 아프리카에서의 난민 문제에 관한 특정 측면을 규제하는 1969년 OAU(Organization of African Unity) 의정서와 1984년 카르타헤나(Cartagena) 난민선언은 난민의 정의를 확대, 무력분쟁 또는 심각한 내란(civil disturbance)의 결과로 국경을 넘어 간 사람들까지 포함시켰다. 유엔 총회와 안보리 결의안, 자발적 송환에 관한 고등판무관 프로그램에 대한 UNHCR 집행이사회의 결론도 규범적(normative) 문서의 일부를 구성한다. 2000년 여성, 평화 및 안전에 관한 안보리 결의안 1325호는 무력분쟁 기간 동안 여성 난민과 IDP 보호에 관한 역사적 문서이다.

- 국내 실향(Internal Displacement)에 관한 원칙 : IDP 보호와 명시적으로 관련된 규범적 근거의 부재는 국내적 실향문제에 관한 국제사회의 인도주의적 대응에 장애요인이 되고 있다. 1998년 IDP 관련 사무총장 대표는 UNHCR에 '국내 실향 관련 원칙'을 제시하였다. 이 원칙들은 그 자체가 법률이 아니라, 기존의 인권, 인도주의법 및 난민법에 기초한 IDP 관련 국제적 기준이다.

합(reintegration) 및 개발 활동에 집중된다. 물론 모든 사태가 이처럼 선형적 방식(linear manner)으로 전개되지는 않는다. 종전에는 안정적이던 상황에서 긴급사태가 벌어질 수도 있고, 때로는 지속가능한(sustainable) 해법의 강구가 매우 곤란하여 난민과 국제사회 모두가 중동 및 소말리아에서 보듯이 장기간 지속되는 실향사태에 직면할 수도 있다.

일반적으로 긴급구호 활동은 국제 인도주의적 개입 초기에 발생하며, 난민과 IDP의 경우에는 "즉각적이고 적절한 조치를 취하지 않는 한 난민의 생명과 복지가 위협받으며, 비상한 대응과 예외적 조치를 요구하는" 상황에서 개시된다. 긴급활동의 목표는 이들의 생명을 구하고 보호하며, 음식, 식수, 위생, 거처 및 응급 의료지원 등과 같은 가장 기본적이고 시급한 욕구(needs)를 가급적 신속하게 충족시키는 것이다. 긴급활동 기간 동안 장기적 목표를 염두에 두고 보다 안전한 환경에서 실천할 수 있는 보다 포괄적인 인도주의 프로그램에 대한 계획수립을 시작하는 것이 중요하다. 긴급단계에서 이루어진 대부분의 의사결정, 기준 및 동반자관계(partnership)는 그 이후의 단계들에 지속적인 영향을 미친다.

가능한 한 긴급 프로그램은 난민 및 실향민들의 다양한 개인적 및 사회적 욕구를 충족시킬 필요가 있다. 프로그램들은 철저한 성별 및 연령평가와 실향민들의 상이한 보호욕구에 기초를 두어야 한다. 보호 및 물질적 지원의 개발에 있어 난민들의 참여는 지원의 유용성을 높이는 데 매우 긴요하다. 가능하다면 난민들이 소득을 올릴 수 있도록 하는 자립장려 활동을 정착시켜야 한다. 난민과 IDP의 자립도를 제고하고 외부지원의 필요를 감소시키는 활동은 난민과 IDP, 해당국(host States) 및 국제사회의 이익에 부합된다. 자립(self-reliance)이란 난민과 IDP가 자신과 지역사회의 의식주, 의료, 교육을 스스로 제공하고 더 이상의 지원을 필요로 하지 않는 능력을 말한다. 난민과 IDP의 기술과 능력은 이들의 자립 가능성을 결정하는 요인이다.

4. 난민과 IDP에 대한 인도주의적 지원

가. 인도주의 위임명령(mandates)의 본질

유엔 인도주의 기관의 위임명령은 대개 총회 의결이나 이들의 근거문서를 채택하는 특별 국제회의에 기초를 둔다. 이러한 위임명령은 보편적인 것으로서 시간의 구애를 받지 않는다. 즉 평화유지활동 미션이 창설되는 시점에 이미 인도주의적 기관이 해당국(host State)에서 활동을 진행하고 있는 경우가 많다. 마찬가지로 때때로 이들 기관은 평화유지활동이 종료된 이후에도 해당국에서 활동을 지속한다. 그러므로 인도주의 기관은 계획수립 단계에서 평화유지활동 미션과는 상이한 활동시한을 설정한다.

나. UNHCR의 위임명령

UNHCR의 핵심적 위임명령은 1951년 이후 변화되지 않았다. UNHCR의 목표는 난민보호와 이들과 관련된 문제에 대한 해결을 모색하는 것이다. 1050년에 채택된 유엔총회 결의안에 따라 UNHCR은 난민들을 위한 국제적 조치를 주도 및 조정하는 임무를 부여받았다. 1951년의 난민지위 협약 및 1967년의 의정서는 UNHCR의 활동에 지침을 제공하고 있다.

개별사례, 특히 난민 및 IDP와 관련된 실향사태가 발생할 경우, UNHCR은 총회, 사무총장 및 관련 국가들로부터 난민과 IDP를 제외한 사람들의 욕구를 해결하라는 요청을 받는다. 위임명령에 따라 이들을 돕는 과정에서 UNHCR은 여타 국제기구 및 조직뿐 아니라 각국 정부 및 지역기구들과 동반자관계 속에서 협력한다. 세계식량계획(World Food Programme : WFP), 세계보건기구(World Health Organization : WHO), UNICEF, 국제난민조직(International Refugee Organization : IRO), 적십자운동(Red Cross Movement) 및 여타 유엔 및 정부 간 조직들은 난민들을 지원하는 핵심적 기구들이다. 기타 약 4백여 개 NGO들이 UNHCR과 협력관계를 구축하고 있다.

다. IDP 관련 리더십 및 협력

인권위원회(Commission on Human Rights)의 권고에 따라 1992년 임명된 IDP 관련 사무총장 대표는 IDP들의 참상에 대한 관심을 제고시키고 이들을 보호 및 지원을 위한 국제적으로 공인된 규범 및 기준을 개발하는 데 주도적 역할을 수행한다. 아울러 이 대표는 특정한 실향사태(displacement situation)에 관해 보고서를 제출한다. 사무총장은 긴급구호조정관(Emergency Relief Coordinator : ERC)이라 불리는 OCHA(Office for the Coordination of Humanitarian Affairs : 인도주의 조정관실)에 전세계적으로 IDP의 욕구를 충족시킬 책임을 부여하였다. ERC는 IASC(Inter-Agency Standing Committee, 부서간 상임위원회) 의장으로서 IASC와 협력하여 IDP에 대한 국제사회의 지지를 규합하고, IDP를 위한 자원을 동원하고, IDP 상황을 감독하며, 필요시에는 국내 실향민에 대한 접근권 확보를 위한 협상을 포함한 현장활동을 지원한다. ERC는 제네바에 본부를 두고 있는 OCHA 본부의 국내실향과(Internal Displacement Unit)의 보좌를 받는다.

라. 유엔 평화유지활동과의 협조

난민과 IDP 문제를 적절히 다루는 데 있어, 유엔 평화유지활동 미션의 다양한 부서와 난민 및 IDP의 보호 및 지원의 임무를 부여받은 인도주의 기관 사이의 관계가 매우 중요하다. 평화유지활동 미션의 위임명령과 구조에 따라 민간경찰, 합동작전본부(joint operations centre), 합동군수작전반 등 예하 다양한 부서들 사이에 최적의 협조를 보장하기 위한 상이한 메커니즘이 존재한다.

난민 및 IDP의 보호 및 지원의 책임을 담당하는 인도주의 조직들은 지정된 인도주의 조정관을 통해 제공되는 시설과 서비스로부터 혜택을 받을 수 있다. 이러한 제도는 평화유지활동 미션과 난민 및 IDP들에게 지원을 제공하는 인도주의 구호기관 및 조직들 간 조정을 용이하게 해 준다. 난민이나 IDP가 평화유지활동 미션의 주요 인도주의적 관심사일 경우, 인도주의 문제의 전반적 조정을 관장하는 담당자는 때때로 이들 이슈에 대해 특정한 위임명령을 부여받은 유엔 기관에서 임명된다. 예컨대, 코소보의 경우, UNHCR의 특사(Special Envoy)는 SRSG가 주재하는 UNMIK의 회의에 참여하고 있다.

제 7 장

유엔 평화유지활동 실무

I. PKO 기획 및 부대창설 과정

1. PKO 기획과정

휴전 또는 평화협정 체결을 위한 분쟁 당사자들 간 협상과정은 유엔 평화유지활동의 정치적 및 군사적 환경을 좌우하며, 평화유지활동을 위한 기획과정에 중대한 영향을 미친다. 유엔본부의 관련 전문가들은 현실성 있고 달성 가능한(realistic and achievable) PKO 미션의 창설에 소요되는 과업을 염출하기 위해 협상 초기부터 사태를 예의 주시한다. PKO 기획과정에서 전략배치물자(strategic deployment stocks), '대기명부(On-Call List)' 등과 같은 예비물자 및 인적자원을 동원하는 정확한 시점은 명시적으로 구분되지 않는다. 이러한 예비자원의 동원시점은 각 PKO 미션의 특성과 해당 미션이 처한 환경에 따라 가변적이다. 그러나 유엔본부의 PKO 기획 담당자들은 안보리가 결의안을 통해 위임명령을 공식적으로 승인하기 이전에 충분한 시간적 여유를 가지고 가용한 인적·물적자원의 동원 가능성을 판단해야 한다.

PKO 기획과정은 ① 기획 전(pre-planning) 단계, ② 전략개념 수립 단계, ③ 전략개념 구체화 단계, ④ 작전개념 수립 단계, ⑤ 이행계획 수립 단계 등 다섯 단계로 구분된다.

첫째, 기획전 단계(1단계)는 현행 또는 잠재적 분쟁지역에서 벌어지는 상황에 대한 일상적 관찰 또는 분석으로 이루어진다. 1단계의 목표는 특정 사태 및 분쟁에 관해 보다 상세하고 체계적인 분석을 통해 유엔이 취할 수 있는 역할을 결심하고, 의사결정자(decision maker)들이 기획을 위한 노력의 우선순위를 설정하는 데 기여하는 것이다. 1단계에서 이루어지는 주요 활동은 잠재적 또는 현행 분쟁지역에 관한 첩보수집, 유엔의 개입을 요구할 가능성이 있는 사태진전(developments)을 파악하기 위한 경고징후(warning indicators) 및 상황 평가, 위기 및 분쟁의 향후 전망 평가 등이다.

이러한 활동을 통해 도출되는 결과물은 유엔본부의 기획을 위한 기본적 참고사항(예 : 인적·물적자원의 동원 및 배치를 위한 최소한의 시간 등)에 관한 자료 및 지침, 분쟁 또는 위기평가(요약 보고서 또는 브리핑 자료 등), 유엔의 전략개념 개발을 위한 권고사항 등이다. 1단계의 기본적 정치정세 및 분쟁 상황 평가는 정무국(Department of Political Affairs : DPA)이 주도하며, 평화유지국은 정무국의 지원에 필요한 기술적 조언을 제공하는 보조적 역할을 수행한다. 제1단계(배치 전 단계)는 정무국 담당 사무차장(USG)이 새로운 유엔 PKO의 창설을 위한 기획과정을 시작할 것인지, 아니면 계획수립을 연기 또는 중단할 것인지를 결심하는 시점에서 종료된다.

둘째, 전략개념 수립 단계(2단계)부터 유엔의 개입을 위한 기획과정이 본격적으로 시작된다. 전략개념의 수립은 각종 시나리오 구상, 각각의 대안에 대한 평가, 위기사태나 분쟁의 예방 또는 관리를 위한 방안 건의 등을 포함한다. 2단계의 목표는 안보리와 총회의 지침과 광범위한 국제사회의 노력을 종합적으로 감안하여 유엔의 장기적 목표를 식별하고, 특정 지역(region), 국

유엔 PKO 기획과정

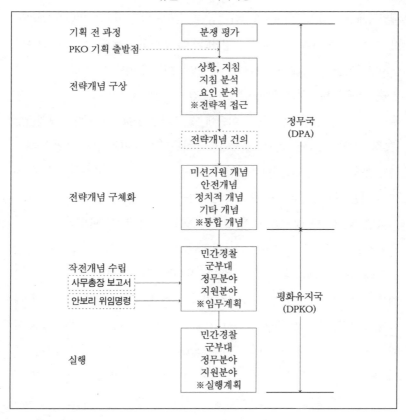

가 또는 분쟁지역에 대한 유엔의 전략개념을 개발하는 것이다. 2단계에서는 고위급(high level) 정책지침 식별 및 건의, 정책지침 분석, 유엔의 목표 결정, 제반 관련요인 분석, 발생 가능한 시나리오들의 개발, 평가 및 우선순위 설정(prioritization), 사태 개선을 위해 필요한 핵심적 조건 및 조치 결정, 채택 가능한 방책을 구상 및 평가, 전략개념 구상 등의 활동이 이루어진다. 2단계가 종료되면 '전략평가 및 건의 보고서(Strategic Estimate/Options Papers)가 작성된다. 이 보고서는 현재 상황 검토, 시나리오 분석, 유엔과 국제사회가 채

택 할 수 있는 방책 등이 포함되며, 각각의 대안이 가지고 있는 장단점을 세밀하게 평가함으로써 유엔 전략개념의 기초가 되는 최선의 방안을 건의한 다. 아울러 2단계의 결과물로서 평화협상에 참여하는 유엔 특사(Special Envoys) 또는 중재자(facilitators)들을 위한 지침, 이들이 채택할 수 있는 방책 및 전략, 방책을 달성하기 위해 필요한 조건, 유엔과 국제사회의 제한사항, 향 후 발생할 가능성이 있는 특정 이슈에 대한 지침 등이 도출된다. 2단계에서 는 정무국이 주도적 역할을 수행하고 평화유지국은 이를 위해 조언을 제공 하는 부차적 역할을 수행한다. 2단계는 주무부서(통상 정무국) 담당 사무차장 이 건의한 전략개념을 사무총장이 승인하는 시점에서 종료된다.

셋째, 전략개념 구체화 단계(3단계)의 목표는 전반적인 유엔의 전략개념 달성을 위해 정치적 이행(political transition), 안전, 인권, 인도주의 지원, 미션 지원(mission support) 등에 관한 전략을 세부적으로 수립하는 것이다. 3단계 에서는 2단계에서 수립된 전략개념 외에도, 유엔본부 내 여타 부서들이 제 공한 추가지침 및 관련분야에 대한 기술적 조언, 안보리, 지역기구, 관련 회 원국, 병력공여국 등 주요 이해당사자들(stakeholders)의 의견 및 요구사항 등 이 종합적으로 고려된다. 3단계의 최종 산물은 각 분야별로 작성된 구체적 인 전략개념으로서, 현재 및 예상되는 상황, 전반적인 목적, 주요 단계(major phases) 및 단계별 전략(목표, 필요한 전제조건, 예상되는 일정, 업무분담, 활동 조 정, 단계별 성공/종결 기준 등), 전략수립에 참여하는 미션 내 여타 부문(components) 및 행위자들과 이들의 역할, 단계별 여타 부문들의 주요 과업, 요구 되는 자산 추정, 가정(assumptions) 및 제한사항 등이다. 유엔 사무총장은 어 떤 부서가 3단계 활동을 주도할 것인지를 결정한다. 3단계는 주무부서(주로 정무국) 담당 USG가 통합개념(integrated concept)을 승인하고, 보다 구체적인 임무계획(Mission Plan)에 대한 지침을 하달하는 시점에서 종료된다. 임무계 획이란 작전적 차원의 계획(operational plan)으로서, PKO 미션의 각 부문들이 전반적인 위임명령(mandate)의 이행을 위한 전략목표 달성에 소요되는 자원을 세부적으로 명시하고 있다.

넷째, 작전개념 수립 단계(4단계)의 목적은 사무총장 특사(SRSG)의 활동계획인 미션계획(Mission Plan)을 수립하는 것이다. 미션계획은 PKO 미션의 모든 부문들(components)이 각자의 계획을 수립할 수 있을 정도로 세부적으로 작성되며, PKO 미션활동의 모든 측면에 지침을 제공한다. 이 계획은 안보리 위임명령을 예상하여 작성되지만, 위임명령이 통과되기 전까지는 승인될 수 없다. 원칙적으로 사무총장 보고서는 미션계획이 충분히 상세하게 발전될 때까지 작성될 수 없다. 4단계가 진행되는 동안 최초부터 각 부문의 소요가 통합될 수 있도록 모든 노력을 기울여야 한다. 실무급에서 통합된 기획 및 업무조정이 이루어 지도록 보장하기 위해 PKO 미션에 '통합기획반(integrated planning cell)'을 설치해야 한다. 통합기획반은 미션계획의 수립, PKO 미션의 증강(build-up), 후속단계 기획, 미션의 확대, 폐쇄 및 청산(liquidation) 등의 활동을 전반적으로 주도한다. 4단계의 산물인 미션계획에는 각 부서별 관련 상황에 대한 보다 상세한 내용, 가정 및 제한사항, SRSG로부터 각 부서가 부여받은 과업, 각 부서의 편성, 부서별 소요 및 할당된 자산, 유엔본부 및 여타 기구로부터 지원이 필요한 사항 등이 포함된다. SRSG는 미션계획 수립에 대한 모든 책임을 진다. SRSG가 부재할 경우에는 해당 PKO 미션을 관장하는 유엔본부의 담당 USG가 책임을 대행한다. 4단계는 SRSG가 미션계획을 건의하고, 위임명령이 하달된 이후 유엔 본부의 승인을 받는 시점에 종료된다. 유엔 본부의 승인을 받은 미션계획은 해당 PKO 미션의 실천지침의 역할을 수행하다.

다섯째, 이행계획 수립(5단계)의 목적은 SRSG 또는 미션 대표가 해당 PKO 미션에 가용한 자산과 부여된 과업을 관리토록 하는 것이다. 5단계에서 위임명령과 관련된 계획수립의 책임은 유엔 본부에서 해당 PKO 미션으

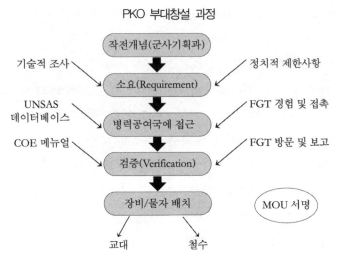

PKO 부대창설 과정

기술적 조사 → 작전개념(군사기획과) ← 정치적 제한사항

소요(Requirement)

UNSAS 데이터베이스 → 병력공여국에 접근 ← FGT 경험 및 접촉

COE 메뉴얼 → 검증(Verification) ← FGT 방문 및 보고

장비/물자 배치   MOU 서명

교대   철수

※ FGT : Force Generation Team(부대창설팀)
 UNSAS : UN Stand-by Arrangement System(유엔 상비체제)
 MOU : Memorandum of Understanding(양해각서)
※ 자료 : "Force Generation Planning for UN Peace-keeping Operations," Briefing presented at the Military Advisers' Seminar, 2003. 1. 22.

로 전환된다. 유엔 본부는 정책, 지침 및 자원을 제공하며, 미션은 목표 설정 및 계획수립에 대한 책임을 진다.[1]

II. 유엔 상비체제(UN Standby Arrangement System : UNSAS)

1. 역사적 배경

위기사태가 주요 전쟁으로 비화되는 상황을 방지함에 있어 시간은 가장

---

1) MPS/DPKO, *Planning for Peace Operations - Draft*, 2002. 6. 14.

핵심적인 요인이다. 현재의 유엔 조직 하에서, 안보리가 평화유지활동 미션
의 창설을 결정한 후 유엔이 평화유지군의 배치와 장비 지원을 제공할 수
있기까지는 평균 3~6개월의 시간이 소요된다. 르완다, 보스니아, 콩고, 시에
라리온 등의 사례는 즉각적으로 배치 가능한 국제 평화유지군의 필요성을
강조하였다. 유엔은 자체 상비군(standing army)을 보유하지 않고 있다. 유엔
회원국들이 자발적으로 병력과 장비를 공여할 것인지 여부를 숙고하는 수개
월 동안 수많은 인명이 목숨을 잃고, 소규모 위기가 대규모 분쟁으로 비화
되고 국경을 넘어 인접국과 지역으로 확산될 것이다. 예를 들면, 1994년 르
완다 사태가 발생하자 안보리는 신규 PKO 미션의 창설을 승인하였으나,
평화유지군을 파견하는 데 3개월의 시간이 경과되었다. 그러는 사이 50여
만 명의 르완다 주민들이 학살되었다.

유엔이 상비군 보유의 가능성을 모색한 것은 새삼스러운 일이 아니다. 유
엔 헌장 43~48조(7장)는 유엔 안보리가 강제조치를 위해 사용할 수 있는
군대의 창설을 염두에 둔 것이다. 실제로 유엔 헌장의 초안을 작성하는 과
정에서 미국은 43조를 뒷받침하기 위해 안보리 예하에 20개 사단(30만 명),
대규모 해군(수량 미상), 폭격기 1,250대, 전투기 2,250대로 편성된 유엔군을
편성해야 할 것으로 예상했었다.2) 1946~7년 설치된 군사참모위원회(Military
Staff Committee)는 안보리 산하에 유엔군을 설치하는 문제를 심층적으로 검
토하였다. 그러나 이 위원회는 안보리 상임이사국들 사이의 심각한 이견으
로 인하여 유엔군의 규모, 구성 및 국가별 공여수준에 관해 어떠한 결론에
도 도달할 수 없었다. 냉전적 대결이 심화되고 있었던 당시 소련과 서방세
계의 관계를 고려해 볼 때, 이러한 이견은 놀라운 일이 아니었다.

1948년에 벌어진 제1차 중동전은 유엔의 군사력 보유 가능성을 시험한

2) Urguart, Brian, "The United Nations' Capacity for Peace Enforcement." 보다 상세한
사항은 다음 자료를 참조할 것. www.iisd.org/security/unac/urqudoc.htm

첫 번째 도전이었다. 무력으로 신생국 이스라엘을 없애기로 작정한 아랍국
들은 유엔의 팔레스타인 분할안(partition decision)에 코웃음을 쳤다. 이러한
사태를 국제평화와 안전의 위반에 대처할 수 있는 유엔의 능력에 대한 중대
한 시험으로 간주한 트리그베 리(Trygve Lie) 사무총장은 안보리 예하에 소규
모 경비대(guard force, 일명 a UN Legion)를 창설할 것을 제의하였다. 경비대
의 임무는 "유엔 활동을 위한 신변경호, 유엔 감시 하에 국민투표 실시, 휴
전협정 시행" 등이며, "안보리는 평화를 위협하는 사태악화 방지를 위한 임
시조치(provisional measures)로서 헌장 40장에 따라 이 부대의 사용을 요청할
수도 있다"고 하였다.3)

냉전 종식과 함께 유엔 상비군을 창설하기 위한 노력은 새로운 조명을 받
게 되었다.4) 1992년 부트로스 갈리(Boutros Boutros-Ghali) 사무총장은 *"An
Agenda for Peace"*에서 유엔 상비체제와 관련하여 다음과 같은 세 가지 사항을
제시하였다.5) 그러나 부트로스 갈리는 자신의 제안에 유엔 상비군(a standing
UN army)을 포함시키지 않았다.6) 대신에 그는 "동일한 기준에 따라 훈련을
받고, 동일한 작전절차를 준수하고, 통합된 통신장비를 보유하고, 주기적으로
합동훈련을 실시하는, 여러 국가들로부터 공여된 대대급 부대"를 구상하였

---

3) Brisco, Neil, *Britain and UN Peacekeeping, 1948~67* (New York: Palgrave Macmillan, 2003), p. 12.
4) UNSAS에 관한 논의는 1964년부터 시작되었지만, 오직 소수의 회원국들만이 참여의
사를 밝혀 특별한 진전을 이루지 못한 상태에서 1993년까지 답보상태에 머물러 있었
다. Langille, H. Peter, *Bridging the Commitment-Capacity Gap: A Review of Existing Arrangements and Options for Enhancing UN Rapid Deployment* (Wayne, New Jersey: Center for UN Reform Education, 2002), p. 138, note. 74.
5) Boutros-Ghali, *An Agenda for Peace.*
6) 그는 유엔 상비군의 창설이 "비현실적이고 부적절(impractical and inappropriate)"한 발상
이므로, "각국 정부가 평화유지활동을 위해 특별히 훈련된 부대를 사전 합의된 기간
동안 운용할 수 있도록 하는 약정(arrangements)을 체결"하는 것이 바람직하다는 생각
을 가지고 있었다. 보다 상세한 사항은 다음을 참조할 것. Boutros-Ghali, "Empowering the United Nations," p. 93.

다.7) 이들 부대는 자국에 주둔하지만, 하시라도 유엔의 요청에 따라 어느 지역에든 투입될 수 있는 고도의 준비태세를 유지해야 한다.

- 안보리 예하에 유엔군 창설(Making armed forces available to the Security Council) : 집단안보의 명분에 따라 "유엔 헌장 43조에 명시된 특별협정(special agreements)은 임박하거나 실제로 벌어진 명백한 침략에 대한 대응을 가능케 해 줄 것이다."
- 평화강제군(Peace-enforcement units) : 회원국들이 자발적으로 공여한 군대로 구성된 이 부대는 사전에 명시된 합의조건에 따라 명확하게 정의된 상황에서 사용될 것이다.
- 상비체제(Stand-by arrangements) : 회원국들은 "새로운 평화유지 활동의 필요가 제기됨에 따라 유엔에 제공할 준비가 되어 있는 숙달된 인력과 장비의 종류 및 수량"을 세부적으로 결정한다.

1993년 유엔 총회 결의안8)에 따라 차드, 가나, 요르단, 네덜란드, 폴란드, 스리랑카, 스페인, 시리아 등 8개국으로 구성된 '유엔 상비군 기획단(United

---

7) 유엔 상비군 보유시 소요되는 비용에 대해서는 세부적인 검토가 이루어지지 않았다. 1992년 기준으로 약 5천 명의 경보병부대(light infantry force)를 유지하는 데 약 3억 8천만 달러가 소요되는 것으로 추산되었다. www.iisd.org/security/unac/urqudoc.htm. 또한 1996년을 기준으로, Kinloch는 5천~1만 명의 병력을 유지하는 데는 초기비용 (start-up cost) 5억 달러와 연간 2억~5억 5천만 달러가 소요되는 것으로 추정하였다. Kinloch, Stephen P., "Utopian or Pragmatic?: A UN Permanent Military Volunteer Force," *International Peacekeeping*, vol. 3, no. 4 (Winter 1996), p. 176. 한편, Urquart는 1993년을 기준으로 각국이 지출한 국방비를 1천 달러라고 할 때, 평화유지활동에 지출한 비용은 1.4달러라고 하였다. Urquart, Brian, "The United Nations Capacity for Peace Enforcement," intervention at the Conference 'An International Agenda for the 21st Century: The Role of Canada,' Winnipeg, 12-14 May 1994, p. 3.

8) A/RES/48/43, 1993. 12. 10.

Nations Stand-by Forces Planning Team)'이 구성되었다. 1년 후, 이 기획단은 유엔 사무국에 상비체제를 제도화시켰다. 이로써 사무국은 유엔 안보리의 위임명령에 따라 최초로 UNSAS를 활용하여, 회원국들이 본국에 보유하고 있으면서 전세계 어느 지역에든 배치할 수 있는 인원·장비·자원의 전체 또는 일부에 대한 데이터베이스를 유지할 수 있게 되었다.

2. 브라히미 보고서(Brahimi Report)의 권고사항

2000년 8월에 발표된 브라히미 보고서는 미래의 복합적 평화유지활동 미션이 성공을 거두기 위해서는 ① 정치적 지지, ② 신속배치, ③ 강력한 군사태세(a robust force posture), ④ 건전한 평화건설 전략 등 네 가지 조건이 충족되어야 한다고 적시하였다.[9] 특히 보고서의 3장(section)은 평화유지군을 신속하고 효과적으로 배치할 수 있는 유엔의 능력 제고에 관하여 상술하고 있다. 이 보고서는 신속배치와 관련된 문제점을 다음과 같이 지적했다.

유엔은 상비군이나 상비경찰(a standing police force)을 보유하지 않고 있다. 평화유지활동 미션의 지도부(mission leadership)를 구성할 수 있는 예비역량(reserve corps)도 존재하지 않는다. 즉 긴급한 필요가 발생하기 전까지는 SRSG, 미션 대표(heads of mission), 군사령관, 민간경찰 총수(police commissioner), 행정관 등 미션 지도부를 구성하기 위한 자원들을 사전에 확보하려는 노력을 기울이지 않는다. 현행 상비체제(Standby Arrangements System : UNSAS)에 참여하고 있는 각국 정부의 군, 민간경찰 및 민간인 전문가들은 신뢰할 수 있는 인적자원의 공급원이 아니다. …… 끝으로 사무총장은 안보리가 PKO 미션 창설에 관한

---

9) *Brahimi Report*, para. 4.

결의안을 채택하기 전까지는 신속배치에 필요한 인적·물적자원을 확보, 고용
및 사전전개(preposition)할 수 있는 권한을 갖지 못하고 있다.[10]

상기의 문제점과 휴전 또는 평화협정 체결 후 최초의 4~6주간이 결정적
으로 중요하다는 인식에 기초하여, 이 보고서는 새로운 반응기준(response
standards)을 다음과 같이 정의하였다. "신속하고 효과적인 배치능력이란 전
통적(traditional) 평화유지활동 미션의 경우 안보리 결의안 채택 후 30일 이
내, 복합적(complex) 미션의 경우에는 90일 이내에 필요한 모든 인적·물적
자원의 배치를 완료할 수 있는 능력을 말한다."[11] 전통적 미션이란 병력 약
5천 명(50% 수준의 자급률 보유), 참모요원 1백 명, 군 옵서버 및 민간경찰 2
백 명, 행정직원(국제 및 현지) 2백 명 규모로 구성된 평화유지활동을 말한다.
한편, 복합적 미션은 병력 1만 명(25%의 자급률 보유), 참모요원 3백 명, 군
옵서버 및 민간경찰 1천 명, 행정직원(국제 및 현지) 1천 명으로 구성된 비교
적 대규모의 평화유지활동을 말한다.[12]

브라히미 보고서에 의하면, 사무국이 30~90일의 시한(timelines)을 준수하
려면, ① 군, 민간경찰, 민간 전문가, 물자, 예산의 상시 예비(standing re-
serves), ② 단기간 내에 소집될 수 있는 고도로 신뢰할 수 있는 상비능력
(standby capacities), ③ 인적·물적자원을 확보하기 위한 충분한 선행시간
(lead-time)──이는 수개월 전에 새로운 신규 미션의 창설을 예견(forsee)하고
이에 대비한 계획을 수립하고, 예산집행을 개시할 수 있는 능력을 요구한다
──등 세 가지 가운데 한 가지 또는 그 이상을 구비해야 한다.[13]

---

10) *Ibid*, para. 84.
11) *Ibid*, para. 87-88.
12) Military Division, *United Nations Stand-by Arrangements System - Military Handbook* (New York: DPKO, 2003), p. 3.
13) *Brahimi Report*, para. 89.

브라히미 보고서는 훈련수준, 장비상태, 군율, 사기 등에서 천차만별일 뿐
아니라 서로 잘 알지 못하는 여러 국가의 파견부대(contingents)들을 규합할
경우에 발생될 수 있는 문제점을 지적하면서, 회원국들이 동반자관계를 형
성하여 UNSAS 범위 내에서 몇 개의 여단급 부대(대략 5천 명 수준)를 창설
하도록 권유하였다. 몇몇 국가들이 협력하여 SHIRBRIG(Standby Forces High
Readiness Brigade)와 유사한 부대를 구성하면 공동의 교리, 훈련, 장비기준,
지휘통제 체제 등을 통해 준비태세와 효과성을 제고시킬 수 있을 것이다.14)
이를 위해, 이 보고서는 유엔이 평화유지활동에 참여하는 부대에 요구되는
최소한의 기준을 설정하고, 선진국들이 개도국 군대의 질적 향상을 위해 장
비와 훈련을 제공해 줄 것을 권고하였다.15)

운용적 차원에서 브라히미 보고서는 UNSAS 내에 약 1백여 명의 유자격
장교들로 구성된 '대기명부(on-call list)'를 작성할 것을 촉구하였다. 대기명부
는 "파견부대 배치 이전에 유엔본부에서 구상한 광범위한 전략적 차원의 활
동개념을 추체적인 작전적·전술적 계획으로 해석하며, 미션 창설팀(start-up
team)의 일부로서 DPKO의 핵심요소를 증강(augment)할 수 있는" 상비팀
(standby team)으로 발전될 수 있다.16)

추가적으로 브라히미 보고서는 DPKO 내 평화유지활동을 위한 예산편성
과정 촉진, 유엔 본부와 현지에서 필수적 장비·물자에 대한 신속한 구매,
효과적 의사소통을 위한 새로운 공보자원 확보 등을 권고하였다. 아울러 전
세계 어느 지역에든 신속하고 효과적인 배치를 가능토록 하기 위해, 이탈리
아 브린디시(Brindisi) 소재 유엔 군수기지(UN Logistics Base : UNLB)에 다섯
개 신규미션의 창설 초기에 사용할 수 있는 장비·물자 비축을 위한 예산을

14) *Ibid*, para. 115.
15) *Ibid*, para. 116.
16) *Ibid*, para. 110.

포함한 군수지원 전략(logistics support strategy)의 수립을 촉구하였다.17)

브라히미 보고서는 회원국들의 광범위한 지지를 받았으며, 유엔 총회는 즉시 이 보고서를 승인하였다. 유엔 안보리는 이 보고서의 권고사항을 검토하기 위한 실무단(Working Group)을 구성한 후, 2000년 11월 13일 회의에서 유엔 평화유지활동의 강화를 요구하는 브라히미 보고서 내용을 만장일치로 찬성하였다. 안보리는 결의안 1327을 통해, "유엔이 신속하게 평화유지활동을 배치할 수 있는 능력을 보유하는 것이 중요"함을 강조하였다. 결의안은 "신속배치란 여러 분야에서의 개선을 필요로 하는 광범위한 개념"이라고 주장하였다. 아울러, 안보리는 사무총장이 평화유지활동의 기획 및 준비기간 동안 신속배치를 촉진시키기 위해 가능한 모든 조치를 다할 것을 촉구하였다.18)

3. 사무총장의 '포괄적 검토(Comprehensive Review)'

아난(Annan) 사무총장은 브라히미 보고서와 유엔 PKO 특위의 권고안 이행을 지원하고, 사무국이 추가적인 개혁을 추진해야 할 분야를 결정하기 위한 후속조치로서 '포괄적 검토' 보고서를 신속하게 제출하였다. 이 보고서는 "유엔이 평화유지활동을 계획, 배치, 시행 및 지원하는 방법들에 관한 최초의 심층적이고 포괄적인 검토 보고서"로 평가되었다. 보고서의 핵심은 사무국, 특히 DPKO의 구조, 관리, 예산소요(funding requirements), 충원(staffing) 등에 관한 것이었다.19)

---

17) *Ibid*, para. 162.

18) S/2000/1327, 2000. 11. 13.

19) United Nations, General Assembly, Report of the Secretary-General, "Implementation of the recommendations of the Special Committee on Peacekeeping Operations and the Panel on UN Peace Operations," A/55/977.

'포괄적 검토' 보고서의 가장 중요한 핵심 가운데 하나는 30일~90일 이
내에 평화유지활동 미션을 배치하도록 권고한 브라히미 보고서의 함의(impli-
cations)와 신속하고 효과적인 배치능력을 평가한 대목이다.[20] 효과적인 배치
은 "평화유지활동 미션이 위임명령(mandate)의 이행을 개시하는 데 요구되는
최소한의 운용능력(operational capability)"이라고 정의되었다.[21] 특히 유엔 사
무총장은 사무국이 기존의 군수지원 제도로는 이러한 시한(timelines)을 충족
시킬 수 없을 것으로 판단하고, "현존하는 획득 및 예산편성 절차를 포함하
여 다양한 분야에 대한 철저한 검토를 통해 전반적인 시스템을 재설계
(redesign)"할 것을 역설했다.[22] 이 보고서는 최소한의 요구사항(the baseline
requirements)으로 유엔의 물자비축[23], 예산 운용권[24] 사무국 인력확충, 회원
국들로부터 즉각적인 병력 및 민간경찰 제공 등을 제시하였다.

아울러 이 보고서는 반응시간(response times)을 준수하기 위한 전제조건으
로서 ① 이탈리아 브린디시 소재 유엔 군수기지(UN Logistics Base : UNLB)에
전략물자를 비축하는 데 소요되는 예산 및 그 이후에 발생하는 연간 예산
확보, ② 핵심 서비스(key services)에 대한 사전 계약 체결 및 지급보증서
(letters of assist) 작성, ③ 회원국들과 체결한 상비체제의 신뢰성 제고, ④ 특
히 행정지원 분야의 인력에 대한 대폭 확충 등 네 가지를 제시하였다.[25] 사

20) *Ibid*, paras 110-143.

21) *Ibid*, para 113.

22) *Ibid*, para 111.

23) '포괄적 검토' 보고서는 이탈리아 브린디시에 소재한 유엔 군수기지에 장비 및 물자
에 대한 '중간수준의 전략 예비량(medium strategic reserve)'을 비축할 것을 권고하였다.
이를 위해 초기투자(up-front investment)에 1억 7천만 달러, 그 후에는 연간 4천만 달
러가 소요될 것으로 추산하였다. *Ibid*, para 120. 참조

24) 필요한 재화와 서비스를 확보하는 데 필요한 '사전 예산운용권(pre-commitment author-
ity)'은 사무총장이 안보리 결의안 통과 이전에 평화유지활동 미션의 창설을 준비하
는 데 필요한 또 하나의 수단이다. *Ibid*, para 117. 참조

25) *Ibid*, para 124.

무총장은 전략물자 비축 대상을 획득에 장기간의 선행시간이 소요되는 핵심 품목과 여타 필수적인 장비·물자의 확보를 위한 사전계약에 국한시켰다.26) 그러나 '포괄적 검토' 보고서는 상기 네 가지의 전제조건이 충족되더라도 30~90일의 시한준수를 보장할 수 없다는 신중한 견해를 표명하였는데, 그 이유는 "이 시한은 회원국들이 완벽한 자급능력을 갖춘 부대를 제공할 때만 준수될 수 있기 때문"이다.27)

4. 유엔 상비체제(UNSAS)

가. 개요28)

UNSAS의 궁극적 목표는 평화유지활동의 창설 및 유지에 필요한 모든 자원을 신속하게 배치하는 것으로서, 브라히미 보고서의 권고에 따라 전통적 미션의 경우는 30일, 복합적 미션의 경우에는 90일 내에 모든 배치를 완료해야 한다. UNSAS의 근거는 합의된 제약조건(restrictions) 및 반응시간 내에서 평화유지활동에 특정 자원을 공여키로 하는 회원국들의 조건부 약속(conditional pledges)이다. 여기서 반응시간(response time)이란 회원국의 유엔 대표부가 사무총장으로부터 공식요청을 접수한 시간으로부터 특정 승선지(point of embarkation)에 자원의 배치준비를 완료하는 데 소요하는 시간을 말한다.

유엔이 회원국들과 UNSAS에 관한 약정을 체결하는 목적은 회원국이 평화유지활동 참여를 결정할 경우 자국으로부터 이동준비가 완료된 상태에 있

---

26) *Ibid*, paras 120-124.
27) *Ibid*, para 127.
28) Military Division, *United Nations Stand-by Arrangements System - Military Handbook*, 2003, pp. 1-6.

는 병력 및 기타 능력(capabilities)을 정확하게 파악하는 것이다. UNSAS는 참여국 정부로 하여금 평화유지활동에 대한 공여를 위한 사전 계획 및 예산 편성, 병력의 훈련, 필요한 장비획득을 위한 준비 등을 가능토록 해 준다.

UNSAS는 유엔과 회원국들 간 협상을 통한 일련의 약정(arrangements)으로 구성되어 있다. 상호 합의된 자원들은 회원국 내에서 '대기(stand-by)' 상태를 유지한다. 일단 배치될 경우, 단위부대(formed units)는 6개월, 군 옵서버 및 연락장교는 1년간 근무하는 것이 보통이다. 대개 이러한 근무기간이 경과하면 부대 및 인원에 대한 교대가 이루어진다. 회원국은 대기상태에 있는 인원 및 물자가 자국을 출발하기 전까지 이들에 대한 모든 책임을 진다. 유엔 평화유지활동 미션에 파견되는 기간 동안 회원국이 공여한 인원은 유엔 작전지휘(Operational Command) 계통의 통제를 받는다.

회원국은 자국 내에서 대기상태에 있는 모든 자원의 유지에 소요되는 비용을 부담해야 한다. 유엔은 요구조건에 부합되는 인원 및 물자가 미션지역으로 배치되기 위해 출발하거나 이들이 배치에 앞서 유엔 본부에 브리핑을 해주도록 요청을 받는 즉시 제반비용을 지불한다. 경비보전은 DPKO에서 발간한 "평화유지활동 미션에 참여하는 병력공여국의 부대보유장비에 대한 경비보전 및 통제에 관한 방침 및 절차 매뉴얼(*Manual on Policies and Procedures Concerning Reimbursement and Control of Contingent Owned Equipment(COE) of Troop Contributing Countries Participating in Peacekeeping Missions)*"에 따라 이루어진다.

UNSAS는 회원국이 평화유지활동에 소요되는 모든 자원의 신속한 배치를 촉진하기 위해 제공하는 인원 및 물자에 관한 약정이다. 그 중에서 군사자원(military resources)은 다음 사항을 포함한다. ① 부대 및 예하부대(sub-units) : 과업 또는 임무달성을 위해 조직 및 훈련된 인원·물자, ② "대기명부(On-Call List)"에 포함된 인원을 포함, 참모, 옵서버 또는 연락장교에 임명된 개별적 군 요원(military personnel), ③ 자체유지 능력(self-sustainment capa-

UNSAS 구조

구 분		내 용	문 서
개인	미션 사령부 대기명부	반응시간 : 7/14일 회원국은 미션 사령부의 특정직책 명시	Note Verbale(NV)
	군 옵서버	반응시간 : 90일까지	NV, 선적목록, MOU/COE
	참모요원		
	전문가		
집단	신속배치단계	반응시간 : 30/90일	MOU
	전통적 상비체제	반응시간 : 180일까지	

bilities)을 포함한 물자 및 장비, ④ 기타 지원요소(공중, 해상 및 지상 자산) 등. 대개 평화유지활동을 위한 군수지원은 유엔의 책임이다. 유엔은 평화유지 군에 식량, 식수 및 POL(Petroleum, Oil and Lubricant : 석유, 기름 및 윤활유)을 제공한다. 그러나 신속배치 대상이 되는 상비군은 유엔의 지원이 제공될 때 까지 자급능력을 갖춘 부대(self-sustained unit)여야 한다. 모든 파견부대(contin-gents)는 미션지역에 배치될 때 최소한 90일분의 운영유지물자를 보유해야 한다. 이 기간은 유엔이 민간계약을 완료하는데 통상적으로 소요되는 기간이 다. 아울러 파견부대에는 "평화유지활동을 위한 탄약휴대 수준에 관한 지침 (Guidelines on Levels of Ammunition for Peacekeeping Operations)"이 적용된다.

UNSAS에 공여되는 자원에 관한 정보는 평화유지활동의 배치를 위한 기 획단계에서 유엔의 작전요구(operational requirements)에 부합되는 가장 적절한 역량(capability)을 물색하는 데 활용된다. 이러한 기획이 효과를 거두기 위해 서는 제공되는 정보가 최신현황을 유지해야 한다. 사무국은 최신정보가 보 고되도록 보장하기 위해 분기별 보고제도(a system of quarterly reporting)를 활 용한다. 보고 양식은 분기별 보고서의 부록에 첨부되는 유엔의 표준양식을 사용한다. 때때로 UNSAS에 포함된 자산이 여러 가지 이유로 인하여 일시적으로 가용치 못할 경우가 발생한다. 이러한 변동사항은 사무국에 제출하는 분기별 보고를 통해 상세하게 보고되어야 한다.

나. 전통적 UNSAS 단계[29]

1993년 부트로스 갈리 사무총장의 주창으로 UNSAS에 관한 논의가 본격화됨에 따라, 이듬해 DPKO 내에 전담팀(Standby Arrangements Management Team)이 창설되었다. 이들은 평화유지활동 미션의 창설을 위한 소요파악, 준비태세의 기준 설정, 잠재적 참여국들과의 협상, 제공될 자원에 대한 데이터베이스 구축, 미션 기획(mission planning) 지원 등의 활동을 거쳐 UNSAS 참여단계를 네 가지로 분류하였다. 그러나 UNSAS는 회원국이 공여의사를 밝힌 인원·물자·서비스와 평화유지활동 미션의 소요를 파악하는 데 유용한 제도이지만, 결코 회원국들이 반드시 준수해야 할 구속력 있는 의무(a binding obligation)가 아니라는 점을 분명히 이해해야 한다. 1997년 DPKO는 UNSAS에 대해 '현재로서는 최선의 대안'이라고 평가하였다.[30]

회원국들은 UNSAS의 네 개 단계에 대해 선택적으로 참여의사를 표명할 수 있다. 제1단계(Level 1)는 규모, 인원수, 수행 가능한 임무, 반응시간, 제한사항 등을 포함하여 회원국들이 제공할 수 있는 능력(capabilities)에 대한 목록을 제출하는 것이다. 2004년 6월 현재, 1단계에 우리나라를 포함하여 26개국이 참여하고 있다. 제2단계(Level 2)는 기획자료(Planning Data Sheet)를 작성하여 공여자원에 대해 보다 상세한 자료를 제공하는 것이다. 주요장비

---

29) '전통적(conventional)' UNSAS 참여단계란 2002년에 도입된 신속배치단계(RDL)와 구분하기 위한 용어로서, 회원국의 참여의사 수준에 따라 1~4단계(2002년 이후에는 3단계)로 구분된다.

30) Langille, *Bridging the Commitment-Capacity Gap*, pp. 45-46.

(Major Equipment) 목록, 자급률(self-sufficiency) 수준, 수송제원, 부대편성, 개인별 신상명세 등을 자세하게 기록한 기획자료는 새로운 평화유지활동 미션의 창설을 위한 계획수립에 필요한 핵심적인 문서이다. 2단계에는 11개국이 참여하고 있다. 3단계(Level 3)는 유엔과 회원국 간 UNSAS에 관해 양해각서(Memorandum of Understanding : MOU)를 체결하는 단계로서, MOU는 제공되는 자원, 반응시간, 고용조건(conditions of employment) 등을 명시한다. MOU 부록에는 기술자료(technical data)나 공여자원의 요구조건 등이 첨부된다. 유엔은 MOU 체결을 선호하나 공한(Note Verbale) 등 여타 형태의 문서교환도 동일한 효력을 발휘한다. 3단계에는 41개국이 참여의사를 표명하였다. 끝으로 4단계(Level 4)는 부대보유장비(contingent owned equipment : COE)에 관한 합의가 포함된 구체적인 MOU를 체결하는 단계이다. 이 단계에는 회원국과 유엔 간 협상과 유엔에 의한 현지방문이 완료된 이후에만 도달할 수 있다. 4단계는 2001년에 추가되었으나 참여국가가 전무한 상태에서 2002년 '신속배치단계(Rapid Deployment Level : RDL)'가 도입되면서 UNSAS에서 삭제되었다.[31]

다. 신속배치단계(Rapid Deployment Level : RDL)

평화유지활동 특위(Special Committee On Peacekeeping Operations) 보고서의 권고[32]에 따라, 유엔은 신속배치 능력 제고를 위해 2002년 7월부터 UNSAS에 '신속배치단계(RDL)'를 추가하였다. RDL이란 회원국이 UNSAS에 안보리 위임명령 통과 30/90일 이내에 인적·물적자원을 공여키로 서약한(pledged)

---

31) Military Division, *United Nations Stand-by Arrangements System - Military Handbook*, pp. 5-6.

32) "Comprehensive Review of the Whole Question of Peacekeeping Operations in All Their Aspects, Report of the Special Committee on Peacekeeping Operations," A/56/863, 2002. 3. 11.

단계를 말한다. 오늘날 RDL은 '대기명부' 및 기존 3단계와 함께 UNSAS를 구성하고 있으며, 다음과 같은 면에서 기존 3단계와 개념상의 차이점을 가지고 있다.

첫째, RDL은 상호 합의된 장비목록(equipment lists)을 선적목록(load lists)으로 전환하고, 예정된 파견부대의 지속능력과 요구조건(requirements)을 결정함으로써, 상세한 사전배치 기획 및 준비를 통해 사무국과 회원국들이 시간을 절약할 수 있도록 해준다. 둘째, 전략비축물자(Strategic Deployment Stocks : SDS)는 RDL 부대의 전반적 능력을 결정함에 있어 핵심적 역할을 수행한다. 셋째, 90일은 RDL 참여부대에 허용될 수 있는 목표시한의 상한선(maximum target time)으로서, 30일 이내에 배치될 수 있는 부대에 우선권을 부여한다. 넷째, 회원국은 직접 RDL에 참여할 수 있으며, 기존의 UNSAS에는 변동이 없다. RDL 참여는 기존 3단계 참여와는 아무런 관련이 없다.

RDL의 핵심은 회원국과 사무국 사이에 심도 깊게 이루어지는 통합기획(integrated planning)이다. 통합기획은 회원국이 다음과 같은 자료를 제공함으로써 시작된다. ① 공여 희망 인원, 주요장비, 자급물자(self-sustainment, 즉 운영유지물자), 화물, 위험한 화물 선적목록 등이 명시된 공한(Note Verbale)과 부록, ② 장비 및 편성표(tables of organization and equipment : TOE), 부대가 수행할 수 있는 작전 또는 군수임무, 그리고 부대보유장비(contingent owned equipment : COE)와 자급물자에 대한 예비 협상이 시작될 수 있도록 상세한 관련 정보, ③ 민간 자격증·면허증 및/또는 군사훈련과정 수료증, 훈련기간, 숙련도 등에 관한 문서, ④ 해당국 정부 승인 시 부대를 전개하는 데 소요되는 예상시간, ⑤ 요구되는 임무완수에 필요한 현재 및 관련 경험 등.

부대창설과(Force Generation Service : FGS)의 상비체제팀(Stand-by Arrangement Team : SAT)이 회원국으로부터 상기 자료를 접수하면, DPKO 내 여타 부서와 해당 회원국들과의 준비 및 조정을 지원하는 데 주도적 역할을 수행

기존 UNSAS 3단계와 RDL의 공통점/차이점

특 징	기존 3단계	RDL
시간절약	No	8주(문서작성 7주, COE 협상 1주)
배치 목표시한	120일	30~90일
기본적 전제조건	No	장비, 수송, 통신
능력의 정도(Degrees)	No	100% 자급률 보유, 미달시 SDS 물자 활용
제한사항	No	No
지속기간	최소 6개월	제한 없음
함축적 의미	해당국 정부의 승인 필요	
NSE(National Support Element)	No	사용 가능

한다. 미션지원실(Office of Mission Support : OMS)의 이동통제과(Movement Control Unit : MOVCON)는 선적목록 승인, 배치개념 수립 등 이동기획 (movement planning)을 지원한다. 회원국이 RDL 부대를 자국의 자산으로 이동시킬 수 있을 경우에는 이런 사항을 MOVCON에 통보하고 상세한 협의를 거쳐야 한다.

OMS의 군수지원부(Logistics Support Division : LSD)는 자체 지속능력 및 요구조건, 기준 및 제한사항 등을 결정함에 있어 군수분야 기획수립을 지원하며, SDS 중에서 지원할 수 있는 물자가 있는지 여부를 판단한다. OMS의 보상행정반(Claims Administration Unit : CAU)은 RDL에 포함되는 각각의 부대에 대한 경비보전액을 계산하며, COE 협상을 통한 MOU 준비에 참여한다. 끝으로 법무실(Office of Legal Affairs)은 필요시 공한 및 여타 관련 문서를 작성할 경우 구체적인 조언을 제공한다.

통합기획 과정을 거쳐 모든 관련문서의 작성이 완료되면, 사무국과 회원국은 해당 회원국의 RDL 참여를 인정하는 공한을 교환한다. 회원국이 유엔 평화유지활동 미션의 부대배치에 관한 정부의 승인을 받은 후에는 통상적인 COE 협상을 통해 MOU를 체결한다. RDL에 참여한 회원국은 유엔에게 합의된 장비 및 인원으로 구성된 특정 부대가 특정한 임무를 수행할 수 있으며, 일정시간 이내에 부대를 배치할 수 있음을 보장한다. 그러나 실제 부대배치는 회원국 정부의 승인을 필요로 한다. 다시 말해서, 기존의 UNSAS 3단계와 마찬가지로 RDL에 참여했다고 해서 유엔 사무국의 요청을 받을 경우 의무적으로 해당 부대를 공여해야 할 법적 의무는 없다.

회원국은 인원, 장비, 서비스 등의 자원을 RDL에 참여시킬 수 있으며, RDL에 참여할 수 있는 자원의 종류에는 제한이 없다. 전통적 또는 복합적 평화유지활동 미션에 소요되는 자원을 RDL에 가입한 자원만으로 충족시키는 것은 현실적으로 불가능하므로, RDL은 신규 미션을 신속하게 창설할 수 있는 유엔의 능력을 제고시키는 데 중점을 둔다. DPKO는 회원국의 RDL 참여를 수용하기 전에 회원국에 대한 유엔 실무자의 방문을 결정할 수도 있다. 방문의 목적은 서약한 주요장비 및 물자와 훈련상태 및 자급수준을 검증하는 것이다.[33]

RDL에서 신속배치를 위해 가장 필요로 하는 부대는 'enabling units'라 불린다. 이 부대는 30/90일 이내에 배치가 가능하고, 미션의 위임명령이나 규모에 관계없이 PKO 미션의 배치를 가능케 하고 PKO 미션에서 공통적으로 요구되는 군 및 민간자원을 말한다. 예를 들면, 공중작전을 위한 부대(화물취급, 의무후송, 추락구조(Crash Rescue) 및 소방, 이동통제반, 공항관리반 등 포함), 해상운송작전을 위한 부대(화물취급, 창고담당, 이동통제반 등 포함), 연료취급반, 사령부 행정지원 및 경비부대, 지뢰제거반, 군수지원반, 획득반

---

33) Military Division, DPKO, *Rapid Deployment Level (RDL) - Terms of Reference*, 2002. 8. 1.

(Procurement Service), 수송반, 공병부대, 통신반, 의무지원반, 수륙양용부대 (Amphibious units), 정비반 등이다. 그 중에서 가장 핵심적으로 중요한 것은 중(重)수송기, 대형 헬기(화물 및 인원수송용), 화물선박 등 공중 및 해상의 전략수송 능력(strategic air and sea lift capability)이다. 회원국들이 고도의 경험과 능력을 보유한 'enabling units'를 적시에 제공하지 못할 경우, 사무국은 부득이 공개입찰을 통해 민간회사에 의존하게 되고, 이는 배치시간의 지연과 비용지출의 증가를 초래할 것이다.

2004년 6월말 현재 RDL에 가입한 국가는 요르단, 우루과이, 루마니아 등 3개국이며, 노르웨이, 몰도바 등이 참여를 위해 사무국과 협의를 진행 중에 있다.

라. 대기명부(On-Call List)

대기명부에 대한 논의는 2000년 브라히미 보고서의 권고에 따라 본격화되었다. 대기명부 제도란 UNSAS의 일부로서, 신규 PKO 미션 사령부의 핵심직위를 구성(그룹 1, 그룹 2)하거나34) 현행 미션의 공석 보충 또는 교대(그룹 3)를 위해 회원국이나 지역기구로부터 제공받은 군 장교들의 명단을 말한다. 대기명부는 다음과 같은 3개의 그룹으로 분류된다.

먼저 그룹 1(Group One)은 핵심 기획팀(Core Planning Team)으로서 9개의 직책35)으로 구성되어 있으며, 사무국 요청 시 7일 이내에 소집될 수 있어야

---

34) 핵심직위인 그룹 1, 2에 포함되는 인원들에 대한 직책, 계급, 임무기술(Job Description), 자격요건 등에 대한 상세한 사항은 다음 자료를 참조할 것. "Mission Headquarters On-Call List Job Description." www.un.org/Depts/dpko/milad/fgs2/unsas_files/rdl_joining/OCLjobDescription.pdf.

35) 참모장(Chief of Staff), 인사참모(Chief Military Personnel Officer), 정보참모(Chief Military Information Officer), 작전참모(Chief Operations Officer), 교육장교(Senior Staff Officer Training), 군수참모(Chief Logistics Officer), 군수계획장교(Senior Staff Officer Logistics Plans), 공중작전참모(Senior Staff Officer Naval Operation, 필요시), 해상작전참모(Senior

한다. 이들은 신규 미션 창설시 DPKO의 기획업무를 보강하는 역할을 수행한다. 사무국이 회원국의 유엔 대표부(Permanent Mission)로부터 공한을 접수한 후, 그룹 1에 속하는 인원은 자국에서 뉴욕의 DPKO로 일단 배치된 후에 PKO 미션으로 부임하게 된다. 그룹 2(Group Two)는 PKO 미션의 사령부를 구성하는 145개 직책으로 이루어져 있으며, 14일 이내에 동원될 수 있는 준비가 되어 있어야 한다. 이들은 사무국의 요청에 따라 PKO 미션 또는 지정된 지역으로 배치된다. 그룹 3(Group Three)은 회원국이 UNSAS에 서약한 참모장교, 군 옵서버, 미션 전문가(Military Experts)들로 구성된 별도의 집단으로서, 유사시 90일 이내에 동원될 수 있어야 한다.

사무국은 회원국들에게 다음과 같은 자격조건을 갖춘 장교들을 지명해 줄 것을 요청하고 있다. ① 영어 능통자 및/또는 기타 유엔 공용어(불어, 스페인어, 러시아어, 중국어, 아랍어)를 능숙하게 구사(written/verbal)할 수 있는 능력, ② 최소한 2년의 운전경력 및 자국 또는 국제 운전면허증 소지자, ③ 건강상태 양호, ④ 주어진 시간 내에 배치 가능한 자, ⑤ 각각의 직책에 부합되는 능력을 구비한 자.

2002년 12월 현재, 총 32개 회원국들이 538명의 대기명부를 제출하였다. 이를 세분하면, 77명(아프리카 11, 미주 26, 아시아 36, 유럽 1, 대양주 3)이 그룹 1, 467명이 그룹 2에 각각 지원하였다. 소요에 비해 지원자가 초과됨에 따라 유엔 사무국은 선발기준으로서 ① 지리적 균형(balanced geographic representation), ② 해당 지역에 대한 친숙도(familiarity), ③ 구사 언어, ④ 정치적 승인(해당국, DPKO, 파견국), ⑤ 능력과 자질, ⑥ 제한사항 등을 제시하고 있다.[36]

Staff Officer Air Operations, 필요시). 상세한 사항은 다음을 참고할 것. www.un.org/Depts/dpko/milad/fgs2/unsas_files/rdl_joining/OCLjobDescription.pdf

36) "UN Stand-by Arrangements System," The UN USG's Annual Briefing on UNSAS,

마. UNSAS 참여 절차

회원국들이 UNSAS에 참여하는 절차는 다음과 같은 두 단계로 구분된다. 첫째는 '제의와 고려(Offer and Consideration)' 단계이다. 회원국이 UNSAS에 가입의사를 표명하면, 사무국은 회원국이 제의한 능력과 사무국에서 요구하는 능력을 정확하게 비교한 다음, 해당 회원국의 참여수준을 결정한다. 회원국의 제의가 RDL에 적합할 경우, 통합기획과정과 요구되는 문서 작성을 완료한 다음, 사무국과 회원국은 RDL 참여에 관한 공한을 상호 교환한다. 회원국 정부가 RDL 부대의 유엔 PKO 배치를 승인할 경우, 사무국과 회원국은 사전 합의된 MOU 초안을 기초로 COE 협상을 개시하여 최종적으로 MOU에 서명하게 된다. 회원국이 종래의 UNSAS 3단계에 참여하기를 희망할 경우는, 현지 방문을 통해서 적합성(suitability)이 검증될 때까지 해당부대를 데이터베이스에 임시로 등록한다.

두 번째는 '후속훈련 및 지원(Follow Up Training and Assistance)' 단계이다. DPKO는 모든 부대와 개인에 대해 훈련기준과 훈련재료를 제공한다. 필요시에는 UNSAS 지원팀이 직접 회원국을 방문할 수 있다. 현지방문 결과 장비의 부족분이 드러날 수도 있다. 해당 병력공여국이 장비를 제공할 수 없는 경우, 사무국은 쌍무적 약정을 체결하거나 적합한 유엔 보유장비를 물색하는 방법을 통해서 문제를 해결한다. 일단 이러한 절차를 거치고 난 후에는 회원국의 UNSAS의 참여가 공식적인 효력을 발휘하게 된다.

바. 소집(Callout) 절차

새로운 PKO 미션의 창설 가능성이 높아지면, DPKO 군사부는 UNSAS의 데이터베이스를 통해 잠재적인 병력공여국을 물색하여, 높은 단계의

UNSAS 참여국, 특히 RDL 참여국과 군부대의 작전개념에 대한 협의를 시작한다. 이러한 협의는 유엔 안보리의 권위나 군사보좌관(즉 군사부장)의 독립적이고 특별한 조언기능을 훼손하지 않는 범위 내에서 이루어져야 한다. 군사부는 회원국에게 작전요구(operational requirement)에 부합되는 부대의 공여를 요청한다. 이러한 요청에는 '대기명부'의 그룹 1에 소속된 개인들의 '소집(callout)'이 포함된다. 이 시점에서 '대기명부'의 그룹 2는 7일 이내에 소집하고 개인의 명단과 신상명세를 제출해 달라는 요청을 받게 된다.

　뉴욕에 소집된 '대기명부'의 그룹 1은 사무국의 계획수립에 대한 브리핑을 받고 작전 및 전술적 수준의 기획을 완료한다. 만일 회원국이 군 옵서버 및/또는 부대의 요청에 긍정적인 반응을 보이면, 사무국은 UNSAS 지원팀을 해당 회원국에 파견하여 회원국이 PKO 미션의 구체적인 요구사항에 따라 준비하도록 지원한다. 이러한 지원에는 장비 및 운용유지물자에 대한 조언과 훈련이 포함된다. 파견부대와 개별 군 옵서버는 28일 이내에 소집하라는 요청을 받는다.

　유엔 안보리가 사무총장 보고서를 검토할 것이 확실시되면 '대기명부'에 포함된 그룹 2는 집결지(예 : 이탈리아 브린디시 소재 유엔 군수기지 등)에 소집된다. 안보리의 위임명령이 통과되는 즉시, 그룹 1과 그룹 2가 합류하여 7일 이내에 미션지역으로 배치된다. 전통적 미션의 경우 선발대는 21일 이내에, 본대는 28일 이내에 전개되어야 한다. 복합적 미션의 경우에는 치안상황에 따라 추가적인 행정 및 군수지원이 이루어지기 전까지 미션지역 외부에 집결하여 개인 및 부대훈련을 실시할 수도 있다. 모든 평화유지군 부대들은 90일 이내에 복합적 미션에 배치를 완료해야 한다.

사. UNSAS의 문제점

　신속한 PKO 미션의 창설 및 유지를 목표로 하는 UNSAS는 몇 가지 면

에서 장점을 가지고 있다. 첫째, UNSAS는 유엔으로 하여금 회원국이 합의
된 수준의 준비태세를 유지하고 있는 가용한 부대와 여타 자산들을 파악할
수 있도록 해 준다. 둘째, UNSAS에 참여하는 회원국과 유엔의 기획, 훈련
및 준비를 촉진시킨다. 셋째, 비록 '조건부 서약'에 근거하고 있으나, UNSAS
에 참여의지를 천명한 국가들은 그렇지 않은 국가들보다 유사시 PKO 미션
에 보다 적극적으로 인력과 물자를 제공할 가능성을 높여줄 것으로 기대된
다.[37]

그러나 인도주의적 위기사태에 대한 국가적 차원의 군사적 개입에 있어,
자국에서 분쟁이 발생할 경우와 마찬가지로 민족주의적 또는 종교적 신념에
충만한 강력한 동기(motivations)를 가지는 것은 쉬운 일이 아니다. 이런 이유
로 인하여, 인권과 같은 인류의 보편적 가치의 수호를 위해 국가나 국제기
구보다 개별적 자원봉사자 또는 비정부단체(NGO)가 더 헌신적으로 참여하
고 있는 것이 현실이다. 일단 평화유지군을 파견하기로 정치적 결정이 이루
어질 경우, UNSAS는 각국의 병력을 신속하게 배치하는 데 유용한 도구가
될 수 있다. 그러나 상비군(standby forces)은 '회원국 군대의 일부로서 그 배
치를 둘러싼 문제가 때때로 시간소모적(time-consuming)인 논쟁을 수반하고,
의회(국회)의 승인을 포함한 국가적 결정에 속하는 사안'이라는 근본적 한계
를 안고 있다.[38]

이런 맥락에서, UNSAS의 가장 큰 문제점은 이 체제에 참여한 회원국들
이 하시라도 서약한 병력과 물자의 공여를 거부할 수 있다는 것이다. 자국
의 자산을 유엔 PKO 미션에 투입할 것인지 여부에 대한 결정은 각 회원국
들의 고유한 권리이다. 각 회원국은 위협에 대한 인식과 자국의 국익을 기

37) Langille, *Bridging the Commitment-Capacity Gap*, pp. 45-46.
38) Kinloch, "Utopian or Pragmatic?: A UN Permanent Military Volunteer Force," p. 167.

준으로 최종적인 공여여부를 결정할 것이다. 1995년 부트로스 갈리 사무총장은 일찍이 이러한 문제점을 간파하고, "상비체제를 확대 및 정착시키기 위해 엄청난 노력을 기울이고 있으나, 특정 PKO 미션에 군대가 제공될 것이라는 보장은 어디서도 찾을 수가 없다"는 비관적 견해를 피력했다.39) 즉 신속배치란 실현 가능성이 불투명한 각국 정부의 서류상 약속이 아니라, 유사시 파견할 수 있는 필요한 병력과 장비의 가용성(availability)에 따라 좌우되는 것이다.

이러한 UNSAS의 불확실성은 신뢰성의 문제로 직결된다. 아무리 높은 단계의 UNSAS에 참여했다고 할지라도, 해당 회원국이 유엔의 요청에 따라 병력을 제공할 수 있는 정치적 의지를 가질 것인지에 대해서는 아무런 보장이 없다. 따라서 UNSAS에 포함된 인력과 물자는 회원국이 이들을 제공할 가능성을 높여줄 수 있을지 몰라도, 그 자체가 신뢰성있는 공급원은 아닌 것이다. 동티모르, 르완다, 시에라리온, 콩고 등에서 신규 PKO 미션이 창설되었을 때, UNSAS 참여국들은 여러 가지 이유로 서약한 병력과 자원을 실제로 제공하기를 기피하였다. 예를 들면 1994년 5월 UNAMIR(UN Mission in Rewanda)를 확대하려 유엔 사무총장이 동분서주했음에도 불구하고 당시 UNSAS에 참여하고 있던 19개국 가운데 어느 국가도 군대를 파견하지 않았다.40) 이러한 과거 경험은 UNSAS의 데이터베이스에 기록된 자료는 PKO 미션을 위한 계획수립에는 상당한 도움이 되었지만, 막상 신속배치를 위한 자산의 동원에는 별다른 효과를 거두지 못하였음을 보여준다.41)

39) Boutros-Ghali, *Supplement to An Agenda for Peace*, p. 18. para 43.
40) Supplement to an Agenda for Peace: Position Paper of the Secretary-General on the Occasion of the Fiftieth Anniversary of the United Nations, General Assembly, 50th Session, Report of the Secretary-General, A/50/60, S/1995/1, 1995. 1. 3.
41) "Progress Report of the Secretary-General on Standby Arrangements for Peacekeeping," 2000. 3. 8. S/2000/194. http://ods-dds-New York.un.org/doc/UNDOC/GEN/N00/333/10/IMG/N0033310.pdf?OpenElement

UNSAS의 또 다른 문제점은 이 체제에 참여한 인력과 자원이 헌장 6장에 기초한 PKO 미션에 사용될 것인지, 아니면 헌장 7장(평화강제) 미션에 사용될 것인지의 문제가 불분명하다는 것이다. UNSAS 참여국이 비교적 평화롭고 안정적인 PKO 미션만을 상정하였을 경우에는 UNSAS가 최근 들어 급증하는 헌장 7장의 미션에는 별다른 도움이 되지 못할 것이다. 이런 문제점에 대해 일부 선진국들은 '헌장 7장 미션'에 투입될 수 있는 별도의 UNSAS 단계를 신설할 것을 주장하고 있다. 그러나 UNSAS에 4단계, 5단계, 6단계 등을 추가하더라도 여기에 가입한 회원국들이 유엔의 요청시 반드시 서약한 병력과 장비를 제공해야 한다는 구속력 있는 의무와 책임을 부과할 수는 없는 일이다.

아. 다국적 상비여단(Standby Forces High Readiness Brigade : SHIRBRIG)

덴마크 주도하의 다국적 상비여단(SHIRBRIG)은 15~30일의 단기간 내에 신속하게 반응할 수 있는 통합된 단위부대의 창설을 통해 UNSAS의 단점을 보완하려는 시도이다. SHIRBRIG의 목적은 유엔에 헌장 6장의 평화유지활동과 안보리의 위임명령을 부여받은 인도주의적 활동에 당사자들의 동의 하에 잘 훈련된 다국적군을 제공하는 것이다. SHIRBRIG가 실제로 배치될 경우에는 유엔의 지휘통제 하에서, 오로지 사무총장 또는 SRSG의 지시에 따르거나 PKO 군사령관의 작전통제를 받게 된다.[42] 신속배치 능력을 갖추고 있는 SHIRBRIG은 유엔 안보리가 PKO 창설을 승인할 경우, 국제분쟁의 통제 및 해결을 위한 유용한 수단으로 활용될 수 있다.

SHIRBRIG에 관한 논의는 1994년부터 덴마크 정부의 주도와 유엔의 후원 하에 본격적으로 시작되었다. 1995년 부트로스 갈리 유엔 사무총장은

---

42) Ministry of Foreign Affairs, Denmark, "Background Paper about Establishing a Multinational UN Standby Forces Brigade at High Readiness (SHIRBRIG)," pp. 1-2.

훈련 중인 SHIRBRIG군을 방문
한 코피 아난 사무총장(2003)

"*Supplement to an Agenda for Peace*"에서 유엔이 동일한 기준과 작전절차에 따라 훈련 및 작전을 실시하고, 상호운용성이 있는(inter-operable) 장비를 보유하고, 주기적으로 연합훈련에 참가하는, 여러 국가들로 구성된 부대로 신속배치군을 창설하는 방안을 고려해 볼 것을 권고하였다.[43] 2001년 PKO 관련 보고서는 "공동의 훈련 및 장비기준, 공동의 교리, 부대의 작전통제에 관한 공동의 약정 등의 개발을 위해 공동으로 협력한 경험이 있는 다수의 국가들로 구성된 몇 개의 여단급 부대를 창설"하도록 조언함으로써 상기 권고사항의 타당성을 강화시켜 주었다.[44]

1995년 덴마크는 유엔 PKO 분야에서 오랜 경험을 축적하고 고도의 훈련수준을 유지하고 있는 일부 국가들과 공동으로 UNSAS의 범위 내에서 신속배치군을 창설하는 방안을 모색하기 시작하였다. 이를 위해 아르헨티나, 오스트리아, 벨기에, 캐나다, 체코, 핀란드, 아일랜드, 네덜란드, 뉴질랜드, 노르웨이, 폴란드, 스웨덴, 덴마크 대표들로 이루어진 실무그룹(working group)

---

43) Boutros-Ghali, *Supplement to An Agenda for Peace*, 1995.

44) "Implementation of the recommendations of the Special Committee on Peacekeeping Operations and the Panel on United Nations Peace Operations," A/56/732, 2001. 12. 31, para 26. 보다 상세한 사항은 다음을 참조할 것. www.un.org/peace/reports/peace_operations/docs/a56732e.pdf

이 구성되었다. 실무그룹은 동년 8월에 제출한 보고서를 통해 UNSAS의 테두리 내에서 평화유지활동의 지원을 위한 신속대응여단의 설치가 가능하다는 결론에 도달하였으며, 이 보고서는 1996년 유엔 문서로 각 회원국들에 회람되었다. 1996년 초부터 실무그룹 참여국들로 이루어진 이행그룹(implementation group)이 구성되어 SHIRBRIG 창설을 위한 후속조치에 들어갔다. 실무그룹의 활동은 SHIRBRIG의 골격을 이루게 될 문서를 준비하는 데 중점을 두었다. 1996년 12월, 오스트리아, 캐나다, 덴마크, 네덜란드, 노르웨이, 폴란드, 스웨덴 등 7개국은 SHIRBRIG의 골격을 구성하기 위한 의향서(Letter of Intent)에 최초로 서명하였다.45)

SHIRBRIG 가입에 필요한 문서는 ① 의향서, ② 운영위원회 관련 MOU, ③ SHIRBRIG에 대한 부대공여 관련 MOU, ④ 기획부(Planning Element) 관련 MOU 등 네 가지이다. 최초 7개국을 모체로 회원국이 증가하여, 오늘날에는 오스트리아, 캐나다, 네덜란드, 노르웨이, 폴란드, 스웨덴, 덴마크, 이탈리아, 루마니아, 핀란드, 아일랜드, 리투아니아, 포르투갈, 슬로베니아, 아르헨티나, 스페인 등 16개국이 정회원46), 칠레, 체코, 헝가리, 요르단, 세네갈 등 5개국이 옵서버로 가입되어 있다.

SHIRBRIG은 신속배치 평화유지군으로서 UNSAS의 일부를 구성하며, 유엔의 요청 시 운용될 수 있는 다국적군 여단이다. SHIRBRIG은 예방배치(preventive deployment), 휴전감시, 병력분리, 인도주의적 지원, 분쟁 당사자가 평화협정에 서명한 상황 등, 기본적으로 헌장 6장에 입각한 PKO 미션에

---

45) "Status in the establishment of the Multinational UN Standby Forces High Readiness Brigade," Danish Ministry of Defence, 1996. 12.1 9.

46) 16개 정회원국 가운데, 핀란드 리투아니아, 슬로베니아는 문서 ①~③에, 아일랜드는 ①과 ②, 포르투갈은 ①에만 각각 서명하였다. www.shirbrig.dk/shirbrig/images/other/documents.jpg 참조. 아르헨티나와 스페인은 잠정적으로 회원자격을 유보(suspend) 중이다.

SHIRBRIG 기획부의 편성

```
                        사령관(준장)
                         (캐나다)

    법률고문              부사령관           대변인
    (덴마크)              (폴란드)          (캐나다)

                         참모장
                        (노르웨이)

  G1/행정      G2/정보       G2/작전        G4/군수
  (스웨덴)     (덴마크)     (오스트리아)    (네덜란드)

        G5/민군       G6/통신       정책/연락
        (폴란드)     (스웨덴)       (스페인)
```

배치된다. SHIRBRIG이 단일 지휘체제의 통제를 받는 다국적군이지만, 각 회원국들은 특정 PKO 미션에 배치되는 SHIRBRIG에 병력을 공여할 것인지 여부에 대한 최종적인 결정권을 갖고 있다. 즉 회원국은 SHIRBRIG에 참여하고 있다고 해서 반드시 병력을 파견할 의무는 없는 것이다. 이런 이유로 일부 회원국이 불참할 경우에 대비하여 SHIRBRIG은 통상적인 여단급 부대를 초과하는 병력과 장비를 보유하고 있다.[47]

원칙적으로 SHIRBRIG은 지구상 어느 지역이든 투입될 수 있다. 배치가 결정되면 14일 이내에 해당 지역에 선발대가 파견되며, 각 회원국의 참여결정에 따라 30일 이내에 본대가 배치된다. SHIRBRIG에 소속된 모든 부대는 각 회원국들의 자발적 의사에 따라 UNSAS에 참여하고 있다. SHIRBRIG 부대의 훈련 및 준비는 각 회원국이 책임지며, SHIRBRIG 사령관은 예하

---

47) SHIRBRIG, *Multinational Stand-by High Readiness Brigade for UN Operations*, p. 4. 보다 상세한 사항은 다음을 참조할 것. http://odin.dep.no/archive/fdvedlegg/01/01/ Shirb044.pdf

참모들과 단위부대 지휘관에 대한 훈련에 책임을 진다.[48]

SHIRBRIG은 네 개의 주요부서로 구분된다. 첫째, 운영위원회(Steering Committee)는 각 회원국에서 파견된 정치 및 군사담당 선임자들로 구성되어 있는 SHIRBRIG의 핵심부서이다. 이들은 연간 수시로 회동하여 여단의 기획부 및 참모부의 활동 감독, 군사작전 개념 승인, 훈련 및 연습계획에 대한 지침하달, 예산 감사, 미래 분쟁양상 평가, SHIRBRIG 참모요원 보직 등의 임무를 수행한다. 둘째, 기획부(planning element)는 13~15명의 장교들로 구성된 상설기구로서 덴마크에 위치하고 있다. 이들은 여단의 구성 및 준비에 관해 협조하며, 일단 배치된 후에는 SHIRBRIG 참모부의 핵심을 이룬다. 아울러 기획부는 예하 부대의 훈련 및 준비상태 감독 등을 포함, 운영위원회로부터 부여받은 과업을 수행한다. SHIRBRIG 참모장은 기획반의 일상업무를 관장한다. 셋째, 참모부는 회원국에서 파견된 59명의 장교 및 10명의 부사관들로 구성된 상비 본부(standby headquarters)로서, 여단이 배치될 경우 지휘, 행정, 군수, 통신, 민군협력 등 다양한 임무를 수행한다. 넷째, 다국적 여단(brigade pool)은 각 회원국에서 차출된 군부대로 형성된다. 이 여단은 일부 회원국들이 특정 미션에 참여하기를 기피할 경우에 대비하여 통상적인 여단 전투력을 초과하는 여분의 예비대를 보유하고 있다.[49]

SHIRBRIG은 실제 배치될 경우, 본부중대, 보병대대, 수색대, 의무중대, 육군항공, 공병대대, 군수지원부대 등 4천~5천 명의 병력으로 구성된다. 여단은 60일분의 자체방어 및 운영유지물자를 보유하고 있으며, 자국의 군수지원 기지로부터 원거리에 이격되어 있는 지역에서 독자적으로 활동할 수 있도록 편제되어 있다. 이 여단의 최대 배치기간은 6개월이다.[50] 최대 배치

---

48) *Ibid*, p. 5.

49) Langille, *Bridging the Commitment-Capacity Gap*, pp. 50-51; Ibid, pp. 5-6.

50) Ministry of Foreign Affairs, Denmark, "Background Paper about Establishing a

기간을 6개월로 설정한 것은, 유엔의 요청에 따라 PKO 사령부 참모요원 및 부대를 신속히 파견한 다음, 사무국이 여타 국가들의 인력 및 물자를 공여받아 PKO 미션을 본격적으로 운용하는 데 소요되는 시한이 6개월이면 충분하다고 판단하기 때문이다. PKO 미션이 정상적인 활동을 개시하게 되면 SHIRBRIG은 6개월이 경과하기 전에라도 PKO 부대에 임무를 인계하고 철수하게 되며, 일단 PKO 지역에 배치되어 임무종료 후 철수한 다음에는 차후 임무지역에 배치되기까지 1년간 부대 재편성 및 정비기간을 거치게 된다.[51]

SHIRBRIG은 최대 여단급 규모의 부대까지 배치할 수 있으나, 보다 작은 규모의 부대로 파견할 수 있는 융통성을 가지고 있다. SHIRBRIG이 PKO 미션 배치와 관련하여 선택할 수 있는 대안(options)은 ① 전체 부대를 PKO 지역에 배치, ② SHIRBRIG(-)를 PKO 모체부대로 활용, ③ SHIRBRIG 군 옵서버에 감시임무 부여, ④ SHIRBRIG 사령부 요원을 PKO 사령부의 핵심 직위에 배치, ⑤ PKO 기획업무를 위해 SHIRBRIG 기획반 지원 등이다. SHIRBRIG이 파견할 수 있는 최소부대는 유엔 PKO 사령부 구성을 위한 핵심 참모요원, 본부중대 및 보병부대(중대~대대) 규모이다.[52] 1999년 스웨덴에서 개최된 제10차 운영위원회에서 회원국들은 구성, 규모, 훈련, 장비면에서 SHIRBRIG이 충분한 역량을 확보하여 2000년 1월부터 유엔의 요청시 운용이 가능함을 선언하였다. 2000년 6월 평화협정을 체결한 에티오피아와 에리트리아는 아프리카 단결기구(Organization of African Unity : OAU)의 권유에

Multinational UN Standby Forces Brigade at High Readiness" (SHIRBRIG), Meeting of Foreign Affairs Ministers in the 'Friends of Rapid Deployment' Group,' New York, 1996. 9. 26.

51) SHIRBRIG, *The Multinational Stand-by High Readiness Brigade for United Nations Operations: Background Information*, 2004. 6. 23, p. 3.

52) SHIRBRIG 관련 브리핑(2004. 6. 23) 시 Greg Mitche 준장(SHIRBRIG 사령관) 발표내용.

SHIRBRIG 여단 편성

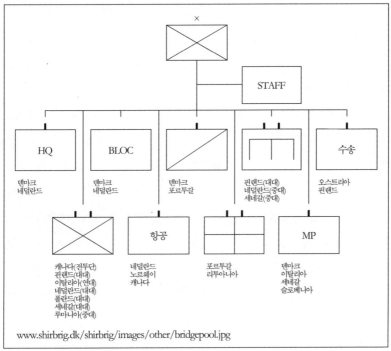

www.shirbrig.dk/shirbrig/images/other/bridgepool.jpg

따라 국경지대의 안전확보 및 감시를 위한 유엔 PKO의 배치에 동의하였다. 비공식 접촉을 거쳐, SHIRBRIG에 소속된 장교들 일부가 UNMEE(UN Mission in Ethiopia and Eritrea) 창설을 위한 기획과정에 참여하도록 초청되었다. 2000년 11월부터는 SHIRBRIG 소속 네덜란드 보병대대, 캐나다 보병중대, 덴마크 본부중대와 UNMEE 사령부 참모를 구성하기 위해 일부 장교들이 6개월간 UNMEE에 파견되었다.[53] 그 후에도 SHIRBRIG은 2003년 3월 코트 디브와르 PKO 창설을 위한 ECOWAS를 지원하기 위해 기획팀 제공,

---

53) SHIRBRIG, *Multinational Stand-by High Readiness Brigade for UN Operations*, pp. 6-7.

동년 9월에는 UNMIL(라이베리아) 사령부의 핵심직위에 20명을 파견, 2004년 10월에는 수단(Sudan) PKO 미션 부사령관, 참모요원 65명, 보병부대 파견 등 유엔 PKO 지원활동을 지속하고 있다.

참여국이 약속한 인력·장비를 실제로 제공할 것인지가 불확실한 UNSAS 의 근본적 문제점을 보완하기 위한 목적으로 창설된 SHIRBRIG은 UNMEE, UNMIL, 코트디브와르, 수단 등에서의 활동을 통해 점차 그 유용성이 입증되고 있으며, 유엔 사무국은 단기간 내(30일 이내)의 신속 배치능력과 훈련 및 장비수준이 우수한 SHIRBRIG의 유용성과 가치를 높이 평가하고 있다. 그럼에도 불구하고, 전세계에서 유럽 선진국과 유사한 수준의 훈련 및 장비능력을 보유하고, 상호운용성(interoperability)을 유지할 수 있는 국가들은 소수에 불과한 것이 현실이며, 그로 인하여 SHIRBRIG은 유럽국 위주로 편성되어 있는 지역적 한계를 가지고 있다. 이러한 문제를 극복하기 위해 SHIRBRIG은 국제적 인식 제고 및 정당성 확보를 위해 지리적 대표성(geographical representation) 확대를 당면과제로 삼고 있다.

SHIRBRIG 회원국들이 중소국(small and middle-sized nations)으로 구성되어 있고, PKO 분야에서 풍부한 경험을 보유하고 있고, 장비 및 훈련상태가 매우 우수하며, 지리적 대표성 확대를 위해 적극 노력하고 있는 점을 고려해 볼 때, 우리나라가 SHIRBRIG에 참여하는 방안을 적극 검토하는 것이 필요할 것으로 보인다. SHIRBRIG에 정식으로 가입하기 위해 MOU나 의향서 등을 제출하는 과정을 처음부터 거치는 것보다는, 옵서버 자격으로 참여하여 세미나 또는 각종 회의 참석, 훈련 참관 등을 통해 간접적인 경험과 관련지식을 축적하는 방안이 바람직한 것으로 판단된다. 우리 군은 10여 년 이상의 PKO 참여를 통해 능력과 우수성은 인정받고 있다. SHIRBRIG 참여는 PKO 분야의 훈련, 교리, 경험, 장비운용 등 여러 측면에서 우리의 능력을 한 단계 격상시킬 수 있는 훌륭한 기회를 제공해 줄 것으로 기대된다.

III. 인력·장비에 대한 경비보전(Reimbursement of COE)

1. 개요

병력공여국이 제공하는 인력·장비에 대해 이루어지는 유엔의 경비보전은 ① 인건비(Troop Costs), ② 사망·부상자(Death and Disability) 보상금, ③ 부대보유장비(의무장비 포함) 등 세 가지 분야로 나누어 볼 수 있다.

먼저 1973년 이전에는 유엔 평화유지활동에서 근무하는 병력에 대한 경비보전은 인원수송 등을 위해 병력공여국이 지출한 특별비용(extra and extra-ordinary costs)에만 국한되었다. 그 결과 병력공여국 정부가 통상적으로 지급하는 본봉 및 수당(basic pay and allowances) 등은 경비보전 대상에서 제외되었다. 1973년 12월 제28차 총회에서 회원국들은 사무총장이 UNEF와 UNDOF 사례를 적용시켜 인건비의 경비보전 상한선을 결정하고 인건비를 표준화하는 방안을 검토해 줄 것을 요청하였다. 이 요청에 따라 이듬해 제29차 유엔 총회에서 사무총장은 인건비에 대한 경비보전액을 표준화하고, 군인뿐 아니라 민간경찰에 대해서도 1973년 10월 25일부터 소급하여 적용시킬 것이라고 보고하였다.54)

둘째, 사망 및 부상자에 대한 보상금이다. 1990년대 초부터 평화유지활동 지역에서 사망 및 부상자가 증가함에 따라 이들에 대한 보상문제를 둘러싸고 회원국과 유엔 사이에 심각한 갈등이 빚어졌다. 특히 압도적 대다수의 병력을 공여하는 개도국들은 사망 및 부상자에 대한 보상금이 선진국에 비해 차이를 보이는 데 대해 강력히 반발하였다. 예를 들면, 1994년을 기준으로 사망자에 대해서는 19,500~85,300달러, 영구적 장애를 입은 부상자에게

54) "Review of the rates of reimbursement to the Governments of troop-contributing States," A/57/774, 2003. 4. 3, p. 3.

는 1,500~224,200달러가 지불되는 등 사례별 및 국가별로 큰 차이를 보였다.55) 이러한 문제점을 해결하기 위해 1997년 유엔 총회는 사무총장이 사망·부상자에 대한 새로운 보상방식을 강구할 것을 요청하였고,56) 이에 대해 사무총장은 국적, 성별, 연령, 계급 등에 관계없이 사망보상금의 상한선을 미화 5만 달러로 설정하고, 이를 위한 상세한 보상과정 및 절차를 명시한 보고서를 제출하였다.57)

끝으로, 부대보유장비(COE)에 대한 경비보전이다. 병력공여국의 부대보유장비에 대해 유엔이 경비보전을 실시하는 이유는 평화유지활동을 위해 사용되는 기간 동안 해당 장비의 시장가격이 감소하기 때문이다. 1976년 중동지역에 UNEF와 UNDOF 미션이 창설될 당시 유엔과 병력공여국들 간 협의를 거쳐 COE에 대한 경비보전 방식이 최초로 정착되었다. 이 방식은 두 가지로 구분되어 적용되었다. 첫째, 단기간(4년 미만) COE를 공여할 경우, 유엔은 장비가 평화유지활동 미션지역에 반입된 시점에서의 시장가격에서 임무를 종료하고 철수하는 시점에서의 감소된 시장가격을 비교하여 그 차액만큼을 보상해 준다. 둘째, 장기적으로(4년 이상) COE를 공여할 경우, 병력공여국은 1년차 30%, 2년차 30%, 3년차 20%, 4년차 20%의 비율로 4년간 COE 가격의 100%를 지급받으며, 감가상각비를 제외한 해당 장비의 시장가치 및 소유권은 유엔에 귀속된다.58) 초창기의 경비보전은 병력공여국들이

---

55) A/49/664, p. 30.
56) "Administrative and budgetary aspects of the financing of the United Nations Peacekeeping Operations," A/RES/51/218, 1997. 5. 4.
57) "Administrative and budgetary aspects of the financing of the United Nations Peacekeeping operations: Financing of the United Nations Peacekeeping Operations," A/52/369, 1997. 9. 17.
58) "Administrative and budgetary aspects of the financing of the United Nations peace-keeping operations: Report of the Advisory Committee on Administrative and Budgetary Questions(ACABQ)," A/49/664, 1994. 11. 18, p. 34.

제공하는 상이한 형태의 모든 장비 및 물자에 대해 유엔과 병력공여국 간 양자협상을 거쳐 체결된 MOU를 근거로 이루어졌다.59) 모든 소모품(con-sumables)에 대한 경비보전은 LOA(Letter of Assist, 후불약정서) 방식에 의해 이루어졌다.

그러나 1990년대 초반부터 캄보디아(UNTAC), 엘살바도르(ONUSAL), 모잠비크(ONUMOZ), 보스니아(UNPROFOR) 등 대규모의 복합적 PKO 미션이 잇달아 창설되면서 COE의 종류와 수량이 급격히 증가하고, 각 회원국들이 제공하는 COE의 품질과 규격이 천차만별의 차이를 보이자 기존 경비보전 방식의 한계와 문제점이 분명하게 드러나기 시작하였다. 뿐만 아니라, 상대적으로 평화유지군에 대한 신변위협이 증가된 'Chapter VII 미션'에 필요한 군대의 모집과 충당에 어려움을 느끼던 유엔이 병력을 공여하는 회원국들에게 최대한 호혜적 반대급부를 제공하기 위해 노력하자, 일부 국가들은 세탁, 군복수선, 이발, 구두수리, 경비 영역, 쓰레기 처리 등 갖가지 명목을 내세워 유엔의 부담을 가중시켰다.60)

경비보전 방식의 구조적 한계에 추가하여 병력공여국들이 COE의 목록과 시장가치에 대한 자료제출을 지연하는 사례가 빈발하였으며, 사무국이 제한된 인력으로 모든 COE 품목들의 정확한 시장가치를 파악하는 것은 불가능에 가까운 일이었다. 이처럼 변화된 상황에 대한 사무국의 명확한 지침 부재, 병력공여국의 비용청구를 뒷받침할 수 있는 충분한 서류의 미비, 가용재원의 부족 등의 문제점이 복합적으로 작용한 결과 1994년 9월까지 3억 달

59) 유엔 사무국과 병력공여국 사이에 체결된 MOU 모델에 대해서는 다음 자료를 참조할 것. "Model Agreement between the United Nations and Member States contributing personnel and equipment to United Nations peace-keeping operations," A/46/185, 1991. 5. 23.

60) "Administrative and budgetary aspects of the financing of the United Nations peace-keeping operations : Report of the ACABQ," A/47/990, 1993. 7. 30, p. 6.

러 이상의 경비보전액 지불이 지연되었으며, 이로 인해 대부분 개도국들로 이루어진 병력공여국들은 커다란 경제적 어려움에 처하게 되었다.61) 이런 배경 하에서, ACABQ는 1992년부터 일련의 보고서를 통해 기존의 경비보전 방식을 개정해야 할 필요성을 지적하기 시작하였다.62)

특히, ACABQ는 평화유지활동의 전반적인 기획, 예산편성 및 행정 분야에 대한 문제점을 지적하면서, '투명하고 효율적인' 새로운 경비보전 방식을 정착시켜야 할 필요성을 제기하였다.63) 이에 대해 유엔 총회는 사무총장이 COE 경비보전의 절차개혁을 추진할 수 있도록 권한을 부여하는 결의안을 통과시켰다.64) 총회 결의안에 따라 경비보전 방식의 간소화와 비용청구의 해결에 소요되는 시간의 절감을 위한 각 COE 품목의 표준화된 경비보전율 산정을 목표로 한 표준화 계획(Standardization Project Plan)이 1995년 1월부터 8개월간 5단계로 구분하여 추진되었다.65)

1996년 유엔 총회에서 COE의 경비보전액 결정에 관한 새로운 절차가 승인되었으며,66) 총회가 승인한 절차에 대한 상세한 내용을 수락 책자 "평화유지활동 미션에 참여하는 병력공여국의 부대보유장비에 대한 경비보전 및 통제에 관한 방침 및 절차 매뉴얼(Manual on Policies and Procedures concerning the Reimbursement and Control of Contingent-Owned Equipment of Troop-Contributors Participating in Peacekeeping Missions)"이 발간되었다. 1996년 7월 1일부터 적용되기 시작한

61) *Ibid*, pp. 34~35.
62) "Financing of the United Nations Protection Force: Report of the ACABQ," A/46/893, 1992. 3. 13. ACABQ가 제출한 일련의 보고서는 A/47/982-987을 참고할 것.
63) A/49/664, p. 35.
64) "Administrative and budgetary aspects of the financing of the United Nations peace-keeping operations," A/RES/49/233, 1995. 3. 1.
65) Phase I~V의 추진기간, 주요 검토내용 등에 대한 상세한 사항은 다음을 참조할 것. *Ibid*, annex.
66) "Reform of the procedure for determining reimbursement to Member States for contingent-owned equipment," A/RES/50/222. 1996. 5. 10.

새로운 경비보전 방식의 기본원칙은 간편화, 책임소재(accountability) 명시, 재정·관리통제이다. 이는 병력공여국과 사무국 및 평화유지활동 미션의 행정업무 분담, 모든 장비 및 서비스에 동일하게 적용되는 경비보전율의 표준화를 통해서 이루어진다.

2. 인건비에 대한 경비보전

인건비는 병력공여국으로부터 별도의 청구절차 없이 자동적으로 이루어지며, 계급이나 국적, 성별 등에 관계없이 모든 국가의 장병들에게 동일한 액수가 지급된다. 인건비는 기본급 및 수당, 전문수당, 피복 및 장비 수당, 개인화기 및 탄약 수당, 여비 등으로 구분된다. 먼저, 병력공여국이 지출한 직접비용인 기본급 및 수당(basic salary and allowances for service in the home country)에 대한 보전이다. 비록 어떤 국가의 경우에는 유엔 PKO 참여에 소요되는 비용의 전부를 돌려받지 못하지만, 모든 병력공여국에게 최소한 일부의 비용이라도 보전해 준다는 것이 이 항목에 대한 지출의 배경논리이다. 2002년 1월 현재 매월 1인당 1,028달러가 지급되고 있다. 전문수당(supplementary payment for specialists)은 군수부대의 경우에는 전체 병력의 25%, 기타 부대에는 10%의 비율을 기본급 및 수당에 적용하여 산출한다. 2002년 1월을 기준으로, 1인당 평균 303달러가 지불되고 있다. 셋째, 개인 피복 및 장비수당(usage factor for personal clothing, gear and equipment)으로 매월 68달러, 개인화기 수당으로 5달러 각각 지급된다. 여비는 항공료 또는 승선료뿐 아니라, 여권발급비, 공항이나 항구로 이동하는 데 소요되는 육로운임, 공항사용료, 필요시 중간 기착지에서의 숙식비 등이 실비로 지급된다.[67] 기타,

---

67) A/57/774, 2003. 4. 3.

인건비 기준액(미화 달러)

구 분	기 준 일					
	1973년 10월	1977년 10월	1980년 12월	1991년 7월	2001년 7월	2002년 1월
기본급 및 수당	500	680	950	988	1,008	1,028
전문수당	150	200	280	291	297	303
개인피복 및 장비수당	-	65	65	65	66	68
개인화기 수당	-	5	5	5	5	5
소계	650	950	1,300	1,349	1,376	1,404

PKO 현지에 근무하는 평화유지군 장병들에 대해서는 매일 1.28달러의 별도수당(Daily Allowances), 6개월마다 7일간의 휴가일수에 대해 매일 10.5달러의 휴가비 등이 추가로 지급된다.

3. 사망·부상자에 대한 보상

1997년 7월 1일부터 적용되기 시작한 사망·부상자에 대한 보상 절차는 다음과 같은 네 가지 경우로 구분된다. 어떤 경우에도 유엔은 사망 또는 부상이 '임무수행 중(service-incurred)' 발생한 경우에만 보상을 해 주며, 부상자에 대한 피해보상은 영구적 장애(permanent disability)가 발생하였을 경우에만 가능하다.

첫째, 임무지역에서 사망자가 발생하였을 경우, 사망자가 속한 국가의 파견부대 사령부는 PKO 사령관에게 사망 확인서(Notification of Casuality : NOTICAS)를 발송하고, 군사령관은 이를 유엔본부에 보고해야 한다. 유엔본부 DPKO 상황실의 당직장교는 이 내용을 사상자 데이터베이스에 입력 시

영구장애 비율 판정 기준

영구장애 내용		보상 비율
양손 또는 양팔, 양발, 양시력 상실		5만 달러(최대액)
팔	(어깨)	60%(5만 달러의)
	(팔꿈치 밑)	57%
손	양손 또는 손목 아래	54%
엄지손가락		22%
손가락	둘째 손가락(인지)	14%
	셋째 손가락(중지)	11%
	넷째 손가락(약지)	5%
	새끼 손가락	3%
발(Leg)	무릎 위	40%
	무릎 아래	36%
발(Foot)	발목 아래	28%
	엄지 발가락	5%
	기타 발가락	1%
시력 상실	한쪽 눈(다른 눈은 정상일 경우)	24%
청력 상실		35%

킨다. 사망 사고에 대해 진상조사위원회(Board of Inquiry : BOI)가 소집되어 사고 원인을 조사하고, 사망이 '임무수행 중' 발생하였는지 여부를 판단한다. BOI가 '임무수행 중' 사망한 것으로 결론을 내리면, 군사령관은 사고조사 보고서를 접수하는 즉시 이 사실을 확인하는 문서를 작성해야 한다. 군사령관이 작성한 사망확인서는 팩스로 유엔본부에 보고하며, 사본은 사망자가 속한 파견부대의 지휘관이나 선임장교에서 발송한다. 유엔본부는 해당국 유엔 대표부의 보상 요청[68]과 현지 사령부가 작성한 관련문서들을 토대로 확

68) 사망 또는 부상자에 대한 보상요청은 사고발생 4개월 이내에 제기해야 한다.

인작업을 거쳐, 해당국 정부가 요청한 방법에 따라 보상금 5만 달러를 지급
한다.

둘째, '임무수행 중' 부상자가 발생할 경우, 군사령관은 유엔본부에
NOTICAS를 팩스로 발송해야 한다. 부상자에 대해 현지 의료시설의 능력
을 초과하는 치료가 필요하다면, 본국이나 제3국으로 후송할 수도 있다.[69]
미션 사령부의 선임 의무장교는 파견부대 의무장교 등과 협의 하에 부상자
의 장애정도를 판정한다. 이를 위해서 미국 의사협회가 발간한 "영구장애
판정 지침"을 적용한다. 장애비율이 결정되고, BOI에 의해 '임무수행 중' 발
생한 사고임이 입증된 다음에는, 군사령관은 BOI 보고서를 유엔본부에 팩
스로 송부하고, 사본을 파견부대 사령관이나 선임장교에서 발송한다. 팩스를
접수한 유엔본부 의무담당관(Medical Director)은 해당 PKO 미션 의무장교가
결정한 장애비율을 판정하고 이에 대한 최종 결정을 내린다. 유엔본부 의무
담당관의 결정은 DPKO에 발송되어 피해보상의 근거자료로 활용된다. 해당
국 유엔 대표부의 피해보상 청구를 접수하는 즉시, 유엔본부는 의무담당관
의 승인을 받아 장애비율에 따라 보상금을 지불한다.

장애비율 판정에 대해 해당국 정부와 유엔본부의 견해가 상이할 경우에
는 자격을 갖춘 제3자에게 의뢰하여 최종적인 판정을 받도록 한다. 제3자는
해당국 유엔 대표부와 유엔본부가 공동으로 선정한다. 유엔본부는 제3자의
판정을 받는 데 소요되는 비용을 부담한다. 유엔본부와 해당국이 적절한 제
3자를 물색할 수 없는 경우에는 장애비율 판정을 위해 의무위원회(medical
board)를 소집한다. 이 위원회는 해당국 대표부, 유엔 의무담당관 또는 의무
당당관이 지명한 의사(medical practitioner), 그리고 해당국 대표부와 유엔본부
가 선정한 제3의 의사 등 3인으로 구성된다. 이런 경우에는 유엔본부와 해

---

69) 의무후송(medical evacuation)에 소요되는 모든 비용은 유엔이 부담한다.

1997년 7월 1일 이후 발생한 사망 · 부상자에 대한 피해보상 청구 절차

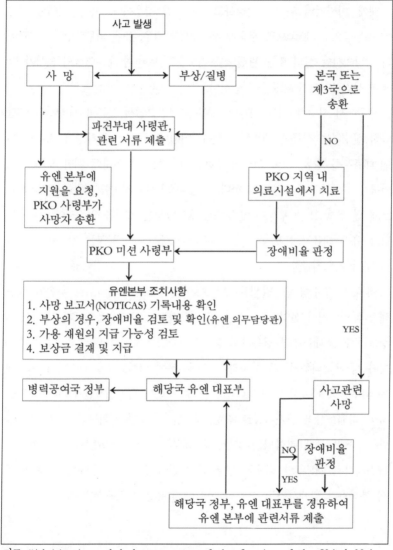

자료 : "Administrative and budgetary aspects of the financing of the United Nations
Peacekeeping Operations: Financing of the United Nations Peacekeeping Operatons,"
A/52/369, 1997. 8. 17, P. 9

당국 정부가 소요되는 비용을 분담한다.

셋째, 미션지역 외에서 사망사고가 발생할 경우이다. 미션지역에서 질병이나 부상으로 제3국으로 후송된 후 사망할 경우, 유엔 의무담당관은 제3국의 담당의사와 협의 또는 관련 의무기록을 검토한 후에, 제3국의 의사가 발생한 사망확인서의 내용을 확인한다.

본국에서 사망할 경우, 해당국 정부는 사망확인서 사본과 사망경위를 간략히 설명하는 서류를 제출해야 한다. 어떤 경우든 간에 해당국 정부는 유엔 대표부를 경유, 자국 의사의 견해를 포함하여 사망자에 대한 모든 의료기록을 유엔본부에 제출해야 한다. 해당국 정부가 제출한 서류는 사망에 이르게 한 질병 또는 부상이 '임무수행 중' 발생한 것임을 입증해야 한다. 해당국 유엔 대표부의 보상청구를 접수하는 즉시, 유엔본부는 장애비율에 따라 보상금을 지급한다.

넷째, '임무수행 중' 발생한 부상으로 본국 또는 제3국으로 후송될 경우, 해당국 의료진의 선임자는 AMA 지침에 따라 장애비율을 판정한다. 해당국 정부는 유엔 대표부를 경유하여 장애비율 판정서류와 해당국 의료진의 선임자가 작성한 의무기록을 첨부하여 유엔본부에 피해보상을 청구한다. 유엔본부 의무담당관은 서류 내용을 검토한 후 자신의 결정내용을 DPKO에 통보하여 피해보상의 근거자료로 활용토록 한다. 유엔은 의무담당관의 승인을 받아 장애비율에 부합되는 보상금을 해당국 정부에 지불한다. 장애비율과 관련해서 유엔본부와 해당국 정부 간 이견이 발생할 경우에는 '임무지역에서 부상자가 발생하였을 경우'와 동일한 절차를 밟도록 한다.[70]

---

70) 사망 및 부상자에 대한 피해보상과 관련하여 보다 상세한 사항은 다음 자료를 참조할 것. A/52/369, 1997. 9. 17.

4. COE에 대한 경비보전

가. PKO 군수주기와 COE MOU

MOU를 기초로 이루어지는 부대보유장비(COE)의 경비보전 과정을 이해하기 위해서는 PKO 군수주기(logistic lifecycle)를 간략하게 살펴볼 필요가 있다. 양해각서(MOU)란 평화유지활동의 지원을 위해 제공되는 물자 또는 서비스에 관해 유엔과 회원국간 체결하는 계약을 말한다. PKO 군수주기는 기획, 배치, 유지, 재배치(청산)의 4단계로 이루어진다.[71]

유엔 PKO 미션의 신설 가능성이 임박해지면 미션의 창설과 유지에 필요한 인적·물적자원의 소요를 파악하기 위한 군수기획 과정(1단계)이 시작된다. 유엔 본부는 현지에 기술조사단(technical survey team)[72]을 파견하며, 병력파견을 위해 주둔군협정(Status of Force Agreement : SOFA), 교전규칙(Rules of Engagement : ROE), 병력공여국에 하달할 지침, COE 경비보전을 위한 MOU 등을 작성한다. 제2단계(배치단계)에서 장비는 해상, 공중 또는 육로로, 인원은 항공기를 이용하여 수송되며, 인원이 항공기에 탑승할 때는 45킬로그램의 수화물을 적재할 수 있다. 인원 및 물자수송을 유엔이 담당할 경우에는 상용계약(commercial contract), 병력공여국이 담당할 경우에는 후불약정서(Letter of Assist : LOA) 방식으로 추진된다. 어떤 경우에도 배치에 소요되는 모든 경비는 유엔이 부담한다. 다음은 유지단계(3단계)로서, 파견부대는 30~90일분의 자체 운영유지물자 보유 등 MOU에 명시된 각종 조건을 이행해야 한다. 유

---

71) "Logistics Operations in United Nations Peacekeeping," Presentation by DPKO, 2003. 5. 2.
72) 유엔 사무국은 모든 평화유지활동 미션의 창설을 위한 사전 준비과정의 일환으로서, 정치분야, 군사기획분야, 군수분야, 경우에 따라서는 인권, 선거, 인도주의 지원분야 등의 전문가 등 대략 10~15명 내외의 기술조사단을 현지에 파견하며, 이들의 보고서는 사무총장 보고서, 안보리 결의안 초안 작성 등의 참고자료로 활용된다.

엔은 인원과 장비의 수량, 사용가능 여부, 도색상태 등에 관한 검사보고서 (Verification Reports)를 작성하며, 추가로 필요하거나 부족한 장비 여부를 파악한다. 모든 경비보전은 검사보고서를 기초로 이루어지므로, 파견부대 지휘관은 오기 및 누락된 사항이 없도록 보고서가 작성되는 전 과정에 밀접하게 관여해야 한다. 3단계에서는 6개월이 경과한 파견부대에 대한 교대, 식량, 식수, 연료, 혈액 공급, 필요시 의무후송, 의무부대 및 공병부대 파견 등이 이루어진다. 4단계는 해당 PKO 미션의 임무가 종료되는 재배치(또는 청산) 단계로서, 주둔지 폐쇄, 장비 및 물자 반출을 위한 수송, 후발대(rear party) 지원 등의 활동이 진행된다.

앞서 살펴 본 바와 같이 COE 경비보전을 위한 MOU 체결은 군수기획 과정의 일부이다. 미션 창설을 위한 소요자원의 잠재적 공급원은 ① 유엔 소유 자산(여타 PKO 미션 소유자산, 이탈리아 브린디시 소재 유엔 군수기지 내 비축물자 등), ② 유엔 상용계약(국제 및 현지 계약), ③ 주둔국(Host Nation)의 지원, ④ 병력공여국의 지원 등으로 볼 수 있다. 그 가운데서 병력공여국이 군수기획 과정에서 수행하는 역할은 다음과 같다. 먼저, 특정한 PKO 미션에 참여하기로 결정한 병력공여국은 자국 파견부대의 작전활동과 지원을 위한 소요를 파악하고, 이를 충당하기 위한 가용한 공급원을 물색한다. 다음으로 병력공여국은 유엔본부와의 협상을 통해 자국이 제공할 장비의 수량, 종류 및 능력과, 어떤 수단을 통해 이러한 지원을 제공할 것인지를 결정한다. PKO 미션에 소요되는 자원과 제공 가능한 자원 간에 부족분(shortfalls)이 발생할 경우에는, 유엔 군수기지 비축분에서 충당, 여타 PKO 미션 보유자산의 전용, 민간부문에서의 입찰 등 부족분을 해소시킬 수 있는 방안이 강구되어야 한다. 이러한 일련의 과정을 거쳐 MOU 초안 작성이 이루어지며, 유엔본부는 병력공여국이 제공하기를 희망하는 인력 및 물자의 훈련수준, 준비태세, 품질, 수량, 유엔이 요구하는 규격에 부합되는지 여부 등을 종합

새로운 COE 경비보전 방식

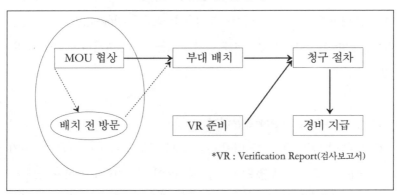

*VR : Verification Report(검사보고서)

적으로 판단하기 위해 병력공여국에 대해 배치 전 방문(pre-deployment visit)을 실시한다.

나. 용어의 정의

COE 경비보전에 사용되는 주요 용어들은 다음과 같이 정의된다. 먼저, 부대보유장비(contingent-owned equipment : COE)란 평화유지활동 지역에서 임무수행을 위해 병력공여국의 파견부대가 배치 및 운영하는 모든 주요장비, 소형장비 및 소모품을 의미한다.[73] 파견부대(contingent)는 COE 관련 MOU에 의거 평화유지활동 지역에 비치된 병력공여국의 모든 군부대(all formed units), 주요장비, 소형장비 및 소모품(consumables)을 통칭한다.[74] 한편, 주요장비(major equipment)란 유엔과 병력공여국에 의해 상호 합의된 바에 따라 파견부대의 임무수행에 직접 관련되는 주요품목(major items)을 말한다. 특정장비가 주요장비인지 여부는 범주(category)별 또는 개별 품목별로 판정되며, 주요장비의 범주별로 별도의 경비보전율이 적용된다. 경비보전율에는 주요

---

73) COE Manual, p. 2-A-1.
74) COE Manual, p. 2-A-1.

장비를 운용하기 위해 소요되는 소형장비와 소모품에 대한 경비가 포함된
다.75) 소형장비(minor equipment)란 조리시설, 숙소, 일반(non-specialist) 통신장
비 및 공병장비, 기타 임무수행과 관련된 활동을 지원하기 위한 장비를 말
한다.

다. 총괄대여(wet lease)와 부분대여(dry lease)

COE 관련 MOU에는 총괄대여(wet lease)와 부분대여(dry lease) 등 두 가지
대여방식이 사용된다. 총괄대여란 병력공여국이 미션지역에 장비 제공에 추
가하여 정비에 대한 책임까지 부담하고, 합의된 비율에 따라 경비를 상환받
는 방식을 말한다. 'wet'라는 용어는 병력공여국이 모든 필요한 장비와 함께,
정비 및 수리부속품 교환 등 관련된 직접지원을 제공하는 것을 의미한다.
부분대여란 병력공여국이 PKO 미션에 장비를 제공하고, 유엔은 장비유지
를 위해 제3자와 약정을 체결하거나 유엔이 자체적으로 장비유지를 책임지
는 경비보전 방식을 말한다.76) 병력공여국은 유엔 총회에서 결의된 비율에
따라 총괄대여 또는 부분대여 방식에 따라 경비를 상환받는다. 경비보전은
유엔이 합의한 사용가능한(serviceable) 주요장비에 대해서만 적용된다. 파견
부대가 MOU에 명시된 것보다 적은 수량의 주요장비 또는 운영유지물자를
제공한 경우에는 실제로 제공된 수량에 대해서만 경비보전을 받게 된다. 아
울러, 평화유지활동 지역에 도착하는 정비는 사용가능한 상태를 유지해야
하며 유엔 표식(UN marking)이 도색되어 있어야 한다. 의무물자 또는 의료요
원의 수송을 위한 앰불런스 및 여타 차량들은 제네바 협약에 따라 보호를
받을 수 있도록 적십자 마크가 선명하게 표시되어 있어야 한다. 선적시 제
한사항 등으로 장비를 조립해야 할 경우에는 장비 배치과정의 일부로 발생

75) COE Manual, p. 2-A-3.
76) A/C.5/49/66 Annex II para 4, p. 21.

하는 비용을 파견부대가 전적으로 부담해야 한다.[77]

새로운 COE 경비보전 방식에 따라 작성된 MOU에는 병력공여국 및 해당 유엔 대표부와 유엔본부의 FMSS[78], LSD, FGS 간 긴밀한 협의를 거쳐 합의된 주요장비, 운영유지물자 및 인력의 목록과, 품목들이 포괄대여의 대상인지 아니면 부분대여의 대상인지 여부가 명시되어 있다. 1996년 7월 1일부터 적용되기 시작한 새로운 COE 경비보전 방식의 목표는 ① 절차의 표준화와 투명성 제고, ② 병력공여국, 현지 PKO 미션 및 유엔본부의 행정부담 경감, ③ 병력공여국이 제공한 인력장비에 대한 신속한 비용 산출, ④ 법적 구속력이 있는 문서 작성, ⑤ 예산편성 과정 촉진 등이다.[79]

MOU는 표준금액(standard amounts)에 미션인수(Mission Factor)와 수송인수(Incremental Transportation Factors)를 적용하여 병력공여국에 지불될 금액을 산출한다. 미션인수는 현지 PKO 미션의 환경조건, 작전의 강도(intensity), 적대행위 및 강요에 의한 방기(forced abandonment) 등으로 구성되며, 이를 적용하는 목적은 현지 PKO 미션의 열악한 상황과 작전환경 등 현저한 어려움(significant hardship)을 보상하기 위해 표준 경비보전액에 일정비율을 추가로 지급하는 데 있다. 미션인수는 PKO 미션의 창설초기에 현지를 방문하는 기술조사단(Technical Survey Team)에 의해서 산출되며, 미션환경의 변화에

---

77) COE Manual, p. 3-A-1.

78) 경비보전과 관련하여 유엔본부의 핵심부서는 FMSS이다. 새로운 경비보전 방식 하에서 FMSS의 책임은 다음과 같다. ① LSD, FGS, 병력공여국 간 MOU 협상 중재(coordinating), ② 파견부대와 모든 민간경찰부대(formed units of Civilian Police)가 제기하는 모든 보상요청을 처리, ③ 개인적 과실로 인한 손망실(loss or damage)의 경우를 제외한, 개별적 군 옵서버 및 민간경찰에 의한 모든 보상요청을 처리 등. 보다 상세한 사항은 다음 자료를 참조할 것. "Contingent Owned Equipment: Its Place in United Nations Peacekeeping," FMSS/DPKO, Briefing for the Military Advisers' Seminar, 2003. 1. 23.

79) Contingent Owned Equipment: Its Place in United Nations Peacekeeping, FMSS/DPKO, Briefing for the Military Advisers' Seminar, 2003. 1. 23.

따라 변경될 수 있다.[80] 한편, 수송인수는 포괄대여 방식에서 수리부속품과 소모품(consumables)을 수송하는 데 소요되는 비용을 보상해 주는 데 그 목적이 있다.[81]

총괄대여 방식에 따라 MOU를 체결할 경우 유엔은 ① 식수, 쓰레기 처리, 전기를 포함한 창고(warehouse) 및 정비시설, ② 천막(tentage), ③ 숙소(accommodation), ④ 세탁 및 청소(laundry and cleaning), ⑤ 의료시설 등을 제공할 책임이 있다. 반면 파견부대는 ① 사용가능한(serviceable) 장비 배치, ② MOU에 합의된 수량의 10%를 범위 내에서 추가적으로 장비 제공,[82] ③ 적대행위나 강요에 의한 포기(hostile action or forced abandonment)의 경우를 제외하고, 25만 달러(공정 시장가격 기준) 이하의 장비교체 등을 책임진다.[83] 부분대여(dry lease) 방식에 따라 MOU를 체결할 경우, 유엔은 ① 상용계약, 유엔 직원 또는 여타 국가의 파견부대 등에 의한 장비 정비, ② 수리부속품 공급(계약 또는 LOA 방식에 의거) 등에 책임을 진다.

병력공여국이 제공하는 운영유지물자(self-sustainment)는 주요장비와 함께 MOU에 근거한 경비보전 대상이다. 운영유지물자에 관한 MOU 협상시, 협상의 출발점으로서 유엔은 유엔이 자체적으로 제공할 수 없는 품목을 파악하여 병력공여국에게 지원을 요청한다. MOU 협상기간 동안 병력공여국이 운영유지물자의 전부 또는 일부를 제공할 수 있는 권리가 존중되어야 한다. MOU를 통해 병력공여국이 제공하기로 합의된 특정 품목에 한하여 실제

---

80) COE Manual, p. 2-4.

81) COE Manual, p. 2-A-2.

82) 파견부대는 주요장비의 '사용가능성(serviceability)' 기준에 부합되도록 하기 위해, MOU에 합의된 수량보다 10% 범위 내에서 추가적으로 장비를 배치할 수 있다. 초과장비의 배치 및 철수에 소요되는 모든 운송비용은 유엔이 부담하나, 초과장비는 경비보전 대상에서 제외된다. COE Manual, pp. 3-A-1~2

83) The MOU and COE: Its Place in United Nations Peacekeeping, DPKO, 2003. 1. 23.

병력수를 기준으로 매월 일정한 비율로 경비가 상환된다.[84] 운영유지물자 (self-sustainment)의 범주는 대략 다음과 같다. ① 조리시설(catering), ② 통신 장비(무전기, 전화기 등), ③ 사무실(책걸상, 컴퓨터, 캐비닛 등 포함), ④ 전기기 설(발전기 포함), ⑤ 세탁, ⑥ 천막, ⑦ 숙소, ⑧ 의료시설, ⑨ 폭발물 제거장 비, ⑩ 화생방 방호장비, ⑪ 카메라, 비디오 등 영상장비, ⑫ 기타, 침구류(베 개, 담요, 시트 포함), 가구(매트레스, 전등 포함), 복지시설(탁구대, 당구대, 축구공) 등이다.

라. 확인 및 통제절차

PKO 군수주기의 3단계(유지, sustainment)가 되면 미션지역에 배치한 장비 에 대한 확인 및 통제절차(verification and control procedures)가 적용된다. 확 인 및 통제절차의 목적은 MOU가 효력을 발휘하기 시작한 시점으로부터 종료되는 시점까지 유엔과 병력공여국 사이에 체결한 MOU 조건이 준수되 도록 보장하는 것이다. 확인·통제는 ① 도착 검사(Arrival inspection), ② 준 비태세 검사(Operational readiness inspection), ③ 반출 검사(Repatriation inspection) 등으로 구분된다.

먼저, 도착검사는 모든 장비가 현지 미션에 도착한 후 1개월 이내에 실시 되어야 한다. 주요장비에 대해서는 장비별 범주(categories)에 부합되는지, MOU에 명시된 수량이 배달되고 사용가능한 상태에 있는지 여부를 확인해 야 하며, 병력공여국 대표는 합의된 운영유지물자를 보유하고 있고 이들이 사용가능한 상태에 있음을 입증해야 한다. 둘째, 준비태세 검사는 최소한 6 개월마다, 또는 PKO 사령부가 장비 또는 서비스가 기준에 부합되지 못한 다고 판단될 경우에 실시된다. 주요장비와 운영유지물자에 대해서 이들의

---

84) COE Manual, p. 2-6

성능이 충분하고 만족스러운지 여부를 확인하는 데 중점을 둔다. 끝으로 반출검사는 유엔소유 장비가 유출되지 않도록 방지하는 데 중점을 두며, 장비 또는 서비스가 해당 미션에서 마지막으로 사용된 일자와 실제 반출일자를 비교하여 경비보전의 근거자료로 활용한다.[85]

마. 분쟁해결 메커니즘

유엔 PKO 미션은 MOU 적용과 관련하여 유엔과 병력공여국 사이에 이견이 발생할 경우에 협상을 통해 우호적으로 논의 및 해결할 수 있는 메커니즘을 정착시켜야 한다. 분쟁해결을 위한 이 메커니즘은 두 가지 단계로 구분된다. 제1단계로서, 선임행정관(Chief Administrative Officer : CAO)과 파견부대 지휘관은 협상을 통한 분쟁의 해결을 모색한다. 1단계에서 문제가 해결되지 않을 경우, 제2단계로서 병력공여국의 뉴욕주재 대표부와 DPKO 간에 협상을 시도한다. 2단계에서도 문제가 해결되지 않을 경우에는 국제사법재판소(International Court of Justice)에 중재를 요청할 수도 있다.[86]

IV. 주둔군 지위협정(SOFA)과 교전규칙(ROE)

1. 평화유지군의 주둔군 지위협정(SOFA)

주둔군 지위협정(Status of Forces Agreement : SOFA)은 위임명령(mandate)과 함께 평화유지활동에 참여하는 군인 및 민간인의 법적 권위와 책임을 규정하는 핵심 문서이다.[87] SOFA는 평화유지군과 민간요원들의 책임과 의무

---

85) COE Manual, p. 2-5.
86) COE Manual, p. 2-7.

뿐 아니라 이들에게 부여되는 면책특권, 형사 및 민사재판 시 관할권(juris-diction), 군복 착용, 세금 및 관세 면제 등을 상세하게 규정한다. SOFA는 유엔과 주둔국 간 협상에 의해 양해각서(MOU)나 조약(treaty)의 형태로 작성되며, 병력파견국과 주둔국 간에는 개별적으로 체결하지 않는다. SOFA의 법적근거는 유엔의 임무수행에 필요한 특권과 면책조항을 규정한 헌장 104조 및 105조이다.88) 또한 SOFA는 외교 특권에 관한 제네바 협약(1949. 8. 12) 및 부속 의정서(1977. 5. 14), 무력분쟁 발생시 문화재 보호에 관한 UNESCO 협약(1954. 5. 14)의 정신과 원칙을 준수해야 한다.89)

오늘날 유엔과 회원국들 간 PKO와 관련하여 체결되는 SOFA의 주요 내용은 1957년 2월 8일 유엔과 이집트가 UNEF-I에 관해 작성한 SOFA의 골격을 따르고 있다.90) 1990년 사무총장은 1989년에 통과된 총회 결의에 따라 유엔과 회원국 간 체결되는 SOFA의 모델을 작성 및 발간하였다.91) 이 문서는 유엔 PKO의 지위, 유엔 PKO를 위한 시설, 유엔 PKO 요원들의 지위 등으로 구성되어 있다.92)

---

87) SOFA는 SOMA(Status of Mission Agreement, 미션 지위협정)라고 불리기도 한다.
88) 제104조 : 기구는 그 임무의 수행과 그 목적의 달성을 위하여 필요한 법적 능력을 각 회원국의 영역 안에서 향유한다. 제105조 : 1. 기구는 그 목적의 달성에 필요한 특권 및 면제를 각 회원국의 영역 안에서 향유한다. 2. 국제연합회원국의 대표 및 기구의 직원은 기구와 관련된 그들의 임무를 독립적으로 수행하기 위하여 필요한 특권과 면제를 마찬가지로 향유한다. 3. 총회는 이 조 제1항 및 제2항의 적용세칙을 결정하기 위하여 권고하거나 이 목적을 위하여 국제연합회원국에게 협약을 제안할 수 있다.
89) Faure, Jean-Michel, *Commanding UN Peacekeeping Operations: Methods and Techniques for Peacekeeping on the Ground, UNITAR/POCI* (New York: UNITAR, 1996), p. 20.
90) 상세한 사항은 다음 자료를 참조할 것. www.mindef.nl/mpbundels/11_serie/11_30/11_30_230.htm. UNEF-I 당시 체결된 SOFA의 주요내용은 ① 각국 파견부대의 지위, ② 작전지역에서의 이동의 자유, ③ 작전지역에 대한 접근(access) 보장, ④ 임무 완수에 필요한 통신시설 설치 및 운용 등임.
91) "Model Status-of-Forces Agreement for Peacekeeping Operations," A/45/594, 1990. 10. 9.

가. 유엔 PKO의 지위

유엔 PKO와 그 요원들은 기존 협약[93]의 정신 또는 불편부당하고 국제적인 임무의 성격과 양립되지 않는 여하한 행동도 해서는 안 되며, 현지의 모든 법률과 규정을 존중해야 한다. 한편, 주둔국은 유엔 PKO의 국제적 성격을 존중해야 한다. 주둔국은 유엔 PKO가 자국의 영토 내에서 본부, 막사, 차량, 선박, 기타 SRSG나 군사령관이 결정한 방식에 따라 유엔기(UN flag)를 게양할 권리를 가지고 있음을 인식한다. 유엔 PKO의 모든 차량, 선박 및 항공기는 식별이 용이한 유엔 표식(identification)을 부착하고, 이를 주둔국에 통보해야 한다.

유엔 PKO는 '협약' 3장에 명시된 바와 같이, 주둔국과 협의 하에 임무수행에 필요한 통신장비 및 시설을 사용할 권리가 있다. 이와 관련, 유엔 PKO는 주둔국 영토 내에서 상호간, 또는 타국의 유엔 사무소 및 유엔 본부와 교신하기 위한 무선 송수신 시설, 위성장비를 설치 및 운용할 수 있다. 유엔 PKO는 무선(위성, 휴대 및 이동 무선장비 포함), 전화, 전신(telegraph), 팩스 또는 여타 방식을 사용하여 주둔국 영토 내에서 무제한 통신할 권리가 있으며, 케이블 및 전화선 가설, 고정 및 이동식 무선 송수신 시설 운용 등을 포함하여 유엔 PKO 지역에서의 통신에 필요한 시설을 유지할 권리가 있다. 아울러 유엔 PKO는 회원국들과 왕래하는 개인서신(private mail)의 처리 및 수송을 위해 자체 시설을 통한 약정(arrangements)을 체결할 수 있다.

유엔 PKO 및 소속 요원들은 차량, 선박, 항공기 및 장비와 함께 주둔국 영토에서 이동의 자유(freedom of movement)를 향유할 권리가 있다. 이동의

---

92) 이하 내용은 A/45/594를 요약한 것임.
93) 기존 협약이란 1946년 2월 13일 유엔 총회가 결의한 "유엔의 특권과 면책에 관한 협약(Convention on the Privileges and Immunities of the United Nations)"을 말한다. 이하 '협약'으로 줄임. 원문은 다음을 참조할 것. www.unog.ch/archives/un_priv.htm.

자유에도 불구하고, 공항, 철도 또는 도로를 이용한 대규모 인원, 물자 및
차량의 이동에 대해서는 주둔국과 협의해야 한다. 유엔 PKO 소속 차량, 선
박 및 항공기는 주둔국의 등록 및 면허의 대상이 되지 아니하며, 도로, 교
량, 운하, 수로, 항만시설, 공항 등을 이용할 경우 이용료 또는 통행료를 지
불하지 않는다.

유엔 PKO는 유엔 보조기관(subsidiary organ)으로서 유엔의 특권과 면책을
향유할 권리가 있다. 유엔 PKO에 적용되는 '협약' 2항은 유엔 PKO에 제공
되는 각국의 파견부대(contingents)의 활동과 관련한 회원국들의 재산, 기금
및 자산에도 적용된다. 한편, SRSG와 군사령관은 유엔 면세물품들이 유엔
PKO 요원 이외의 인원들에게 판매되지 않도록 필요한 모든 조치를 취해야
하며, 면세점(commissaries) 운용과 관련한 주둔국의 요청을 호의적으로 고려
(sympathetic consideration)해야 한다.

나. 유엔 PKO를 위한 시설

주둔국은 작전 및 행정활동과 인원의 수용(accommodation)에 필요한 본부
건물, 막사 또는 여타 시설을 유엔 PKO에 무상으로 제공해야 하며, 이들을
오로지 유엔의 권위와 통제에만 속하는 치외법권 지역으로 인정해야 한다.
주둔국은 가능한 한 유엔 PKO에 무상 또는 가장 호의적 요금으로 수도,
전기 및 기타 시설을 제공한다. 주둔국은 유엔 PKO가 현지에서 필요한 장
비, 생필품, 물자 및 서비스를 구매할 수 있도록 지원해야 한다. 또한, 유엔
PKO는 현지에서 필요한 인원들을 채용(recruit)할 수 있다.

다. 유엔 PKO 요원들의 지위

SRSG, 군사령관, 민간경찰 대표 등은 주둔국과의 합의에 따라 '협약' 19
및 2조(section)에 명시된 바와 같이 외교사절(diplomatic envoys)에 준하는 지

위와 면책특권을 향유할 권리가 있다. 유엔 PKO에 민간요원으로 임명된 유엔 사무국 직원은 '협약' 5 및 7장(article)에 규정된 면책특권을 가진다. 군 옵서버, 민간경찰, 유엔 지원 외의 민간요원들은 '협약' 6장에 명시된 범위 내에서 '미션 전문가(experts on mission)'94)로 간주된다. 유엔 PKO에 배치된 각국 파견부대(national contingents) 및 군인들에게는 현행 SOFA에 따른 면책특권이 부여된다. 현행 SOFA에 별도로 명시되지 않는 한, 현지에서 채용된 인원들은 '협약' 18조 (a)~(c)절에 규정된 바에 따라 제공되는 조세 및 서비스와 공적 행위(official acts)에 대한 면책특권을 가진다. 유엔 PKO 요원들이 유엔, 자국 및 여타국가로부터 받은 봉급과 급여에 대해서는 면세가 적용되며, 유엔 PKO에 참여하는 회원국들은 주둔국에 반입한 개인물품들에 대한 면세권을 가진다. 유엔 PKO와 무관한 개인 재산에 대해서는 주둔국의 관세 및 환율에 관한 법률 및 규정을 준수해야 한다.

SRSG와 군사령관 및 유엔 PKO 요원들은 SRSG 및 군사령관의 요청에 따라 언제든지 주둔국에 입국, 출국 또는 거주할 수 있는 권리가 있다. 주둔국은 SRSG 및 군사령관과 유엔 PKO 요원들의 원활한 입출국 수속을 보장해야 하며, 이들의 이동상황에 대해 통보를 받아야 한다. SRSG와 군사령관은 최초로 입국한 PKO 요원 및 현지 고용인들에 대해 가급적 신속하게 성명, 생년월일, 직책 또는 계급 등이 명시되고 사진이 부착된 신분증을 발급해야 한다. 유엔 PKO에 배치된 군인 및 민간경찰은 임무수행 간 자국의 군복 및 경찰복을 착용하되, 유엔이 지급한 장구류(accouterments)95)를 패용해야 한다. SRSG나 군사령관은 이들에게 사복 착용을 허용할 수도 있다.

---

94) '미션 전문가(experts on mission)'란 파견부대(contingents)와 같이 부대단위가 아니라 개별적으로 PKO 지역에 파견된 군 옵서버, 민간경찰 및 여타 민간요원들을 지칭하는 용어이다. 이들에게는 MOU에 따른 인건비(troop cost)가 아닌 미션 수당(Mission Subsistence Allowance)이 각 개인별로 지급된다.

95) 유엔 장구류란 블루 헬멧, 블루 베레모, 유엔 완장, 모장 등을 말한다.

유엔 PKO 지역에서 활동하는 군인과 민간경찰 및 SRSG/군사령관이 임명한 유엔 경비요원들은 명령에 따라 임무수행 동안 무기를 소지 및 휴대할 수 있다. 주둔국은 현지 고용인을 포함하여 유엔 PKO 요원들에게 SRSG 및 군사령관이 발행한 면허증 및 허가증을 별도 세금이나 수수료를 부과하지 않고 유효한 것으로 인정해야 한다.

SRSG는 현지 고용인을 포함하여 모든 유엔 PKO 요원들의 질서 및 규율을 유지하기 위해 필요한 모든 조치를 취해야 한다. 유엔 PKO 소속 헌병에게 유엔 PKO 소속 요원들을 체포할 수 있는 권한이 부여될 수도 있다. 자국의 파견부대 이외의 지역에서 체포된 군인은 해당국 파견부대에 이첩하여 응분의 처벌을 받도록 한다. 주둔국 관리는 SRSG나 군사령관의 요청, 또는 유엔 PKO 요원이 범죄를 저지르거나 시도할 경우에는 유엔 PKO 요원을 구금(custody)할 수 있다. 유엔 PKO나 주둔국은 구금자에게 예비 심문(preliminary interrogation)을 실시할 수 있으나, 구금자의 이첩을 지연시켜서는 안 된다. 유엔 PKO와 주둔국은 범행과 관련된 물품의 압수 및 인계 등을 포함한 증거 및 증인의 확보를 포함, 범죄에 대한 필요한 모든 조사를 실시함에 있어 상호 협조해야 한다.

현지 고용인을 포함한 모든 유엔 PKO 요원들은 공무수행 중의 행위 및 발언에 대해 사법적 면제권을 향유한다. 이러한 면책권은 이들이 유엔 PKO에 더 이상 고용되지 않거나 현행 SOFA 규정의 시효가 만료된 후에도 유효하다. 유엔 PKO 요원이 범죄를 저질렀다고 판단될 경우, 주둔국은 지체 없이 SRSG나 군사령관에게 관련 증거를 제시해야 한다. 유엔 PKO 요원이 민사소상의 피의자가 될 경우, 주둔국은 이 사실을 SRSG나 군사령관에 즉시 통보해야 하며, SRSG나 군사령관은 해당 법원에 재판이 공무수행과 관련되었는지 여부를 공인(certify)해야 한다.

2. 교전규칙(Rules of Engagement : ROE)

가. 개요

유엔 PKO의 궁극적 목표는 군사적 승리가 아니라 무력분쟁의 완화 또는 중단이다. 전통적으로 유엔은 평화유지군에 의한 무력 사용의 승인에 소극적 입장을 취해왔다. 유엔 헌장은 분쟁이 발생할 경우 무력에 의존하기보다는 평화적 해결책을 강구하는 데 더 큰 비중을 두고 있다. 이러한 경향은 냉전시대에 더욱 확대되어, 유엔은 국제평화와 안전을 유지하기 위해 중재나 협상 외의 대안을 채택하는 것이 매우 곤란하였다. 그 결과로 탄생한 것이 평화유지활동이다. 유엔 PKO의 산파였던 함마르셸드 사무총장은 평화유지군에 의한 무력 사용의 가능성을 엄격하게 제한하였다. 평화유지군은 분쟁 당사자들의 동의에 의해서만 활동할 수 있었으며, 이들에 대해 언제 어디서건 불편부당한 입장을 견지해야 할 의무가 부과되었으며, 오로지 자위의 목적을 위해 불가피한 경우에만 무력 사용이 허용되었다. 그러나 과거 50년간의 평화유지활동 역사를 통해서 이러한 원칙들은 때때로 안보리의 위임명령을 수행할 수 없을 정도로 심각한 도전을 받았다.

이로 인해 평화유지군이 무력 사용을 전적으로 기피하는 부정적인 현상이 발생하였다. 생사를 좌우하는 극단적인 상황에서는 자위 목적의 무력 사용이 적법하다는 것이 보편적으로 인정되고 있음에도 불구하고, 평화유지군들은 때때로 무력 사용 자체를 기피하였다. 평화유지군 지휘관들의 주요 관심사는 유엔의 주둔(presence)에 대한 분쟁 당사자들의 동의를 훼손하고 상황이 악화되는 현상을 방지하는 것이었다. 그 결과 평화유지군은 무기력한 존재(toothless)로 인식되고, 분쟁 당사자들의 협박 및 위협에 더욱 취약한 입장에 몰리게 되었다. 르완다나 보스니아·헤르체고비나의 사례에서 보듯, 심지어 유엔 평화유지군은 엄청난 규모의 인권유린과 인종청소가 자행되고 있

교전규칙 관련 용어의 정의

- 간접 피해(collateral damage) : 승인된 목표물에 인접한 인명 또는 재산에 대한 살상 또는 피해
- 치명적 살상력(deadly force) : 인명에 대한 심각한 부상이나 사망을 초래할 수 있을 정도의 무력
- 적대행위(hostile act) : 심각한 신체적 부상 또는 사망을 초래할 것이라는 합리적 믿음을 갖게 하는, 유엔 요원 또는 유엔의 보호를 받는 비유엔 요원(non-UN personnel)에 대한 공격 또는 무력사용
- 적대세력(hostile force) : 적대세력은 개인일 수도 있고, 조직화된 군부대(organized military unit)일 수도 있음. 한편 적대세력이 무장하지 않을 수도 있다. 유엔 요원의 이동의 자유를 제한하거나 유엔 요원을 다른 장소로부터의 사격에 노출시킴으로써 피해를 입히려는 의도를 가지고 있는 비무장 개인도 적대세력으로 간주된다.
- 적대적 의도(hostile intent) : 유엔 요원 또는 유엔의 보호를 받는 비유엔 요원에 대한 직접적이고 임박한 무력사용의 위협
- 최소한의 무력(minimum force) : 목표를 달성하기 위한 상황 하에서 필요하고, 합리적이고, 적법한(lawful) 최소수준의 무력
- 유엔의 보호를 받는 비유엔 요원 : 예컨대, 유엔 차량에 탑승하고 있는 NGO 요원 또는 난민으로 인정된 자
- 비례성(proportionality) : 유엔군 또는 유엔의 보호를 받는 비유엔 요원의 지속적 안전을 보장하기 위해 적대행위 또는 적대적 의도에 결정적으로 대항할 목적으로 사용되는, 당시 지휘관에게 알려진 모든 사실에 기초해 볼 때 지속기간, 강도(intensity), 규모면에서 합리적인 무력의 정도
- 합리적 믿음(resonable belief) : 합리적 믿음은 지휘관이나 개인이 각자 처한 상황과 조건에 기초하여, 자신에게 제압하도록 승인된 위협이 존재하고 있다고 논리적 또는 이성적으로 결론을 내림으로써 도출되는 결과물임
- 자위(self-defense) : 적대행위 또는 적대적 의도로부터 개인, 부대, 유엔의 보호를 받는 비유엔 요원을 보호하는 제반 행위

는 와중에서도 개입을 거부하고 수수방관하는 입장을 취하였다.

브라히미 보고서는 유엔 평화유지군이 일단 PKO 미션에 배치되면 안보리의 위임명령을 성공적으로 수행할 수 있어야 한다고 전제하면서, 교전규칙이 파견부대를 '1 대 1 대응(stroke-for -stoke responses)'에만 국한시키지 말고 평화유지군과 이들의 보호를 받는 사람들을 겨냥한 공격의 근원을 침묵시킬 수 있도록 허용해야 한다고 기술하였다. 이 보고서는 르완다에서의 대학살이 당시 국제사회가 무력 사용을 기피한 데 부분적인 원인이 있음을 지적하고, 2000년 안보리(결의안 1296)가 무력분쟁 시 민간인에 대한 공격과 인도주의적 지원의 방해를 국제평화와 안정의 위협으로 규정하여 이에 대한 무력 사용을 승인할 수 있는 근거를 마련하였을 환기시키면서, 유엔 PKO가 위임명령을 완수할 수 있도록 강력한(robust) 교전규칙을 부여해야 한다는 점을 강조하였다.96)

나. 자위권 및 무력 사용의 원칙

유엔 PKO에서 효과적으로 작성된 교전규칙은 작전의 성공과 실패를 좌우하는 요인이다. 일반적으로 교전규칙이라 함은 군대가 적군과 교전을 개시 및/또는 지속하는 상황과 한계를 명시한 지침(directives)을 말한다. 유엔 PKO에서 교전규칙은 언제, 어떻게 무력을 사용할 수 있는지를 명시한다.97)

유엔 PKO 지휘관은 적대행위 또는 적대적 의도로부터 자신의 부대와 유엔 요원들을 보호하기 위해 필요하고 가용한 모든 수단을 취할 자위권을 가지고 있다. 여하한 규칙도 이러한 본원적 권리를 제한할 수 없다. 따라서 유엔 요원은 필요하다면 치명적 살상력(deadly force)을 포함하여 자위를 위해 무력을 사용할 수 있는 권리가 있다. 그러나 유엔군 지휘관은 특정한 적대

96) A/55/305-S/2000/809, 2000. 8. 21, pp. 9-10.(브라히미 보고서)
97) FM 100-23, p. 35.

행위 또는 적대적 의도에 적절하게 대응하기 위해 건전한 판단력을 구사함
과 동시에 다음과 같은 원칙들을 고려해야 한다.[98]

- 필요한 경우에만 무력 사용 : 평화유지군의 무력 사용은 적대행위나 적대
  적 의도가 존재한다는 합리적 믿음에 기초해야 함
- 최소한의 무력 : 목적 달성을 위해 필요한 최소의 무력만을 사용해야 하며,
  이 원칙은 치명적 살상력을 포함한 모든 군사력에 해당됨
- 비례적 대응(proportionate response) : 무력 사용이 필요할 경우, 사용되는 무
  력은 위협에 비례해야 함. 즉 자위를 위해 무력 사용 시, 교전(engagement)
  의 성격, 지속기간 및 범위는 적대행위 또는 적대적 의도에 결정적으로 대
  항하고, 유엔 요원 또는 유엔의 보호를 받는 비유엔 요원의 지속적 안전을
  보장하기 위해 요구되는 정도를 초과할 수 없음
- 적대행위 중단 시 중단 : 적대행위가 중단되거나 임박한 공격의 위협이 종
  식되었다는 합리적 믿음이 생길 경우에는 무력 사용을 중단
- 표적 식별(positive identification of target) : 사격은 무차별적이 아니라 식별된
  구체적 표적에 대해서만 지향되어야 하며, 자동화 사격(automatic fire)은 최
  후의 수단으로만 사용되어야 함
- 간접 피해(collateral damage) : 생명의 보전을 위해 필수적이 아닌 한 간접피
  해를 유발하는 행위는 회피해야 함. 불가피한 경우에는 간접피해를 최소화
  하기 위해 모든 합리적 조치를 강구해야 함
- 지휘관에 의한 제한 : 지휘관은 특정 상황에서 사용될 수 있는 무기의 종
  류에 조건을 부여하거나, 무기의 준비상태에 제한을 가할 수 있음. 그러나
  이는 본원적인 자위권에 대한 제약을 포함하지 않음

---

98) 교전규칙 관련 이하 내용은 UNITAR-POCI, pp. 125~131을 참조할 것.

다. 교전규칙의 형태

교전규칙은 PKO 미션에 배치된 모든 평화유지군 부대에 적용된다. 교전규칙은 금지(prohibitions) 또는 허용(permissions)의 형태로 하달된다. '금지'의 교전규칙은 취해서는 안 되는 특정행위를 명시하며, '허용'의 경우에는 임무완수를 위해 필요하다고 판단되는 특정행위와 관련한 지휘관의 지침이 포함된다. 교전규칙은 작전환경이 변화될 경우 개정될 수도 있다. 그러나 안보리의 위임명령이 PKO 미션의 정치 및 군사적 상황의 변화에 따라 수시로 변경되는데 비해, 교전규칙이 수정되는 경우는 그리 많지 않은 것이 현실이다.

라. 교전규칙의 작성 과정

교전규칙은 과거 PKO 경험과 현행 미션의 필요에 대한 분석을 바탕으로 작성된다. 특히 안보리의 위임명령과 국제법은 교전규칙 작성 과정에서 중요한 역할을 한다. 교전규칙의 초안은 PKO 군사령관이 참모 및 각국 파견부대와 협의하여 작성하며, 병력공여국들과의 협상을 거쳐 유엔 본부(DPKO)의 승인을 받아 효력을 발생한다. 교전규칙의 핵심은 각개 병사가 실전에서 적용할 수 있도록 명확한 지침을 부여하는 것이다. 따라서 교전규칙에는 무기의 사용, 발포, 수하 절차 등에 대한 구체적인 내용들이 명시되어야 한다. 일반적으로 교전규칙에는 다음과 같은 사항들이 포함된다.

마. 교전규칙 포함 요소

(1) 무기 사용

유엔 평화유지군은 다음과 같은 목적을 위해 무기를 사용할 수 있다.

• 자신, 여타 유엔 요원, 또는 유엔의 보호를 받는 개인이나 시설 방호

- 유엔군의 임무수행을 방해하려는 기도(attempts)에 대한 저항
- 유엔 보호지역 또는 안전지대, 평화유지군의 관할 하에 있는 여타 지역 내에서 군대 또는 준군사 부대(paramilitary units)가 가하는 모든 의도적 침략(foray)에 대한 저항

(2) 수하(challenge) 및 발포 시 고려사항

적대행위 또는 적대적 의도에 대응하기 위해서는 무력의 강도를 점진적으로 증가시켜야 한다. 그러나 요구되는 수준의 무력 사용의 지연이 사망 또는 치명적인 부상을 초래할 우려가 있는 경우에는 즉시 치명적 무력을 사용할 수도 있다. 수하에서 발포에 이르는 과정은 다음과 같다.

- 가능한 한 무력 사용을 회피하기 위해 노력. 무력 사용은 최후의 수단임
- 시간과 여건이 허용할 경우, 인지된(perceived) 적대세력에 경고하여 퇴각할 수 있는 기회를 부여
- 구두 및 시각(visual) 경고를 반복
- 무기를 장전(charge)
- 안전한 방향을 겨냥하여 경고사격
- 자위를 위해 필요한 최소한의 무력을 사용
- 치명적 살상을 위한 조준사격은 현장 지휘관의 명령과 통제에 의해서만 실시

(3) 발포 조건

발포가 필요한 상황이 발생할 경우에는 아래와 같은 규칙을 적용한다.

- 간접피해를 유발할 수 있는 여하한 행위도 금지

- 침입자(aggressor)가 사격을 중단하는 즉시 무기사용 중지
- 어떤 경우에도 무력 사용 최소화의 원칙을 준수

(4) 표준적 수하절차

'심각하고 불가피한 상황'에 처한 경우나 자위를 위해 절대적으로 필요한 경우를 제외하고는 아래의 수하절차를 정확하게 준수해야 한다.

- 침입자(aggressor)에게 정지하도록 명령
- 침입자가 상황을 인식할 수 있도록 가능한 한 자주 수하를 반복
- 승인을 받지 못한 경우라도 무기를 장전
- 공중에 위협사격
- 경고사격을 무시할 경우 현장 지휘관의 명령에 따라 단발사격(single shots) 을 실시하되, 항상 대기 또는 사격 계속을 나타내는 지휘관의 신호(cue)에 주목

(5) 경고 없이 발포

사전 경고없는 발포는 다음과 같은 경우에 한한다.

- 자위 목적
- 침입자의 공격이 너무도 갑작스러운 것이어서 이에 대한 대응을 지체할 경우 유엔 요원 또는 유엔의 보호를 받는 인원의 사망 또는 중상이나 유엔 재산의 손상이 우려될 때

V. 유엔 직원 채용(Recruitment)

1. 개요

유엔 등 국제기구의 인력진출 문제는 모든 국가들의 최우선적 관심사이다. 특히 고위직 진출은 국제적 위상 제고는 물론 자국의 이해관계가 걸려 있는 분야에서 영향력을 행사할 수 있는 지름길로서, 우수인력을 한 명이라도 더 진출시키기 위해 각 회원국들은 최대한의 외교적 노력을 경주하고 있다.

국제기구 채용의 유형은 한시직, 임시직, 수습직, 고정직, 영구직 등이 있으며, 그 중에서 영구직은 정년까지 신분이 보장되고 유엔의 정규예산의 지원을 받는 핵심 직위이다. 또한 국제기구에 진출할 수 있는 방법은 국별 경쟁시험, 인턴, 자원봉사, 국제기구 초급 전문가 프로그램(JPO), 정규 채용, PKO 채용 등이 있으나, 우리나라의 경우에는 주로 국별 경쟁시험과 JPO 및 정규 채용에 주력하고 있어 상대적으로 PKO 미션에 진출한 인력이 드물다.

유엔 직원의 직급은 크게 일반직인 GS(General Service) 및 전문직인 P(Professional)급 이상으로 분류된다. P급은 P-1부터 P-5까지 5개 단계로 구분되며, 일반적으로 P-1, 2는 초급 실무자, P-3, 4는 중견 실무자, P-5는 과장급이다. P급 이상으로는 국장급인 D(Director)-1, 2와 사무차장보(ASG) 및 사무차장(USG) 등이 있다. D-1 이상의 직책은 임명직이 대부분이다. 현역 군인의 계급을 적용하면 P-3는 소령, P-4는 중령, P-5는 대령, D-1은 준장 및 소장, D-2는 소장 및 중장에 해당되며, ASG는 정부부처의 차관보급이다.

2003년 6월말 현재 사무국, UNDP, UNICEF, UNITAR 등 유엔 조직에 소속되어 있는 직원은 총 37,705명이며, 이 가운데 P급 이상은 10,760명이다. 유엔 사무국에서 근무하는 직원은 전체의 절반에 미달하는 15,082명이

2003년 6월 30일 현재 유엔 직원 현황[101]

구 분	정규 예산				특별 예산				총계
	P급 이상	GS급	기타	소계	P급 이상	GS급	기타	소계	
사무국	3,033	4,498	12	7,543	2,492	819	4,228	7,539	15,082
UNDP	-	-	-	-	1,419	285	3,417	5,121	5,121
UNFPA	-	-	-	-	300	122	546	968	968
UNHCR	88	131	-	219	1,364	-	4,816	6,224	6,443
UNICEF	-	-	-	-	1,373	2,299	4,816	8,488	8,488
UNITAR	-	-	-	-	8	17	7	32	32
UNOPS	-	-	-	-	360	144	343	847	847
UNRWA	91	10	-	101	28	-	2	30	131
ITC	-	-	-	-	71	34	87	192	192
ICSC	-	-	-	-	21	-	22	43	43
UNJSPF	-	-	-	-	46	-	99	145	145
ICJ	28	49	-	77	12	-	2	14	91
UNU	-	-	-	-	26	29	67	122	122
총계	3,240	4,688	12	7,940	7,520	3,749	18,496	29,765	37,705

다.[99] 유엔 사무국 직원 가운데 직책에 관계없이 1년 이상 근무한 인원수는 11,585명으로, 이 숫자는 모든 통계분석의 기본적 수치로 활용된다. 11,585명 가운데 0.5%(52명)는 ASG 및 USG, 3.3%(383명)는 D급이며, P급은 34.6%(4,003명), GS급은 61.6%(7,147명)이다. P급 가운데 P-3/4가 약 70%이며, D급 중에서 D-1이 74.4%이다.[100] 11,585명 중 영구직(Permanent)은 57%, 한시직(Fixed-Term)과 수습직(Probationary)은 각각 41.1% 및 1.8%이다.

---

99) A/58/666, p. 9.
100) A/58/666, pp. 20-21. P급 이상 직책별 세부인원은 다음과 같다. P-1 : 4명, P-2 : 456명, P-3 : 1,361명, P-4 : 1,423명, P-5 : 759명, D-1 : 285명, D-2 : 98명.

사무국 직원 11,585명의 평균 연령은 46세이며, 전체 인원의 57%가 45세 이상이다. ASG와 USG의 평균 연령은 59.3세, P급 직원은 평균 46.1세이며, 초급 직원인 P-2의 평균 연령은 37.2세이다. 사무국 직원 전체의 평균 재직 기간은 16.4년이며, P급의 경우는 20.5년이다.102)

유엔은 직원모집과 관련하여 국가 및 지역 간 불평등을 해소하기 위한 노력의 일환으로 인구수 및 분담금 납부규모 등을 고려한 인력진출의 적정 범위(desirable range)를 설정하고 있다. 유엔에 채용된 인원이 적정범위에 미 달되는 국가를 과소진출국(under-represented States), 이를 초과하는 국가를 과 다진출국(over-represented States)으로 구분한다. 2003년 6월 30일 현재 과소진 출국은 우리나라를 포함하여 브라질, 그리스, 일본, 쿠웨이트, 멕시코, 노르 웨이, 포르투갈, 사우디, 스위스 등 10개국이며, 과다진출국은 아르헨티나, 카메룬, 캐나다, 칠레, 에티오피아, 인도, 이탈리아, 케냐, 레바논, 나이지리 아, 파키스탄, 필리핀, 러시아, 세네갈, 스페인, 스웨덴, 태국, 우간다, 우크라 이나 등 19개국이다.103)

유엔이 설정한 한국의 적정범위는 29~39명(중간값 33.87명)인데 비해 실 제 진출인원은 24명이다.104) 우리나라는 1991년 유엔 가입 이래 과소진출국 으로 분류되어 1992년부터 8회의 국별 경쟁시험(National Competitive Exami- nations)이 시행되어 총 32명이 합격하고, 그 중 25명이 임용(현재 22명이 근 무)되었으나, 여전히 과소진출국의 범주를 벗어나지 못하고 있다.

유엔 직원은 전세계 각국에서 치열한 경쟁을 뚫고 선발된 국제 공무원으 로서, 공무원으로서는 세계 최고 수준의 보수와 대우를 받는다. 예를 들면,

---

101) A/58/666, 2003. 12. 9, p. 9.
102) *Ibid*, p. 27.
103) *Ibid*, p. 11.
104) *Ibid*, p. 62.

현역 군인의 경우 소령급인 P-3는 95,665달러, 중령급인 P-4는 115,719달러, 대령급인 P-5는 131,299달러의 보수를 받는다. 그 외에도 전세계를 비자 없이 여행할 수 있는 유엔 여권(Laissez-Passer), 가족수당, 자녀 학비보조 수당, 주택임차 보조수당, 의료보험 지원, 공무 여행 시 혜택(비행시간이 9시간을 초과할 경우 P급 이상 직원에게는 Business Class의 좌석이 주어짐) 등 여러 가지 특권이 부여된다.105) 유엔 규정에 의하면 1991년 1월 1일 이후 채용된 직원의 정년은 62세이며, 그 이전에 채용된 경우의 정년은 60세이다. 그러나 사무총장의 재량에 따라 예외적인 경우에 제한된 기간 동안 정년을 연장할 수 있도록 명시되어 있다.106)

2. 유엔 직원 채용의 유형

가. 한시직(Appointments of Limited Duration, 300 Series)

한시직에는 매년 9월부터 시작되는 유엔총회 기간과 인원소요가 급증할 경우 6개월을 초과하지 않는 범위 내에서 회의업무 지원 등을 위해 채용하는 단기직(Short-Term)과 평화유지활동, 기술협조(technical cooperation), 인도주의 지원 등을 위해 3년 이내의 기간 동안 채용하는 한시직(Limited-Duration) 등 두 가지로 분류된다. 유엔 PKO 미션에 채용되는 직원들은 대부분 한시직으로서 해당 PKO 미션의 위임명령(mandate)이 종료되면 자동적으로 퇴직하도록 되어 있으나, 실제로는 3년차에 업무실적 등을 기준으로 1년간 근무기간을 연장하고, 4년이 경과한 후에는 상당수의 한시직 직원들이 정규직으로 신분을 전환하고 있다. 사무국은 이처럼 유엔 PKO 미션의 한시직 직원

---

105) 유엔 직원에 지급되는 보수 및 각종 혜택 등에 관한 보다 상세한 사항은 다음을 참조할 것. www.un.org/Depts/OHRM/salaries_allowances/salary.htm

106) "Mandatory Age of Separation," A/56/710, 2001. 12. 12, p. 2.

을 정규직으로 채용하는 것이 사무총장의 고유권한이라는 입장이나, 많은 회원국들은 이 같은 관행에 대해 유엔 총회의 심사와 승인을 요하는 사항이라는 입장을 취하고 있어, 향후 이 문제에 대해 유엔 총회에서 본격적인 논란의 대상이 될 것으로 보인다.

나. 임시직(Temporary Appointments, 200 Series)

임시직 직원은 신탁기금(trust fund) 등 유엔(주로 경제사회이사회)과의 협력사업에 기술적 지원을 제공하기 위한 전문인력으로서, 이들은 유엔과 회원국 간 양자협정에 따라 해당국 정부에 의해 채용되며, 대개 근무기간은 협력사업이 지속되는 기간 동안으로 한정된다.

다. 수습직(Probationary Appointments, 100 Series)

수습직은 유엔이 주관하는 국별 경쟁시험(National Competitive Examination : NCE)에 합격한 50세 미만의 신규 직원에게 부여되는 직책으로서, 수습기간은 통상 2년이나 예외적인 경우에는 1년이 추가 또는 감소될 수도 있다. 유엔은 수습직을 이수한 직원에게 영구직을 부여하거나 퇴직(separation) 조치를 취한다.

라. 고정직(Fixed-Term Appointments, 100 Series)

고정직의 근무기간은 5년 이내이며, 근무기간 종료 후에는 기간연장 또는 타 직책으로의 전환이 불가능하다. 오늘날 'Galaxy System'을 통해서 채용되는 직원들에게는 모두 고정직이 부여되고 있다. 평화유지국에서 선발하는 각국의 현역 장교들도 고정직 직원에 해당된다.

마. 영구직(Permanent Appointments, 100 Series)

영구직은 국제 공무원(international civil servants)으로서의 자격, 능력, 업무성과, 정직성, 품행 등 유엔 헌장이 요구하는 고도의 기준에 부합되는 직원들에게 부여되는 직책으로서, 이 직책은 국별 경쟁시험에 합격하고 수습직을 성공적으로 이수한 직원들에게만 해당된다.

3. 응시 방법

가. 국별 경쟁시험(National Competitive Examinations : NCE)[107]

국별 경쟁시험은 매년 한차례씩 미리 선정된 국가들을 대상으로 시행된다. 예를 들면 2005년도에는 우리나라를 포함하여 54개국에서만 시험이 치러진다. 유엔은 예산 분담금 대비 적정 진출규모(desirable range)에 미달하는 회원국을 중심으로 지리적 안배(geographical distribution)를 적용하여 대상국가를 선정한다. 이 시험과 관련하여 유엔 사무국은 시험문제 출제, 합격자 선발, 채용여부 결정 등 주요사항을 주관하고, 해당국 정부는 국내 홍보, 시험장 및 감독관 지원 등 행정편의를 제공한다. 국별 경쟁시험 합격자에게는 P-1에서 P-3까지의 직책이 부여되며, 통상 2년간의 수습기간을 거쳐 영구직에 임명된다.

나. 국제기구 초급전문가 프로그램(Associate Expert Programme)[108]

국제기구 초급전문가 프로그램은 일명 'Junior Professional Officer(JPO)'

---

107) 국별 경쟁시험에 대해서는 다음을 참조할 것. www.un.org/Depts/OHRM/exam-in/exam.htm
108) JPO에 대한 보다 상세한 사항은 다음을 참조할 것. www.unrecruit.go.kr, www.jposc.org

'Galaxy' 시스템

'Galaxy' 시스템이란 유엔 사무국의 인적자원관리부(Office of Human Resource Management)에서 개발한 컴퓨터를 이용한 직원 모집 및 채용 제도를 말한다.

유엔 감사실(Office of Internal Oversight Services : OIOS)의 조사 결과에 의하면 평화유지국(DPKO)의 직원채용에 소요되는 시간이 264~362일이 소요되는 것으로 나타났다. 예를 들면, 2002년에 공고된 76개 공석에 무려 13,800명이 지원하였으며, 유자격자를 걸러 낼 수 있는 'filtering mechanism'의 부재로 인하여 프로그램 매니저(주로 P-5급 과장)들이 일일이 모든 지원서들을 수작업으로 검토하여 적격자를 물색해야 했다.

2000년부터 새로운 모집 및 채용 시스템에 대한 필요성이 제기되기 시작하여 (A/55/253), 2002년 5월 1일부터 OHRM이 개발한 'Galaxy' 시스템을 적용하기 시작하였다. 이 시스템을 적용한 결과, 2002~2003년에는 평균 200일이 소요되었으나, 2004~2005년에는 120일로 단축하는 것을 목표로 하고 있다.

'Galaxy' 시스템의 장점은 컴퓨터로 유사한 직책에 동일한 평가기준을 적용하여 유자격자를 신속하게 걸러 냄으로써 서류심사에 소요되는 시간 및 인력을 대폭 감소시키고, 전세계적으로 유능한 인재를 두루 모집할 수 있으며, 지역 안배 및 성별 균형유지(여성의 비율이 31%에서 37%로 증가됨)에 효과적이라는 것이다.

https://jobs.un.org/release1/vacancy/vacancy.asp에 접속하면 이 시스템에 대한 보다 상세한 사항을 파악할 수 있다.

※ 참고 자료 : A/57/224, 2002. 7. 19; GA/AB/3516, 2002. 9. 30; A/58/447, 2003. 10. 20; A/58/704, 2004. 2. 6; GA/AB/3616, 2004. 5. 13.

프로그램으로 더 잘 알려져 있다. JPO는 유엔과 이 프로그램에 참여하는 국가(donor countries) 간 양자협정에 의해 추진되며, 젊고 유능한 학사 이상의 학위 소지자들에게 기술협력 분야에서 전문적 경험을 쌓을 수 있는 기회를 부여하는데 그 목적이 있다.[109] 근무기간은 대개 2~3년이며[110], 우리나

109) 최근 들어 JPO의 90% 이상이 석사학위 이상 소지 및 최소 1~2년간 유관분야 실

케냐에서 활동 중인 유엔 자원봉사단

라를 포함하여 오스트리아, 호주, 벨기에, 덴마크, 핀란드, 프랑스, 독일, 이탈리아, 일본, 네덜란드, 노르웨이, 스웨덴, 터키, 영국 등 22개국이 참여하고 있다. JPO를 통해 채용된 직원들에게는 임시직(temporary appointments)이 부여되며, JPO 과정을 이수한 상당수 직원들이 유엔 본부를 포함하여 UNHCR, UNICEF, UNDP 등 국제기구의 정규직원에 진출하고 있다. 우리나라는 1996년부터 JPO 프로그램을 시작하여 2003년까지 36명을 파견하였으며, 파견기간이 만료된 22명 중 총 16명(정규직 14명, 계약직 2명)이 국제기구에 진출하였다. 2001년~2003년 통계를 보면, 각국이 파견한 JPO의 국제기구 정규직 진출율은 44%인 것으로 나타났다.

다. 유엔 자원봉사 프로그램(UN Volunteer Programme)[111]

유엔 자원봉사 프로그램은 1970년 유엔 총회의 결의에 따라 시작되었으

무경험을 갖추고 있으며, 평균연령도 20대 중반에서 30세 전후로 상승하는 추세를 보이고 있다.

110) 한국의 경우 JPO 파견기간은 최초 1년 후 1년간 추가연장이 가능하도록 되어 있다. 대부분의 국가에서는 2~3년간 파견하고 있으며, 3년차 근무자들의 정규직 진출비율이 가장 높다. 단, 3년 초과 근무 시에는 진출비율이 오히려 하락하는 것으로 나타났다.

111) 유엔 자원봉사 제도에 대한 보다 상세한 사항은 www.unv.org을 참조할 것.

코피 아난 사무총장과 유엔
인턴직원

며, 유엔 개발개금(UN Development Programme)이 재정지원을 제공하고 있다.
현재 150여 개국에서 5천여 명의 자원봉사자들이 활동하고 있으며, 1971년
이래 3만여 명이 이 프로그램에 참여해 왔다. 자원봉사자가 되기 위한 자격
기준은 25~35세, 학사학위 소지, 2년 이상의 실무경험 등이며, 일단 자원봉
사자로 선발되면 열악한 환경 하에서 약 2년간 활동하게 된다.

라. 인턴과정(Internship Programme)[112]

유엔 인턴과정의 목적은 대학원생들에게 전공과 관련된 사무국의 실무분
야에서 경험을 쌓도록 하는 것이다. 유엔 사무국 외에도 UNDP, UNICEF,
UNITAR, ILO 등에서 별도의 인턴과정을 제공하고 있다. 인턴과정에는 대
학원 재학생만이 지원할 수 있으며, 희망 근무일 6개월 전에 원서를 제출하
고, 자비로 숙식을 해결해야 한다. 일단 인턴으로 선발되면 방학기간을 이용
하여 통상 2~3개월간 매일 풀타임(09:00~17:00)으로 근무한다. 인턴과정
중 또는 인턴과정 이수 후 6개월 이내에는 유엔 직원모집에 응시할 수 없다.

---

112) 유엔 인턴과정에 대한 보다 상세한 사항은 www.un.org/Depts/OHRM/examin/in-
ternsh/intern.htm 참조.

마. 정규 채용(Regular Recruitment)[113]

정규 채용의 대상 직위는 P-2로부터 D급까지 다양하며, 공석 발생 시 약 2개월간의 공고기간을 거쳐 선발한다. 행정, 민사, 경제, 인권, 입법, 군수, 의무, 정무, 획득, 공보, 통계 등 각 직책별로 업무 내용과 자격요건이 상세하게 규정되어 있으나, 대부분 학사 이상의 학위와 최소한 4년 이상의 실무경험을 요구하고 있다. 정규 채용을 통해서 선발된 직원에게는 고정직이 부여된다. 평화유지국 군사부의 현역 장교 선발도 정규 채용에 해당된다.

바. PKO 채용(Peacekeeping Recruitment)

2004년 현재 전세계 16개 지역에서 활동하고 있는 유엔 PKO 미션에서는 정무, 행정, 재정, 군수, 인권, 선거감시 등 각 분야별로 직원을 채용한다. 공통적인 자격요건은 학사학위 이상 소지자로서 최소 4년 이상의 실무경험과 해당 미션에서 사용하는 언어 능통자이다. 현지 PKO 미션에서 채용된 직원들에게는 한시직이 부여되며, 원칙적으로는 해당 PKO 미션의 위임명령이 종료될 경우 자동적으로 퇴직하도록 되어 있다.

4. 선발 과정[114]

가. 공석 공고

직원의 퇴직, 전출, 직위 신설 등으로 결원 및 신규 소요가 발생하고, 내부 적임자가 없는 경우에는 공석을 공고한다. 공고된 직책의 업무 내용과

---

113) 정규채용에 대한 보다 상세한 사항은 https://jobs.un.org/release1/vacancy/vacancy. asp 참조

114) 주요 내용은 www.unrecruit.go.kr/overview/over_unjob.asp을 참조하였다. 이 내용은 주로 정규채용의 경우에 해당되며, 주로 평화유지국(DPKO) 군사부에서 선발하는 현역 장교(secondment officer)의 선발과정은 별도로 설명하였다.

자격 등은 유엔 웹 사이트에 공고되며, 회원국 정부와 관련 기관에도 배포된다. 유엔 웹 사이트에는 평균 150~200여 개의 공석이 공고되어 있으나, 그 가운데 상당수(정확한 숫자는 알 수 없으나 최소한 60~70% 이상)는 내부에서 전보 및 승진으로 충원된다. 이는 국별 경쟁시험에 합격하더라도 정규직에 임명되기 위해 많게는 5년 이상 대기하는 경우가 있을 정도로 직원 채용의 관문이 좁은 현실을 반영한 것이다. 또 경우에 따라서는 직원모집 공고를 각국이 인지하기도 전에라도 적임자가 충원되는 경우가 있다.

평화유지국 군사부(Military Division)의 인력은 1999년 당시 현역 장교(secondment officer) 32명, 민간인 2명, 행정직원(GS급) 12명 등 총 46명이었으나, 2000년 브라히미 보고서 발표 이후에 대폭 확충되어, 현재는 장교 57명, 민간인 6명, 행정직원 20명을 보유하고 있다. 이 중에 장교들은 적게는 2년에서 4년 수개월까지 근무하는 경우도 있으나, 사무국에서는 5년이 경과하면 연금을 지급해야 하는 문제가 있어 현역 군인에게는 4년 이상 근무기간을 허용하지 않는다. 현역 장교가 DPKO 직원으로 선발되면, 최초에는 2년간 계약을 하고 2년이 경과한 후에는 1년간 연장을 허용하는 것이 보통이다.[115] 현역 장교들의 평균 보직기간은 3년이며, 매년 18~20명이 신규 지원자들의 모집을 통해서 충원되고 있다. 현역 장교들에 대한 공석은 각국의 유엔 주재 대표부(Permanent Mission)에만 통보된다. 우리나라의 경우에는 유엔 주재 한국 대표부가 사무국으로부터 공석 공고를 접수하면, 이를 외교부를 경유하여 국방부로 보고하고, 국방부는 각군으로 통보하여 지원자를 모집하는 절차를 밟는다.

---

115) 사무국에 파견되는 현역 장교들을 'secondment officer'라고 한다. 이들은 각 회원국의 현역 군인의 신분으로 사무국에 선발되어 일정기간 동안 파견 후, 다시 자국으로 복귀하여 현역으로 계속 근무한다.

나. 원서 제출

응모기간은 통상 2개월이나 1개월인 경우도 있으므로, 해당 분야의 학위와 자격요건을 구비한 지원자는 마감시간까지 기다리지 말고 가급적 신속하게 원서를 제출하는 것이 바람직하다. 각 공석별로 상세한 자격요건 및 지원방법은 https://jobs.un.org/release1/vacancy/vacancy.asp에서 확인할 수 있으며, 'My Account'를 통해 개인자력(Personal History Profile)을 작성하여 인터넷으로 응시할 수 있다. 개인자력은 일반사항, 주소, 학력, 경력, 언어능력 등 일곱 가지 요소로 구성되어 있다. 인터넷으로 응시하는 경우에는 24시간 이내에 원서 접수 여부를 통보받을 수 있다.

현역 장교는 개별 지원이 불가능하며, 오로지 각국의 정부에서 선발 및 추천받은 인원들만이 지원할 수 있다. 우리나라의 경우에는 각군에서 적임자를 추천하면 국방부에서 서류 심사 및 어학시험을 거쳐 최종 선발한 다음, 외교부를 경유하여 유엔주재 한국 대표부로 명단 및 지원서를 통보하고, 대표부는 담당자(군사담당관)가 직접 유엔 사무국의 인적자원관리실(Office of Human Resources Management : OHRM)에 명단과 지원서를 접수시킨다. 통상 P-3에는 소령, P-4에 중령, P-5에 대령급 장교가 지원하며,116) 한 명의 지원자가 군사부 내 직급이 동일한 여타 공석에도 복수로 응모할 수 있다.

다. 서류 전형 및 면접

지원서가 접수되면 해당 국제기구의 인사담당관이 서면 서류심사 후, 합격자에 대해서 면접을 실시한다. 서류심사에 통과한 합격자들의 명단은 'short-list'라고 하며, 이들을 'short-listed candidate'라고 부른다. 면접은 대개 해당 국제기구 사무국 본부 또는 지역 사무소에서 이루어지며, 관계부서 직

---

116) 때때로 일부 국가에서는 계급을 하향하여 중령이 P-3, 대령이 P-4에 응모하는 경우도 있으나 사무국은 계급에 상응하지 않는 직책응모를 허용하지 않고 있다.

원이 출장하여 면접을 하는 경우도 있다. 면접은 주로 일문일답 형식으로 진행되며, 학력 및 경력 등 제출서류 기재사항 확인, 의사소통 능력, 태도 및 품성 등 후보자의 적격성을 검증하는 데 중점을 둔다.

현역 군인의 경우, 대개 공석의 수십~1백 배 이상에 이를 정도로 지원자의 숫자가 많기 때문에 OHRM은 각 과에서 선정한 자격기준에 수치(numeric number)를 부여하여 전산처리를 통해 기계적으로 최소기준 미달자를 탈락시킨 후, 마감시한(deadline) 종료 후 약 2~4주 이내에 최소기준을 통과한 지원자들의 서류를 군사부의 각 과로 송부한다. OHRM이 최초 서류심사 과정에서 적용하는 것이 'Galaxy Project'이다. 지원서에 대한 본격적인 서류심사는 각 과의 과장, 부과장 및 해당 과의 실무자들로 이루어진 4~5명에 의해 이루어진다. 각 과에서 서류심사가 완료되면 적격자들의 명단을 작성하여 군사부장에게 보고하며, 군사부장은 군사부 차장, 참모장, 보좌관(Special Assistant) 등으로 이루어진 참모들의 견해를 참고하여 'short-list'를 작성한다. 'short-list'는 정무담당 사무차장보와 DPKO 담당 사무차장에게 동시에 보고된다. 이런 과정을 거쳐 사무차장, 사무차장보, 군사부장 및 해당 과장의 승인을 받은 'short-list'는 공한(Note Verbale) 형식으로 해당 국가의 유엔 주재 대표부로 개별적으로 통보된다. 'short-list'에 포함되는 숫자는 대개 최종 합격자의 5~7배수이다.

'short-list'에 합격한 현역 군인에 대한 면접은 대부분 전화상으로 이루어진다. 다만 P-5 이상 D급의 고위직에 대해서는 대상자를 유엔 본부로 직접 호출하여 전화가 아닌 직접 면접을 실시하는 것이 일반적이다. 전화 면접은 각국의 시차를 고려하여 유엔 주재 대표부의 협조 하에 사전에 합의된 일시에 진행되며, 면접에 소요되는 시간은 대개 30~40분이다. 군사부는 각 직책별로 표준화된 질문내용을 작성하여 해당 직책에 응모한 모든 대상자들에게 동일하게 적용하며, 질문에 대한 답변내용을 상세하게 작성하여 면접의

면접시 질문 내용(예)

1. 귀하의 계급과 직책은?
2. 귀하가 근무했던 유엔 PKO 미션에 대한 소감과 부정적 측면은?
3. 귀하는 전술부대 이상의 기획 및 정책부서에서 근무한 경험이 있는가?
4. 귀하가 역임한 직책에서 수행했던 역할은?
5. 귀하의 어떤 능력과 자질이 우리 과에 기여할 수 있다고 생각하는가?
6. 유엔은 일련의 변화를 겪고 있는 바, 귀하가 보기에 가장 심각한 도전은 무엇이라고 보는가?
7. 국제기구인 유엔의 직원들은 다양한 지리적 및 문화적 배경을 가지고 있는데, 귀하의 경력 가운데 이러한 환경에 대응할 수 있는 기술을 터득할 기회가 있었는가?
8. 기타, 추가하고 싶은 의견이나 질문은?

평가자료로 활용한다.

그동안 필자의 경험에 비추어 보면, 사무국에 지원한 많은 장교들이 원서를 접수 후에 진행되는 사항들에 대해 궁금증을 가지고 질문하고 있으나, 'short-list'가 유엔 주재 대표부로 통보되기 전까지는 해당 지원자의 1차 합격 가능성은 물론이고 진행상황 자체를 파악하는 것이 사실상 불가능하다. 사무국이 철저한 대외보안을 유지하기 때문이기도 하지만, 지원자의 숫자가 엄청나게 많다는 점을 고려해 볼 때 개별적인 질문에 답변하는 것이 현실적으로 가능하지 않기 때문이다. 다만 'short-list'가 발표된 후에는 각국 주재 대표부와 각국 정부의 막후 로비가 최종 합격에 상당한 영향을 미친다. 매년 PKO 특위나 수시로 개최되는 병력공여국 회의에서 인력진출 문제가 빠짐없이 거론되고 있어, 최종 합격자 선발 과정에서 개인의 능력 및 자질 못지않게 지리적 안배와 성별 균형에 대한 OHRM의 요구와 군사부장 이상 사무차장보 및 사무차장과 회원국들 간 '정치적 관계' 등이 중요한 변수로 고려되고 있다.

라. 신원조회(Reference) 및 신체검사

서류전형 및 면접으로 최종 합격자가 결정되면, 그 이후의 과정은 해당자의 정식 부임을 위한 요식적인 절차에 불과하다. 면접이 끝나면, 학력, 경력 및 본인의 지원서에 기재된 추천자에 대한 조회와, 건강상 결격사유 여부를 확인하기 위한 신체검사가 이루어진다.

마. 선발위원회 심의 및 사무총장 승인

선발위원회의 심의와 사무총장은 채용을 위한 필수적인 법적 절차로서, 이것이 완료됨과 동시에 채용 여부가 공식적으로 결정된다. 현역 군인의 경우에는 군사부장 및 사무차장보 및 관련 참모들과의 사전 의견조율을 거쳐 2배수를 PKO 담당 사무차장에게 보고하며(이때 2두 명에 대해 우선순위를 부여하는 것이 보통이다), 사무차장은 그 중에서 한 명을 최종 낙점하는 절차를 밟는다. 관례적으로 P급에 해당하는 현역 군인의 선발권은 사무차장에게 위임되어 있다.

바. 후보자에 대한 임용 통지서 교부

이는 채용에 대한 법적인 의사표시로서, 후보자가 승낙서를 제출하고 이를 국제기구가 접수하면 채용이 결정된다. 현역 군인에 대해서는 사무국이 명단, 근무부서, 근무기간이 포함된 공한(Note Verbale)을 발송하고, 해당국 정부의 유엔 주재 대표부 대사의 명의로 이에 동의하는 공한을 발송하는 것으로 최종적인 채용이 결정된다.

사. 부임 선서 및 임용 통지서 서명

부임시기가 확정되면 국제기구에 의해 항공료, 이사 화물비 등이 지급되고, 근무지에 도착하면 해당 기구의 사무총장 또는 대리자에게 선서하며, 직무 내용 및 고용조건을 명기한 임용 통지서에 서명한다.

미래지향적 평화유지활동 참여를 위한 제언

　세계 평화를 위한 유엔의 활동이 도덕적으로 고귀한 인류애의 발로이지만, 그것의 중요성과 필요성이 일상생활에 분주한 대다수 일반인들의 피부에 쉽사리 와 닿지 않은 것이 사실이다.　많은 사람들은 다음과 같은 의문을 가질 것이다.　남북한이 군사적으로 첨예하게 대치하고 있는 상황에서 국토방위에만 전념해야 할 우리의 군대를 유엔의 평화유지활동이라는 명분을 위해 전환하는 것은 지나친 '사치'가 아닌가? 인접지역도 아니고 우리와는 아무런 이해관계나 관련도 없는 아프리카와 같은 머나먼 오지에서 벌어지는 분쟁이나 위기사태에 구태여 개입해야 할 이유가 무엇인가? 설령 그렇게 하더라도 우리에게 돌아올 이득과 실익은 무엇인가? 선진국들도 평화유지활동에 자국의 군대를 파견하는데 인색하다고 하는 데, 우리만 위험을 무릅쓰고 참여할 이유가 무엇인가? 이러한 의문의 목록은 끝없이 길게 이어질 수 있을 것이다.

　유엔 평화유지활동을 올바로 이해하기 위해서는 상기의 질문에 일일이 답변하기보다는 국가이익과 국방목표의 관점에서 조망해 보아야 할 필요가 있다. 독립국가가 추구하는 국가이익 중에서 최우선적인 것은 국민의 생존과 국가의 주권을 수호하는 것이다. 국가이익에는 이러한 사활적(vital) 이익 뿐 아니라, 중요한 이익, 부차적 이익 등이 포함된다. 국가이익의 측면에서 유엔 평화유지활동 참여는 나라의 존망을 좌우할 정도로 중요하지는 않으나, 향후 한반도의 평화적 통일을 위한 국제적 지지 기반 조성, 국가적 위상 제고, 군사외교의 다변화 등에 기여할 수 있는 만큼, 적어도 '중요한' 국가이익으로 간주되어야 할 것이다. 특히 장차 한반도 문제의 해결을 위해 국제사회의 지지와 지원은 필수적 전제조건이다. 그러므로 남북간 화해와 교류 협력을 통해 자주적 통일역량을 비축하는 한편, 언젠가 절실히 필요하게 될 국제사회의 도움을 받기 위해서는 평소부터 평화유지활동과 같이 세계 평화와 안정에 실질적으로 기여할 수 있는 분야에 적극 동참하는 것이 국가이익의 측면에서 중요하다는 사실을 인식해야 할 것이다.

우리 정부는 여러 가지의 국가이익을 실현하기 위해 확고한 자주적 안보태세의 유지, 역내 국가들과의 협력을 통한 한반도 전쟁억제와 항구적 평화체제 구축, 그리고 화해와 협력을 통한 남북관계 개선 등을 국가안보의 목표로 설정하고 있다. 이와 같은 국가 안보목표를 달성하기 위해 국방부는 군사적 차원에서 "외부의 군사적 위협과 침략으로부터 국가를 보위하고, 평화통일을 뒷받침하며, 지역의 안정과 세계평화에 기여한다"는 국방목표를 설정하고 있다. 그러나 국방목표의 달성은 군사력의 건설만으로 실현될 수 없다. '세계평화에 기여'라는 목표를 달성하려면 물리적 군사력인 하드 파워(hard power)가 아닌 소프트 파워(soft power)의 중요성을 인식해야 한다. 일반적으로 하드 파워가 힘의 강제와 위협을 통해서 상대방을 굴복시키고 자신의 의지를 강요할 수 있는 능력을 지친다는 데 비해, 소프트 파워란 바람직한 규범과 제도를 통해 자신이 원하는 결과를 얻을 수 있도록 상대방을 유도 및 설득하는 능력을 의미한다. 오늘날 군사력과 경제력 면에서 인류 역사상 어느 '제국(empire)'도 경험해 보지 못한 초강대국으로서의 위상을 향유하고 있는 미국이 대테러전쟁에서 어려움에 처해 있는 것은 하드 파워만으로 자신이 원하는 목표를 모두 달성하는 데는 한계가 있다는 사실을 증명하고 있다. 반면, 캐나다와 같이 병력 수가 10만에도 미달하는 국가가 활발하고 적극적인 평화유지활동 참여를 통해 성취한 국제사회에서의 영향력은 소프트 파워의 전형이라 할 만하다. 프랑스 식민지배의 유산으로 프랑스어와 영어를 자유자재로 구사하는 언어적 능력과 피어슨(Lester B. Pearson)과 같은 평화유지활동의 선구자의 덕분도 있었겠으나, 초강대국인 미국과 접경한 캐나다가 대테러전쟁과 같은 국제적으로 민감한 이슈에 대해 독자적인 목소리를 내고 유엔을 비롯한 국제기구에서 막강한 발언권을 행사할 수 있게 된 배경에는 50년 이상 범국가적 정책의 일환으로 평화유지활동에 꾸준히 참여함으로써 도덕적 권위와 리더십을 축적해 왔기 때문이다.

국가이익과 국방목표의 실현이라는 관점에서 보더라도, 유엔 평화유지활동에 참여하는 것이 우리와 아무런 이해관계도 없는 후진국의 외딴 지역에 우리의 귀중한 장병들을 보내 위험에 처하게 하는 무익한 행위가 아니라는 점은 명백한 것이다. 비록 현시점에서는 일종의 소강상태에 빠져 있다고는 하지만, 우리는 지난 10여 년간의 유엔 평화유지활동 참여를 통해서 귀중한 경험을 축적하고 상록수 부대의 활약으로 국제적 위상을 제고시키는 성과를 이룩하였다. 유엔이 브라히미 보고서 발표 이후에 최근 평화유지활동 미션에서 일련의 성공을 거둠으로써 새로운 중흥기를 맞이하고 있는 만큼, 우리도 과거의 업적에 안주하기보다는 미래지향적 관점에서 보다 적극적으로 기여할 수 있는 방안을 모색해야 할 시점에 와 있는 것으로 보인다.

첫째, 우리는 유엔 평화유지활동에 대하여 '틈새시장'이라는 관점에서 접근할 필요가 있다. 지난 50여 년에 걸친 평화유지활동은 개도국들의 독무대였다고 해도 과언이 아니다. 인도, 파키스탄, 방글라데시, 요르단 등은 평화

유지활동 미션에 매년 수천 명에 이르는 부대를 파견하는 주요 병력공여국
들이다. 이들 국가의 대부분은 평화유지활동 참여를 귀중한 외화를 벌어들
이는 수단으로 간주하고 있다. 자국의 인건비와 병력유지비가 저렴한 반면,
국가의 구분 없이 병력 수에 비례하여 일률적으로 유엔으로부터 지급되는
경비는 매력적인 경제적 인센티브이다. 그러나 이들 국가가 파견하는 부대
의 훈련상태, 사기, 군율, 장비 및 물자의 수준은 악명이 높으며, 때때로 밀
수, 명령 불복종, 부녀자 성폭행, 물자 및 공금 횡령 등의 무절제한 행동으
로 물의를 빚기 일쑤이다. 이로 인하여 언제부터인지 유엔 내부에서는 이들
제3세계 국가들이 파견하는 평화유지군에 대한 '피로(fatigue)' 현상이 나타나
고 있다. 이와는 대조적으로 주요 서방국가들은 개도국들의 비해 평화유지
활동 참여에 소극적인 입장을 보이고 있다. 최첨단 장비 및 물자와 고도로
훈련된 부대를 보유하고 있는 선진국들이 평화유지군 파견을 기피하는 현상
은 과거 아프리카 등 주요 분쟁지역에서 유엔 평화유지활동이 비극적인 실
패로 끝나는 데 일조하였다. 이처럼 유엔은 가까운 장래에 자질과 수준면에
서 향상될 가능성이 없는 개도국 군대에 불만을 나타내고 있지만, 좀처럼
병력파견에 적극적인 모습을 보이지 않는 선진국들의 태도 사이에서 딜레마
에 처해 있다.

우리군은 이러한 유엔의 딜레마에 돌파구를 제공해 줄 수 있는 최적의
여건을 구비하고 있다. 무엇보다 한국군은 지난 50여 년간 세계최강인 미군
과의 연합작전 및 군사훈련 경험을 축적해 왔으며, 무기 및 장비의 현대화
를 통해 어느 국가들과 견주어도 손색이 없는 하드웨어를 보유하고 있다.
우리군의 엄정한 군율과 높은 사기, 근면성, 충성심은 세계적으로 정평이 나
있으며, 무엇보다도 태풍, 가뭄, 화재, 산사태 등 대규모 재해가 발생할 때마
다 앞장서서 대민지원의 최선봉에서 활동하고 있어, 전세계 분쟁지역에서
고통받는 주민들에게 마음을 사로잡는 최상의 봉사를 제공할 수 있는 능력

을 갖추고 있다. 그러므로 의욕과 열의는 넘치지만 인력과 장비, 훈련상태 등 모든 면에서 수준 향상이 필요한 개도국들, 그리고 양질의 부대와 장비를 보유하고 있으면서도 갖가지 이유로 참여에 소극적인 입장을 보이는 미국을 비롯한 서방국가들 간의 틈새는 우리가 마음만 먹는다면 어느 국가도 넘볼 수 없을 정도로 국제적으로 활동범위를 확대할 수 있는 최상의 여건을 제공하고 있음을 인식해야 할 것이다.

둘째, 평화유지활동에 대한 그릇된 편견과 오해가 불식되어야 한다. 놀랍게도 우리 군의 일각에서는 유엔 평화유지활동에 파견하는 병력을 '용병'이라는 편견을 가지고 있다. '용병'이란 금전적 보수를 위해 군사활동이라는 서비스를 제공하는 '장사꾼(mercenaries)'을 지칭한다. 고대 오리엔트 시대로 거슬러 올라가는 용병의 역사는 매춘에 이어 두 번째로 오래된 직업이라고 보는 시각도 있다. 오늘날 미국, 남아공, 유럽 등의 특수부대 출신의 제대군인들이 직업적 용병으로 활동하고 있다. 그 가운데 약 1만 8천 명이 미국 국방부의 하청을 받은 해리버튼 등 미국 용병기업에 고용되어 이라크 등지에서 미군시설 경비와 요인 경호, 군수물자 호송 등을 담당하고 있다. 이처럼 오로지 돈을 목적으로 하는 '용병'을 유엔 평화유지군과 동일시하는 것은 잘못된 시각이다. 유엔은 평화유지활동에 참여하는 인원들에게 일정액의 금전을 지급하고 있다. 일부 개도국들이 대규모 병력파견을 통해 이러한 금전적 보상을 외화획득의 수단으로 활용하는 것도 사실이다. 그렇다고 해서 평화유지군 자체를 '용병'으로 간주하는 것은 유엔 평화유지활동에 대한 지나친 모독이다. 유엔이 '경비보전(reimbursement)'이라는 메커니즘을 통해서 일정액을 지급하고 있으나, 통상적인 월급 또는 급여라는 의미의 'salary'라든가 'pay' 대신에 'troop cost'라는 용어를 사용하고 있다. 그 이유는 'troop cost'가 평화유지활동에 참여한 대가로 제공되는 보수가 아니라, 회원국들이 자국의 국방을 위해 양성한 병력을 자발적으로 세계평화를 위해 희생한 데 대한 감사의 표현이라는 상징성을 지니고 있기 때문이다.

어차피 결과적으로 돈을 받는 것이므로 '용병'과 다를 것이 없다고 주장할 수도 있으나, 이 또한 옳지 못한 관점이다. 반복하자면 '용병'은 단지 금전적 보수를 목적으로 하는 데 비해, 평화유지군의 목적은 분쟁을 평화적으로 해결하고 분쟁지역에서 평화가 항구적으로 정착되도록 하는 것이므로, 활동의 목적뿐 아니라 동기에서 엄청난 차이가 있다. 돈을 벌면 그만인 '용병'이 평화유지군과 마찬가지로 분쟁의 상처로 고통받는 사회의 법과 질서를 회복하고, 분쟁 당사자들 사이의 평화적인 문제해결을 위해 대화와 협상을 주선하며, 부서진 가옥과 도로를 보수해 주고, 더 나아가 정상적인 국제사회의 일원으로 성장할 수 있도록 지원과 노력을 아끼지 않을 것으로 기대하는 것은 불가능할 것이다. 일반적으로 자신이 직접 체험해 보거나 잘 알지 못하는 분야에 대해서는 일종의 고정관념이나 편견을 가질 수도 있다. 비록 유엔 평화유지활동이 군 내외에 널리 알려진 인기있는 분야는 아닐지 모르나, 그렇다고 해서 평화유지활동에 참여하는 장병을 돈벌이만을 목적으로 하는 '용병'으로 간주하는 것은 도를 지나친 편견이다. 편견은 오해를 낳고, 오해는 불신을 초래한다. 사실에 입각하지 않은 편견으로 인하여 평화유지활동을 가난하고 보잘 것 없는 개도국들에 대한 하청 정도로 폄하하고 불신하는 일은 없어야 할 것이다.

셋째, 평화유지활동에 대한 발상과 인식의 전환이 요구된다. 우리는 언제부터인지 유엔에 새로운 평화유지활동 미션이 창설되어 참여해야 할 필요성을 검토하는 단계부터 미국 등 주요 서방국가들의 동향을 중요한 고려요소로 포함시키는 경향이 있다. 그 결과 주요 선진국들이 별 관심을 보이지 않는 지역은 변함없이 개도국들을 중심으로 한 '그들만의 평화유지활동'으로 치부한다. 이러한 관행은 한 가지 중요한 요인을 간과한 결과이다. 우리가 유엔에 가입한 것은 불과 13년 전인 1991년이고, 평화유지활동에는 1994년

부터 본격적으로 참여하기 시작하였다. 60여 년에 이르는 유엔과 평화유지
활동 역사에 비추어 볼 때 우리는 국제사회의 '신입생'에 불과하다. 뒤늦게
유엔이라는 국제무대에 데뷔한 우리로서는 여타 국가들이 유엔과 평화유지
활동 초창기부터 참여하여 축적한 경험과 노하우를 따라 잡기 위해 남다른
노력과 열의를 보여야 한다. 그럼에도 불구하고 평화유지활동 참여 여부를
결정함에 있어 다른 국가들의 동향을 지나치게 민감하게 고려하는 것은 우
리의 부족한 경험을 보완해야 할 필요성을 충분히 인식하지 못하고 있음을
나타내는 반증이다.

평화유지활동 참여를 위한 정책적 결정을 내림에 있어 주변국이나 여타
주요 국가들의 움직임을 벤치마킹하는 것은 나름대로의 타당성을 가지고 있
다. 참여국가의 숫자뿐 아니라 어떤 국가가 참여하느냐는 해당 평화유지활
동 미션의 필요성과 중요성을 평가하는 바로미터가 될 수도 있기 때문이다.
그러나 정도의 차이는 있을지언정, 일반적으로 병력공여국들은 자국과의 직
접적인 이해관계라든지 어느 지역에 평화유지활동 미션이 창설되었는지 등
을 우선적으로 고려하고 있다. 예를 들면, 미국은 역사적으로 자국의 '앞마
당'으로 인식하고 있는 아이티에 분쟁이 발생하자, 유엔의 요청도 있기 전에
아이티에서의 평화유지활동에 유례없이 신속하고 적극적으로 참여하였다.
유럽 국가들도 구 유고연방이 해체되는 과정에서 세르비아인들에 의한 인종
청소 등으로 지역 내에서 위기사태가 발생하자 역사상 최초로 NATO군까
지 동원하면서 깊숙이 개입하였다. 이와는 대조적으로 미국 등 서방국들은
라이베리아나 콩고 등 아프리카 지역에서 중앙정부가 제대로 기능을 발휘하
지 못하는 무정부상태가 지속되는 가운데, 기근과 약탈과 부녀자 학대 등의
대규모 재난이 발생하였지만 '강 건너 불구경하듯' 개입하기를 주저하는 이
중적 태도를 보였다.

이러한 맥락에서 볼 때 경제적 실익이나 지역안정에 대한 전략적 이해

관계에 더 큰 비중을 두고 있는 주요 선진국들의 동향을 벤치마킹하는 것은
평화유지활동 참여의 역사가 일천한 우리로서는 스스로 선택의 범위를 제한
하는 바람직하지 못한 선택이다. 그렇다고 해서 모든 평화유지활동 지역에
무작정 뛰어들자는 것은 아니다. 평화유지활동이 국제사회에 실질적으로 기
여하기 위한 중요한 분야이기는 하지만, 분단 상황에서 남북간 군사적으로
대치하고 있는 현실에서 우리의 안보태세, 해당 분쟁지역의 정세, 가용 부대
및 물자운용의 우선순위 등을 종합하여 신중하게 참여여부를 결정해야 한
다. 그러나 한 가지 분명한 것은 50년가량 뒤늦게 출발한 우리가 여타 국가
들과 유엔 평화유지활동 분야에서 어깨를 나란히 하기 위해서는 배전의 열
의와 관심을 가져야 한다는 점을 잊지 말아야 한다는 것이다.

넷째, 유엔 평화유지활동을 유능하고 우수한 장교들의 국제사회 진출을
위한 교두보로 활용해야 한다. 우리군은 전세계의 학력이나 자질, 능력, 품
성, 근면성, 책임감, 충성심 등 모든 면에서 유수한 선진국들과 견주어 손색
이 없는 우수한 장교집단을 보유하고 있다. 더구나, 오늘날 우리 군은 국내
외 위탁교육, 스스로 교육비를 부담하는 야간교육, 국내외 연수, 출장 등을
통해 그 어느 때보다도 우수한 장교집단의 육성을 위해 노력하고 있다.

우리나라가 유수의 경제력을 배경으로 60만 대군과 우수한 장교단을 보
유하고 있는 데 비해, 우리 군이 유엔과 평화유지활동 분야에서 차지하고
있는 위상은 미흡하기 짝이 없다. 2004년 9월을 기준으로 인도·파키스탄,
라이베리아, 서부 사하라, 그루지야, 아프간 등 5개 지역에 파견된 인원은
39명(부사관 3명 포함)으로, 97개 병력공여국 가운데 60위이며, 평화유지활동
미션에 파견된 총 55,457명의 0.007%에 불과하다. 비록 선진국들이 개도국
들이 비해 평화유지활동에 소극적이라고는 하지만, 캐나다는 726명, 영국은
541명, 미국은 507명 등 우리와는 비교가 되지 않는 규모의 병력을 파견하
고 있다.

우리 군 장교들이 진출할 수 있는 분야는 유엔 평화유지국 내 군사부 뿐 아니라, 각 평화유지활동 미션 본부의 사령관(옵서버 단장), 부사령관, 참모장, 주요 참모 등으로 매우 광범위하다. 그러나 현재 평화유지활동 미션 본부의 주요 직위에 진출한 장교는 전무한 실정이다. 유엔 본부와 현지 미션의 주요 직위에 선발되기 위해서는 평화유지활동 지역에서의 경험이 필수적인 전제조건이다. 따라서 가급적 많은 숫자의 장교들이 평화유지활동에 참여하여 보다 풍부한 인재의 풀(pool)을 형성하고, 이를 바탕으로 유엔 본부와 현지 미션이 사령부에 진출할 수 있도록 정책적인 차원에서의 관심과 노력이 필요하다. 비록 평화유지활동에 참여하였던 장교들이 전원 유엔 본부와 미션 사령부의 주요 직위에 선발되지 못하더라도, 이들은 장차 우리의 군사 외교 다변화를 위한 귀중한 인적자원으로 활용될 수 있을 것이다. 우리 군이 국제무대를 새로운 기회와 도전의 장으로 인식하여, 보다 많은 젊고 유능한 장교들의 참여를 통해 장교단 전체에 활력을 불어 넣을 수 있기를 간절히 고대한다.

다섯째, 국방부 정책실, 합참 전략본부 등 정책부서의 주요 직위자들과 유엔 평화유지국 고위 간부들과의 교류가 정례화되어야 한다. 군사외교의 질적 성과를 높이는 효과적인 방법 중 하나는 카운터파트(counterpart)와의 정례적인 회동이다. 업무와 관련된 상대방과의 주기적인 회의나 면담 또는 간담회는 주요 관심사의 공유, 정보 교환뿐 아니라 우리가 중요시하는 의제(agenda)를 관철시키는 데 필수적인 인적 네트워크를 조성하는 첫걸음이다. 우리 군이 군사외교의 다변화를 위해 미국을 위시한 주요국의 군 고위인사들과 관계 강화에 노력하고 있으면서도, 정작 우리의 중요한 대외 군사활동의 하나인 평화유지활동을 관장하는 유엔본부와 창군 이래 지금까지 이렇다 할 교류가 전무한 것은 뜻밖의 일이다. 따라서 지금부터라도 정책실장, 합참의장, 합참 전략본부장, 또는 국방부와 합참의 국장급과 유엔 본부의 평화유지국 담당 사무차장, 사무차장보, 군사부장 등과의 정례적인 교류가 추진되어야 할 필요가 있다.

유엔본부와 우리 군 수뇌부 간의 정례적인 교류는 평화유지활동에 대한 정책적 차원에서의 관심을 제고함과 동시에 유엔으로 하여금 평화유지활동에 대한 우리 정부의 의지를 인식시킬 수 있고, 우리 군 장교들의 유엔 본부 및 평화유지활동 현지 미션 사령부 진출 등에 유리한 여건을 조성할 수 있는 다양한 효과를 거둘 수 있는 매우 유용한 수단이다. 국방부 및 합차의 고위인사가 시간적 제약으로 인하여 뉴욕 방문을 별도로 추진하기 어렵다면, 한미 연례안보협의회의 등 한·미 양자 간 회담을 위해 워싱턴을 방문하는 계기를 활용하여 뉴욕을 경유하는 등의 방안을 강구해 볼 수 있을 것이다.

여섯째, '평화유지활동 참여시 12개 검토기준(국방부 훈령 542호)'에 대한 전향적 개정이 필요하다. 국방부는 유엔 평화유지활동에 대한 참여여부를 결정함에 있어, ① 당해 PKO에 부여될 임무(mandate)의 명확성 및 성공 가능성, ② PKO 활동의 공정성 및 중립성의 유지 여부, ③ 분쟁 당사자 간의 정전 합의 여부, ④ 분쟁 당사자의 PKO 파견동의 여부 및 협력 정도, ⑤ 활동수칙(ROE)의 적절성(무력 사용의 한계 등), ⑥ 당해 PKO에 대한 명령·지휘 계통의 확립 여부, ⑦ 부대형태 및 파견규모에 따른 한반도 안보에 지장 여부, ⑧ 부대의 가용성 및 파견경비 소요, ⑨ 파견 시 부대에 대한 안전 위협의 정도, ⑩ 국민의지지 및 평화의 사도로서의 명분성, ⑪ 국익 및 국가 외교 추진의 기여도, ⑫ 군 세계화 도모의 기여도 등 여러 가지 요인들을 검토하고 있다. 상기 12개의 검토기준 가운데 ①~⑥번은 유엔 사무국과 안보리가 평화유지활동 미션을 창설키로 결정한 핵심적인 내용을 전반적으로 재검토하자는 것이며, ⑩~⑫번은 평화유지활동 참여를 통해 거둘 수 있는 기대효과를 열거한 것과 마찬가지이다.

파견부대에 대한 신변위협(⑧번)도 전향적 관점에서 바라볼 필요가 있다. 원칙적으로 보자면 평화가 완전히 정착되어 있고 태평성대를 구가하는 국가나 지역에는 평화유지활동 자체가 필요하지 않을 것이다. 어느 평화유지 활동 미션에도 정도의 차이는 있을지 모르나, 일정 수준의 신변위협이 존재하는 것이 사실이다. 유엔이 평화유지활동을 통한 분쟁해결에 개입한 지역의 전형적인 특징은 당사자들이 오랜 내전이나 갈등을 평화적으로 해결키로 합의하고 국제사회의 지원을 통해 평화체제가 뿌리를 내리고 정착할 수 있도록 노력하지만, 언제 분쟁이 재발될지 모르는 개연성과 불확실성이 잠재하고 있다는 것이다. 대체로 평화유지군의 임무는 정전 또는 휴전협정의 준수 여부를 감독하고, 물리적 충돌을 방지하기 위한 다양한 활동을 전개함으로써 분쟁 재발의 가능성을 사전에 방지하는 것이다. 어느 국가의 평화유지군도 분쟁 재발의 개연성에 따른 일정 수준의 위험은 감내할 수밖에 없는 것이다. 그러므로 "평화유지활동 지역은 위험한 곳이므로 우리 군 장병이 안전을 위태롭게 해서는 안 된다"는 단순논리는 지양되어야 한다. 유엔은 과거 콩고, 소말리아, 코소보 등에서의 실패사례를 교훈삼아 어느 때보다도 평화유지활동에 참여하는 요원들에 대한 신변안전을 보장하기 위한 다양한 방법과 시스템을 강구하고 있으며, 평화유지군 파견을 결정하기 이전에 신변안전 문제를 최우선적으로 고려하고 있다.

요약하면, '평화유지활동 참여시 12개 검토기준'은 동 기준의 충족여부가 평화유지군 파견의 중요한 고려요소라는 점을 의미하고 있다. 그러나 병력파견이 안보태세에 미치는 영향이나 부대의 가용성 및 비용문제(⑦~⑧번)를 제외하면, 그다지 설득력이 높지 않은 것으로 평가된다. 상기 검토기준은 자칫하면 평화유지활동에 대한 의욕과 관심의 부족을 정당화시키는 방편으로 활용될 소지마저 내포하고 있다. 동 기준들은 평화유지활동에 대한 발상과 의식의 전환이라는 연장선상에서 재조명되어야 한다. 다시 말해서, "이러한

조건이 충족되어야 한다"는 소극적인 입장을 견지하기보다는, "유엔의 승인
과 국제사회의 지지를 받는 평화유지활동에 적극 참여한다"는 대전제하에,
당시의 상황과 여건에 의해 부득이 불참할 수밖에 없는 기준을 모색하는 방
향으로 나아가야 할 것이다.

일곱째, 공병, 의무, 수송 등 유엔 평화유지활동에서의 수요가 높은 인력
및 부대에 대한 중·장기적 관점에서의 육성 대책이 요망된다. 유엔 상비체
제의 신속배치단계(RDL)에서 가장 중요시하는 자산은 모든 평화유지활동
미션의 성공을 위해 초기부터 필요로 하는 공중 및 해상운송, 공병, 의무,
통신, 지뢰제거 부대와 같은 'enabling units'이다. 오늘날 평화유지활동 미션
에서 전문성과 특수한 기술이 필요 없는 노동집약적 활동을 위한 보병부대
는 대규모 병력공여국들로부터 어렵지 않게 확보할 수 있으나, 특정 전문분
야에서 고도로 숙달된 인력과 첨단장비 및 물자를 제공할 수 있는 국가는
소수에 불과하다.

공병, 의무, 수송 등의 부대는 전투병 파병에 따른 논란을 야기하지 않으
면서 유엔 평화유지활동의 높은 수요를 충족시킬 수 있는 최적의 조건을 갖
추고 있다. 이러한 배경 하에, 우리 군이 참여하였던 소말리아와 앙골라 평
화유지활동과 아프가니스탄의 이라크의 평화재건 임무에서 공병과 의무부대
가 주축을 이루었다. 그러나 평화유지활동이나 대테러 전쟁 참여를 고려하
지 않은 상태에서 우리의 군사적 소요만을 고려하여 양성된 부대를 해외에
파견하는 데는 한계가 있을 수밖에 없다. 이라크 파병을 앞두고 의료인력의
부족으로 인하여 서부사하라 평화유지활동 미션(MINURSO)에 파견되어 있
는 의료지원 부대의 철수 문제가 검토되었던 것은 이러한 한계를 단적으로
드러낸 구체적인 사례이다. 의료인력의 부족 문제는 MINURSO 철수가 검
토되기 전에는 일정한 자격요건을 구비한 군의관 및 간호장교의 선발에 따
른 어려움으로 인하여 과거에 MINURSO에서 근무한 경험이 있는 일부 인

원을 또다시 파견할 때부터 예견되었던 것이다.

해외파병법 제정 등의 제도적인 장치가 강구되기 전에는 보병부대와 같은 전투병 파병은 정치적 논란의 대상이 될 수밖에 없는 것이 현실이다. 따라서 우리가 유엔 평화유지활동에 보다 적극적으로 참여하기 위해서는, 중장기적인 정책적 차원에서 환자 및 부상자 치료와 간호, 주거지나 도로 및 교량의 보수 등 대민지원 성격의 평화적 이미지와 현지 주민들의 호응, 그리고 국내적 지지를 극대화시킬 수 있는 공병, 의무부대와 같이 평화유지활동에서의 수요가 높고 대내외적 명분이 뚜렷한 부대들의 규모와 인력을 확대하는 방안을 검토하는 것이 바람직할 것으로 판단된다.

여덟째, 우리 군은 평화유지활동 참여를 대외적 홍보적 관점에서 접근하려는 유혹을 절제하고, 과거의 교훈분석 및 향후 활동을 위한 발전방안 구상 등 실질적인 분야에 더 많은 노력을 기울여야 할 필요가 있다. 일반 국민들과 시민단체들의 국방에 대한 관심과 참여욕구가 높아짐에 따라 군의 활약상에 대한 홍보의 중요성이 갈수록 증대되고 있다. 국방백서나 국방관련 인터넷 웹 페이지, 군의 소개책자 등에는 예외 없이 평화유지활동에 대한 부분이 포함되어 있다. 그러나 평화유지활동의 홍보에 치중하게 되면 일시적으로 국민들의 관심과 호응을 고취시키는데 기여할지 모르나, 정책적 차원의 로드맵 구상이나 미래지향적인 개선책의 강구에는 소홀해지기 쉽다.

미래지향적 발전방안의 구상을 위해서는 최근의 국제분쟁 추이, 평화유지활동과 관련된 유엔의 정책방향과 주요 이슈, 평화유지활동의 변화 양상, 현지 평화유지활동 미션의 동향 등에 대한 종합적이고 거시적인 분석을 토대로 하여, 장차 우리가 평화유지활동에 참여하기를 원하는 규모와 범위가 설정되어야 한다. 그 중에서 참여 규모만을 언급하자면, 개인적인 견해로는 우리의 국력, PKO 분담금 기여 수준, 우리 군의 규모 등을 고려해 볼 때, 적어도 평균 5만여 명에 달하는 전체 유엔 평화유지군의 1% 정도인 400~500

명 정도(군 옵서버 포함)를 파견하는 것이 적절할 것으로 판단된다.

또한 평화유지활동 참여의 효과를 극대화시킬 수 있는 방안도 강구되어야 한다. 이를 위해서는 무엇보다도 과거 50여 년에 걸친 유엔 평화유지활동 미션의 성공과 실패사례에 대한 철저한 분석이 전제되어야 한다. 비록 모든 평화유지활동 미션이 저마다 독특한 정치·경제·사회·문화적 환경과 지역에 위치하고 있기 때문에 특정한 미션의 교훈(lessons learned)이 여타의 미션에 수평적으로 적용되기 어려운 한계가 있으나, 그럼에도 불구하고 과거 사례에 대한 체계적이고 포괄적인 분석은 향후 평화유지활동 미션에서 성공을 거두는 데 귀중한 통찰력과 함의(implications)를 제공해 줄 것이다.

이와 함께 과거 우리가 참여했던 미션에서의 활동성과에 대한 객관적인 분석이 병행되어야 한다. 성공사례만을 부각시키려는 홍보의 유혹은 시행착오나 실패로부터 교훈을 터득하여 미래의 반면교사로 삼을 수 있는 기회를 상실하게 만든다. 많은 경우에 있어 군사작전의 승리는 실패의 교훈에서 비롯되는 철저한 자기반성에서 얻어진다. 우리 군뿐 아니라 범국민적 지지와 성원 속에서 추진되었고 지금도 진행되고 있는 소말리아, 앙골라, 서부 사하라, 동티모르, 인도·파키스탄, 라이베리아, 아프가니스탄, 그루지야 등의 평화유지활동의 경험에서 많은 교훈을 도출 할 수 있을 것이다. 미래지향적인 발전방안을 모색하려면, 모든 평화유지활동 미션에서 자랑스러운 성과와 업적만을 거둔 것은 아니라는 전제 하에, 지금 당장이라도 수정하고 보완해야 할 사항이 없는지 냉정하고 객관적인 시각에서 과거의 활동을 성찰하는 작업이 반드시 선행되어야 할 것이다. 이와 같이 유엔과 우리 군의 활동에 대한 철저한 분석은 우리가 '해야 할 일'과 '하지 말아야 할 일'에 대한 목록을 제공해 줌으로써, 장차 평화유지활동에 참여함에 있어 성공의 가능성을 더욱 높여주는 귀중한 길잡이의 역할을 하게 될 것이다.

아홉째, 평화유지활동에 대한 법적인 근거가 시급히 마련되어야 한다. 어느 문외한이 보더라도 유엔으로 대표되는 국제사회가 세계 평화와 안정을 위해 필요하다고 판단하고 승인한 평화유지활동에 우리 군의 장병들을 파견함에 있어 번잡한 국내의 법적 절차에 의해 일일이 통제를 받는 것은 개선되어야 할 필요가 있는 중요한 문제이다. 월남 파병을 계기로 행정부의 자의적 판단에 따라 전투부대를 해외에 파견하지 못하도록 고안된 의회의 견제 장치인 해외파병법이 오늘날 유엔 평화유지활동에도 똑같이 적용되고 있다. 어느 국가에서건 국토방위를 위해 육성된 군대를 외국에서 발생한 분쟁지역에 참전시키기 위해 파견하는 것은 국가적 합의에 기초하여 추진되어야 할 중대한 정치적 사안이다. 그러나 유엔 평화유지활동의 목적은 분쟁이 평화적으로 해결되고 분쟁지역에서 허약한(fragile) 평화가 항구적으로 정착될 수 있도록 돕는 것이지, 가용한 모든 전투력을 발휘하여 적부대의 섬멸이나 지리적 목표의 점령을 통한 군사적 승리를 추구하는 것이 아니다. 궁극적으로 지향하는 목적이 상이한 두 가지의 군사적인 활동에 동일한 법조문을 적용하는 것은 문제의 소지가 있다.

본 저서에서 상세하게 언급된 바와 같이 오늘날 유엔은 평화유지활동의 필요성이 제기된 지역에 인원과 물자를 신속하게 전개하는 능력의 제고를 최우선적인 당면과제로 삼고 있다. 설령 우리가 신설되는 평화유지활동에 참여하기를 희망하더라도 국회의 승인과 같은 장기간의 시일이 소요되는 법적 절차를 거치게 되면 유엔이 제시한 30~90일의 시한을 맞추는 것이 사실상 불가능하다. 이러한 법적제한은 유엔 평화유지활동 참여에 대한 국방 및 외교관련 부서의 의욕을 떨어뜨리는 주된 요인이다.

일본은 1992년 '유엔 평화유지활동 협력법'을 제정하여 자위대를 캄보디아 평화유지활동에 참여시킨 이래 의회의 승인이 없더라도 행정부의 재량에 따라 2천 명까지 유엔 평화유지활동에 참여시킬 수 있도록 법적장치를 강구하고 있다. 나아가 일본은 2006년까지 방위청장관 직할로 치안유지와 정전

감시 등의 임무를 수행하는 유엔 평화유지군 대대와 동 부대의 편성을 지도
하는 평화유지활동 센터로 구성된 '국제임무대기부대'를 신설할 예정이다.
중국을 비롯한 역내 국가들은 일본이 '전수방위'의 틀을 이탈하여 세계 각
지역으로 군사적 활동범위를 넓혀 가는 것을 우려의 눈초리로 주시하고 있
다. 그럼에도 불구하고, 일본은 '유엔 평화유지활동 협력법'을 근거로 군대
아닌 군대인 자위대의 이라크 파병까지 실현시키고 있다. 일본은 유엔 평화
유지활동에 수반되는, 어떤 국가도 거부할 수 없는 정당성과 명분이라는 특
별한 프리미엄의 진가를 그 누구보다도 잘 알고 있는 것이다.

끝으로, 유엔 평화유지활동을 필요로 하는 세계 각 지역의 분쟁에 대한
잘못된 가치판단과 편견을 버려야 한다. 예컨대 아프리카 대륙에서 끝없이
반복되는 갖가지 분쟁에 대해 적지 않은 사람들은 "나라 같지도 않은 나라,
변변한 국가 인프라도 없는 형편없는 나라에서, 서로 싸우고 죽이는 것 말
고는 아는 것이 없는 인종들에게 국제사회가 아무리 도와줘도 '밑 빠진 독
에 물 붓기'밖에 안 되므로, 유엔 평화유지활동은 장기적 효과가 의문시되는
'일시적 자선행위'"라고 치부되고 있다. 정작 냉전이 종식된 지 10년이 지나
서도 냉전의 고도로 남아 있는 한반도의 분단과 군사적 대치의 현실을 국제
사회가 잘 이해하지 못하고 있으나, 우리는 국제 분쟁지역에 대해 협량한
시각을 가지고 있는 것이 아닌가 생각된다.

대부분의 분쟁에서는 '승자'를 찾아보기 힘들다. 분쟁은 모두를 패자로 만
드는, 어느 누구도 승자가 될 수 없는 상황('no-win situation')이다. 우연히 발
생하는 분쟁은 없다. 모든 분쟁은 정치적, 사회적, 역사적, 경제적 필연의 귀
결이다. 앞서 거론한 아프리카 대륙만 하더라도, 다른 무엇보다도 유럽 국가
들의 식민지 수탈과 식민지배를 종식하는 과정에서 한 울타리 내에서 더불
어 살 수 없는 민족이나 인종을 구분해야 할 필요성을 무시하고 멋대로 국
경선을 그었던 것이 오늘날까지 끊임없이 반복되는 분쟁의 원인 가운데 하

나이다. 특히 여러 인종으로 구성된 다민족 사회에서 벌어지는 갈등양상은 단일민족인 우리의 시각에서는 잘 이해가 되지 않을 수도 있다. 바로 이러한 점은 단일 혈통으로 구성된 우리 민족의 장점이자, 국제사회에 대한 편견을 갖게 하는 단점으로 지적된다.

따라서 전 세계 각국이 참여하고 있는 유엔 평화유지활동에 적극적으로 동참하기 위해서는 국제사회의 다양성을 폭넓게 받아들일 줄 아는 포용력을 갖추어야 한다. 단일민족으로 성장해 온 우리는 부지불식간에 타 민족과 인종을 부정적 시각으로 바라보는 경향이 있다. 미국인, 일본인, 중국인, 러시아인들을 "양놈" 등이라는 속어로 부르는 것이 그 일례이다. 이러한 표현은 일종의 외국인 혐오증(xenophobia)을 나타내고 있다. 더구나 우리는 어릴 때부터 피부색을 '살색'으로 부르고 있다. 우리와 같은 황인종의 '살색'은 흑인이나 백인, 또는 여타 혼혈 인종에게는 적용되지 않는다. 수많은 국가들에서 파견된 여러 종류의 문화적, 인종적, 사회적 배경을 가지고 있는 다양한 인적 구성요소들과 더불어 유엔 평화유지활동에 기여하기 위해서는, 이들에게 우리의 가치판단이나 기준을 적용시키기보다는, 이들을 있는 그대로 수용할 줄 아는 정신적인 넉넉함과 포용력이 필요한 것이다.

참고문헌(발췌)

단행본, 논문, 저널 등

Acheson, Dean, *Present at the Creation: My Years in the State Department* (New York: Norton, 1969).

Agreement on a Comprehensive Political Settlement of the Cambodia Conflict, Article 6, 1991. 10. 23.

Alden, Chris, "Making Old Soldiers Fade Away: Lessons from the Reintegration of Demobilized Soldiers in Mozambique," *Security Dialogue* (Sep 2002), vol. 33, no. 3, pp. 341-356.

Ambrosius, Lloyd E., *Woodrow Wilson and the American Diplomatic Tradition: The Treaty Fight in Perspective* (New York: Cambridge University Press, 1987).

Anstee, M. Joan, *Orphan of the Cold War: The Inside Story of the Collapse of the Angolan Peace Process, 1992~93* (London: Macmillan Press, 1996).

Archer, Clive, *International Organizations* (New York: Routledge, 2001).

Avakov, Veniamin, "the Secretary-General in the Afghanistan Conflict, the Iran-Iraq War, and the Gulf Crisis," in Benjamin Rivilin and Leon Gordenker(eds.), *The Challenging Role of the UN Secretary-General: Making "The Most Impossible Job in the World" Possible* (New York: Praeger, 1993).

Ayoob, Mohammed, "Humanitarian Intervention and State Sovereignty," *International Journal of Human Rights* 6, no. 1 (Spring 2002), pp. 81-102.

_____, "Squaring the Circle: Collective Security in a System of States," in Weiss, Thomas G. (ed.), *Collective Security in a Changing World* (Boulder, Colorado: Lynne Rienner Publishers, 1993).

Barlett, Ruhl J., *The League to Enforce Peace* (Chapel Hill: University of North Carolina, 1944).

Basic Facts about the United Nations (New York: UN Publications, 2000).

Benvenisti, Meron, *Conflicts and Contradictions* (New York: Villard Books, 1986).

Berdal, Mats, "Reforming the UN's Organizational Capacity for Peacekeeping," in Thakur, Ramesh and Carlyle Thayer, *A Crisis of Expectations: UN Peacekeeping in the 1990s* (Boulder, Colo.: Westview Press, 1995).

_____, *Whither UN Peacekeeping?*, Adelphi Paper, No. 281 (London: Brassey's for the

International Institute for Strategic Studies, 1993).

Berman, E., *Managing Arms in Peace Process: Mozambique*, UNIDIR/96/22 (New York: United Nations Institute for Disarmament Research, 1996).

Bishop, Patrick, "Rose Reveals His Contempt for Bosnian Leaders," London Telegraph, November 12, 1998.

Boulden, Jane, *Dealing with Conflict in Africa: The UN and Regional Organizations* (New York: Palgrave Macmillan, 2003).

_____, *Peace Enforcement: The United Nations Experience in Congo, Somalia, and Bosnia* (New York: Praeger Publishers, 2001).

_____, *The United Nations and Mandate Enforcement Congo, Somalia, and Bosnia* (Kingston: Center for International Relations, 1999).

Boutros-Ghali, Boutros, "Empowering the United Nations," *Foreign Affairs*. vol. 72, no. 5 (Winter 1992/1993), pp. 98~99.

_____, *An Agenda for Peace*, A/47/277~S/24111 (New York: United Nations, 1992).

_____, *Supplement to An Agenda for Peace*, S/1995/1 (New York: United Nations, 1995).

Bowett, D. W., *United nations Forces: A Legal Study* (New York: Praeger, 1964)

Brisco, Neil, *Britain and UN Peacekeeping, 1948~67* (New York: Palgrave Macmillan, 2003).

Bull, Hedley, *The Anarchical Society: A Study of Order in World Politics* (New York: Columbia University Press, 1977).

_____, *Intervention in World Politics* (Oxford: Clarendon Press, 1984).

Cammaert, Patrick C. "Intelligence in Peacekeeping Operations: Lessons for the Future," in Paltje, Wies, Ben de Jong, and Robert David Steel (eds.) *Peacekeeping Intelligence: Emerging Concepts for the Future* (Oakton, Virginia: OSS International Press, 2003).

Campbell, Thomas M. and George C. Herring. *The Diaries of Edward Stettinius, Jr., 1943~46* (New York: New Viewpoints, 1975).

Certain Expenses of the United Nations, International Court of Justice Reports, 1962. 7. 20.

Clark, M. Kimberly, *Fostering a Farewell to Arms : Preliminary Lessons Learned in the Demobilization and Reintegration of Combatants*, Doc ID: PN-ABY-027 (Washington D.C.: USAID, 1996).

Claude, Inis L. Jr., *Swords into Plowshares* (New York: Random House, 1971).

Connally, Tom, *My Name is Tom Connally* (New York: Thomas Y. Crowell, 1954).

Contingent Owned Equipment: Its Place in United Nations Peacekeeping, FMSS/DPKO,

Briefing for the Military Advisers' Seminar, 2003. 1. 23.

Crocker, Chester A., "Ambush in Mogadishu," *Foreign Affairs*, vol. 74, no. 3, 1995, pp. 2-8.

Danie,l Don and Bradd Hayes(eds.), *Beyond Traditional Peacekeeping* (New York: Palgrave Macmillan, 1995).

Darby, John, *Contemporary Peace Making: Conflict, Violence and Peace Processes* (New York: Palgrave, 2003).

Darhendorf, Nicola, *A Review of Peace Operations: A Case of Change* (London: King's College, 2003).

Demurenko, Andrei and Alexander Nikitin, Translated by Love, Robert R., "Basic Terminology and Conccept in International Peacekeeping Operations: An Analytical Review," *Low Intensity Conflict & Law Enforcement*, vol. 6, Summer 1997, pp. 111~126.

Diehl, Paul F, *International Peacekeeping* (Baltimore: The Johns Hopkins University Press, 1993).

Diehl, Paul, Daniel Druckman, and Wall James, "International Peacekeeping and Conflict Resolution: A Taxonomic Analysis with Implications," *The Journal of Conflict Resolution*, vol. 42, no. 1, Feb 1998, pp. 33-55.

Dobbie, Charles, *A Concept for Post-Cold War Peacekeeping* (Oslo: Norwegian Institute for Defense Studies, 1994).

Donald, Dominick, "Neutrality, Impartiality and UN Peacekeeping at the Beginning of the 21st Century," *International Peacekeeping*, vol. 9, no. 4, Winter 2002, pp. 21-38.

Dulles, John Foster, "The Evolution of Foreign Policy," *United States Department of State, Bulletin*, vol. XXX, no. 761, January 25, 1954, pp. 107-110.

Dunne, Michae, *The United States and the World Court, 1920~1935* (New York: Palgrave Macmillan, 1989).

Durch, William J. (ed.), *The Evolution of UN Peacekeeping - Case Studies and Comparative Analysis* (New York: St. Martin's Press, 1993).

Eban, Abba, "The UN Idea Revisited," *Foreign Affairs*, vol. 74, no. 5, September-October 1995, pp. 44-55.

ECOWAS, "Third Report on the ECOWAS Committee of Five on Sierra Leone to the UN," 1998.

Eichelberger, Clark M., *U.N.: The First Fifteen Years* (New York: Harper, 1960).

Eisenhower, Dwight D., *Mandate for Change, The White House Years, 1953~1956* (Gaiden City, New York: Doubleday and Co., 1963).

Evans, Gareth, *Cooperating for Peace : Global Agenda for the 1990's and Beyond* (St. Leonards, Australia: Allen and Unwin, 1993).

Evatt, Herbert V., *The United Nations* (London: Oxford University Press, 1948).

Farer, T. J., *War Clouds on the Horn of Africa: The Widening Storm* (New York: Carnegie Endowment for International Peace, 1979).

Faure, Jean-Michel, *Commanding UN Peacekeeping Operations: Methods and Techniques for Peacekeeping on the Ground, UNITAR/POCI* (New York : UNITAR, 1996).

Feld, Werner J. and Robert S. Jordan, *International Organizations: A Comparative Approach* (New York: Praeger, 1994).

Fenwick, Charles G., "The Inter-American Regional System," Commission to study the organization of peace, *Regional Arrangements for Security and the United Nations*, 8th Report (New York: American Association for the United Nations, 1953).

Fetherston, A. B., *Towards a Theory of United Nations Peacekeeping* (New York : St. Martin's Press, 1994).

Finlay, Trevor, *The Use of Force in UN Peace Operations*, A Sipri Publication X (New York: Oxford University Press, 1993).

Fleitz, Frederick H., *Peacekeeping Fiascoes of the 1990s: Causes, Solutions and U.S. Interests* (New York: Praeger, 2002).

Forsythe, David P., *Humanitarian Politics: The International Committee of the Red Cross* (Baltimore: Johns Hopkins University Press, 1977).

Goodrich, Leland and Edvard Hambro, *Charter of the United Nations: Commentary and Documents* (New York: Columbia University Press, 1969).

Gorman, F. Robert, *Political Conflict on the Horn of Africa* (New York: Praeger, 1981).

Goulding, Marrack, "The Evolution of United Nations Peacekeeping," *International Affairs*, vol. 69, no. 3, June 1993, pp. 451-464.

Greenwood, Leland, *Korea: A Study of US Policy in the United Nations* (New York: Council on Foreign Relations, 1956).

Grove, Eric, "UN Armed Forces and the Military Staff Committee," *International Security*, vol. 17, no. 4, Spring 1993, pp. 172-182.

Guimaraes, F. Andresen, *The Origins of the Angolan Civil War: Foreign Intervention and Domestic Political Conflict* (New York: Palgrave Macmillan, 2001).

Haas, Ernst B., "Regionalism, Functionalism and Universal International Organization,"

World Politics, vol. VIII, no. 2, January, 1956), pp. 238-263.

Harrelson, Max, *Fires All Around the Horizon: The UN's Uphill Battle to Preserve the Peace* (New York: Praeger, 1989).

Harrod, J. and N. Schrijver, *The UN Under Attack* (Aldershot: Gower, 1988).

Higgins, Rosalyn, "The New UN and Former Yugoslavia," *International Affairs*, vol. 69, no. 3, June 1993, pp. 465-483.

Higgins, Rosalyn, *United Nations Peacekeeping* (New York: Oxford University Press, 1970).

Hillen, John, *Blue Helmets: The Strategy of UN Military Operations* (Washington D.C.: Brassey's, 2000).

Hoffman, Stanley, "Delusions of World Order," *New York Review*, vol. 39, no. 7, April 9, 1992).

Indar Rikhye, *Theory and Practice of Peacekeeping* (London: Christopher Hurst & Company, 1984).

Inis L. Claude, *Power and International Relations* (New York: Random House, 1962).

Intervention of International Communist in Guatemala, U.S. Department of State Publication 5566 (Washington, D.C.: U.S. Government Printing Office, 1954).

Jett, Dennis C., *Why Peacekeeping Fails* (New York: Pelgrave, 1999).

Kahin, Mcturnam, *Nationalism and Revolution in Indonesia* (Ithaca, New York: Cornell University Press, 1952).

Kinloch, Stephen P., "Utopian or Pragmatic?: A UN Permanent Military Volunteer Force," *International Peacekeeping*, vol. 3, no. 4, Winter 1996, pp. 166-190.

Kirgis, Frederic, *International Organizations in Their Legal Setting* (St. Paul, Minn.: West, 1993).

Kirsch, Philippe, "The Legal Basis of Peacekeeping," *Canadian Defense Quarterly*, vol. 23, no. 1, September 1993, pp. 18-22.

Kissinger, Henry, *Diplomacy* (New York: Oxford University Press, 1967).

Knock, Thomas J., *To End All Wars: Woodrow Wilson and the Quest for a New World Order* (New York: Oxford University Press, 1992).

Lamb, Richard, *War in Italy 1943~1945: A Brutal Story* (New York: DaCapo press, 1996).

Langille, Peter, *Bridging the Commitment-Capacity Gap: A Review of Existing Arrangements and Options for Enhancing UN Rapid Deployment* (Wayne, New Jersey: Center for UN Reform Education, 2002).

_____, "The Future of Peacekeeping: An Experts' Discussion to Contribute to the Dialogue on Foreign Policy," Paper Presented at the Workshop co-hosted by the University of British Columbia and Center for Global Studies, 2003. 3. 21.

Larus, Joel, *From Collective Security to Preventive Diplomacy* (New York: John Wiley, 1965).

Last, D. M., "From Peacekeeping to Peacebuilding: Theory, Cases, Experiments and Solutions," Royal Military College Working Paper, May 1999.

Lefever, Ernst W., *Crisis in the Congo: a U.N. Force in Action* (Washington, D.C.: Brookings Institution, 1965).

Leurdijk, Dick A., *The United Nations and NATO in Former Yugoslavia, 1991~1996, Limits to Diplomacy and Force* (The Hague: Netherlands Institute for International Relations, 1996).

Lewis, I. M., *A Modern History of Somalia: Nation and State in the Horn of Africa* (Boulder: Westview Press, 1988).

Licklider, R., "The Consequences of Negotiated Settlements in Civil Wars, 1945~1993," *American Political Science Review*, vol. 89, no. 3, September 1995, pp. 681-690.

Lie, F. T., "The History of United Nations Peacekeeping Operations - Following the Cold War : 1988 to 1997" (New York: UNITAR POCI, 1998).

Lie, Trygve, *In the Cause of Peace* (New York: Macmillan, 1994).

Liu, F. T., *The Study of United Nations Peacekeeping Operations During the Cold War: 1945 to 1987* (New York: UNITAR, 1999).

Lizza, Ryan, "Where Angels Fear to Tread: Sierra Leone, The Last Clinton Betrayal," *The New Republic Online*, 2000. 7. 13.

Lorenz, Joseph P., *Peace, Power and the United Nations - A Security System for the Twenty-first Century* (New York: Westview Press, 1999).

Mackinlay, John, *The Peacekeepers: An Assessment of Peacekeeping Operations at the Arab-Israeli Interface* (London: Unwin Hyman, 1989).

Mahmood, Othman O., *The Root-causes of the United Nations' Failure in Somalia* (New York: UN, 2001).

Mander, Linder A., *Foundation of a Modern World Society* (California: Stanford University Press, 1948).

Marburg, Theodore, *Development of the League of Nations Idea* (New York: Macmillan, 1932).

Martin, John B., *Adlai Stevenson of Illinois: The Life of Adlai E. Stevenson* (New York: Doubleday, 1976).

Military Division, DPKO, *Rapid Deployment Level (RDL) - Terms of Reference*, 2002. 8. 1.

_____, *United Nations Stand-by Arrangements System - Military Handbook* (New York: DPKO, 2003).

_____, *United Nations Stand-by Arrangements System - Military Handbook*, 2003.

Miller, David Hunter, *The Drafting of the Covenant* (New York: G. P. Putnam's Sons, 1928), vol. 2, document 1-6.

Mingst, Karen A. and Margaret P. Karns, *The United Nations in the Post-Cold War Era* (New York: Westview Press, 1995).

Ministry of Foreign Affairs, Denmark, "Background Paper about Establishing a Multinational UN Standby Forces Brigade at High Readiness" (SHIRBRIG), Meeting of Foreign Affairs Ministers in the 'Friends of Rapid Deployment' Group,' New York, 1996.9.26.

Morgenthau, Hans J., *Politics Among Nations* (New York: Alfred A. Knopf, 1961).

Morrison, Alex et al., (eds.), *Peacekeeping with Muscle: The Use of Force in International Conflict Resolution* (Toronto: The Canadian Peacekeeping Press, 1997).

MPS/DPKO, *Planning for Peace Operations - Draft*, 2002. 6. 14.

Namibia case, *International Court of Justice Reports* (1971).

NATO Doctrine for Peace-Support Operations, AJP-3.4.1 (1993. 10. 20),

Norton, A. R. and T. G. Weiss, "UN Peacekeepers : Soldiers with a Difference," *Headline Series*, no. 922 (New York: Foreign Policy Association, 1990).

Organization Manual: Functions and Organization of the Department of Peacekeeping Operations, ST/SGB/Organization, 1995. 3. 22.

Organization of African Unity, Report of the International Panel of Eminent Personalities to Investigate the 1994 Genocide in Rwanda and Surrounding Events (June 2000).

Padilla, Ezequiel, "The American System and the World Organization," *Foreign Affairs*, vol. XXIV, October 1945, pp. 92-106.

Peace Operations: FM 100-23 (Washington D.C.: Headquarters of Department of US Army, 1994).

Peace Support Operations, *Joint Warfare Publication 3-50* (London: Ministry of Defense, 1998).

Porto, J Gomes and Imogen Parsons, *Sustaining the Peace in Angola : An Overview of Current Demobilization, Disarmament and Reintegration* (London: Institute for Security Studies, 2003).

Preston, Julia, "Waste in Somalia Typifies Failings of UN Management," *Washington Post*,

January 3, 1993, p. A17.

Prins, Gywn, *The Heart of War: On Power, Conflict and Obligation in the Twenty-First Century* (London: Routledge, 2002).

Reitzel, William, et. al., *United States Foreign Policy 1945~1955* (Washington, D.C.: The Brookings Institution, 1956).

Report of the Independent Inquiry into the Actions of the United Nations during the 1994 Genocide in Rwanda, December 15, 1999.

Report to the President on the Results of the San Francisco Conference by the Chairman of the United States Delegation, the Secretary of State, June 26, 1945. Department of State Publication 2349, Conference Series 71 (Washington, D.C.: Government Printing Office, 1945).

Richards, Paul, *Fighting for the Rain Forest: War, Youth and Resources in Sierra Leone* (Oxford: James Currey for the International Africa Institute, 1996).

Rikhye, Indar J. and K. Skjelsbaek (eds.), *The United Nations and Peacekeeping: Results, Limitations and Prospects* (London: Macmillan, 1990).

Rikhye, Indar J, *The Theory and Practice of Peacekeeping* (London: C. Hurst & Co., 1984).

Rikhye, Indar J., Michael Harbottle and Bjorn Egge, "A Report from Vienna: An Approach of the IPA's 1970 Pilot Project," Presented at the International Peace Academy.

Roberts, Adam and Benedict Kingsbury, "The UN's Roles in International Society," in *United Nations, Divided World,* 2d ed. (New York: Oxford University Press, 1993).

Roberts, Adam, "From San Francisco to Sarajevo: The UN and the Use of Force," Survival 37, Winter 1995~1996, pp. 7-28.

Rosenman, Samuel (ed.), *Public Papers and Addresses of Franklin D. Roosevelt,* vol. 10 (New York: DaCapo Press, 1972).

Rostow, Eugene, *Should Article 43 of the UN Charter Be Raised from the Dead?,* McNair Paper 19 (Washington, D.C.: Institute for National Strategic Studies, National Defense University, 1993).

Russell, Ruth B. and Jeanette E. Muther, *A History of the United Nations Charter* (Washington, D.C.: Brookings Institution, 1958).

Saferworld, *Angola: Conflict Resolution and Peace-building,* Report co-ordinated and edited by Simon Higdon, Saferworld's Conflict Management Researcher, 1996. 9.

Saksena, Krishan P., *The United Nations and Collective Security - A Historical Analysis* (Delhi:

D.K. Publishing House, 1974).

Sarooshi, Danesh, *The United Nations and the Development of Collective Security*, (New York: Oxford University Press), 1999).

Senate Foreign Relations Committee, *Executive Sessions of the Senate Foreign Relations Committee*, 87th Congress, 1st Session, February 6, 1961, History Series, vol. 13, Part 1.

Seyersted, Finn, *United Nations Forces in Law of Peace and War* (Leiden, Netherlands: AW Sijthoff, 1966).

Shearer, David, *Private Armies and Military Intervention*, Adelphi Monograph Series 316 (London: International Institute for Strategic Studies, 1998).

Sheehan, Michael, *The Balance of Power: History and Theory* (New York: Routledge, 1996).

SHIRBRIG, *The Multinational Stand-by High Readiness Brigade for United Nations Operations : Background Information*, 2004. 6. 23.

Sills, Joe B., "United Nations Peacekeeping: The Years Past, The Years Ahead," *Denver Journal of International Law and Policy*, vol. 24, no 2/3 (Spring 1996), pp. 451-460.

Simma, Bruno et. al (eds.), *The Charter of the United Nations: A Commentary* (New York: Oxford University Press, 1994).

Stone, Julius, *Legal Control of International Conflicts* (New York: Rinehart & Co., 1959).

Story, Ann E. and Aryea Gottlieb, "Beyond the Range of Military Operations," *Joint Force Quarterly*, Autumn 1995, pp. 99~104.

Tharoor, S., "Should UN Peacekeeping Go 'Back to Basics?," *Survival*, vol. 37, no. 4, Winter 1995/96), pp. 52-64.

The Geneva Conventions of August 12, 1949; Protocols Additional to the Geneva Conventions of 12 August 1949 (Geneva: ICRC, 1989).

Thomas Gill, "Legal and Some Political Limitations on the Power of the UN Security Council to Exercise its Enforcement Powers under Chapter VII of the Charter," *Netherlands yearbook of International Law*, vol. 26 (1995), pp. 33-138.

Thompson, Kenneth W., "Collective Security Re-examined," *American Political Science Review*, vol. 47, vol. 3, September 1953, pp. 755-766.

UK Ministry of Defense, *Ministry of Defence Performance Report 2000/2001*, November 2001.

UN Department of Public Information, *Blue Helmets: A Review of United Nations Peace-keeping*, 2d. ed. (New York: UN, 1990).

UN Information Organization and US Library of Congress, *Documents of the United Nations Conference on International Organization*, 16 vols. (London and New York: UN Information Organizations, 1945-54).

UN, *The Blue Helmets: A Review of UN Peacekeeping Forces* (New York: UN, 1996).

United Nations Institute for Training and Research (UNITAR), *The United Nations and the Maintenance of International Peace and Security* (Dordrecht: Martinus Nijhoff, 1987).

United Nations, Office for the Coordination of Humanitarian Affairs, "Humanitarian Briefing Pack: Sierra Leone," May 2002; UNAMSIL, Human Rights Section, "Overview of the Human Rights Situation in Sierra Leone," May 2002.

United States Institute of Peace Study Group Report, *The Professionalization of Peacekeeping* (Washington D.C.: USIP, 1993).

Urquart, Brian, "Security after the Cold War," in Roberts, Adam and Benedict Kingsbury (eds.), *United Nations*, Divided World, 2d ed. (Oxford: Clarendon Press, 1993).

_____, "The United Nations Capacity for Peace Enforcement," intervention at the Conference 'An International Agenda for the 21st Century: The Role of Canada,' Winnipeg, 12-14 May 1994.

_____, *A Life in Peace and War* (New York: Harper and Row, 1987).

_____, *Ralph Bunch: An American Life* (New York: Norton, 1993).

US Department of State, *Foreign Relations of the United States, 1945, Malta and Yalta Documents* (Washington, D.C.: Government Printing Office, 1963).

US Government Accounting Office, *UN Peacekeeping : Lessons Learned in Managing Recent Missions, GAO Report 94~9* (Washington D.C.: Government Printing Office, 1993).

Vandenberg, Arthur H. Jr., *The Private Papers of Senator Vandenberg* (Boston: Houghton Mifflin, 1952).

Wainhouse, David W., *International Peacekeeping at the Crossroads* (Baltimore: The Johns Hopkins University Press).

Watson, Adam, "European International Society and Its Expansion," in Hedley Bull and Adam Watson (eds.), *The Expansion of International Society* (Oxford: Oxford University Press, 1986).

Weiss, Thomas G., David P. Forsythe, and Roger A. Coate, *The United Nations and Changing World Politics* (Boulder, Colo.: Westview Press, 2001).

Whitman, Jim, and Ian Bartholomew, "UN Peace Support Operations: Political-Military Considerations," in Daniel, Donald C. F. and Bradd C. Hayes(eds.), *Beyond Traditional Peacekeeping* (New York: Pelgrave Macmillan, 1995).

Willliams, Geoffrey L. and Barkley J. Jones, *NATO and the Transatlantic Alliance in the 21st Century: The Twenty-Year Crisis* (New York: Palgrave Macmillan, 2001).

Wood, Bryce and Minerva Morales, "Latin America and the United Nations," in Norman Padelford and Leland M. Goodrich, *United Nations in the Balance: Accomplishment and Prospects* (New York: Frederick A. Praeger, 1965).

"Albright: U.S. Not to Blame in Rwanda," *Newsday*, July 10, 2000.

"Annual Report of the Secretary-General, 1953~1954," *GAOR*, Ninth Session, Supplement no. 1, A/2633.

"Contingent Owned Equipment: Its Place in United Nations Peacekeeping," FMSS/DPKO, Briefing for the Military Advisers' Seminar, 2003. 1. 23.

"International Peace and Security - 1954 in Review," *Annual Review of United Nations Affairs*, 1954.

"Logistics Operations in United Nations Peacekeeping," Presentation by DPKO, 2003. 5. 2.

"Peacekeeping Best Practices Unit - Overview," Briefing Presented at the Military Advisers' Course, 2003. 1. 21.

"Report of the United Nations Council for Namibia" (New York: United Nations, 1989).

"Status in the establishment of the Multinational UN Standby Forces High Readiness Brigade," Danish Ministry of Defence, 1996. 12. 19.

"The Structure and Responsibilities of the Department of Peacekeeping Operations," Briefing presented at the Military Advisers' Seminar, 2003. 1. 20.

"The Structure and Responsibilities of the Department of Peacekeeping Operations," Briefing presented at the Military Advisers' Seminar, DPKO, 2003. 1. 20.

"The Structure and Responsibilities of the Department of Peacekeeping Operations," Briefing presented at the Military Advisers' Seminar, DPKO, 2003. 1. 20.

"UN Peacekeeping Information Notes Update (no. 2)," November 1993.

"UN Stand-by Arrangements System," The UN USG's Annual Briefing on UNSAS, 2002. 12. 12.

유엔 공식문건(총회 및 안보리 결의안, 회의록 등)

A/364, 1947. 9. 3.

A/45/594, 1990. 10. 9.

A/46/185, 1991. 5. 23.

A/46/502 - S/23082, annex, 1991. 10. 7.

A/46/893, 1992. 3. 13.

A/47/285 - S/24183, annex I, II, 1992.
6. 25.

A/47/990, 1993. 7. 30, p. 6.

A/49/664, 1994. 11. 18, p. 34.

A/49/664, p. 30.

A/50/60 - S/1995/1, 1995. 1. 3.

A/52/369, 1997. 9. 17.

A/54/549, 1999. 11. 15.

A/55/305 - S/2000/809, 2000. 8. 21,
Brahimi Report.

A/55/305, 2000. 8. 21.

A/55/977, 2001. 6. 1.

A/56/710, 2001. 12. 12, p. 2.

A/56/732, 2001. 12. 31.

A/56/863, 2002. 3. 11.

A/57/774, 2003. 4. 3.

A/58/666, 2003. 12. 9, p. 9.

A/58/715, 2004. 2. 17.

A/AC.21/9, 1948. 2. 16, p. 5.

A/RES/1001(ES-1), 1956. 11. 7.

A/RES/1131(X), 1957. 12. 9.

A/RES/1132(XI), 1957. 1. 10.

A/RES/1312(XIII), 1958. 12. 12.

A/RES/1752 (XVII). 1962. 9. 21.

A/RES/181, 1947. 11. 29.

A/RES/1857, 1968. 12. 20.

A/RES/2006, 1965. 2. 18.

A/RES/34/22. 1979. 11. 14.

A/RES/377(V), 1950. 11. 3.

A/RES/48/43, 1993. 12. 10.

A/RES/49/233, 1995. 3. 1

A/RES/50/222. 1996. 5. 10.

A/RES/51/218, 1997. 5. 4.

A/RES/56/241, 2002. 2. 1.

A/RES/998 (ES-1), 1956. 11. 4.

S/11052/Rev.1, 1973. 10. 27.

S/11056/Add.13, 1973. 3. 4.

S/1129, 1948. 12. 19.

S/117, 1948. 12. 13

S/1234, 1949. 1. 28.

S/12598. 1978. 3. 11.

S/12600, 1978. 3. 15.

S/12611, 1978. 3. 15.

S/12620/Add.5, 1978. 6. 13.

S/12675. 1978. 5. 1

S/14295. 1980. 8. 18.

S/1430, 1949. 12. 9

S/1994/1073, 1994. 9. 19.

S/1994/1196, 1994. 10. 21.

S/1994/1389, 1994. 12. 1.

S/1994/300, 1994. 3. 16.

S/1994/300, March 16, 1994.

S/1994/466, annex, 1994. 4. 19.

S/1995/1018, annex, 1995. 11. 24.

S/1995/177, 1995. 2. 8.

S/1995/444, 1995. 5. 30.

S/1995/458, 1995. 6. 4.

S/1995/5/add.67, 1996. 2. 27.

S/1995/97, 1995. 2. 1

S/2000/1327, 2000. 11. 13.

S/2000/194, 2000. 3. 8.

S/2000/455. 2000. 5. 19.

S/20325. 1988. 12. 14.

S/20412. 1989. 1. 23.

S/23402, annex, 1992. 1. 13.

S/24540, 1992. 9. 20.

S/24892, 1992. 12. 3

S/25006, 1992. 12. 13.

S/25140, 1993. 1. 25

S/25518, 1993. 4. 2

S/25719, 1993. 5. 3.

S/25939, 1993. 6. 14

S/25939, 1993. 6. 14.

S/3690, 1956. 10. 27.

S/3691, 1956. 10. 28.

S/3730/Rev., 1956. 11. 4.

S/4381, 1960. 7. 13.

S/4382, 1960. 7. 13.

S/4387, 1960. 7. 14.

S/4389, 1960. 7. 18.

S/4940/Add.5, 1961. 9. 19.

S/5240. 1963. 2. 4.

S/525, I~III, 1947. 8. 26.

S/636, 1948. 1. 6.

S/714, 1948. 4. 1.

S/PRST/1995/50, 1995. 10. 6.

S/RES/1050, 1996. 3. 8.

S/RES/1132. 1997. 10. 8.

S/RES/1181. 1998. 7. 13.

S/RES/119 - S/3721, 1956. 10. 31.

S/RES/1270, 1999. 10. 22.

S/RES/1289, 2000. 2. 7.

S/RES/1299, 2000. 5. 19.

S/RES/1346, 2001. 3. 30.

S/RES/143, 1960. 7. 14.

S/RES/146, 1960. 8. 12.

S/RES/161, 1961. 2. 21.

S/RES/169, 1961. 11. 24.

S/RES/338 (1973), 1973. 10. 22.

S/RES/340 (1973), 1973. 10. 25.

S/RES/341 (1973). 1973. 10. 27.

S/RES/425. 1978. 3. 19.

S/RES/50, 1948. 5. 19.

S/RES/501, 1982. 2. 25.

S/RES/54 (S/902), 1948. 7. 15.

S/RES/629 (1989). 1989. 1. 16.

S/RES/688, 1991. 4. 15.

S/RES/693, 1991. 5. 20.

S/RES/73, 1949. 8. 11.

S/RES/733, 1992. 1. 23.

S/RES/743, 1992. 2. 21.

S/RES/745, 1992. 2. 28.

S/RES/781, 1992. 10. 9.

S/RES/794, 1992. 12. 3.

S/RES/797, 1992. 12. 16.

S/RES/797. 1992. 12. 16.

S/RES/804, 1993. 1. 29.

S/RES/816, 1993. 3. 31.

S/RES/819, 1993. 4. 16.

S/RES/824, 1993. 5. 6.

S/RES/832, 1993. 5. 27.

S/RES/836, 1993. 6. 4.

S/RES/836, 1993. 6. 4.

S/RES/837, 1993. 6. 6.

S/RES/844, 1993. 6. 18.

S/RES/846, 1993. 6. 22.

S/RES/864, 993. 9. 15.

S/RES/912, 1994. 4. 21.

S/RES/918, 1994. 5. 17.

S/RES/948, 1994. 10. 15.

S/RES/955, 1994. 11. 8.

S/RES/966, 1994. 12. 8.

S/RES/969, 1994. 6. 22.

S/RES/997, 1995. 6. 9.

ST/SGB/2000/9, 2000. 5. 15.